Erich Bryner, Der geistliche Stand

ERICH BRYNER

Der geistliche Stand in Rußland

Sozialgeschichtliche Untersuchungen
zu Episkopat und Gemeindegeistlichkeit
der russischen orthodoxen Kirche
im 18. Jahrhundert

VANDENHOECK & RUPRECHT
IN GÖTTINGEN

KIRCHE IM OSTEN

Studien zur osteuropäischen Kirchengeschichte und Kirchenkunde

Im Auftrag des Ostkirchenausschusses der Evangelischen Kirche in Deutschland und in Verbindung mit dem Ostkirchen-Institut der Westfälischen Wilhelms-Universität Münster herausgegeben von Peter Hauptmann

Monographienreihe Band 16

CIP-Kurztitelaufnahme der Deutschen Bibliothek

Bryner, Erich:

Der geistliche Stand in Rußland: sozialgeschichtl. Unters. zu Episkopat u. Gemeindegeistlichkeit d. russ. orthodoxen Kirche im 18. Jh. / Erich Bryner. – Göttingen: Vandenhoeck und Ruprecht, 1982.

(Kirche im Osten: Monographienreihe; Bd. 16)

ISBN 3-525-56433-3

NE: Kirche im Osten / Monographienreihe

Als Habilitationsschrift auf Empfehlung des Fachbereiches Philosophie, Geschichte und Sozialwissenschaften der Friedrich-Alexander-Universität Erlangen-Nürnberg gedruckt mit Unterstützung der Deutschen Forschungsgemeinschaft.
Gesamtherstellung: Hubert & Co., Göttingen.

Vorwort

Die vorliegende Untersuchung wurde im Herbst 1978 vom Fachbereich Philosophie, Geschichte und Sozialwissenschaften der Friedrich-Alexander-Universität Erlangen-Nürnberg als Habilitationsschrift angenommen. Ich danke Frau Prof. Dr. F. von Lilienfeld und Herrn Prof. Dr. K.-H. Ruffmann für die große Aufmerksamkeit und die wertvollen Ratschläge, mit denen sie die Entstehung der Arbeit gefördert und begleitet haben. Der Lenin-Bibliothek in Moskau und der Fernleihe der Universitätsbibliothek Erlangen danke ich dafür, daß sie mir in sehr zuverlässiger Weise einen erheblichen Teil der verwendeten Literatur zur Verfügung gestellt haben. Dem wissenschaftlichen Gesprächskreis am Lehrstuhl für Geschichte und Theologie des christlichen Ostens an der Theologischen Fakultät der Universität Erlangen, insbesondere Frau Prof. Dr. F. von Lilienfeld, Herrn Dr. K. Ch. Felmy, Frau Dr. A. Rexheuser und Herrn Dr. habil. R. Rexheuser danke ich für die kritische Diskussion einzelner Kapitel meiner Arbeit und für ihre weiterführenden Anregungen. Herrn Prof. Dr. P. Hauptmann, Münster, danke ich für die Aufnahme der Arbeit in die Monographienreihe „Kirche im Osten“.
Herr Dr. G. Stricker vom Ostkirchen-Institut in Münster hat das Manuskript vor der Drucklegung überarbeitet und diese zusammen mit Frau A. Hartmann, Münster, überwacht. Der Deutschen Forschungsgemeinschaft bin ich für einen namhaften Druckkostenzuschuß zu Dank verpflichtet.

Dörflingen/Schweiz, im Frühjahr 1981 — Erich Bryner

Inhalt

Tabellenverzeichnis

1 Einleitung und Forschungsstand

Gegenstand der vorliegenden Untersuchungen sind der Episkopat, das geistliche Schulwesen und der Gemeindeklerus der russischen orthodoxen Kirche des 18. Jh.s. Während in neuerer und neuester Zeit die Probleme von Adel und Bauernschaft, aber auch der übrigen weltlichen Gruppierungen im Gesellschaftsgefüge Rußlands eine reichhaltige Spezialliteratur hervorgerufen haben[1], blieb die höhere und niedere Geistlichkeit sowohl in der sowjetischen als auch in der westlichen Forschung weitgehend unbeachtet. Dies ist erstaunlich, denn die Metropoliten, Erzbischöfe und Bischöfe haben stets zu den nicht nur im innerkirchlichen, sondern auch im politischen und gesellschaftlichen Bereich höchst einflußreichen und tragenden Persönlichkeiten gehört. Die Gemeindegeistlichkeit, die zahlenmäßig ein knappes Prozent der Gesamtbevölkerung ausmachte, hatte große Bedeutung und großen Einfluß im Leben nahezu der ganzen Bevölkerung dieser Zeit. Auch die Wichtigkeit des geistlichen Schulwesens, das dem weltlichen Bildungswesen in mancher Hinsicht vorausging, kann kaum überschätzt werden.

Die politischen Ereignisse des Jahres 1917 führten dazu, daß die kirchen- und theologiegeschichtliche Forschung, deren damaliges Niveau nicht hinter der gleichzeitigen westeuropäischen Kirchengeschichtsforschung zurückstand und in Persönlichkeiten wie Golubinskij, Titlinov, Bolotov

1 Über den *Adel* vgl. BSĖ 7, 1777–1781 (Lit.); M. Raeff: Origins of the Russian Intelligentsia: The Eighteenth-Century Nobility, New York 1966; P. Dukes: Catharina the Great and the Russian Nobility. A Study based on the Materials of the Legislativ Commission of 1767, Cambridge 1967; R. Rexheuser: Besitzverhältnisse des russischen Adels im 18. Jh., Diss. Erlangen 1971; R. E. Jones: The Emancipation of the Russian Nobility (1762–1785), Princeton 1973; D. Geyer: „Gesellschaft" als staatliche Veranstaltung. Sozialgeschichtliche Aspekte des russischen Behördenstaates im 18. Jahrhundert, in dess. (Hrsg.): Wirtschaft und Gesellschaft, S. 20–52. – Übergreifend: K.-H. Ruffmann: Russischer Adel als Sondertypus der europäischen Adelswelt, in: JGO NF 9, 1961, S. 161–178; K. Bosl, H. Mommsen: Adel, in: SDG 1, Sp. 51–74. – Über die *Bauern* vgl. die reichhaltige Literatur in: BSĖ 13, 1236; C. Goehrke: Leibeigenschaft, in: SDG 3, Sp. 1399–1410 und neuestens Ja. E. Vodarskij: Naselenie Rossii, S. 91–134, 198–263. – Über die *Stadtbevölkerung*: P. G. Ryndzjunskij: Gorodskoe graždanstvo doreformennoj Rossii, M. 1958; ders.: Städtische Ökonomie und Stadtbürgerschaft, in: D. Geyer (Hrsg.): Wirtschaft und Gesellschaft, S. 83–109; O. Brunner: Europäisches und russisches Bürgertum, in dess.: Neue Wege der Verfassungs- und Sozialgeschichte, Göttingen ^{2}1968, S. 225–241.

und vielen andern Höchstleistungen aufweisen konnte, weitgehend abgebrochen wurde[2]. Gerade dem 18. Jh. war damals breite Aufmerksamkeit zugekommen. Die große Sammlung der Synodalbeschlüsse (Polnoe sobranie postanovlenij i rasporjaženij po vedomstvu pravoslavnogo ispovedanija)[3], die für das 18. Jh. insgesamt 18 Bände umfaßt, konnte während des Ersten Weltkrieges gerade noch herausgegeben werden; besonders die Bände über die Regierungszeit Elisabeths, Katharinas II. und Pauls I. besitzen aber ausgesprochenen Seltenheitswert und sind von der historischen Forschung noch lange nicht ausgeschöpft worden. Über die Geschichte der leitenden Kirchenbehörden, über das Verhältnis von Staat und Kirche, über den Episkopat, die Mönchs- und Gemeindegeistlichkeit, die Geschichte der Eparchien, die materiellen und finanziellen Verhältnisse der Kirche, die Beziehungen zu den Altgläubigen, zu anderen Konfessionen und Religionen, über Kirchen und Klöster, über die Missionsarbeit und vieles andere ist hier noch eine Menge wenig oder gar nicht verarbeiteten Materials zu finden. Noch mehr gilt dies von der „Beschreibung der Akten und Dokumente, die im Archiv des Heiligsten Dirigierenden Synods aufbewahrt werden" (Opisanie dokumentov i del, chranjaščichsja v archive Svjatejšego Pravitel'stvujuščego Sinoda)[4], von denen von den 60er Jahren des 19. Jh.s bis zur Oktoberrevolution insgesamt 31 Bände herausgebracht werden konnten. Die ersten Hauptteile eines jeden Bandes enthalten mehr oder weniger umfangreiche Regesten der Synodalarchivalien und vermitteln einen tiefen Einblick in die Geschichte und Probleme des kirchlichen Lebens. Die zweiten Hauptteile bringen ausgewählte wichtige Dokumente im Wortlaut, Tabellen und Statistiken und sind für die Forschung von ungewöhnlichem Wert. Neben diesen Quellenwerken wurden in den verschiedenen russischen Zeitschrif-

---

2 Einen bibliographischen Einblick in die russische theologische Forschung vor 1917 bieten N. Glubokovskij: Russkaja bogoslovskaja nauka v ee istoričeskom razvitii i novejšem sostojanii, Varšava 1928 und N. Jaruševič: Die russische orthodoxe theologische Wissenschaft im letzten Jahrhundert, in: Theologische Literaturzeitung 82, 1957, S. 881–890; vgl. auch das umfassende Werk von G. V. Florovskij: Puti russkogo bogoslovija, Paris 1937 und V. V. Zenkovskij: Istorija russkoj filosofii, 2 Bd.e, Paris 1948.

3 Die erste Serie von PSP umfaßt 10 Bände und reicht von 1721 bis 1741, die zweite Serie (4 Bände) die Regierungszeit Elisabeths (1741–1762), die dritte Serie (3 Bände) die Regierungszeit Katharinas II. (1762–1796); die Dokumente aus der Regierungszeit Pauls I. (1796–1801) sind in einem einzelnen Band herausgegeben. Für das 19. Jh. erschien nur ein Band, und zwar für die Jahre 1825–1828 (PSP Carstvovanie Imperatora Nikolaja Pervogo, Petrograd 1915). Vgl. Smolitsch, Geschichte, S. 33f. Es ist zu bedauern, daß es von diesen wichtigen Quellenbänden zur Zeit keinen Nachdruck und keine Mikrofiches gibt.

4 Es sind nicht 22 (Smolitsch, Geschichte, S. 35), sondern 31 Bände erschienen.

ten der zweiten Hälfte des 19. Jh.s (bis 1917) sehr viele Autobiographien, Tage- und Notizbücher, Memoiren und Briefe veröffentlicht, die zur Geschichte der Kirche im 18. Jh. und speziell auch für unser Thema wertvolles Material enthalten. Weitere Quellen für die vorliegende Arbeit sind: Die „Vollständige Sammlung der Gesetze" (Polnoe sobranie zakonov)[5], weitere offizielle Dokumente, Denkschriften und Gutachten, das theologische, kirchliche und religiöse Schrifttum dieser Zeit, die Äußerungen in der schönen Literatur über Kirche und Geistlichkeit, Gesandtschafts- und Reiseberichte.

Speziell zu unserem Thema ist folgendes festzuhalten:

1. Über den Episkopat der russischen orthodoxen Kirche des 18. Jh.s gibt es, außer einer kurzen, zusammenfassenden Darstellung in der Kirchengeschichte von Igor Smolitsch unseres Wissens keine einzige übergreifende Arbeit aus neuerer Zeit. Wegen ihrer Materialfülle sind noch immer die sechs Bände der „Geschichte der russischen Hierarchie" (Istorija rossijskoj ierarchii) des Bischofs von Penza, Amvrosij Ornatskij (1778–1827), und das „Historische Lexikon" (Slovar' istoričeskij o byvšich v Rossii pisateljach duchovnogo čina greko-rossijskoj cerkvi, 2 Bd.e, SPb. 1827[2]) des Metropoliten von Kiev, Evgenij Bolchovitinov (1767–1837), von großem Wert[6]. Der Arbeit des berühmten Historikers und Mitgliedes der Petersburger Akademie der Wissenschaften, Pavel Stroev (1796–1876), verdankt die Forschung die bis heute unentbehrlichen „Verzeichnisse der Hierarchen und Klostervorsteher der russischen Kirche" (Spiski ierarchov i nastojatelej monastyrej Rossijskoj cerkvi), in denen u.a. sämtliche Bischöfe mit den genauen Amtszeiten in den einzelnen Eparchien und einige weitere Angaben erfaßt sind[7]. Weitere Angaben über die Bischöfe der Synodalzeit finden sich in den „Verzeichnissen der Bischöfe der allrussischen Hierarchie" (Spiski archiereev ierarchii vserossijskoj)[8]. Außerdem gibt es in den historisch-statistischen Be-

---

5 In Betracht kommen die 45 Bände der ersten Sammlung (1649–1825), vgl. Smolitsch, Geschichte, S. 31 und S. 31 Anm. 61.

6 Über Evgenij Bolchovitinov, der auch an der „Istorija rossijskoj ierarchii" maßgebend beteiligt war (Smolitsch, Geschichte, S. 43), vgl. E. F. Šmurlo: Bibliografičeskij spisok literaturnych trudov Kievskogo mitropolita Evgenija Bolchovitinova, SPb. 1888 und ders.: Mitropolit Evgenij kak učenij. Rannie gody žizni (1767–1804), SPb. 1888.

7 Über Stroev vgl. BĖ 62, 805f.

8 V.Ju. Tolstoj: Spiski archiereev i archierejskich kafedr ierarchii rossijskoj so vremeni učreždenija Sv. Sinoda (1721–1871), M. 1872; Überarbeitung und Ergänzung in: Spiski archiereev ierarchii vserossijskoj i archierejskich kafedr so vremeni učreždenija Sv. Prav. Sinoda (1721–1895), SPb. 1896 (ohne Angabe des Verf.s).

schreibungen einzelner Eparchien wertvolle Angaben über Leben und Wirken der jeweiligen Bischöfe[9].

Die reichhaltige biographische Forschung in der zweiten Hälfte des 19. Jh.s brachte eine ganze Reihe sehr umfangreicher und detaillierter Monographien über einzelne hervorragende Hierarchen hervor. So schrieb I.A. Šljapkin eine Biographie des später als Heiligen verehrten Metropoliten von Rostov, Dmitrij Tuptalo, der Kirchenhistoriker I. A. Čistovič ein sehr materialreiches Werk über Feofan Prokopovič und seine Zeit und der Professor der Petersburger geistlichen Akademie, M. S. Popov, verfaßte ein Werk über Arsenij Maceevič[10]. Weitere Biographien wurden über Ioasaf Gorlenko, Samuil Mislavskij, Arsenij Mogiljanskij, Feoktist Močul'skij u.a. geschrieben[11]. Das umfangreichste Werk über einen russischen Hierarchen ist aber die sehr gründliche, über 1100 Druckseiten umfassende Studie von B. V. Titlinov über Gavriil Petrov. Titlinov (gest. nach 1925) war Professor an der Petersburger geistlichen Akademie, Verfasser mehrerer kirchenhistorischer Werke, darunter auch eines Werkes zur Kirchengeschichte in der Regierungszeit Anna Ivanovnas, und nach 1917 eines der prominentesten Mitglieder der „Lebendigen Kirche"[12]. Außerdem gibt es längere oder kürzere Artikel über viele Bischöfe in den Enzyklopädien „Russkij biografičeskij slovar'" (RBSl) und „Pravoslavnaja bogoslovskaja ėnciklopedija" (PBĖ). Beide Werke konnten wegen der Kriegs- und Revolutionszeit 1914–1918 nicht fertiggestellt werden[13]. Großes Interesse verdienen schließlich die biographischen Arbeiten im „Žurnal Moskovskoj Patriarchii" (ŽMP)[14]. Während die betreffenden Artikel in den älteren Jahrgängen dieser Zeitschrift einen weniger wissenschaftlichen

---

9 Vgl. die bibliographischen Angaben bei Smolitsch, Geschichte, S. XLI–XLIII.

10 Vgl. das Literaturverzeichnis. I. A. Šljapkin war Paläograph und Mitarbeiter am Petersburger Archäologischen Institut. Vgl. ders.: Russkaja paleografija, SPb. 1913. Über Čistovičs Werk vgl. Smolitsch, Geschichte, S. 46.

11 R. Roždestvenskij: Samuil Mislavskij, mitropolit Kievskij, TKDA 1877; F. Titov: Feoktist Močul'skij, archiepiskop Kurskij, TKDA 1894; N. Špačinskij: Kievskij mitropolit Arsenij Mogiljanskij, Kiev 1907; N. D. Ževachov: Svjatitel' Ioasaf Gorlenko, episkop belgorodskij i obojanskij. Materialy dlja biografii, Kiev 1907.

12 Smolitsch, Geschichte, S. 51; Johannes Chrysostomus, Kirchengeschichte Rußlands der neuesten Zeit, Bd. 1: Patriarch Tichon, München 1965, S. 89, 204, 231f.

13 Die PBĖ ist nur bis „Kon" gelangt.

14 Vgl. F. von Lilienfeld (Hrsg.): Hierarchen und Starzen der Russischen Orthodoxen Kirche, Berlin (Ost) 1966. Unter den neueren Artikeln nennen wir: A. Prosvirin: Svjatitel' Sofronij, episkop Irkutskij, vseja Sibiri čudotvorec, in: ŽMP 1971/9, S. 67–78; B. Pivovarov: Svjatitel' Filofej, v schime Feodor, mitropolit Tobol'skij i vseja Sibiri (1650–1727), in: ŽMP 1977/3, S. 68–75; ders.: Archiepiskop Tobol'skij i Sibirskij Varlaam (Petrov), in: ŽMP 1978/1, S. 74–78.

und mehr hagiographischen Charakter tragen, sind sie in den neueren Jahrgängen nicht zuletzt durch die Verwendung ungedruckten Archivmaterials wertvoll.

2. Das bis auf den heutigen Tag umfangreichste Werk über das geistliche Schulwesen im 18. Jh. stammt aus der Feder P. Znamenskijs und trägt den Titel „Geistliche Schulen in Rußland bis zu den Reformen des Jahres 1808" (Duchovnye školy v Rossii do reformy 1808 goda, Kazan' 1881). Über die Gründung, die Leitung und den Unterhalt der Schulen, über die Schülerschaft, die Unterrichtsmethodik und die Lehrziele ist hier ausführlich und unter Berücksichtigung aller damals gedruckt vorliegenden Quellen, besonders aber der einschlägigen Ausführungen in der „Vollständigen Sammlung der Gesetze" (PSZ) die Rede. Durch die bereits erwähnte Erschließung und Publikation neuer Quellen und durch zahlreiche, zum Teil ausführliche und auf vorher unbekanntem Archivmaterial beruhenden Studien zu einzelnen Schulen wurde Znamenskijs Werk allerdings in vielen Stücken überholt.

Von den einzelnen geistlichen Lehranstalten ist die Geschichte der Kiever Akademie weitaus am besten dokumentiert und bearbeitet. Das 1843 erschienene Buch „Geschichte der Kiever Akademie" (Istorija Kievskoj Akademii) des späteren Metropoliten von Moskau und Kirchenhistorikers Makarij Bulgakov (1816–1882) ist wegen der Fülle des vermittelten Stoffes immer noch unentbehrlich. Eine ausführliche zweibändige Geschichte der Kiever Akademie verdanken wir dem ehemaligen Kiever Theologieprofessor und späteren Journalisten und Herausgeber der Zeitschrift „Domašnaja beseda" V. I. Askočenskij (1813–1879). Im ersten Jahrzehnt des 20. Jh.s wurde in einer mehrbändigen Quellensammlung von N. I. Petrov (gest. 1921), Professor an der Kiever Akademie, sehr viel neues Material, Dokumente, Briefe, Immatrikulationslisten usw. publiziert. Wertvoll sind außerdem die Arbeiten von S. T. Golubev (1841–1920), F. I. Titov (1864–?), D. K. Višnevskij und K. K. Serebrennikov[15].

Das maßgebliche Werk über die Geschichte der Moskauer Akademie ist immer noch die Arbeit des Professors an der Moskauer geistlichen Akademie, S. K. Smirnov (1818–1889), „Istorija Moskovskoj slavjano-grekolatinskoj Akademii" (1855). Vom gleichen Autor, der sich im übrigen in der Philologie und der Exegese Verdienste erworben hat, stammt auch eine Geschichte des Troica-Sergij-Seminars (1867)[16]. Der bereits erwähnte I. A. Čistovič verfaßte 1857 eine Geschichte des Aleksandr-Nevskij-Semi-

---

15 Vgl. Literaturverzeichnis.

16 Über Smirnov vgl. Glubokovskij, S. 111; PPBĖ 2080f.

nars in Petersburg, die 1913 von S. G. Runkevič (1867–?) in seinem Werk über die zweihundertjährige Geschichte des Aleksandr-Nevskij-Klosters ergänzt wurde[17]. Ein reges Interesse fand auch die Geschichte des Seminars von Kazan', das 1797 zur geistlichen Akademie erhoben worden war und im 19. Jh. ein beachtliches geistiges Niveau aufzuweisen hatte (A. Blagoveščenskij, A. F. Možarovskij, P. Znamenskij, K. Charlampovič). Die Geschichte der meisten übrigen geistlichen Seminare wurde – wie bereits erwähnt – am Ende des 19. und im beginnenden 20. Jh. in Monographien, Festschriften und Zeitschriftenaufsätzen behandelt. Das maßgebende Werk über das geistliche Schulwesen im 19. Jh. verdanken wir wiederum B. Titlinov[18].

Von 1917 an bis in die neueste Zeit blieben die Probleme des kirchlichen Schulwesens in Rußland nahezu unbeachtet. Smolitsch gab in seiner „Geschichte der russischen Kirche" eine zusammenfassende Darstellung des Aufbaus des geistlichen Schulwesens im 18. Jh., der materiellen Lage der Schulen, der Bedeutung des „gelehrten Mönchtums" für das Schulwesen, der pädagogischen Methoden und des Lehrsystems, wobei manche Einzelprobleme allerdings etwas undeutlich blieben[19].

Der englische Gelehrte M. Okenfuss[20] zeigte 1973 die jesuitischen Ursprünge in den Lehrplänen und im Aufbau der russischen geistlichen Schulen auf und vertrat die These, daß die beiden geistlichen Akademien und die geistlichen Seminare mit den klassischen west- und mitteleuropäischen Kollegien vergleichbar gewesen seien und daß es sich in Rußland nicht um „sogenannte ‚Kirchenschulen'" („so-called ‚church schools'") gehandelt habe (S. 127). Dies ist nur bedingt richtig. Der enge innere Zusammenhang zwischen der humanistischen Grundlage (bis zur „Rhetorik") und dem Studium von Philosophie und Theologie wurde in diesem Aufsatz zu wenig herausgearbeitet, wie überhaupt Okenfuss für Philosophie und Theologie wenig Interesse zeigt. Außerdem muß die These anhand einer Analyse der bildungspolitischen Intentionen von Staatsregierung und Kirchenleitung sowie der sozialen Zusammensetzung der Schülerschaft differenziert und korrigiert werden. Eine solche Analyse, wie sie in Teil 3 der vorliegenden Arbeit versucht worden ist, ergibt, daß ein Teil der russischen geistlichen Schulen im 18. Jh. allen so-

---

17 S. G. Runkevič: Aleksandro-Nevskaja Lavra (1713–1913), SPb. 1913, S. 498–518, 739–761.

18 B. Titlinov: Duchovnaja škola v Rossii v XIX stoletii, 2 Bd.e, Vil'na 1908, 1909 (ND Westmead 1970).

19 Smolitsch, Geschichte, S. 538–584.

20 M. Okenfuss: The Jesuit Origins of Petrine Education, in: J. G. Garrard (Hrsg.): Eighteenth Century, S. 106–120.

zialen Gruppierungen zugänglich gewesen ist, ein Teil sich im Laufe des Jahrhunderts zu Standesschulen für die Geistlichkeit entwickelt hat und ein Teil von Anfang an dem geistlichen Nachwuchs vorbehalten gewesen ist. Völlig richtig sieht Okenfuss, daß das geistliche Schulwesen nicht ausschließlich eine Domäne für den Kirchenhistoriker, sondern auch für die gesamte Kultur- und Wissenschaftsgeschichte Rußlands im 18. Jh. von größtem Interesse ist (S. 129).

G. Freeze analysiert im vierten Hauptteil seines 1977 erschienenen Buches „The Russian Levites“[21] das geistliche Schulwesen im Rußland des 18. Jh.s, beschränkt sich aber auf die Moskauer Akademie und die zentralrussischen Seminare. Diese „Fallstudie“ bringt manche wichtigen und interessanten Einblicke, die die bisherige Forschung weiterführen. Vor Rückschlüssen auf die Verhältnisse im übrigen Imperium wird man sich aber hüten müssen, da gerade in den Randgebieten vieles anders war als in Zentralrußland. Auf die enormen Schwierigkeiten beim Aufbau des geistlichen Schulwesens und die Widerstände von seiten des Gemeindeklerus wird deutlich hingewiesen, und es wird gezeigt, wie sehr die „neue Welt des Seminars“ den bisherigen Lebensstil der weißen Geistlichkeit verändert hat. Mit der „lateinischen Bildung“ hatte Freeze aber offensichtlich Mühe: das Latein war damals nicht einfach „Statussymbol“ (S. 81), sondern die Sprache, in der in ganz Europa theologisch gedacht, gesprochen, disputiert und geschrieben wurde[22]. Daß die Seminare für

---

21 Vgl. unten S. 21f.

22 Es gab im 18. Jh. noch keine russische theologische Fachsprache und fast keine russische theologische Fachliteratur. Bis ins 19. Jh. hinein übte das Lateinische diese Funktionen aus. Die sieben theologischen Traktate Feofan Prokopovičs, eines der wichtigsten Lehrbücher der Dogmatik im Rußland des 18. Jh.s, waren lateinisch abgefaßt und wurden zwischen 1770 und 1775 in Moskau, Königsberg und Gotha gedruckt (vgl. z.B. die „Christianae orthodoxae theologiae in Academia Kiowiensi a Theophano Prokopowicz, ejusdem Academiae rectore, postea Archiepiscopo Novogrodensi, adornatae et propositae“, tomus primus, Regiomonti 1773). Ebenso waren die systematischen Lehrbücher Feofilakt Gorskijs (Orthodoxae Orientalis Ecclesiae Dogmata ..., Leipzig 1784, SPb. ²1818 „für den Seminargebrauch“), Jakinth Karpinskijs (Compendium Orthodoxae Theologiae Doctrinae, Leipzig 1786), Sil'vestr Lebedinskijs (Compendium Theologiae, SPb. 1799, M. ²1808) und Irinej Fal'kovskijs (Christianae Orthodoxae Dogmatico-Polemicae Theologiae Compendium, 2 vol. M. 1802) lateinisch geschrieben. Das „Pravoslavnoe učenie“ Platon Levšins (M. 1765) war das erste dogmatische Kompendium in russischer Sprache. Dieses ursprünglich für den Religionsunterricht des Kronprinzen und späteren Zaren Paul konzipierte Buch mußte aber für den Gebrauch an den geistlichen Seminaren ins Lateinische übersetzt werden. Platon selber förderte diese Übersetzung, denn er hielt das Latein für die einzige dem theologischen Unterricht angemessene Sprache. Feofilakt Gorskijs „Sokraščenie

die Kirche nur von einem beschränkten Nutzen gewesen seien (S. 96) und daß die „Schüler das Seminar oft dümmer verließen, als sie es beim Eintritt waren" (S. 99), mag teilweise stimmen, darf aber nicht verallgemeinert werden. M.E. gab Freeze dem geistlichen Schulwesen im Rußland des 18. Jh.s eine zu schlechte Note.

3. Mit dem Beginn der Reformperiode unter Alexander II. setzte in Rußland eine rege Diskussion über die Lage der Pfarrgeistlichkeit der orthodoxen Kirche ein. Ausgelöst wurde diese Diskussion durch eine Schrift mit dem Titel „Beschreibung der Dorfgeistlichkeit" (Opisanie sel'skogo duchovenstva), die anonym erschienen, in Leipzig gedruckt und in Berlin, Paris und London verlegt worden war. Der Verfasser, der Priester Ioann Belljustin (1820–1890)[23], der seine Schrift mit den Worten einleitete: „Es ist traurig und schmerzhaft zu sehen, wie weit bei uns die Dorfgeistlichkeit erniedrigt und bedrückt ist ...", beklagt sich bitter über die miserablen Bedingungen der Elementar- und Seminarbildung des geistlichen Nachwuchses, die schlechte Stellenlage, das Familienleben, die ungenügende materielle Versorgung des Gemeindeklerus und über die Willkür der Bischöfe und der Konsistorien, der der einfache Dorfpriester wehrlos ausgesetzt war[24]. Im Zusammenhang mit dieser Diskussion entstanden auch die ersten Arbeiten, die den geschichtlichen Ursachen und Hintergründen der in so mancher Hinsicht erbärmlichen Lage der Gemeindegeistlichkeit nachgingen. In den vorhergehenden Jahrzehnten waren solche Untersuchungen nicht möglich gewesen, weil die scharfe Zensur in der Regierungszeit Nikolaus I. sie nicht an die Öffentlichkeit hätte gehen lassen. Filaret Gumilevskij, Erzbischof von Kiev und Verfasser der ersten wissenschaftlich fundierten Darstellung der russischen Kirchenge-

---

Dogmatov Christianskich" erschien zweisprachig, russisch und lateinisch, 1773 in Moskau. Auch begann man, die Kirchenväter ins Russische zu übersetzen (vgl. unten S. 212). Allmählich konnte eine russische theologische Fachsprache entstehen. Seit den Schulreformen in der Regierungszeit Alexanders I. fing man an, den höheren Seminar- und Akademieunterricht in russischer Sprache durchzuführen. Aber noch in der Mitte des 19. Jh.s wurde dem Lateinunterricht viel Raum gegeben. – Vgl. Slov. ist. 2, 313f., 329f.; 1, 215–217; 2, 208f.; 1, 208–210; Belljustin, S. 16–20; Härtel, S. 13; G. Florovskij: Westliche Einflüsse in der russischen Theologie, in: Kyrios 2, 1937, S. 11–14. – Im übrigen waren die Lehrpläne und -methoden des 18. Jh.s für die damaligen Verhältnisse modern. Die theologischen und geistlichen Voraussetzungen für ein Seminar, das durch Kurse in Liturgik, Homiletik, Katechetik und Pastoraltheologie die künftigen Geistlichen gezielt auf ihr Amt vorbereitet hätte, waren nicht gegeben.

23 E. Golubinskij: O reforme v byte russkoj cerkvi, M. 1913, S. 116 Anm. 1.

24 Zu der gesamten Diskussion vgl. A. A. Papkov: Cerkovno-obščestvennye voprosy v ėpochu carja osvoboditelja (1855–1870), SPb. 1902, S. 195ff.

schichte, hatte es nicht wagen können, kritische Bemerkungen über die Lage der Pfarrgeistlichkeit zu schreiben[25]. Mit der neuen geistigen Situation seit 1855 und dem mit ihr verbundenen Aufschwung nicht nur der kirchlich-publizistischen Tätigkeit, sondern auch der wissenschaftlichen Forschung, konnte dieser heikle Themenbereich aufgegriffen werden. Autor des ersten größeren Aufsatzes über die Lage der weißen Geistlichkeit im 18. Jh. war der früh verstorbene Lehrer der Kiever Akademie und Publizist E. M. Kryžanovskij (1831–1888), dessen Arbeiten sich sowohl durch gründliche Archiv- und Quellenstudien als auch durch schriftstellerische Gewandtheit auszeichneten. Die „Skizzen der Lebensweise der kleinrussischen Geistlichkeit im 18. Jh." erschienen von 1861 bis 1864 in der vom Kiever geistlichen Seminar herausgegebenen Zeitschrift „Rukovodstvo dlja sel'skich pastyrej" (Anleitung für Dorfpriester). Das „Rukovodstvo" gehörte zu den seit 1855 neu erscheinenden theologischen und kirchlichen Publikationsorganen und wollte in Form einer Wochenschrift mit kurzen Artikeln der theologischen und geistlichen Weiterbildung des Gemeindeklerus dienen. Kryžanovskij informierte über die Zusammensetzung des Klerus und der Behörden in den Kirchengemeinden und über die Wahl und Einsetzung von Kandidaten in ihre Gemeinden und vermittelte wertvolle Einblicke in die Besonderheiten der Ukraine unter diesen Gesichtspunkten[26].

In den folgenden Jahren erschien eine Reihe von Artikeln zu diesem Themenkomplex in der 1855 gegründeten Zeitschrift der Kazaner geistlichen Akademie „Pravoslavnyj sobesednik", die unter anderem Ausgaben und Übersetzungen von Kirchenväter- und Kirchenlehrerschriften, wichtige exegetische, kirchengeschichtliche und dogmatische Arbeiten, Predigten und religiöse Belehrungen enthielt[27]. Wegen mehrerer Ermahnungen durch die Zensur waren die Autoren zu Vorsicht und Zurückhaltung gezwungen. Dies galt schon von einem anonym gedruckten Aufsatz „Obščestvo i duchovenstvo", dem das Motto aus dem Predigerbuch des Alten Testaments: „Es ist Zeit zu schweigen und Zeit zu sprechen" (Ekkl. 3,6) vorangestellt war und in dem viel Kritisches über die Gesellschaft und wenig Kritisches über die Geistlichkeit geboten wurde[28]. Sehr viel differenzierter und interessanter war eine Jugendarbeit des später

---

25 Filaret [Gumilevskij]: Istorija russkoj cerkvi, SPb. 1838; deutsch: Geschichte der russischen Kirche, Frankfurt 1872; Smolitsch, Geschichte, S. 44.

26 E. M. Kryžanovskij: Očerki byta južnorusskogo sel'skogo durchovenstva v XVIII veke, in dess.: Sobranie sočinenij, Bd. 1, Kiev 1890, S. 391–439.

27 Oswalt, S. 21f.

28 Obščestvo i duchovenstvo, Prav. Sob. 1859 I, S. 87–127.

berühmten Historikers A. P. Ščapov (1830–1876)[29], die den Titel „Sostojanie russkogo duchovenstva v XVIII stoletii" (Die Lage der russischen Geistlichkeit im 18. Jh.) trug, zunächst ebenfalls anonym und 1862 im „Pravoslavnyj sobesednik" erschien. Ščapov idealisierte die ältere russische Kirchengeschichte bis ins 17. Jh. hinein in manchen Stükken und machte die Reformen Peters d. Gr. für die Entstehung des geistlichen Standes (duchovnoe soslovie)[30] und für die soziale Abgeschlossenheit des Gemeindeklerus verantwortlich. Dem geistlichen Schulwesen und Unterricht, der scholastischen theologischen Lehre im 18. Jh. stellte er ein ausgesprochen schlechtes Zeugnis aus. Ferner beklagte er das niedrige sittliche Niveau der Geistlichkeit und ihre schlechte materielle Lage. Mit seinen Ausführungen wies Ščapov erstmals die wichtigsten Fragen der künftigen Forschung auf.

Im folgenden Jahrzehnt erschienen mehrere Arbeiten über die russische Gemeindegeistlichkeit im 18. Jh. von P. Znamenskij (1836–1910). Der Autor, 1866 außerordentlicher, 1868 ordentlicher Professor an der Kazaner Akademie, war einer der bedeutendsten Kirchenhistoriker Rußlands im 19. Jh.[31]. Er verfaßte mehrere umfangreiche Bücher, darunter ein damals in den geistlichen Seminaren sehr verbreitetes Lehrbuch der russischen Kirchengeschichte („Rukovodstvo k russkoj cerkovnoj istorii", 1. Aufl. 1871)[32] und das bereits erwähnte Werk über das geistliche Schulwesen sowie mehr als 50 kürzere Arbeiten, einige davon zu unserem Themenbereich. In einem Aufsatz analysierte Znamenskij die Gesetzgebung Peters d.Gr. für den Bereich der orthodoxen Geistlichkeit, und zwar zuerst die Schul- und Bildungsfragen, dann die Maßnahmen gegen die Überfüllung des geistlichen Standes, das Problem der vagabundierenden Kleriker, den niederen Stand der Sittlichkeit und die schlechte wirtschaftliche Lage, schließlich das Mönchtum[33]. Der materiellen Lage des Stadt- und Landklerus war ein weiterer Aufsatz aus dem Jahre 1865 gewidmet[34]. In der schlechten wirtschaftlichen Versorgung des Gemeindekle-

---

29 Über Ščapov vgl. BĖ 79, 45–47; Grothusen, S. 213–215. A. P. Ščapov, Sočinenija, 3 Bd.e, SPb. 1906–1908. Der hier genannte Aufsatz, der in Prav. Sob. 1862 II, S. 16–40, 173–206 publiziert worden war, ist nicht in die Werkausgabe aufgenommen worden.

30 Zum Begriff „soslovie" (Stand) vgl. V. O. Ključevskij: Istorija soslovij v Rossii, in dess.: Sočinenija, Bd. 6, S. 276–466: Pushkarev S. 137–139; Freeze S. VIII Anm. 1, S. 17.

31 PBĖ 5, 720–724; PPBĖ 918; Smolitsch, Geschichte, S. 47f.

32 Smolitsch, Geschichte, S. 47f.

33 Zakonodatel'stvo Petra Velikogo otnositel'no duchovenstva; in: Prav. Sob. 1863.

34 O sposobach soderžanija russkogo duchovenstva v XVII i XVIII st., in: Prav. Sob. 1865.

rus sah Znamenskij die Ursache für den geringen Einfluß der Geistlichkeit auf das Volk. In weiteren Arbeiten untersuchte er die Beziehungen zwischen der Staatsmacht und dem Gemeindeklerus[35], die Bedingungen für den Eintritt in den Kirchendienst[36], die Steuern, die die Geistlichkeit an die bischöfliche Verwaltung zu entrichten hatte[37], und die Beziehungen zwischen den Gliedern des Klerus und ihren Gemeinden[38]. Znamenskij faßte seine Untersuchungen, die sich auf das gesamte, damals gedruckt vorliegende Material stützten, schließlich in seiner umfangreichen Untersuchung „Die Gemeindegeistlichkeit in Rußland seit der Zeit der Reform Peters des Großen" zusammen[39].

Außer den genannten Arbeiten Znamenskijs erschienen in den 1860er Jahren eine Untersuchung des Archivars und Bibliothekars im Hl. Synod N. I. Grigorovič (1835–1889) über die rechtliche Lage und die materielle Versorgung der Geistlichkeit von der Mitte des 18. Jh.s bis zur Mitte des 19. Jh.s[40], eine kleinere Arbeit von G. Vedenjapin über die Gesetzgebung der Zarin Elisabeth und ein Aufsatz von G. Istomin über die Gesetzgebung Katharinas II. über die orthodoxe Geistlichkeit[41]. Eine anonyme Arbeit „Über das Mysterion der Priesterweihe" aus dem Jahre 1867, die sich an der Lehre der Kirchenväter orientierte und zu den konkreten Verhältnissen in Rußland nicht explizit Stellung nahm, bildete eine wertvolle theologische Ergänzung[42]. Schließlich behandelte A. Lavrov die Gruppe der verwitweten Priester und Diakone in einem besonderen Aufsatz[43].

Die Lage des Gemeindepriesters in Petersburg war der Gegenstand einer kürzeren Untersuchung des Professors an der geistlichen Akademie in Petersburg N. I. Barsov (1839–1903)[44]. Der anerkannte Spezialist für

35 Ob otnošenii graždanskoj vlasti k russkomu duchovenstvu v XVII i XVIII v., Prav. Sob. 1866.

36 O postuplenii v Rossii na cerkovnye dolžnosti v XVII i XVIII v., in: Prav. Sob. 1866.

37 O sborach s nizšego duchovenstva v kaznu eparchial'nych archiereev v XVII i XVIII st., in: Prav. Sob. 1866.

38 Ob otnošenijach russkich svjaščenno-cerkovno-služitelej k prichodam v XVII i XVIII st., in: Prav. Sob. 1867.

39 Prichodskoe duchovenstvo v Rossii so vremeni reformy Petra Velikogo, Kazan' 1873; vgl. auch dess.: Prichodskoe duchovenstvo na Rusi, M. 1867.

40 Obzor obščich zakonopoloženii o soderžanii pravoslavnogo duchovenstva v Rossii, SPb. 1867.

41 Vgl. Literaturverzeichnis.

42 O tainstve svjaščenstva, in: Prav. Sob. 1867.

43 A. P. Lavrov: Vdovye svjaščenniki, in: Chr. Čt. 1870/71.

44 N. I. Barsov: Peterburgskij prichodskij svjaščennik vo vtoroj polovine XVIII i načale XIX stoletij, in: Chr. Čt. 1867. Über Barsov vgl. BĖ 5, 104; Glubokovskij, S. 23.

die Geschichte des Bauerntums in der neueren russischen Geschichte, V. I. Semevskij (1848–1916), publizierte einen wertvollen Aufsatz über den Dorfpriester in der zweiten Hälfte des 18. Jh.s[45]. I. P. Znamenskij verfaßte seine Magisterarbeit 1880 über die Lage der Geistlichkeit in der Regierungszeit Katharinas II. und Pauls I., verwertete dabei auch die seit P. Znamenskijs großem Werk neu publizierten Quellen, brachte aber wenig neue Gesichtspunkte und Einsichten[46]. Die Äußerungen ausländischer Memoiren und Reiseberichte über die russische Geistlichkeit wurden 1884 von S. Tregunov zusammengestellt und analysiert[47], N. Runovskij äußerte sich 1897 nochmals zur Frage der sozialen Abgeschlossenheit der weißen Geistlichkeit in Rußland[48] und A. Lotockij brachte einige neue Aspekte über die ökonomische Lage der Geistlichkeit im 18. Jh. (1899)[49]. Abgesehen von mehreren guten zusammenfassenden Lexikonartikeln muß aus dem reichhaltigen kirchen- und sozialgeschichtlichen Schrifttum der ersten beiden Jahrzehnte des 20. Jh.s vor allem auf die 1918 in den „Izvestija Rossijskoj Akademii Nauk" erschienenen sehr gründlichen und detaillierten Untersuchungen des Historikers V. E. Den' (Dehn) über die steuerpflichtigen Elemente in der Geistlichkeit Rußlands im 18. Jh. hingewiesen werden[50].

In der sowjetischen und in der westlichen Forschung der letzten 60 Jahre ist der Gemeindeklerus diejenige soziale Gruppierung in Rußland, die weitaus am wenigsten Interesse gefunden hat. Smolitsch bot im

---

45 V. I. Semevskij: Sel'skij svjaščennik vo vtoroj polovine XVIII v., in: R.St. 1877. Über Semevskij, dessen Werk: Krest'jane v carstvovanie imperatricy Ekateriny II, 2 Bd.e, SPb. 1901–1903, sehr bekannt ist, vgl. BSĖ 23, 660f.

46 I. Znamenskij: Položenie duchovenstva v carstvovanie Ekateriny II, M. 1880. – I. Znamenskij war Absolvent der Moskauer geistlichen Akademie, 1884 Priester, dann Erzpriester und Rektor des Taurischen Seminars, 1894 Rektor des Seminars Char'kov, vgl. PBĖ 5, 724f.

47 S. Tregunov: Religioznyj byt russkich i sostojanie duchovenstva v XVIII v. po memuaram inostrancev, Kiev 1884.

48 N. Runovskij: Soslovnaja zamknutost' belogo duchovenstva v Rossii, in: Strannik 1897. Runovskij war Absolvent des Kazaner geistlichen Seminars und Lehrer am Taurischen Seminar. Seine Magisterdissertation trug den Titel: Cerkovno-graždanskie postanovlenija otnositel'no pravoslavnogo duchovenstva v carstvovanie Aleksandra II, vgl. PPBĖ, 1970.

49 A. Lotockij: Material'noe obezpečenie prichodskogo duchovenstva v prošlom veke, in: Rukovodstvo dlja sel'skich pastyrej, 1899.

50 Vgl. den Artikel „Duchovenstvo" in: BĖ 21, 253–265 (von N. Barsov und N. Vasilenko) und in: PBĖ 5, 89–127 (von M. Markov). – V. E. Den' [Dehn]: Podatnye ėlementy sredi duchovenstva Rossii v XVIII veke, 1918. Den' verfaßte auch ein umfangreiches Werk zur Bevölkerungsgeschichte Rußlands im 18. Jh.: Naselenie Rossii po pjatoj revizii, 2 Bd.e, M. 1902.

vierten Kapitel seiner „Geschichte der russischen Kirche“ eine knappe Darstellung der Herausbildung des geistlichen Standes, der Stellung der Pfarrgeistlichkeit in der staatlichen Gesetzgebung, des Verhältnisses zwischen Gemeindegeistlichkeit und kirchlicher Obrigkeit, der ökonomischen Versorgung und der sozialen Stellung des Gemeindeklerus, wobei er in Analyse und Urteil stark von P. Znamenskijs Werken abhängig war[51]. Im Herbst 1977 erschien die Untersuchung von Gregory L. Freeze „The Russian Levites. Parish Clergy in the Eighteenth Century“, die sich in Thematik und Fragestellung mit der vorliegenden Untersuchung in manchen Punkten berührt[52]. Freeze ist es gelungen, in seinen umfangreichen und gründlichen Studien die Forschung, was die Verhältnisse in den zentralrussischen Eparchien betrifft, weiterzuführen. Im Kapitel „Parish Clergy in the Secular Empire“ behandelt er Stellung und Rechtslage des Klerus im Staatsgefüge, im Kapitel „The Hierarchy and the Parish Clergy“ die mannigfaltigen Beziehungen zwischen der Gemeindegeistlichkeit und ihren vorgesetzten kirchlichen Behörden, im Abschnitt „The Structure and Economics of Church Service“ die materielle Lage und im Kapitel „The Clergy and the Parish Community“ die soziale Stellung des Klerus. Das Kapitel „A Separate Society and Culture“ ist dem Problem der sozialen Isolierung des geistlichen Standes gewidmet[53].

---

51 Smolitsch, Geschichte, S. 428–537.

52 Ich danke Mr. Freeze, da er mir freundlicherweise sein Buch sofort nach dem Erscheinen hat zukommen lassen.

53 Zum Kapitel „The new World of the Seminary“ vgl. oben S. 15f. Vgl. auch meine Rezension des Buches von Freeze in: JGO NF 28, 1980, S. 104–106. – Im Schul- und Bildungskapitel müssen die theologischen Aspekte der Lehrpläne stärker berücksichtigt werden. Den trotz der enormen Schwierigkeiten erfolgreichen Aufbau eines geistlichen Schulwesens beurteile ich positiver als Freeze. Die Analyse der sozialen Zusammensetzung der Schülerschaft in den geistlichen Schulen ergibt, daß die Verhältnisse in den Randgebieten des Imperiums anders gewesen sind als in Zentralrußland, und ergänzt die an sich sehr wertvollen Ausführungen bei Freeze, S. 78–106 und 201–204. Das Scheitern der Pläne zur Errichtung von theologischen Fakultäten – bei Freeze nur in einem Satz angedeutet (S. 80, vgl. aber unten, S. 135ff.) – ist für das Thema der sozialen Isolierung im Bildungswesen recht ergiebig, ebenso ein Ausblick auf das weltliche Bildungswesen, der bei Freeze fehlt. In den im 4. Hauptteil behandelten Fragen sehe ich die Kontinuität zu den Verhältnissen im vorpetrinischen Rußland enger als Freeze (vgl. unten, S. 223ff.). Wichtig ist mir ferner die große Vielfalt innerhalb des geistig und sozial sich immer mehr abschließenden geistlichen Standes. Dies gilt für die Unterschiede in der Bildung ebenso wie für die differenzierte ökonomische Lage. Die Gruppe der vagabundierenden Priester und Diakone, von Freeze auf S. 51 in einem Satz erwähnt, verdient ein eigenes Kapitel, das ohne weiteres noch reichhaltiger und umfangreicher sein könnte als unten, S. 218ff. Ähnliches gilt von der Gruppe der verwitweten Priester und Diakone (vgl. Freeze, S. 68 und unten, S. 221ff.). Das Auseinanderbrechen

Freeze's Studie hat mich veranlaßt, entgegen meinen früheren Plänen einerseits die sozialgeschichtlichen Untersuchungen zum Episkopat, der bei Freeze nur ganz am Rande berührt ist, ausführlicher zu gestalten sowie einzelne Gesichtspunkte der Geschichte des geistlichen Bildungswesens, der Rechtslage der Geistlichkeit und der sozialen Isolierung und der gleichzeitigen inneren Vielfalt des geistlichen Standes, die bei Freeze m.E. zu kurz gekommen sind oder wo ich anderer Meinung bin als er, deutlicher herauszuarbeiten und andererseits auf die ursprünglich vorgesehenen Kapitel über das Verhältnis der Pfarrgeistlichkeit zu den ihr übergeordneten Behörden und Institutionen und über die ökonomischen Verhältnisse von Gemeinden und Klerus ganz oder teilweise zu verzichten. Freeze war es möglich gewesen, zwei Jahre lang in sowjetischen Archiven zu arbeiten und bisher unbekannte Materialien einzusehen. Wegen der erdrückenden Fülle des Materials mußte er sich auf die zentralrussischen Eparchien beschränken. Eine solche Fallstudie hat ihre großen Vorzüge, weil sie punktuell genaue Ergebnisse liefert, aber gleichzeitig ihre Grenzen, weil sie diese punktuell genauen Ergebnisse zu verallgemeinern droht – Grenzen, die Freeze nicht immer klar erkannt und herausgearbeitet hat.

Die vorliegende Untersuchung stützt sich lediglich auf das allerdings außerordentlich umfangreiche und in der bisherigen Forschung noch wenig oder gar nicht verwertete gedruckte Material und berücksichtigt auch die Randgebiete des russischen Imperiums, wo vieles ganz anders war als in Zentralrußland. Das Material zu dieser Arbeit wurde im wesentlichen in den Seminarbibliotheken des Lehrstuhles für Geschichte und Theologie des christlichen Ostens und des Lehrstuhles für osteuropäische Geschichte der Universität Erlangen-Nürnberg, der Bayerischen Staatsbibliothek München und der Stiftung Preußischer Kulturbesitz, Berlin, gefunden oder durch die Fernleihe zur Verfügung gestellt. Der Lehrstuhl für Geschichte und Theologie des christlichen Ostens im Fachbereich Theologie der Universität Erlangen besitzt als Grundstock seiner Bibliothek eine wertvolle Sammlung russischer theologischer und kirchengeschichtlicher Literatur, die ursprünglich Dubletten der Moskauer Synodalbibliothek waren und in den 1920er Jahren aufgekauft

---

der traditionellen theologischen und der neuen säkularen Auffassung vom Priesteramt scheint mir auch ein wesentlicher Gesichtspunkt für die Thematik zu sein, zu der aus Raumgründen leider nicht alles zur Verfügung stehende Material ausgearbeitet und diskutiert werden konnte. – Auch wenn ich in diesen und noch in einigen anderen Punkten anderer Meinung bin als Freeze, halte ich sein Buch dennoch für eine gute und ergiebige Arbeit, die den früheren Forschungsstand um ein deutliches Stück hat weiterführen können.

werden konnten. Diese Sammlung wurde durch Neuanschaffungen wesentlich ergänzt, wobei die ausgedehnte Mikrofiche-Sammlung, in der fast alle wichtigen theologischen und mehrere bedeutende weltliche russische Zeitschriften aus dem 19. Jh. vollständig vorhanden sind, besonders ergiebig ist. Dennoch wäre die Arbeit nie zustande gekommen, wenn mir nicht von der Leninbibliothek in Moskau durch die Auslandsfernleihe rund 100 Bücher und Mikrofilme zur Verfügung gestellt worden wären.

Die vorliegende Darstellung kann und will nicht beanspruchen, eine definitive Lösung der angegangenen Fragen zu bieten, sondern sie möchte lediglich zu einer vertieften und besser fundierten Kenntnis und Diskussion und zu einem besseren Verständnis einzelner Probleme der russischen Sozial- und Kirchengeschichte des für die spätere Entwicklung in mancher Hinsicht so wichtigen und entscheidenden 18. Jh.s beitragen.

2 Zusammensetzung und Lage des Episkopats

Einleitung

Der Grundgedanke der petrinischen Kirchenreform war die völlige Ein- und Unterordnung der Kirche in das Staatswesen. Daß Peter nach dem Tode des Patriarchen Adrian im Jahre 1700 keinen Nachfolger bestellen ließ, sondern den Bischof von Rjazan', Stefan Javorskij, nur zum Patriarchatsverweser ernannte, lag darin begründet, daß der Monarch sich einen größeren Einfluß auf die Leitung der Kirche zu verschaffen suchte[1]. Mit der Errichtung des Hl. Synod im Jahre 1721, die eine grundlegende Umstrukturierung der gesamten Kirchenorganisation bedeutete, schuf Peter die institutionelle Grundlage für seine Kirchenpolitik. Der Hl. Synod war ein vom Staat abhängiges Kirchenministerium oder -kollegium, das in Parallele stand zu den von Peter einige Jahre früher geschaffenen Kollegien, wie dem Kollegium für auswärtige Angelegenheiten, den Justiz-, Kriegs-, Bergwerks- und Manufakturkollegien usw.[2].

---

1 Wittram, Verhältnis, S. 274.

2 Zur petrinischen Kollegialverwaltung vgl. Wittram, Peter Bd. 2, S. 173ff. Im ersten Teil des Geistlichen Reglements wird auf diese Parallele ausdrücklich hingewiesen: „Und auf eben dieselbe Weise hat der großmächtigste Czaar von gantz Rußland, zum Vortheil des Ihm unterworffenen Vaterlandes, unterschiedliche Collegia, nach dem Unterschied der Geschäfte und Nothdurften des Reichs, im Jahr 1718, höchst weißlich angeordnet". Verchovskoj, Učreždenie, S. 28; Geistliches Reglement, S. 9. Das Geistliche Reglement findet sich in: PSP 1, Nr. 1 (1721). Wir zitieren jeweils nach der Ausgabe von Verchovskoj, Učreždenie (2. Bd., 1. Abteilg.) und nach der von Johann Gotthilf Vockerodt, dem Hauslehrer der Familie Kantemir, besorgten zeitgenössischen deutschen Übersetzung, Danzig 1724 (erster Druck schon SPb. 1721). – Das von Peter in Anlehnung an seine Kollegienreform geschaffene „Geistliche Kollegium" erhielt kurz nach seiner Gründung die Bezeichnung „Heiligster dirigierender Synod". Dieser bestand aus 11–12 Mitgliedern und verfügte über die kirchenleitenden Kompetenzen des früheren Patriarchen. Über Organisation und Tätigkeit des Synods unter Peter I. vgl. Smolitsch, Geschichte, S. 120–132, über seine Befugnisse und organisatorischen Veränderungen im 18.–20. Jh. vgl. ebd. S. 160–199. Der Hl. Synod darf nicht mit einer Synode (Landeskonzil, russ. „sobor") verwechselt werden. Zum Begriff „Synode" im protestantischen Sinn vgl. RGG^3 6, 569–571. – Zur Frage, ob und inwieweit byzantinische oder protestantische Vorbilder bei der Errichtung des Hl. Synods einen Einfluß ausgeübt haben, vgl. Wittram, Peter Bd. 2, S. 191 und die dort S. 554 Anm. 55 genannte Literatur (Verchovskoj, Stupperich, Fleischhacker).

Wie es für den Frühabsolutismus charakteristisch war, sollte die Kirche ihre Eigenständigkeit verlieren und der Grundkonzeption des Gemeinwohls und des allgemeinen Nutzens (obščaja pol'za) untergeordnet werden. Dabei ging Peter erstaunlich großzügig über die Bestimmungen der kirchlichen Tradition und des orthodoxen Kirchenrechts hinweg[3]. Besonders lehrreich hierfür ist der 1. Teil des Geistlichen Reglements (1721), wo das jüdische Synhedrion und der Areopag zu Athen sowie Vernunftsüberlegungen zur Begründung einer kollegialen Kirchenleitung herbeigezogen werden, während Geschichte, Tradition und das kanonische Recht der Ostkirche nicht einmal erwähnt sind[4].

Die tiefgreifenden Veränderungen, die sich als Folge der petrinischen Kirchenreformen für die Zusammensetzung und die Lage des Episkopats im 18. Jh. ergaben, sollen in folgenden vier Hauptpunkten dargestellt werden:

1. die geographische Herkunft der Bischöfe
2. die soziale Herkunft der Bischöfe
3. die Bildung der Bischöfe
4. Versetzungen und Absetzungen von Bischöfen

Mit anderen Worten: Es soll untersucht werden, wer Bischof der russischen orthodoxen Kirche im 18. Jh. geworden ist. Welche geographische, soziale und geistige Herkunft hatten die Bischöfe? Welcher Lebensweg führte zum Bischofsamt? Wie setzte sich der Episkopat des 18. Jh.s im Vergleich zu demjenigen des 17. Jh.s zusammen? Inwiefern haben die Kirchenreformen Peters d.Gr. Bestand und Zusammensetzung des Episkopats verändert?

2.1 Die geographische Herkunft der Bischöfe

2.1.1 Die Bischöfe großrussischer und ukrainischer Herkunft

Es ist in der Forschung bereits mehrfach festgestellt worden, daß Peter d.Gr. von 1700 an bei der Besetzung vakanter Bischofssitze Ukrainer bevorzugte[5]. Da die linksufrige Ukraine[6] erst durch den Vertrag von

---

3 Wittram, Verhältnis, S. 286.

4 Verchovskoj, S. 28ff.; Geistliches Reglement, S. 8ff. Zur Absolutismusdiskussion in der neueren sowjetischen und westlichen Forschung vgl. den Artikel „Absolutismus", SDG, Bd. 1, Sp. 17–37; Ruffmann, Autokratie, S. 345–352.

5 Charlampovič, Malorossijskoe vlijanie, S. 505–550; Smolitsch, Geschichte, S. 389–392.

6 Eine Karte zur Vereinigung der Ukraine mit Großrußland in: Atlas istorii SSSR dlja srednej školy, čast' 1-aja; pod red. E. P. Kučborskaja, 1967, S. 12. – Zu Beginn

Andrusovo (1667) politisch und kirchlich an das Russische Reich angegliedert worden war, bedeutete dies nicht selten eine grobe Verletzung von Klerus und Laien, kamen doch die neuen Bischöfe aus einer anderen kirchlichen Tradition, sprachen eine andere Sprache und standen, wie man genau wußte, unter starkem lateinischen Einfluß. Bis zum Ende des 17. Jh.s waren nur verhältnismäßig selten Bischöfe fremder Herkunft in eine großrussische Eparchie eingesetzt worden.

Peter war besonders vom hohen Bildungsstand des ukrainischen Klerus angetan: Die meisten Bischöfe waren Absolventen der Kiever Akademie, einige hatten sich eine zusätzliche Ausbildung im Ausland verschafft, während die russischen Bischöfe oft nur schlechte Schulbildung hatten. So war der aus einer altmoskowitischen Adelsfamilie stammende Georgij Daškov nicht nur selber völlig ungebildet, sondern auch ein heftiger Gegner jeder Bildung. Dionisij von Vjatka wurde nachgesagt, daß er gerade noch den Psalter habe lesen können; er nahm kurz vor seinem Tod das Schima, erreichte also die höchste Stufe der Askese[7]. Es prallten hier zwei im Ansatz verschiedene Formen des Mönchtums aufeinander. Auf der einen Seite stand das traditionelle, orthodoxe, auf das ägyptische und byzantinische Vorbild zurückgehende Mönchtum: Ziel des mönchischen Lebens waren hier Gebet, Askese, Schriftmeditation und das vollkommene Verlassen der Welt. Dazu gehörte oft, aber nicht immer und nicht notwendigerweise auch eine Ablehnung der Bildung, eine Bildungsfeindlichkeit auch der Theologie als Wissenschaft gegenüber. Auf der andern Seite war in der Ukraine im 17. Jh. ein neuer Typ von Mönchtum, das sog. „gelehrte Mönchtum" entstanden, bei dem gründliche theologische und weltlich-humanistische Bildung eine zentrale Bedeutung hatten. Aufgaben des gelehrten Mönchs waren in erster Linie die Predigt, die theologische Arbeit und der Unterricht. Die alten Mönchsregeln mußten demgegenüber nicht in voller Strenge eingehalten werden[8]. Dieses „gelehrte Mönchtum" wurde von Peter I. sehr gefördert und geschätzt.

Wie äußerte sich diese Bevorzugung gelehrter Mönche aus der Ukraine in der Zusammensetzung des Episkopats? Wir untersuchen im folgenden in einem ersten Schritt das Zahlenverhältnis zwischen groß- und kleinrussischen Hierarchen im 18. Jh., fragen in einem zweiten Schritt nach den Gründen, die Peter und seine Nachfolger bis in die Mitte des Jahr-

---

des 18. Jh.s gab es drei ukrainische Bistümer, die zum russischen Imperium gehörten: Kiev, Černigov und Perejaslavl' (1701 gegründet als Vikariat zu Kiev).

7 Čistovič, Georgij Daškov, S. 52; Ljubopytnoe izvestie o vjatskoj eparchii, in: Čt. imp. 1847, 1848/7, S. 50f.

8 Über das gelehrte Mönchtum vgl. auch unten, S. 66–70.

hunderts dazu bewogen haben, ukrainische Bischofskandidaten vorzuziehen, und versuchen dann, eine Erklärung zu finden, warum in der zweiten Hälfte des 18. Jh.s wesentlich weniger ukrainische Bischöfe mit der Leitung großrussischer Eparchien betraut worden sind. Zuerst muß aber festgehalten werden, wie viele Eparchien die russische orthodoxe Kirche im 18. Jh. überhaupt umfaßte.

1700 gab es im russischen Reich neben dem unmittelbar dem Patriarchen unterstellten Patriarchatsgebiet (patriaršaja oblast') nur 21 Eparchien, die zum Teil eine riesige Ausdehnung hatten[9]. Außerdem existierten auf polnisch-litauischem Staatsgebiet die orthodoxen Eparchien Luck, die bald an die Union verloren ging, und Mogilev, die bis 1793 unter der Jurisdiktion des Metropoliten von Kiev blieb, quantitativ aber unbedeutend war. Daß die Kirche in verhältnismäßig wenige, dafür aber sehr ausgedehnte Bistümer unterteilt gewesen ist, gehört zu den charakteristischen Zügen bereits der frühen russischen Kirchengeschichte und unterscheidet sie von der byzantinischen Kirche, wo die Eparchien kleiner und übersichtlicher zu sein pflegten[10].

Das schwer überschaubare Patriarchatsgebiet, das nach dem Tode Adrians vom Patriarchatsverweser betreut und nach 1721 unmittelbar dem Synod zugeordnet und in Synodalgebiet (sinodal'naja oblast') umbenannt wurde, teilte man in den 40er Jahren des 18. Jh.s in mehrere Eparchien auf, von denen die Eparchien Moskau, Kostroma und Vladimir die wichtigsten wurden. Die neu gegründete Hauptstadt mit ihrer Umgebung bildete zunächst ein besonderes, dem Erzbischof von Novgorod unterstelltes Verwaltungsgebiet und wurde 1742 zu einer eigenen Eparchie St. Petersburg erhoben. Überdies nahm man im Laufe des Jahrhunderts mehrere tiefgreifende Umgestaltungen in den Abgrenzungen der Eparchien sowie eine Reihe von Neugründungen von Bistümern und Vikarbistümern vor. Erstens wurde die bereits im 17. Jh. geforderte und begonnene Aufteilung der riesigen Eparchien in übersehbare Verwaltungseinheiten fortgesetzt; zweitens mußten die durch die Eroberung in Südrußland und die durch die polnischen Teilungen neu erworbenen Gebiete in die kirchliche Administration eingegliedert werden; und drittens wurden seit Katharina II.

9 Smolitsch, Geschichte, S. 357. – Die Eparchie Azov, die nur wenige Monate (1700/01) existiert hat, ist hier nicht mitgezählt. – Nach Pokrovskij, Russkie eparchii 1, S. 385 gab es zu Beginn des 18. Jh.s folgende Eparchien: Das *Patriarchat* von Moskau und ganz Rußland (Patriarchatsgebiet, später Synodalgebiet); die *Metropolien* Kiev, Novgorod, Kazan', Astrachan', Rostov, Pskov, Smolensk, Tobol'sk, Saraj, Nižnij Novgorod, Rjazan', Belgorod, Suzdal'; die *Erzbistümer* Černigov, Vologda, Tver', Kolomna, Vjatka, Cholmogory, Ustjug; das *Bistum* Voronež.

10 Golubinskij 1.1, S. 557–559.

durch mehrere Ukaze die Grenzen der Eparchien an die Grenzen der Gouvernements angeglichen. Damit vereinfachte sich die Verwaltung der Reichskirche erheblich, und es wurde eine alte byzantinische Regelung, wonach die kirchlichen und weltlichen Verwaltungseinheiten identisch zu sein hätten, wieder aufgegriffen[11].

Von großer Bedeutung waren die „Štaty" von 1764, nach denen die russische orthodoxe Kirche 26 Eparchien in Großrußland (= im eigentlichen Rußland), 4 Eparchien in Kleinrußland (= Ukraine) und 2 Vikarbistümer besaß. Die großrussischen Eparchien wurden in drei Klassen eingeteilt und in eine genaue Reihenfolge gegliedert:

1. Klasse: Novgorod, Moskau, St. Petersburg.
2. Klasse: Kazan', Astrachan', Tobol'sk, Rostov, Kruticy, Pskov, Rjazan', Tver'.
3. Klasse: Smolensk, Nižnij Novgorod, Belgorod, Suzdal', Vologda, Kolomna, Vjatka, Archangel'sk, Ustjug, Voronež, Irkutsk, Perejaslavl' (Zalesskij), Kostroma, Vladimir, Tambov.

Dazu kamen die Vikariate Olonec (zu Novgorod) und Sevsk (zu Moskau) und die vier kleinrussischen Eparchien Kiev, Černigov, Perejaslavl' und Mogilev[12].

Am Ende der Regierungszeit Katharinas II. umfaßte die russische orthodoxe Kirche 29 Eparchien und 7 Vikariate[13]. Unter Paul kamen weitere Neugründungen hinzu[14], und im Laufe des 19. Jh.s verdoppelte sich die Zahl der Eparchien in etwa, so daß 1917 68 Bistümer vorhanden waren[15].

---

11 Über den byzantinischen Episkopat und die kirchliche Geographie in Byzanz vgl. Beck, Kirche und theologische Literatur, S. 67–74, 148–229.

12 Istorija Rossijskoj Ierarchii 1, S. 35f. Über die Eparchie Mogilev vgl. auch PSP El 4, Nr. 1433 (1755), S. 151.

13 Unter Katharina II. gab es folgende Änderungen im Eparchialbestand: Kruticy wurde 1788 aufgehoben, Suzdal' 1786 mit Vladimir, Ustjug mit Vologda, zwei Jahre später Perejaslavl'-Zalesskij mit Moskau vereinigt. Das ukrainische Perejaslavl' wurde wieder Vikariat von Kiev. Neugegründet wurden: Ekaterinoslav (1775), Orel (1788), Minsk (1793), Podol'sk (1795). Die Vikariate (1796) waren: Staraja Russa, Vikariat von Novgorod seit 1787; Mozdok Maždar, Vikariat von Astrachan' 1793–1799; Novgorod-Seversk, Vikariat von Černigov 1785–1797; Feodosija, Vikariat von Ekaterinoslav 1787–1795/99; Kad'jak (Alaska), Vikariat von Irkutsk 1796–1840 (besetzt erst von 1799 an); Perejaslavl', Vikariat von Kiev 1701–1733, selbständig 1733–1785, wieder Vikariat von Kiev 1785–1799, dann wieder selbständig; Wolhynien (volyn'), Vikariat von Minsk 1795–1799. Vgl. Smolitsch, Geschichte, S. 705–709.

14 Vgl. Istorija Rossijskoj Ierarchii 1, S. 36f. (36 Eparchien und 3 Vikariate).

15 Zum ganzen vgl. das grundlegende Werk von I. M. Pokrovskij: Russkie eparchii v XVI–XIX vv., ich otkrytie, sostav i predely, Kazan', Bd. 1 1897, Bd. 2 1917;

Eine genauere Analyse des Zahlenverhältnisses ergibt[16]: 1. Zwischen 1700 und 1725, d.h. vom Tode des letzten Patriarchen bis zum Tode Peters d.Gr. wurden 44 Bischöfe geweiht. Davon waren 21 Ukrainer (sowohl aus der russischen linksufrigen als auch aus der polnisch-litauischen rechtsufrigen Ukraine[17]), zwei Weißrussen, 16 Großrussen und vier Ausländer aus Serbien, Griechenland und den rumänischen Fürstentümern. Bei einem Bischof, Parfenij Neboza, ist ungeklärt, ob er russischer oder griechischer Abstammung gewesen ist[18]. Von den kleinrussischen Bischöfen erhielten sechs gleich nach ihrer Weihe kleinrussische Eparchien, was dem Normalfall entsprach. Aufregend war die Tatsache, daß die übrigen 15 kleinrussischen Bischöfe und ein weißrussischer Bischof gleich nach ihrer Weihe in großrussische Eparchien eingesetzt und daß einige von ihnen im Laufe ihrer Amtszeit von einer großrussischen Eparchie in die andere versetzt wurden. Außerdem wurde Antonij Stachovskij nach achtjähriger Tätigkeit als Erzbischof von Černigov Metropolit von Sibirien. Man vergleiche hierzu die folgende Zusammenstellung (siehe Seite 30).

Die Tabelle offenbart ein Novum in der russischen Kirchengeschichte. Im 17. Jh. waren nur wenige ukrainische Bischöfe mit großrussischen Eparchien betraut worden, nämlich Iosif Kurcevič mit Suzdal' (1626–1634), Pavel mit Saraj (1664–1675), Markell mit Suzdal', Pskov und Kazan' (1680–1698); sie alle waren weder durch ihre Person besonders einflußreich, noch haben sie Neuerungen im kirchlichen Leben nach ukrai-

---

Prav. Sob. 1914/1, S. 52–87 (erstes Kapitel von Bd. 3, die Zeit Pauls I. enthaltend). Smolitsch, Geschichte, Tabelle Nr. 5 (S. 705–709) bringt eine sehr nützliche Zusammenstellung der russischen Eparchien in alphabetischer Reihenfolge. Vgl. auch ebd., S. 357–361. Zur weltlichen Administration vgl. das grundlegende Werk von Ju. Got'e: Istorija oblastnogo upravlenija v Rossii ot Petra I do Ekateriny II, Bd. 1, M. 1913.

16 Die im folgenden verwendeten Daten stammen aus: Stroev, Spiski ierarchov; Spiski archieerev; Charlampovič, Malorossijskoe vlijanie, S. 505–550; den biographischen Artikeln zu den einzelnen Bischöfen in RBSl, BĖ, PBĖ sowie aus Biographien einzelner Bischöfe, die als Zeitschriftenaufsätze oder in Buchform erschienen und im Literaturverzeichnis einzeln aufgeführt sind.

17 Vgl. unten, S. 41–43.

18 Nach Stroev, Sp. 813 und nach Charlampovič, Malorossijskoe vlijanie, S. 533 war Parfenij Neboza Grieche, nach Slov. ist. 2, 151–153 und RBSl 13, 711 Russe. Parfenij Neboza amtierte erst als Metropolit von Nazareth und Exarch von Galiläa, dann als Metropolit von Laodizea, wo er sich u.a. Verdienste für die Befreiung von Russen aus türkischer Gefangenschaft erwarb. 1695 zog er nach Rußland, 1698 schrieb er Peter I. einen Lobesbrief auf dessen Sieg bei Azov, 1701 wurde er zum Bischof von Azov ernannt und 1703 nach Cholmogory versetzt. Er starb auf der Reise zu seinem neuen Bischofssitz in Jaroslavl'.

Tabelle 1: Die Bischöfe ukrainischer Herkunft in großrussischen Eparchien (geweiht zwischen dem Tod des Patriarchen Adrian am 16. Okt. 1700 und dem Tod Peters d.Gr. am 28. Jan. 1725)[19].

Name	Herkunft	Bischofsweihe	Eparchien
Dimitrij Tuptalo	Makarov b. Kiev	1701	Tobol'sk, Rostov
Filofej Leščinskij	Kleinrußland	1702	Tobol'sk
Kallist Poborskij	„ „	1703	Tver'
Justin Basil'evič	„ „	1704	Belgorod
Sil'vestr Krajskij	Kiev	1705	Cholmogory, Smolensk
Antonij Odinovič	Kleinrußland	1705	Kolomna
Varlaam Kosovskij	Kiev	1707	Irkutsk, Tver', Smolensk
Rafail Krasnopol'skij	Kleinrußland	1708	Cholmogory
Varnava Volatkovskij	Galizien	1712	Cholmogory
Dorofej Krotkevič	Kiev	1712	Smolensk
Antonij Stachovskij	Repok (Černigov)	1713	Černigov, Tobol'sk
Feofan Prokopovič	Kiev	1718	Pskov, (Novgorod)
Varlaam Lenickij	Kleinrußland	1719	Suzdal', Kolomna, (Astrachan', Perejaslavl' Zalesskij, Pskov)
Feodosij Janovskij	Weißrußland	1721	Novgorod
Epifanij Tichorskij	Kleinrußland	1722	Belgorod
Lavrentij Gorka	L'vov oder Staek (Polen)	1723	Astrachan', (Ustjug, Rjazan', Vjatka)
Feofilakt Lopatinskij	Wolhynien	1723	Tver', (Pskov, Rjazan', Tver')

nischen Vorbildern eingeführt[20]. Ähnliches gilt von Sil'vestr Černickij, der 1699 Metropolit von Smolensk geworden ist. Bei der Einsetzung Stefan Javorskijs zum Metropoliten von Rjazan' hatte Peter d.Gr. seine Hand entscheidend mit im Spiel[21]. Daß im ersten Viertel des 18. Jh.s von 44 neugeweihten Bischöfen gleich 17 oder 39% Klein- und Weißrussen in großrussische Eparchien eingesetzt worden sind, ist besonders bemerkenswert, darf aber nicht darüber hinwegtäuschen, daß die Anzahl großrussischer Bischöfe in großrussischen Eparchien immer noch beträchtlich gewesen ist. Allerdings muß bei der Gewichtung dieser Tat-

19 In der Kolumne „Eparchien" sind die Versetzungen nach dem Tode Peters d.Gr. eingeklammert. – RBSl 6, 389–394, 604 und 10, 16 sowie 18, 443f. und 25, 457–466; Pivovarov, S. 68; Charlampovič, Malorossijskoe vlijanie, S. 529, 534 Anm. 1, 539, 541, 543; Smirnov, Ist. Mosk. Akad., S. 193; Ternovskij, S. 271–279; Istoriko-statističeskoe opisanie Černigovskoj eparchii, S. 62, 120; Smolitsch, Geschichte, S. 95; Moroškin, Feodosij, S. 4f.

20 Charlampovič, Malorossijskoe vlijanie, S. 32–39, 506.

21 Vgl. unten, S. 33f.

sachen berücksichtigt werden, daß gerade die damals besonders wichtigen Bistümer wie Novgorod, Tobol'sk, Smolensk, Pskov, Tver' und andere mit ukrainischen Bischöfen besetzt worden sind und auch der Patriarchatsverweser gebürtiger Ukrainer gewesen ist.

2. Im Zeitraum zwischen 1725 und 1741, d.h. zwischen dem Tod Peters I. und dem Regierungsbeginn der Zarin Elisabeth, wuchs der prozentuale Anteil von Bischöfen kleinrussischer Herkunft. Von den 33 neugeweihten Hierarchen stammten nur elf aus Großrußland, 17 oder 51,5% stammten aus der links- oder rechtsufrigen Ukraine und fünf waren griechischer, serbischer, rumänischer oder georgischer Herkunft. Von den 17 Kleinrussen wurden 14 gleich in großrussische Eparchien eingesetzt; zwei von ihnen kehrten nach einigen Jahren wieder nach Kleinrußland zurück, während der Bischof von Mogilev nach Moskau und der Bischof von Černigov nach Tobol'sk versetzt wurden. Ein einziger Großrusse, Ioachim Strukov, war drei Jahre mit dem kleinrussischen Vikariat Perejaslavl' betraut, bis er nach Voronež befördert wurde[22].

3. In der Regierungszeit der Zarin Elisabeth (1741–1762) sahen die Zahlenverhältnisse auf den ersten Blick ähnlich aus. Von den 49 neugeweihten Hierarchen stammten 37 oder 76% aus der Ukraine und Weißrußland, nur elf waren Großrussen und einer war Georgier.

Der von einem moldauischen Vater abstammende und in der Ausländerkolonie von Nežin geborene Amvrosij Zertis-Kamenskij ist hier unter die 37 Ukrainer gerechnet, da er nach dem Tode seines Vaters mit dem Namen Kamenskij, dem Namen seiner Mutter, an die Kiever Akademie geschickt und als Ukrainer ausgegeben worden ist und die gleiche Laufbahn als gelehrter Mönch durchlaufen hat wie ein gebürtiger Kleinrusse[23]. Bei genauerem Zusehen fällt aber folgendes auf: zwischen 1741 und 1757 wurden Ukrainer mehr denn je bevorzugt. Von 1744 bis ins Jahr 1757 hinein weihte die russische orthodoxe Kirche sogar ausschließlich Ukrainer zu Bischöfen. 1758 waren zehn Bischofssitze neu zu besetzen; acht vergab man an Ukrainer und zwei wieder an Großrussen. 1761 trat aber eine erstaunliche und nicht leicht erklärbare Wende ein: Unter acht Bischofskandidaten, die zu Hierarchen geweiht wurden, war nur noch

22 Vgl. Spiski archiereev, S. 6–8; Charlampovič, Malorossijskoe vlijanie, S. 505–550 und vgl. oben, S. 29 Anm. 16.

23 Spiski archiereev, S. 8–12 und oben, S. 29 Anm. 16. Über Amvrosij Zertis-Kamenskij s. Slov. ist. 1, 21ff., Rozanov 2, S. 62–87, S. 21 (2. Paginierung) Anm. 110; RBSl 2, 84f.

ein Kleinrusse; die übrigen sieben waren Großrussen; der bekannteste unter ihnen hieß Tichon Sokolov[24].

4. In den 34 Jahren der Regierungszeit Katherinas II. überwog der zahlenmäßige Anteil großrussischer Hierarchen deutlich. Von den 64 neu geweihten Bischöfen stammten 36 aus Großrußland, 21 aus der Ukraine und 5 aus den umliegenden orthodoxen Ländern. Von zweien konnten wir die geographische Herkunft nicht mehr feststellen[25]. Nur noch 14 Bischöfe ukrainischer Herkunft wurden mit der Leitung großrussischer Eparchien beauftragt, was einem wesentlich kleineren Prozentsatz als unter Peter d.Gr. und seinen Nachfolgern entsprach. Umgekehrt wurden auch einige großrussische Bischöfe mit kleinrussischen Eparchien betraut. Im großen und ganzen läßt sich sagen, daß unter diesem Aspekt die Zahlenverhältnisse unter Katharina II. ausgeglichener gewesen sind als in der 1. Hälfte des 18. Jh.s.

Tabelle 2: Die Bischöfe ukrainischer Herkunft in großrussischen Eparchien unter Katharina II.[26]

Name	Herkunft	Bischofsweihe	Eparchien
Sofronij Kristalevskij	polk Poltava	1763	Irkutsk
Feodosij Michajlovskij	Kleinrusse	1763	Kolomna
Tichon Jakubovskij	Korop (bei Černigov)	1764	Sevsk, Voronež, Suzdal'
Kirill Florinskij	Baryškovka (Perejaslavl')	1768	Sevsk
Samuil Mislavskij	Pološek (Černigov)	1768	Belgorod, Kruticy, Rostov, Kiev
Michail Mitkevič	Koselec (Kiev)	1772	Irkutsk
Aggej Kolosovskij	polk Poltava	1774	Belgorod
Irinej Bratanovič	Baryševsk (Kiev)	1775	Vologda
Feoktist Močul'skij	poln. Ukraine	1784	Sevsk, Belgorod
Feofil Raev	Ep. Černigov	1786	Staraja Russa, Tambov
Apollos Bajbakov	Kleinrußland	1788	Orel, Archangel'sk
Afanasij Vol'chovskij II	Poltava	1788	Staraja Russa, Mogilev
Dimitrij Ustinovič	Kiev	1793	Perejaslavl'-Zalesskij, Smolensk
Platon Ljubarskij	Ep. Černigov	1794	Tambov, Astrachan', Ekaterinoslav

24 Besser bekannt unter dem Namen Tichon von Zadonsk. Vgl. N. Gorodetzky: Saint Tikhon Zadonsky, London 1951. Zum ganzen Abschnitt vgl. Spiski archiereev, S. 12–18; vgl. oben, S. 29 Anm. 16.

25 Es waren dies Gennadij Granickij und Feofilakt Gorskij.

26 RBSl 1,55; 2,236f.; 2,369; 8,133; 8,662f.; 14,54f.; 18,178f.; 19,163–165; 25, 476; M. Čevranov: Blažennyj Sofronij, 3-j episkop Irkutskij, M. 1907; Charlampovič, Malorossijskoe vlijanie, S. 612; Serebrennikov, S. 27f., 38; A. Ra-

Es gab vor allem zwei Gründe, die Peter d.Gr. dazu veranlaßten, im geschilderten Ausmaß gelehrte Mönche ukrainischer Herkunft mit der Leitung großrussischer Eparchien zu betrauen, nämlich erstens ihre klare Überlegenheit in der Bildung und zweitens sein abgrundtiefes Mißtrauen gegen großrussische Hierarchen. Dieses Mißtrauen hatte seine Gründe nicht nur darin, daß die großrussischen Mönche damals in ihrer Mehrheit weniger gebildet waren, sondern auch darin, daß Peter in ihnen Gegner seiner Reformpolitik und Anhänger der Institution des Patriarchats, des alten Moskau mit seiner traditionellen Lebensordnung und des Carevič Aleksej sah, der seinerseits stark unter dem Einfluß konservativer und reformfeindlicher Geistlicher stand.

Auf eine gründliche Bildung der Kandidaten für das Bischofsamt legte Peter außerordentlich großen Wert. Die Aufgaben, die er den Bischöfen zuwies, verlangten eine gute Bildung, wie sie damals im ganzen russischen Imperium nur an der Kiever Akademie erworben werden konnte. Vor Peter hatten die Bischöfe im wesentlichen liturgische Aufgaben zu erfüllen, sie hatten Priester und Diakone zu weihen und einzusetzen, die kirchliche Gerichtsbarkeit in ihrer Diözese auszuüben und waren für die Verwaltung ihrer Eparchie verantwortlich. Jetzt jedoch hatten sich die Bischöfe in zunehmendem Maße um die Bildung ihres Pfarrklerus zu kümmern, um einen Problem- und Aufgabenkreis, der um 1700 noch sehr im argen lag. Den Bischofshäusern (archierejskie doma) übertrug Peter überdies die Errichtung und Führung der Ziffernschulen, d.h. den Unterricht allgemeinbildender Fächer unter besonderer Berücksichtigung von Arithmetik und Geometrie[27]. Die Kirche hatte den Kampf gegen den Aberglauben jeder Art vermittels der Bildung (prosveščenie) zu führen[28]. Die Predigt, die in der Ukraine ein hohes Niveau hatte, bekam einen neuen Stellenwert und wurde ebenfalls für Bildungsaufgaben eingespannt[29]. Bildung sollte aber nicht einfach um ihrer selbst willen gepflegt und verbreitet werden, sondern letztlich der Erhaltung und Vermehrung der Staatsmacht und des Allgemeinwohls dienen.

Im einzelnen läßt sich nachweisen, daß viele der zwischen 1700 und 1725 geweihten Bischöfe ihr Amt persönlichen Impulsen Peters verdankt

---

činskij: Kirill Florinskij, episkop Sevskij, in: R.St. 1876 I, S. 454–458; F. Roždestvenskij: Samuil Mislavskij, in: TKDA 1877/4; Petrov 1,2, S. 51; Titov, Feoktist Močul'skij, S. 54; Suchomlinov, S. 198ff.

27 Zu den Ziffernschulen vgl. unten, S. 96f., 141f.

28 Vgl. die entsprechenden Ausführungen des Geistlichen Reglements bei Verchovskoj, S. 34–36, 40, 49, 73; Geistliches Reglement, S. 17–20, 25, 36, 66.

29 Die Ausführungen im Geistlichen Reglement über die Predigt sind im Abschnitt über Schul- und Bildungsfragen eingeordnet, vgl. Verchovskoj, S. 63–65; Geistliches Reglement, S. 54–57.

haben[30]. Als Stefan Javorskij 1700 am Grabe eines Günstlings Peters eine Predigt gehalten hatte, die dem Monarchen besonders gefiel, befahl er dem Patriarchen, ihn „hier, im großrussischen Land, wo es passend ist, nicht in weiter Entfernung von Moskau, in eine Eparchie zum Bischof zu weihen“[31], worauf Adrian am 4. April 1700 Stefan zum Metropoliten von Rjazan' weihte. Für die Missionierung Sibiriens und Chinas befahl der Zar dem Patriarchen, den Kiever Metropoliten um einen Archimandriten, Igumen oder Mönch zu bitten, der sich durch einen untadeligen Lebenswandel und durch eine gute Bildung auszeichne, damit er Metropolit von Tobol'sk werden könne[32]. Die Wahl fiel zuerst auf den gelehrten Dimitrij Tuptalo, und als dieser nach Rostov versetzt wurde, auf Filofej Leščinskij[33], der ebenfalls Absolvent des Kiever Kollegiums war und eine für seine Zeit überdurchschnittliche Bildung besaß. Auf Parfenij Neboza war Peter durch eine von diesem 1698 verfaßte Lobrede auf den Monarchen und den Sieg bei Azov über die Türken aufmerksam geworden, ein Sieg, der auch nach heutigem Urteil eine der großen militärischen Leistungen des jungen Peter darstellte[34]. Der Zar ernannte ihn 1701 zum Bischof der neugegründeten Eparchie Azov, und als diese bald darauf wieder aufgehoben wurde, zum Erzbischof von Cholmogory[35]. Auch Feofan Prokopovič, der engste Mitarbeiter Peters bei seinen Kirchenreformen, verdankte seine geistliche Karriere, darunter auch die Ernennung zum Bischof von Pskov (1718), dem Zaren[36]. Ähnlich erging es Feodosij Janovskij, der 1720 durch einen Ukaz Peters zum Erzbischof von Novgorod ernannt wurde[37].

Diese Beispiele mögen genügen. Die genannten Hierarchen zeichneten sich durch eine für ihre Zeit überragende Bildung aus. Fast alle ukrainischen Bischöfe, die unter Peter geweiht wurden, waren Absolventen der Kiever Akademie und „gelehrte Mönche“.

Was nun die erhoffte Unterstützung der Reformpolitik durch die Bischöfe ukrainischer Herkunft betraf, wurde Peter größtenteils enttäuscht. Der einzige Hierarch, der dem Monarchen vorbehaltlos ergeben war, einer der wenigen Zeitgenossen Peters überhaupt, „die begriffen, *was* und *wie*

---

30 „Čin i ustav na izbranie episkopa“ von 1676 und 1721 in: ODDS 1 (1721), Sp. 680–689.

31 Ustrjalov 2, S. 535; Charlampovič, Malorossijskoe vlijanie S. 506f.

32 PSZ 6, Nr. 1800 (18. Juni 1700), S. 59–61.

33 Šljapkin, S. 276–280; Pivovarov, S. 68f.

34 Slov. ist. 2, 151–153; Wittram, Peter Bd. 1, S. 118–128.

35 Vgl. oben, S. 29 Anm. 18.

36 Smolitsch, Geschichte, S. 95–99.

37 Moroškin, Feodosij Janovskij, S. 273; Čistovič, Prokopovič, S. 83f.

Peter es haben wollte"[38], war Feofan Prokopovič. Seine Rede, vor allem die Predigt „Über Macht und Ehre des Zaren" (O vlasti i česti carskoj) (1718), der Entwurf des Geistlichen Reglements (1721), die Schrift „Das Recht der Monarchen" (Pravda voli monaršej) (1722), der Traktat über das Mönchtum (1724) und vieles andere sind ein beredtes Zeugnis für seine Einstellung[39]. Von den übrigen Hierarchen ukrainischer Herkunft, die sich wesentlich mehr als Hüter der Tradition gaben, als Peter es sich vorgestellt hatte, erhielt der Monarch nur wenig aktive Unterstützung für seine Reformpolitik. Der oft als willensschwach geschilderte Stefan Javorskij entwickelte sich immer mehr zu einem heimlichen Gegner des Zaren, und in einer Predigt 1712 ergriff er sogar deutlich Partei für den Carevič Aleksej, indem er für ihn betete, ihn einen „wahren Knecht Christi" und sogar „unsere einzige Hoffnung" nannte[40]. Auch der Metropolit von Kiev, Ioasaf Krokovskij, gehörte zu dem Kreis von Geistlichen, die mit dem Thronfolger sympathisierten[41]. Peter, der immer wieder Bischöfe gesucht hatte, die seiner Politik positiv oder zumindest nicht ablehnend gegenüberstanden, erreichte seine Ziele diesbezüglich nicht[42].

Daß nach dem Tode Peters bis in die Mitte des Jahrhunderts hinein in dem oben beschriebenen Ausmaß Ukrainer in großrussische Eparchien eingesetzt wurden, hing ebenfalls in erster Linie mit ihrer Überlegenheit in der Bildung zusammen, was sich mit vielen Beispielen belegen läßt[43]. 1735 erklärte der Synod grundsätzlich: „Es ist unbedingt nötig, daß gelehrte (učenye) Leute sowohl zu Bischöfen als auch zu Klostervorstehern ernannt werden, die imstande sind, gleichsam die ihnen anvertraute Herde zur Bewahrung der Gebote Gottes und zur Vertreibung des Bösen anzuleiten, und zwar nicht nur durch ihr Handeln, das nicht jedermann sieht, sondern auch durch die Wort-Lehre, die jeweils durch Predigten bei einer Versammlung des Volkes geschieht."[44]

---

38 Smolitsch, Geschichte, S. 97. Außerdem standen Mitrofan von Voronež, gest. 1709, Iov von Novgorod, gest. 1716, und (mit Einschränkungen) Afanasij Ljubimov, gest. 1702, den Reformen Peters wohlwollend gegenüber; vgl. Smolitsch, Mönchtum, S. 389 Anm. 1.

39 Smolitsch, Geschichte, S. 98f.; zum Geistlichen Reglement und seiner Entstehungsgeschichte vgl. Verchovskoj, S. 145–194; PSZ 7, Nr. 4870 (1726), S. 602–643; PSP 4, Nr. 1197 (1724), S. 55–60.

40 Smolitsch, Geschichte, S. 86f.; Wittram, Peter Bd. 2, S. 363.

41 Smolitsch, Geschichte, S. 93.

42 Vgl. dazu den Ukaz PSP 5, Nr. 3239 (1718), S. 594f.

43 Charlampovič, Malorossijskoe vlijanie, S. 515f.

44 PSP 9, Nr. 2940 (1735). Man beachte hier die säkularisierte Ausdrucksweise, wie sie für die Zeit typisch gewesen ist: Es ist nur von „Gelehrsamkeit" (Bildung),

Warum wurde um 1760, also in den letzten Jahren der Regierungszeit der Zarin Elisabeth, der Anteil der Ukrainer in der Zusammensetzung des Episkopates plötzlich so stark zurückgedrängt?

Dazu sind folgende vier Punkte zu bedenken: 1. Das wichtigste Motiv Peters d.Gr. und seiner Nachfolger und Nachfolgerinnen für die Bevorzugung kleinrussischer Bischöfe – ihre Überlegenheit in der Bildung – fiel etwa von der Mitte des 18. Jh.s an weg. Seit den 1720er Jahren wurde in den großrussischen Eparchien systematisch ein geistliches Schulwesen aufgebaut, das am Vorbild der Kiever Akademie orientiert war und weitgehend auch die Leistung gelehrter Mönche aus der Ukraine darstellte. Die Moskauer Akademie zählte 1728 360, 1739 429 und 1744 383 Schüler[45], wobei allerdings die obersten Klassen, die Theologie-Klassen, mit jeweils nur rund einem Dutzend Schülern schwach besetzt waren[46]. Gelehrte Mönche großrussischer Herkunft standen der Kirche seit den 1730er Jahren in zunehmendem Maße zur Verfügung; wir finden sie als Lehrer, Präfekten und Rektoren nicht nur an der Moskauer Akademie selber, sondern auch an den geistlichen Schulen des ganzen russischen Reiches – von Smolensk bis Irkutsk, von Pskov bis Astrachan'[47]. Diese gelehrten Mönche stellten ein immer größer werdendes Potential an Kandidaten für Bischofssitze dar, und in der zweiten Hälfte des 18. Jh.s finden wir in der Tat eine beträchtliche Anzahl von Schülern der Moskauer Akademie auf Bischofssitzen. Das Aleksandr-Nevskij-Seminar in Petersburg hatte daneben vergleichsweise wenige Schüler (1735: 35, 1739: 88, 1741: 108, 1744: 74, 1762: 73)[48], hatte aber ein gutes Niveau und stellte ebenfalls gelehrte Mönche, die als Lehrer an geistlichen Schulen, Klostervorsteher und dann als Bischöfe der Kirche dienten. Ähnliches galt von den geistlichen Seminaren von Novgorod, Kazan' und etwas später natürlich auch vom Troica-Sergij-Seminar[49].

---

nicht von geistlicher Reife, Weisheit und Askese die Rede. Die Predigt steht im Zusammenhang mit „Volksversammlung", nicht im Zusammenhang mit Gottesdienst. Die „Herde" wird nicht vom Bösen, von der Sünde erlöst, sondern es soll gelehrt werden, das Böse zu vertreiben.

45 PSP 6, Nr. 2135 (1728), S. 187–190; Freeze, S. 84, 202.

46 1728: 10 Theologie-Schüler, davon 5 polnischer Herkunft – PSP 6, Nr. 2135, S. 188, Sp. 1; 1730: 16 Theologie-Schüler, darunter 1 Ausländer – ODDS 10 (1730), Sp. 1319f.; 1738: 11 Theologie-Schüler – Smirnov, Ist. Mosk. Akad., S. 181; 1739 ebenfalls 11 – Freeze, S. 84; 1745: 9 der Priesterweihe würdige Absolventen der Theologie-Klasse – ODDS, 26 (1746), S. 197 (Anhang).

47 Smirnov, Ist. Mosk. Akad., S. 227–230.

48 Čistovič, Istorija, S. 44f.

49 Unter anderen waren Tichon von Zadonsk, Simon Lagov, Ioannikij Mikrickij Absolventen des Novgoroder Seminars, BĖ 65, 299f.; Syrcov, S. 22f.; RBSl 8,

2. Die kleinrussischen Bischöfe hatten in den großrussischen Eparchien oft keinen leichten Stand. Sie waren nicht nur wegen ihrer fremden Herkunft, sondern besonders auch wegen ihres herrischen und despotischen Auftretens bei den Gläubigen und beim Gemeindeklerus unbeliebt, worüber viele Klagen bekannt sind. Das despotische Auftreten der Hierarchen der weißen Geistlichkeit gegenüber war in der Ukraine im 17. Jh., nicht zuletzt durch polnisch-katholische Einflüsse mitbedingt, sehr verbreitet, ist allerdings auch bei Bischöfen großrussischer Herkunft zu beobachten[50]. Dazu kam ein abgrundtiefes Mißtrauen von Pfarrklerus und Laien gegen die stark latinisierte Theologie und Bildung, wie sie von den Bischöfen aus der Kiever Akademie mitgebracht wurde – eine Angst vor geistiger Überfremdung und Häresie. Es war nicht unbekannt geblieben, daß z.B. Stefan Javorskij und Feofan Prokopovič mehrere Jahre im katholischen Westen, ja sogar in Rom studiert und zeitweise einer anderen Konfession angehört hatten[51].

3. Die geschilderten Sachverhalte fielen der Zarin Elisabeth auf. 1754, also 10 Jahre, nachdem der letzte Großrusse Bischof geworden war, befahl sie in einem Ukaz, daß zur Ernennung auf vakante Bischofssitze „Ihrer Kaiserlichen Majestät vom Heiligsten Synod Archimandriten auch aus Großrußland vorgeschlagen werden sollen und daß auch Großrussen zu Archimandriten ernannt werden sollen"[52]. Dies geschah dann auch. In den sehr ausführlichen Verhandlungen des Synods über die Wiederbesetzung einer Reihe von Bischofssitzen (1754) finden sich wieder Großrussen unter den Vorgeschlagenen[53], und 1758 wurden zwei Großrussen zu Bischöfen geweiht, wie wir sahen[54].

4. Dazu kam, daß von den 60er Jahren an das Mißtrauen, das Peter I. gegen Hierarchen großrussischer Herkunft hatte, durch ein Mißtrauen Katharinas II. gegen Bischöfe ukrainischer Provenienz abgelöst wurde. Dies läßt sich besonders seit dem energischen Widerstand Arsenij Maceevičs gegen die Säkularisierung der Kirchengüter beobachten. Zudem war es politisch klug und sinnvoll, daß die Monarchin, die selber deutscher

---

181f. – Gedeon Krinovskij, Ieronim Farmakovskij hatten das Seminar von Kazan' besucht, RBSl 4, 324–326; 8, 170. Pavel Zernov und Ioasaf Zabolockij gingen aus dem Troica-Seminar hervor, RBSl 13, 65f.; 8, 289.

50 Smolitsch, Geschichte, S. 390f. und S. 390 Anm. 94.

51 Smolitsch, Geschichte, S. 78, 95.; Stupperich, Feofan Prokopovič in Rom. Auch Varlaam Jasinskij, von 1690–1707 Metropolit von Kiev, hatte in ausländischen Jesuitenkollegien studiert, vgl. Smolitsch, Geschichte, S. 77f.

52 PSP El 4, Nr. 1380 (1754), S. 71; Petrov 2.2, 116f.

53 ODDS 34 (1754), S. 364, „delo na 563 (!) listach".

54 Mefodij und Palladij Jur'ev, Čt. imp. 1847, 1848/7, S. 79; RBSl 13, 153.

Herkunft war, großrussischen Kandidaten für großrussische Bischofsstühle den Vorzug gab. Auch deshalb wuchs die Zahl neu geweihter Bischöfe großrussischer Herkunft in der zweiten Hälfte des 18. Jh.s[55].

2.1.2 Die Bischöfe ausländischer Herkunft

Es ist in der Forschung längst bekannt, daß schon seit dem 15. Jh., vor allem aber seit dem Zaren Aleksej, eine beträchtliche Zahl ausländischer Fachkräfte für den Dienst in Rußland angeworben worden ist und dem Ruf Folge geleistet hat. Unter Peter, der die Anwerbung durch ständige russische Diplomaten im Ausland und durch seine persönliche Aktivität intensivierte, wuchs die Zahl westeuropäischer Handwerker, Techniker, Ingenieure und Ärzte noch mehr. Vor allem für den Flottenbau, aber auch für das Heer, die Rüstungsbetriebe, den Bergbau und die Manufakturen waren ausländische Fachleute unentbehrlich geworden. Sehr hoch war der Anteil ausländischer Offiziere in der russischen Armee; im ersten Jahr des Nordischen Krieges stammte ein Drittel der Infanterieoffiziere aus dem Ausland[1]. Die meisten Westeuropäer, die in Rußland lebten und dienten, waren Engländer, Holländer und Deutsche. Viele von ihnen wohnten in besonderen Ausländervorstädten, wie der „nemeckaja sloboda" in Moskau oder der „Teutschen Slabode" in Petersburg[2].

Wenig bekannt ist, daß Peter und seine Nachfolger auch für den Kirchendienst immer wieder Ausländer berufen haben. Wir haben wiederholt gesehen, wie wichtig dem Monarchen gut gebildete Hierarchen gewesen sind. Er suchte sie nicht nur in der Ukraine, sondern auch in den orthodoxen Ländern südlich und südwestlich von Rußland. 1702 bat er den Patriarchen Dositheos (Dosifej) von Jerusalem, eine der angesehensten Persönlichkeiten der damaligen orthodoxen Welt, ihm fähige und sprachkundige Mönche zu schicken, die in Moskau Bischöfe und Prediger des Wortes Gottes sein könnten. Obschon ihm Dositheos mitteilte, er habe in Griechenland, Serbien und Bulgarien keine geeigneten Leute gefunden, und ihn davor warnte, Griechen, Serben und Kleinrussen als Hierarchen einzusetzen, da nur Einheimische dieses Amt erfolgreich

---

55 Vgl. Smolitsch, Geschichte, S. 391f.; Popov, Arsenij Maceevič.

1 Amburger, Anwerbungen, S. 47ff. u.ö.; Wittram, Peter Bd. 2, S. 9. Über die Zahl der ausländischen Offiziere unter Peter I. vgl. M. D. Rabinovič: Social'noe proizchoždenie i imuščestvennoe položenie oficerov reguljarnoj russkoj armii v konce Severnoj vojny, in: N.S. Pavlenko (Hrsg.): Rossija v period reform Petra I, M. 1973, S. 155.

2 Wittram, Peter Bd. 1, S. 64f.; Bd. 2, S. 73.

ausüben könnten[3], gab es nicht nur in der Regierungszeit Peters, sondern im Laufe des ganzen 18. Jh.s eine ansehnliche Zahl von Ausländern in kirchlichen Schlüsselpositionen. Sie stammten aus der rechtsufrigen Ukraine, die zu Polen-Litauen gehörte, aus Griechenland, Serbien, den rumänischen Fürstentümern Moldau und Walachei sowie aus Georgien.

Ausländer finden sich in der 1721 gegründeten obersten Kirchenbehörde der russischen orthodoxen Kirche, im „Heiligsten dirigierenden Synod", als Lehrer und Schüler in den geistlichen Schulen, als Klostervorsteher und als Bischöfe. Im Hl. Synod befanden sich schon bei seiner Gründung der Serbe Petr Smelič, der Grieche Anastasij (Afanasij) Kondoidi, beide spätere Bischöfe, und der Grieche Nausij (gest. 1725), während der Präsident Stefan Javorskij, der Vizepräsident Feodosij Janovskij und die Räte Gavriil Bužinskij und Feofilakt Lopatinskij aus Polen-Litauen Absolventen der Kiever Akademie und zum Teil bereits Bischöfe waren[4].

Im geistlichen Bildungswesen spielten die Brüder Lichud aus Griechenland, deren Eltern auf den Inseln Zakynthos und Kephalonia ausgedehnte Güter besaßen, eine bahnbrechende Rolle. Die erste Phase in der Geschichte der Moskauer Akademie stand durch ihr Wirken unter einem dominierenden griechischen Einfluß, bis unter dem Rektor Palladij Rogovskij (1701–1703) zunehmend Gelehrte aus Kiev als Lehrer berufen wurden[5]. Ausländer finden sich auch im Laufe des ganzen 18. Jh.s unter den Lehrern der Kiever und Moskauer Akademie sowie des Aleksandr-Nevskij-Seminars in Petersburg. An der Akademie von Kiev wirkten, sieht man von den zahlreichen aus der Ukraine rechts des Dnepr stammenden Rektoren, Präfekten und Lehrern ab, mehrere Franzosen als Französisch- und mehrere Deutsche als Deutschlehrer[6]. Ohne Anspruch auf Vollständigkeit nennen wir noch folgende ausländische Lehrer an russischen orthodoxen Lehranstalten: Der Karmeliter Antonij war seit 1703 Philosophielehrer und dann Rektor an der Moskauer Akademie[7]. Makarij Petrovič, gebürtig aus Temesvár (Timişoara), Ungarn, und Schüler erst der Kiever und dann der Moskauer Akademie, wirkte zuerst an dieser Schu-

---

3 Charlampovič, Malorossijskoe vlijanie, S. 465f.
4 Smolitsch, Geschichte, S. 121 Anm. 102 (Lit.).
5 Smirnov, Ist. Mosk. Akad., S. 18–77: 1. Periode: die Vorherrschaft des griechischen Elements im Unterricht – S. 78–254; 2. Periode: Von Palladij Rogovskij bis zum Metropoliten Platon = Vorherrschaft des lateinischen Elementes in der Lehre (1700–1775).
6 Serebrennikov, S. 12–66.
7 Smirnov, Ist. Mosk. Akad., S. 194; Charlampovič, Malorossijskoe vlijanie, S. 652.

le als Rhetoriklehrer, dann als Präfekt und schließlich als Rektor des geistlichen Seminars von Tver' (1763–1766)[8]. Der bereits erwähnte Petr Smelič war Griechisch- und Lateinlehrer sowie Schulorganisator am Aleksandr-Nevskij-Seminar, ebenso der aus Kephalonia gebürtige Grieche Afanasij (Athanasios) Skljada[9]. Der Serbe Nikolaj Kiždobrjanskij unterrichtete in den 1780er Jahren an den Seminaren von Novgorod und St. Petersburg[10]. Dmitrij (Demetrios) Girardis, ein Kaufmanssohn aus Griechenland, wirkte 1776 als Griechischlehrer am Troica-Seminar[11].

Auch Leute mit ganz ungewöhnlichen Lebensläufen finden wir unter den Lehrern an geistlichen Schulen in Rußland: Adam Sellius war Däne, gebürtig aus Tønder (Tondern), adliger Herkunft, Lutheraner und eine Zeitlang Schüler des berühmten Theologen Johann Franz Buddeus in Jena gewesen[12]. 1722 kam er nach Rußland, unterrichtete an verschiedenen Schulen, darunter auch am Aleksandr-Nevskij-Seminar, und zwar Latein, russische Geschichte und russische Kirchengeschichte; zeitweise war er auch mit der Leitung der Schule beauftragt. Kurz vor seinem Tode (1746) konvertierte er zur orthodoxen Kirche und wurde Mönch[13]. Der Franzose Antoine Orenove (Antonij Orenov) wurde von Petr Levšin als Französischlehrer ans Troica-Sergij-Seminar berufen. Orenove war gebürtig aus dem Languedoc, studierte u.a. in Montpellier, Paris und Heidelberg, war Pastor der reformierten Kirche in Halle und zog von da aus nach Rußland; 1788 verschwand er, ohne eine Nachricht zu hinterlassen[14]. Unseres Wissens sind Sellius und Orenove die einzigen westeuropäischen Protestanten mit einer theologischen Ausbildung, die im 18. Jh. in Rußland an einer theologischen Schule unterrichtet haben.

Auch unter den Schülern der Kiever und Moskauer Akademie finden sich immer wieder Ausländer. In Kiev studierten neben zahlreichen Polen

8 Smirnov, Ist. Mosk. Akad., S. 210f.; Petrov 2.1, S. 274.

9 Čistovič, S. 12–15.

10 Čistovič, Istorija, S. 39f.

11 Smirnov, Ist. Troic. Sem., S. 507.

12 RGG³ 1, 1469 (Lit.). Bekannt ist die Begeisterung Buddeus' für Peter d.Gr., vgl. E. Winter: Halle als Ausgangspunkt der deutschen Rußlandkunde im 18. Jh., Berlin 1953, S. 123–127, 149–156 u.ö. Zu den Gedanken Buddeus' über die Ostkirche vgl. E. Benz: Die Ostkirche im Lichte der protestantischen Geschichtsschreibung von der Reformation bis zur Gegenwart, Freiburg 1952, S. 115–121.

13 Čistovič, Istorija, S. 17f.

14 Smirnov, Ist. Troic. Sem. S. 510f. Vgl. auch K. E. Haas: Die Evangelisch-Reformierte Kirche in Bayern. Ihr Wesen und ihre Geschichte, Neustadt a. d. Aisch 1970, S. 249.

und Litauern einzelne Griechen, Rumänen, Serben und Ungarn, denn die Aufnahme von Schülern nicht nur aus dem russischen Volk, sondern auch von solchen, „die aus andern Ländern kommen“, sofern sie dem griechisch-russischen Glauben angehörten, war rechtlich vorgesehen[15]. Die Moskauer Akademie war ebenfalls grundsätzlich bereit, Ausländer als Schüler aufzunehmen, allerdings nur unter der Voraussetzung, daß die Interessenten orthodox waren und sich eidlich verpflichteten, „ewig“ (večno) in den Dienst ihrer kaiserlichen Majestät zu treten. Und so finden wir auch hier immer wieder einzelne Schüler nichtrussischer Herkunft, meist als „inozemčeskie“ in den Listen geführt[16].

Unter den Archimandriten gerade von bedeutenden Klöstern gab es ebenfalls einige Serben, Griechen und Georgier[17].

2.1.2.1 Die Bischöfe aus Polen-Litauen

Durch den Vertrag von Andrusovo (1667) wurde die Ukraine endgültig in zwei Teile geteilt. Der Teil links des Dnepr einschließlich Kievs und seiner nächsten Umgebung kam zu Rußland. Der Kiever Metropolit mußte sich dem Patriarchen von Moskau unterstellen, konnte aber einige Privilegien für sich in Anspruch nehmen: unter anderem wurde er als rangältester Hierarch nach dem Patriarchen anerkannt und durfte den Titel „Metropolit Kleinrußlands von Kiev und Galič“ führen[18]. Die Ukraine rechts des Dnepr blieb bei Polen-Litauen, bis die polnischen Teilungen 1772, 1793 und 1795 eine völlig neue Situation schufen.

Seit der Synode von Brest-Litovsk (1596) konnte die Union in Polen-Litauen namhafte Erfolge verbuchen. Die Eparchien Vladimir Volynskij wurde bereits in den 30er Jahren, die Eparchie Cholm (Chełm) um 1650 uniert. 1691 trat die Eparchie Peremysl' (Przemyśl) unter Bi-

---

15 Petrov, 1.2., S. 272–274; Serebrennikov, S. 203ff.

16 PSP 1, Nr. 305 (16. Nov. 1721), S. 358f.

17 U.a. nennen wir die Archimandriten Petr Smelič (Serbe), Simonovkloster Moskau (1713–1725), Aleksandr-Nevskij-Kloster Petersburg (1725–1736); seinen Nachfolger im Simonovkloster Ioannikij Ljubotratič (Serbe, 1725–1733); Iosif (Georgier), Jur'ev-Kloster Novgorod (1734–1751), Lavrentij Militiskij (Georgier), Donskoj-Kloster Moskau (1705–1720); den Karmeliter Antonij, Zaikonospasskij-Kloster Moskau (1705/06); Evfimij Kolleti (Grieche), Čudov-Kloster Moskau (1730–1732); Nikolaj (Georgier), Znamenskij-Kloster Moskau (1738–1740); Evfrem (Serbe), Ugreškij-Nikolaevskij-Kloster Moskau (1759), Spaso-Evfimiev-Kloster Suzdal' (1762–1774). Vgl. Stroev, Sp. 152, 269, 152, 46, 155, 158, 164, 192, 207, 666.

18 „Malyja Rossii mitropolit Kievskij i Galickij“ – vgl. Stökl S. 319; Smolitsch, Geschichte, S. 367.

schof Innokentij Vinnickij zur Union über. Um 1700 schloß sich ihr Galič (Halitsch) unter Bischof Iosif Šumljanskij von L'vov und Kamenec Podol'sk an und 1711 Dionisij Žabokrickij mit seinem Bistum Luck. Eine orthodoxe Eparchie blieb noch in Weißrußland mit Sitz in Mogilev, war aber zahlenmäßig unbedeutend, und der jeweilige Bischof war von einem Privileg des polnischen Königs abhängig, was ihm bisweilen auch verweigert wurde[19].

In diesen Gebieten lebten zahlreiche Familien, besonders aus der Šljachta und der Kaufmannschaft, die bewußt orthodox blieben und sich ganz nach Rußland ausrichteten. Aus ihrer scharf antipolnischen, antikatholischen und antiunierten Grundhaltung heraus verzichteten sie oft darauf, ihre Söhne in die an sich gut ausgebauten polnischen Schulen zu geben, sondern schickten sie an die orthodoxen Schulen in Rußland, besonders an die Kiever Akademie. Listen von Kiever Schülern mit Angaben ihrer geographischen und sozialen Herkunft sind erst von 1736 an bekannt. Danach stammten jeweils rund ein Drittel, manchmal auch deutlich mehr, aus dem polnisch-litauischen Staatsgebiet. Für das Schuljahr 1736/37 setzte sich die Schülerschaft wie folgt zusammen:

Tabelle 3: Die aus Polen-Litauen stammenden Schüler der Kiever Akademie (1736/37)[20]

Klasse	Schülerzahl	davon aus Polen Zahl	davon aus Polen in %	weltl. Herkunft	geistl. Herkunft
Theologie	11	5	45	1	4
Philosophie	21	4	19	3	1
Rhetorik	66	32	48	27	5
Poetik	42	14	33	7	7
Syntax	71	33	46	29	4
Grammatik	48	14	30	7	7
Infima	50	15	30	12	3
Analogie	58	20	34	13	7
Summe	367	137	37	99	38

Jedoch zogen nicht nur Schüler aus Polen-Litauen nach Rußland, sondern auch orthodoxe Priester und Mönche. Daß der Hl. Synod in Petersburg zu Händen des Metropoliten von Kiev am 25. Januar 1723 genaue Richt-

19 Stroev, Sp. 1040–1046; Ammann, S. 325–327, 423.
20 Petrov, 1.2., S. 38–59.

linien darüber erließ, wie in solchen Fällen vorzugehen sei, weist deutlich auf die Häufigkeit von Aufnahmegesuchen hin. Priester und Mönche, die in Rußland zu bleiben wünschten, hatten unter Eid zu versichern, daß sie nicht uniert seien, mit der Union nicht sympathisierten, keine Unierten unterhielten und stets treue Untertanen des Zaren sein würden[21]. Nur dann konnten sie im russischen Teil der Ukraine als Gemeindegeistliche eingestellt oder in ein Kloster aufgenommen werden.

Von den insgesamt 127 Bischöfen, die zwischen 1700, dem Tod des Patriarchen Adrian, und 1762, dem Regierungsbeginn Katharinas II., geweiht wurden, stammten mindestens 24 aus dem polnisch-litauischen Staatsgebiet. Da bei 27 kleinrussischen Bischöfen keine näheren Angaben über ihre Herkunft bekannt sind, kann diese Zahl noch höher sein. Aus Litauen gebürtig waren Feodosij Jankovskij, der erst nach Empfang der Mönchsweihe 1720 an der Kiever Akademie studierte und von 1745 bis 1750 Erzbischof von St. Petersburg war[22], und der aller Wahrscheinlichkeit nach aus der Wojewodschaft Wilna stammende Antonij Illjaševič (1748–1755 Bischof von Vjatka)[23], während es über Varlaam Skamnickij (1743–1748 Bischof von Vjatka, 1748–1761 von Ustjug) nicht mehr sicher auszumachen ist, ob er aus Wilna oder Pinsk in Weißrußland gebürtig ist[24]. Der Erzbischof von Novgorod Feodosij Janovskij war Weißrusse, ebenso Ilarion Rogalevskij, der zwischen 1732 und 1739 den Eparchien Kazan' und Černigov vorstand[25]. Die übrigen 18 Bischöfe stammten aus der Westukraine. Der bekannteste unter ihnen war Arsenij Maceevič, der 1697 als Sohn eines orthodoxen Priesters, der sein Geschlecht aus der polnischen Szlachta herleitete, in Vladimir-Wolhynien geboren wurde und sich durch seinen energischen Widerstand gegen die Säkularisierung der Kirchengüter auszeichnete. Unter Katharina II. wurden nur noch zwei Bischöfe aus Polen-Litauen geweiht[26].

---

21 PSP 3, Nr. 988 (1723), S. 20f.

22 RBSl 25, 345f.

23 RBSl 2, 219.

24 Charlampovič, Malorossijskoe vlijanie, S. 539 Anm. 3.

25 RBSl 25, 346–357; Moroškin, Feodosij Janovskij, S. 1–34; RBSl 8,83f.

26 Popov, Arsenij, S. 1–14; die beiden letztgenannten Bischöfe waren Feoktist Močul'skij, geweiht 1784, und der Wolhynier Ioannikij Polonskij, geweiht 1795 – Spiski archieerev, S. 15, 17. Dieser drastische Rückgang ist nicht einfach zu erklären. Neben den vier oben genannten Punkten ist auch noch auf eine Eingabe des Metropoliten von Kiev aus dem Jahre 1755 zu verweisen, in der er darlegt, daß in seiner Eparchie keine für einen Bischofssitz würdige Personen „aus dem polnischen und litauischen Adel" (iz pol'skogo i litovskogo šljachetstva) vorhanden seien, Petrov 2.2, S. 164f. Was mit „würdig" genau gemeint ist, läßt sich nicht mehr sicher ausmachen.

2.1.2.2 Die Bischöfe aus Griechenland, Serbien, Rumänien und Georgien

Im folgenden sollen die wichtigsten der 16 im Laufe des 18. Jh.s geweihten Bischöfe aus Griechenland, Serbien, Rumänien und Georgien mit Kurzbiographien vorgestellt und charakterisiert werden, wobei besonders darauf geachtet wird, wann und unter welchen besonderen kirchenpolitischen Umständen der betreffende Hierarch nach Rußland gekommen und in eine russische Eparchie eingesetzt worden ist.

1. Für den Zeitraum zwischen 1700 und 1725 müssen zwei von den vier Bischöfen besonders genannt werden, die aus umliegenden orthodoxen Ländern gekommen sind, nämlich Pachomij Špakovskij aus der Walachei und Filofej (Philotheos) aus Ochrid[27]. Daß ein Rumäne Bischof in Rußland wurde, ist nicht so erstaunlich, wie es auf den ersten Blick scheinen mag. Zwischen Rußland und den Fürstentümern Moldau und Walachei bestanden schon seit dem 15. Jh. rege politische, kirchliche und kulturelle Beziehungen. 1711 wurde der Höhepunkt einer schon lange andauernden politischen Annäherung der Moldau an Rußland erreicht[28]. Auch auf kirchlichem und theologischem Gebiet waren die Beziehungen eng. Im Laufe des 18. Jh.s finden wir in der Ukraine Priester, die in der Moldau geweiht worden sind[29]. Ein interessanter Einzelfall ist der Abenteurer Epifanij Jakovlev, ein Priestermönch aus Kiev, der mit gefälschten Dokumenten nach Jassy reiste und sich vom dortigen Metropoliten zum Bischof von Čigirin und der Ukraine weihen ließ; er wurde 1725 vom Petersburger Synod des Mönchs- und Priesterstandes verlustig erklärt und dem Justizkollegium zur Aburteilung übergeben[30]. Von größter Bedeutung für die russische Kirchen- und Geistesgeschichte ist der von Poltava gebürtige Priestersohn Paisij Veličkovskij (1722–1794), der lange Zeit seines Lebens in moldauischen Klöstern gelebt, die Philokalie ins Kirchenslavische übersetzt hat und als Erneuerer des Starzentums berühmt geworden ist[31].

---

27 Außerdem stammten aus dem Ausland: Evfrem Jankovič, ein gebürtiger Serbe, über den wir fast nichts wissen, auch nicht, wann und unter welchen Umständen er nach Rußland gekommen ist. Er amtierte von 1708–1712 als Bischof von Vladimir. Vgl. Titov, Suzdal'skaja ierarchija, S. 91. – Ioannikij, ein Grieche, der 1719–1724 Metropolit von Kolomna war, ist ebenfalls wenig bekannt und ohne größere Bedeutung. RBSl 8, 184.

28 Vgl. den Protektionsvertrag zwischen dem Hospodaren Dumitru Cantemir und Peter d. Gr., Wittram, Peter Bd. 1, S. 368ff.

29 Kryžanovskij, Očerki, S. 411.

30 Eine Eparchie Čigirin existierte damals nicht. Erst seit 1800 gab es einen Bischof von Čigirin, der zugleich auch Vikar des Metropoliten von Kiev war. Zum Fall Epifanij Jakovlev vgl. PSP 5, Nr. 1642 (1725), S. 172–174.

31 S. Četverikov: Paisie, Starețul Manastiru Neamțului din Moldava. Viața, învățatura și influența lui a supra Bisericii Orthodoxe, 1933; ders. in: Put' Nr. 1, 3, 7,

Pachomij Špakovskij (1672–1723) stammte aus einer Adelsfamilie der Walachei und war in seiner Heimat Mönch und dann Archimandrit geworden. Peter d.Gr. übertrug ihm verschiedene politische Aufgaben bei seinen Verhandlungen mit den Türken, lud ihn 1711 nach Rußland ein und ernannte ihn drei Jahre später zum Metropoliten von Voronež. Die Eparchie Voronež war erst 1682 gegründet worden und kirchenpolitisch nicht besonders bedeutend – in den Štaty von 1764 sollte sie erst als Nummer 10 in die 3. Klasse aufgenommen werden[32] –, für Peter aber insofern wichtig, als sich in dieser Stadt bedeutende Werften befanden und nicht nur er selber sich dort oft aufhielt, sondern auch viele hochqualifizierte Ausländer, die mit dem Aufbau der russischen Flotte beauftragt worden waren. Der hochgebildete und politisch versierte Hierarch sollte also auch als Aushängeschild Rußlands dienen[33].

Filofej (Philotheos) stammte aus Konstantinopel, war Metropolit in Ochrid und wurde nach seiner Flucht vor den Türken nach Rußland 1722 von Peter d.Gr. zum Metropoliten von Smolensk eingesetzt. Wegen der Nachbarschaft zum katholischen Polen war ein geistig überragender Hierarch hier dringend notwendig. Filofej hatte zu schwören, daß er ein treuer Untertan und Diener Seiner Kaiserlichen Majestät sein und seine bischöflichen Aufgaben bestens erfüllen werde[34]. Da er russisch weder verstehen noch sprechen konnte und mit russischen Verhältnissen nicht vertraut war, gab ihm der Synod den Mönchspriester Lazar Kobjakov aus dem Aleksandr-Nevskij-Kloster als Übersetzer und Administrator bei[35]. Dieser erhielt seinerseits eine ausführliche Instruktion des Hl. Synods. Er hatte genau darüber zu wachen, daß Filofej seine Amtsgeschäfte nach den Kanones und den staatlichen Gesetzen führe, die russischen Gebräuche bei Gerichtsprozessen, bei der seelsorgerlichen Betreuung des Klerus und hinsichtlich der Ikonen, der Heiligenverehrung und der Auseinandersetzung mit den Altgläubigen gebührend berücksichtige[36].

2. Zwischen 1725 und 1740 wurden fünf Bischöfe griechischer, serbischer, rumänischer und georgischer Herkunft geweiht. Der bereits er-

---

Paris 1926f.; Smolitsch, Mönchtum, S. 482–495; RGG³ 6, 1252; E. Ch. Suttner: Paisij Veličkovskij im Spiegel des geistlichen Testaments seines Schülers Gheorghe de la Cernica, in: Ostkirchliche Studien 22, 1973, S. 184–189.

32 Vgl. oben, S. 28.

33 RBSl 13, 418f.; PBĖ 3, 838f. Zur Bedeutung von Voronež vgl. Wittram, Peter Bd. 1, S. 125, 209.

34 Die griechische Eidesformel mit einer synoptischen russischen Übersetzung PSP 2, Nr. 460 (1722), S. 111–114.

35 PSP 2, Nr. 463 (1722), S. 115f.

36 RBSl 21, 135.

wähnte '*Afanasij Kondoidi* stammte aus Kandia (Kreta), hatte in Italien eine glänzende Bildung erhalten, war Priester in seiner Heimat und anschließend Religionslehrer am Hofe des moldauischen Hospodaren Dimitrie Cantemir. 1711 kam er zusammen mit seinem Schützling, dem späteren Dichter und Satiriker Antioch Cantemir nach Rußland. Nach der vernichtenden Niederlage der Russen am Prut gegen die Türken war Cantemir mit seinem Hof nach Rußland geflohen, wo er Zuflucht und Unterhalt bekam[37]. Von 1721 an machte Afanasij Kondoidi eine steile Karriere im Dienste der russischen orthodoxen Kirche. Nach seiner Mönchsweihe wurde er Assessor, dann Rat und schließlich Mitglied des Hl. Synod. 1726 erhielt er den Bischofssitz von Vologda, und von 1735 bis zu seinem Tode 1737 war er Bischof von Suzdal'[38].

Venjamin Sachnovskij war der Sohn eines serbischen Erzpriesters aus Kosovo. Zwischen Rußland und Serbien bestanden schon lange enge kirchliche Beziehungen. Im 17. und beginnenden 18. Jh. finden wir mehrere serbische Hierarchen und Archimandriten in Rußland[39]. Die russische orthodoxe Kirche sandte „wegen der durch die türkischen Zerstörungen entstandenen Notlage", wie sich Peter I. 1722 persönlich ausdrückte, wiederholt größere Geldsummen, Bischofsornate, Priestergewänder, liturgische Bücher, Gottesdienstgeräte und Schulbücher nach Serbien[40]. Als Gegenleistung für die Entsendung des Kirchenslavisch- und Lateinlehrers Maksim Suvorov nach Serbien erbat sich der Synod einen serbischen Griechischlehrer für russische Schulen[41].

Venjamin Sachnovskij erhielt seine Bildung an Lateinschulen in der Walachei und begab sich bald darauf zu dem aus der Walachei stammenden Metropoliten Pachomij Špakovskij nach Voronež. Von ihm erhielt er die Mönchsweihe, war dann Marinehieromonach, Archimandrit des Pskover Höhlenklosters (1730–1731) und wurde 1731 zum Bischof von Kolomna geweiht. 1739 wurde er in die Eparchie Vjatka, 1742 in die Eparchie Voronež versetzt, wo er ein Jahr später starb[42].

---

37 So war es im Vertrag von Luck für den Fall, daß die Moldau türkisch bliebe, auch vorgesehen. Wittram, Peter Bd. 1, S. 369ff.; Völkl, S. 100.

38 RBSl 2, 371. Über seine Mitarbeit an der Revision der kirchenslavischen Bibel und sein panegyrisches Werk vgl. Slov. ist. 1, 60.

39 Simeon, 1646–1649 Metropolit von Kazan'; Feodosij, 1667–1671 Metropolit von Belgorod; Stroev, Sp. 288, 633; Lebedev, Belgorodskie archierei, S. 1–4. Vgl. auch oben, S. 41 Anm. 17 und S. 44 Anm. 27.

40 PSP 2, Nr. 610 (1722), S. 266–271; Nr. 688 (1722), S. 362f.; Nr. 897 (1722), S. 585–587.

41 PSP 4, Nr. 1289 (1724), S. 127f.

42 Nikol'skij, S. 8; PBĖ 3, 1181; 3, 840.

Iosif (Chvabulov) war der erste Georgier, der als Bischof in Rußland amtierte. Zwischen Rußland und Georgien bestanden schon seit dem 16. Jh. intensive politische Beziehungen. 1724 emigrierte der damalige König Wachtang VI., der nicht nur ein bedeutender Politiker war, sondern auch als Gelehrter und Schriftsteller Hervorragendes geleistet hatte, zusammen mit seiner Familie und einem Gefolge von etwa 1400 Menschen nach Rußland, da er einem heftigen türkischen Angriff nicht standhalten konnte[43]. In diesem Gefolge befand sich auch eine Gruppe von 43 georgischen Geistlichen, unter ihnen sechs Bischöfe, nämlich der Metropolit Christofor von Samtavro, der Metropolit Pavel von Tbilisi, die Bischöfe Nikolos von Ruisi, Arsenij von Manglisi, Iona und Nikolaj von Urbnisi, alle übrigens aus fürstlichem oder adligem Geschlecht. Die Geistlichen erhielten vom Synod das Recht, in russischen Kirchen in Astrachan' Gottesdienste zu feiern. Sie durften sich aber nicht in die inneren Angelegenheiten der Eparchie einmischen[44]. 1728 befand sich die Gruppe in Moskau, wo seit dem 17. Jh. eine nicht unbedeutende georgische Kolonie existierte. Die Geistlichen erhielten Plätze im Donskoj-, im Simonov-, im Novospasskij- und im Čudovkloster sowie bestimmte Summen für den Lebensunterhalt, die das Ökonomiekollegium für ausländische orthodoxe Geistliche, die nach Rußland kamen, zur Verfügung gestellt hatte[45].

Unter den Bischöfen der russischen orthodoxen Kirche im 18. Jh. befanden sich drei Georgier. Iosif, aus dem Fürstengeschlecht Chvabulov stammend, war Erzbischof von Samt'avisi und Cilkani, wurde von den

---

43 BSĖ 4, 1001; 7, 1081. Unter Wachtang VI. wurde der georgische „Svod zakonov" zusammengestellt, die erste georgische Druckerei in Tbilisi eröffnet, in der 171? die erste Druckausgabe von Šota Rustaveli: Der Mann im Pantherfell, erschien. Das stimmungsvolle Gedicht Wachtangs „Tbilisi" in deutscher Übersetzung in: Georgische Poesie aus acht Jahrhunderten, nachgedichtet von A. Endler und R. Kirsch, Berlin ²1974, S. 85f. Zur georgischen Kirchengeschichte vgl. P. Hauptmann: Unter dem Weinrebenkreuz der heiligen Nino, Kirchengeschichte Georgiens im Überblick, in: Kirche im Osten 17, 1974, S. 9–41; Kurzinformationen in: Aßfalg, Kleines Wörterbuch.

44 PSP 5, Nr. 1596 (1725), S. 128–130. Interessant ist das Verzeichnis dieser Geistlichen auf S. 129, wobei der hohe Anteil von Personen adliger Herkunft auffällt. – Die Namen der georgischen Hierarchen sind in den Quellen russifiziert und werden hier entsprechend wiedergegeben. – Zur Stadtgeschichte von Astrachan' vgl. BĖ 3, 351–356; BSĖ 2, 1003–1006.

45 PSP 6, Nr. 2170 (1728), S. 234–238. Metropolit Pavel von Tbilisi ist nicht mehr genannt. Vgl. auch PSP 6, Nr. 1982 (1727), S. 38f. Dem Archimandriten Dementij Žindarov wurde ausdrücklich verboten, in russischen orthodoxen Kirchen mit der Archimandriten-Šapka zu zelebrieren. PSP 6, Nr. 2134 (1728), S. 185–187. Dessen Gramota von König Wachtang ebd. S. 185f.

Lesgiern gefangengenommen und 1730 vom russischen Staat losgekauft. 1734 bis 1740 wirkte er als Koadjutor des Novgoroder Erzbischofs und als Archimandrit des Jur'ev-Klosters. Von 1740 an erhielt er eine Pension in wechselnder Höhe[46].

3. Der zweite dieser drei georgischen Hierarchen, *Antonij, Carevič Kartalinskij,* Sohn des Königs Iessej von Georgien und der Königin Elena, geborene Prinzessin von Kachetien, war der Katholikos der georgischen orthodoxen Kirche. 1757 erschien er vor dem Hl. Synod in Petersburg und erklärte, er sei aus Georgien nach Rußland geflohen, „weil ihm von Lesgiern und Römern Bedrückungen wegen des Glaubens zugefügt worden waren; und aus anderen Gründen", und er bat, ihm in Rußland eine Eparchie zu geben. Der Synod lehnte erst ab, gab ihm aber aufgrund eines mündlichen Befehls der Zarin Elisabeth schließlich doch den gerade vakanten Bischofssitz von Vladimir, wo er mit Hilfe eines russischen Administrators fünf Jahre als Erzbischof wirkte. 1762 wurde der gelehrte Hierarch nach Georgien entlassen, wo er 1790 starb[47].

4. Von den fünf aus Griechenland, der Moldau und Georgien stammenden Hierarchen, die in der Zeit Katharinas II. mit Bischofssitzen in Rußland betraut worden sind, muß *Evgenij Bulgari* (Eugenios Bulgaris) an erster Stelle genannt werden. Er stammte aus einer altangesehenen Familie. Sein Vater war Kanzler oder Präsident der venezianischen Besitzungen auf der Insel Zante (heute Zakynthos) im Jonischen Meer und zog während des venezianisch-türkischen Krieges 1715 nach Kerkyra (Korfu). Im selben Jahre wurde Eleutherios, wie Evgenij mit weltlichem Namen hieß, geboren. Nach dem Besuch verschiedener Schulen in Korfu und Umgebung und der Mönchsweihe begann er 1740 das Studium der Mathematik in Venedig. 1741 wählte ihn die griechische Kolonie der Lagunenstadt zum Katecheten und Prediger. Nachdem er als Lehrer und Rektor verschiedener Schulen in Epirus, Konstantinopel und auf dem Athos gewirkt hatte, zog er 1763 nach Deutschland und hielt sich u.a. auch am Hofe Friedrichs II. in Berlin auf. Hier übersetzte er den berühmten Nakaz Katharinas II. ins Griechische und widmete der Verfasserin diese Arbeit mit dem Wunsch, ihr Untertan sein zu dürfen. Diese berief den hochgebildeten und sprachgewandten Mönch 1771 nach Rußland. 1775 wurde er Erzbischof der neu errichteten Eparchie Slavjansk und Cherson mit Sitz in Poltava, in der damals viele Griechen lebten. Er erhielt den Archimandriten Feoktist Močul'skij, den späteren Erzbischof von Kursk, als Administrator, bis er 1779 in

46 RBSl 8, 349f.

47 Malickij, Ist. Vladim. Sem. 1, S. 64; RBSl 2, 215.

den Ruhestand entlassen wurde. Evgenij verfaßte gegen 40 historische, philosophische und theologische Werke, übersetzte sehr viel und war Mitglied mehrerer wissenschaftlicher Gesellschaften[48].

Ebenfalls aus Korfu gebürtig war *Nikifor Feotoki* (Nikephoros Theotokis), Sohn einer griechischen Adelsfamilie. Nach dem Besuch des Gymnasiums in Korfu studierte er in Patavia und Bologna Mathematik, Physik und Astronomie, empfing 1748 in Griechenland die Mönchsweihe und wirkte nach längeren Aufenthalten in Palästina, Ägypten und Konstantinopel als Rektor des Gymnasiums von Jassy. 1776 siedelte er auf Einladung Evgenij Bulgaris nach Poltava über, wurde Rektor des dortigen Priesterseminars und – nicht zuletzt durch die Vermittlung Potemkins – 1779 Erzbischof der Eparchie Slavjansk, also unmittelbarer Nachfolger Evgenijs, und 1786–1792 Erzbischof von Astrachan'. Auch er hinterließ eine Reihe theologischer und weltlicher Werke[49].

In verschiedener Hinsicht ungewöhnlich ist der Lebensweg von *Gavriil Bănulescu-Bodoni.* Als Sohn armer moldauischer Adliger wurde er in Bystrica (Transsylvanien) geboren und erhielt seine erste Ausbildung an Seminaren in seiner Heimat. Von 1773 an vertiefte er seine theologischen Kenntnisse an der Kiever Akademie. Nach mehrjährigem Aufenthalt in Griechenland, auf dem Athos, in Jassy und Konstantinopel, wo er zum Mönch geweiht wurde, und wiederum in der Moldau war er Präfekt und dann Rektor des Seminars von Ekaterinoslav. 1791 wurde er Bischof von Belgorod, ein Jahr später Metropolit von Jassy, im folgenden Jahr Erzbischof von Ekaterinoslav, 1799–1803 Metropolit von Kiev. 1808 wurde er zum Exarchen des Hl. Synod in der Moldau, der Walachei und Bessarabien ernannt. Von 1813 bis zu seinem Tod 1823 finden wir ihn als Metropoliten von Kišinev[50].

Gaij Takaov wurde 1750 im Dorfe Magaro, östlich von Tbilisi geboren, verbrachte seine Jugend am Königshof und empfing mit 22 Jahren die Mönchsweihe. Er begleitete den Katholikos auf eine längere Reise nach Petersburg, lernte dort im Aleksandr-Nevskij-Kloster Russisch und klassische Sprachen, errichtete nach der Rückkehr in seine Heimat eine russische Schule für Georgier und erhielt den Rang eines Archimandriten. 1784, also ein Jahr nach Abschluß des Schutzvertrages zwischen

---

48 Slov. ist. 1, 145–165 (Werke, S. 150ff.); BĖ 21, 413; RGG³ 1, 1509. Übrigens leben auch heute noch viele Griechen in der Ukraine, vgl. BSĖ 26, 1599.

49 Slov. ist. 2, 99–101; BĖ 41, 85f.; RBSl 11, 337–339; M. Solov'ev: Propovedi Nikifora Feotoki, Kiev 1897; RGG³ 6, 847f.

50 RBSl 4, 25–28; E. Ch. Suttner: Metropolit Gabriel Banulescu-Bodoni, in: Ostkirchliche Studien 22, 1973, S. 281–301.

König Heraklius II. und Katharina II., der die Angliederung Georgiens an Rußland einleitete, wurde Gaij Takaov nach Rußland gerufen. 1793 wurde er Bischof von Mozdok-Madžar, des neu errichteten Vikariats der Eparchie Astrachan', und erhielt die Aufgabe, das Christentum unter die Ungläubigen entlang der Kaukasuslinie zu bringen. Nachdem 1799 dieses Vikariat aufgelöst worden war, war er bis 1803 Bischof von Saratov, dann (bis 1808) von Penza und schließlich, von 1808 bis zu seinem Tode 1821, Erzbischof von Astrachan'[51].

Zusammenfassend muß festgehalten werden, daß von den 190 Bischöfen, die in unserem Untersuchungszeitraum von 1700 bis 1796 geweiht worden sind, 26 (oder mehr) aus Polen-Litauen, sechs aus Griechenland, drei aus Serbien, vier aus der Moldau und der Walachei und drei aus Georgien gekommen sind, daß also mindestens 42 Bischöfe der russischen orthodoxen Kirche im 18. Jh. ausländischer Herkunft gewesen sind. Dies entspricht dem erstaunlich hohen Satz von 22%. Fast alle Bischöfe aus Polen-Litauen wurden zwischen 1700 und 1762 geweiht. Die übrigen Hierarchen aus dem orthodoxen Ausland verteilen sich ziemlich gleichmäßig auf das 18. Jh.: vier auf die zweite Hälfte der Regierungszeit Peters I., fünf auf die Zeit seiner Nachfolger bis 1741, zwei auf die Regierungszeit Elisabeths und fünf auf die Katharinas II. Wie wir schon gesehen haben, hat Peter d.Gr. viele Bischöfe unter den Geistlichen, die ihm begegnet sind, persönlich ausgewählt. Er wies den Bischöfen ausländischer Herkunft gern exponierte Stellen zu, wie Voronež oder Smolensk, wo seiner Meinung nach besonders gebildete und profilierte Persönlichkeiten vonnöten waren, die auch als Aushängeschild Rußlands für die Ausländer dienen konnten. Unter den Nachfolgerinnen und Nachfolgern Peters war der Mangel an geeigneten Bischofskandidaten besonders groß. Darum wurden damals nicht nur auffallend viele gelehrte Mönche aus der links- und rechtsufrigen Ukraine, sondern auch mehrere Serben, Griechen, Rumänen und Georgier mit der Leitung russischer Eparchien betraut. Katharina II. schließlich setzte die aus dem Ausland stammenden Bischöfe dort ein, wo sie viele Ausländer ihrer Nationalität zu betreuen hatten.

Die Aufgabe, sich den russischen Verhältnisse anzupassen, fiel nicht allen Ausländern leicht. Die zahlreichen Ukrainer, die großrussische Eparchien zu leiten hatten, wurden von Gemeindeklerus und Kirchenvolk als fremde Elemente empfunden und waren verhaßt und verachtet[52]. Die aus Griechenland, Serbien, Rumänien und Georgien stammenden Bischöfe

51 RBSl 4, 115–117.
52 Smolitsch, Geschichte, S. 390f., vgl. oben S. 37.

erhielten jeweils einen Administrator, der ihnen nicht nur als Dolmetscher stets zur Verfügung stehen mußte, sondern auch darüber zu wachen hatte, daß die russischen Traditionen und Gesetze bei der Leitung der Eparchie gebührend berücksichtigt wurden. Trotzdem gelang die Anpassung an die Ortsverhältnisse manchem nicht. Der in dieser Hinsicht wohl unglücklichste Fall war der kirchengeschichtlich und kirchenpolitisch unbedeutende Antonij Černovskij, der 1739 zum Metropoliten der Moldau geweiht worden, bald darauf aus politischen Gründen nach Rußland geflohen war und in den 1740er Jahren erst als Metropolit von Černigov, dann als Metropolit von Belgorod wirkte. Durch die Erhebung übermäßiger Steuern von der Geistlichkeit, die Durchführung zahlreicher Visitationsreisen in seinen Eparchien, die für den Gemeindeklerus jeweils erhebliche finanzielle Belastungen mit sich brachten, durch Simonie und nicht zuletzt durch öffentliches Pfeifenrauchen und Tragen türkischer und griechischer Kleidung erregte er zahlreiche Beschwerden seitens der Gläubigen. Vor dem Hl. Synod versuchte er sich jeweils damit zu rechtfertigen, daß er Ausländer sei und die russischen Gebräuche nicht kenne[53].

Der Patriarch Dositheos von Jerusalem, dessen eindringliche Warnung an Peter d.Gr., nur Einheimische zu Bischöfen weihen zu lassen, schon zitiert worden ist[54], hatte weitgehend recht behalten. Doch was blieb der russischen orthodoxen Kirche, vor allem in der ersten Hälfte des 18. Jh.s, anderes übrig, wenn sie unbedingt gelehrte Mönche als Bischöfe haben mußte, als Ukrainer und Ausländer heranzuziehen?

2.2 *Die soziale Herkunft der Bischöfe*

Während die geographische Herkunft der Bischöfe im behandelten Zeitraum meist gut bekannt ist, läßt sich die soziale Herkunft von vielen, auch von bedeutenden Bischöfen aus dem vorliegenden Quellenmaterial nicht mehr immer feststellen. Selbst die Biographen des ausgehenden 19. und beginnenden 20. Jh.s, denen alle Archive in Rußland offenstanden, mußten in vielen Fällen eingestehen, daß sie über die soziale Her-

---

53 RBSl 2, 227; Istoriko-statističeskoe opisanie černigovskoj eparchii, S. 83f.; Lebedev, Belgorodskie archierei, S. 63–78. – Kurz nach seinem Amtsantritt 1740 ließ er 400 Antimensien (vom Bischof geweihte Altartücher mit der Darstellung der Bestattung Jesu Christi) drucken und an alle Kirchen seiner Eparchie verteilen, was jede Kirchengemeinde 4 Rubel kostete. Auf Beschwerden der Geistlichkeit hin erklärte er, er sei Ausländer und in der Moldau sei dies so üblich.

54 Vgl. oben S. 38f.

kunft, die Jugend und den Werdegang der Bischöfe bis zur Mönchsweihe nur ganz spärliche oder überhaupt keine Nachrichten gefunden hätten[1]. Trotz dieser für sozialgeschichtliche Forschungen schlechten Ausgangslage gibt es zuverlässige Nachrichten über etwa drei Viertel der 190 Bischöfe, die zwischen dem Tod des Patriarchen Adrian und dem Tod Katharinas II. geweiht und eingesetzt worden sind.

Bis weit ins 18. Jh. hinein finden wir Bischöfe aus fast allen sozialen Gruppierungen. Die Oberschicht war aber besonders stark vertreten. Die Metropoliten von Moskau, Petr, Aleksij und Iona, der Erzbischof Gennadij von Novgorod, um nur einige besonders hervorragende Persönlichkeiten aus der russischen Kirchengeschichte zu nennen, stammten aus wohlhabenden und begüterten Bojaren-, Gutsbesitzer- oder Kaufmannsfamilien[2]. Der „Brief über die Feindseligkeiten zwischen den Mönchen des Kirillov- und des Volokolamskij-Klosters“, der die Meinung Iosifs von Volokolamsk wiederzugeben vorgibt (aber wahrscheinlich unecht ist), weist deutlich auf die Bevorzugung von Angehörigen der Oberschicht für das Bischofsamt hin: „... Als nun das Konzil über die verwitweten Popen und Diakone sich dem Ende zuneigte, begann der Starec Nil zu sprechen und zu verlangen, daß die Klöster keine Dörfer mit Land haben, sondern daß die Mönche in Einödklöstern leben und sich mit Handarbeit ernähren sollen ... Als dies der Abt Iosif hörte, begann er, ihnen zu widersprechen ... ,Wenn die Klöster kein Land haben, wie soll ein ehrwürdiger und hochgeborener Mensch Mönch werden? Und wenn keine ehrwürdigen Mönche da sind, woher soll man jemand für den Metropolitensitz oder einen Erzbischof oder Bischof oder jemanden für irgendein ehrenvolles Amt nehmen? Wenn es keine ehrwürdigen und hochgeborenen Mönche geben wird, wird der Glaube erschüttert werden ...‘“[3]

Bevor wir uns aber der Frage nach der Herkunft der Hierarchen aus den einzelnen sozialen Gruppierungen und Schichten zuwenden, muß eine Bemerkung vorangestellt werden, die für den Kenner der Kirchengeschichte Rußlands allerdings nahezu überflüssig ist: Alle Bischöfe stammen aus dem Mönchsstand. Dies ist alte orthodoxe Tradition. Für den orthodoxen Gläubigen bedeutet das Mönchstum die höchste Entfaltung des geistlichen Lebens, die oberste Stufe der Frömmigkeit, ja die Nachahmung des Lebens der Engel. Die Ideale sind Entsagung von der Welt, Armut, Fasten, Gehorsam und Keuschheit. Die höchsten Stellen in der

1 Vgl. z.B. Skvorcov, Adrian, S. 3 oder Titov, Feoktist Močul'skij, S. 54.

2 Golubinskij 2.1, S. 102, 172f., 488; BĖ 15, 339–341.

3 F. von Lilienfeld: Nil Sorskij und seine Schriften. Die Krise der Tradition im Rußland Ivans III., Berlin 1963, S. 171; der Brief in deutscher Übersetzung, S. 333–336.

Leitung der Kirche sollen nur an Männer vergeben werden, die die Vollkommenheit in diesem Sinne nach Möglichkeit erreicht haben. Darum heißt es in einer Novelle Justinians, daß keiner zum Bischof eingesetzt werden soll, der nicht dem Mönchsstande angehört[4], und in den Kanones des Trullanums wird festgehalten, daß die Bischöfe unverheiratet sein sollen; in Nordafrika sei es vorgekommen, daß Bischöfe nach ihrer Weihe mit ihren Frauen zusammenlebten, dies erzeuge aber Ärgernis und sei in Zukunft verboten[5]. In der russischen Kirchengeschichte des Mittelalters finden sich nur wenige Einzelfälle von Bischöfen oder Bischofskandidaten, die Gemeindekleriker gewesen sind. Sie hatten aber alle vor der Bischofsweihe die Mönchsweihe empfangen[6].

Alle ehemaligen Gemeindepriester und Diakone, die im 18. Jh. zu Bischöfen geweiht wurden, waren Witwer, die nach dem Tode ihrer Gattin die Mönchsweihe erhalten hatten. Daß verwitwete Gemeindegeistliche in ihrem Beruf nicht mehr weiter dienen durften, sondern Mönche werden mußten, war eine Eigentümlichkeit der russischen Kirchengeschichte, die bis auf den Metropoliten Petr (Anfang 14. Jh.) zurückging, auf dem Konzil von 1667 zwar formell aufgehoben wurde, *de facto* aber noch weit bis ins 18. Jh. hinein weiterbestand[7]. Die Bestimmungen und die Praxis, daß die Mönchsweihe unabdingbare Voraussetzung für das Bischofsamt sei, griff der Erzpriester des Archangel'skij Sobor im Moskauer Kreml, Petr Alekseev (gest. 1812), scharf an. In seinen Schriften „Werk gegen die Bischöfe" und „Könnte ein ehrwürdiger Priester ohne Mönchsweihe zum Bischof erhoben werden?" versuchte er, mit theologischen Argumenten zu beweisen, daß auch Gemeindegeistliche Bischöfe werden könnten, da sie die gleiche Gnade für sakramentale Handlungen besäßen wie die Angehörigen der schwarzen Geistlichkeit[8]. Ein praktischer Erfolg war aber den beiden fulminant geschriebenen Werken nicht beschieden, ebenso wenig der Diskussion, die über dasselbe Thema in der Mitte des 19. Jh.s nochmals aufbrach[9]. Wir geben im folgenden eine Zusammenstellung derjenigen Hierarchen im 18. Jh., die erst Ge-

4 Ioann Sokolov, S. 465.

5 Kanones 12 und 48 des Trullanum (692): Mansi 11, 944–968, 965f.: Hefele 3, 332, 337; Špidlik in: Handbuch der Ostkirchenkunde, S. 560.

6 Ioann Sokolov, S. 221–246.

7 Pravila mitropolita Petra (1308–1326), in: Prav. Sob. 1865 I, S. 189–194; Lavrov, Vdovye svjaščenniki; PSP Ek 1, Nr. 97 (1763), S. 89f.

8 Smolitsch, Mönchtum, S. 449; Smolitsch, Geschichte, S. 423f. Die zweite Ehe für die Priester und die Ehe für die Bischöfe sollten von den „Erneuerern" nach 1917 erlaubt werden, vgl. R. Stupperich: Živaja cerkov'. Ein Kapitel der neueren russischen Kirchengeschichte, in: Kirche im Osten 3, 1960, S. 72–103, vgl. S. 91.

9 Ioann Sokolov, S. 250ff.

meindepriester oder -diakone gewesen und nach dem Tode ihrer Ehefrauen zu Mönchen und einige Jahre später zu Bischöfen geweiht worden sind.

Tabelle 4: Die Bischöfe aus der weißen Geistlichkeit im 18. Jahrhundert[10]

Name	Gemeindetätigkeit (P. = Priester D. = Diakon)	Bischofsweihe	Eparchien
Filofej Leščinskij	P. um Kiev	1702	Tobol'sk
Pavel	P. Moskau	1716	Vologda
Ioakim	P. Suzdal', Moskau	1716	Astrachan', Korelien, Suzdal', Rostov
Iosif	P. Moskau	1725	Voronež
Afanasij Kondoidi	P. Griechenland	1726	Vologda, Suzdal'
Ioakim Strukov	P. Moskau	1727	Perejaslavl'-Zalesskij, Voronež
Ilarion	P. ?	1731	Astrachan'
Gavriil Russkoj	D. Ep. Rjazan'	1731	Suzdal', Kazan', Ustjug
Palladij Jur'ev	P. Nižnij Novgorod	1758	Rjazan'
Pavel Grebnevskij	P. Petersburg	1763	Vladimir
Antonij Zybelin	D. Moskau	1770	Archangel'sk, Nižnij Novgorod, Kazan'
Afanasij Vol'chovskij II	P. ?	1788	Staraja Russa, Mogilev

Nach dem bisher Gesagten erstaunt es nicht, daß wir im 17. Jh. eine Reihe von Bischöfen finden, die aus berühmten und traditionsreichen Familien der Oberschicht hergekommen sind. Der Patriarch Filaret stammte aus der Bojarenfamilie der Romanovs und war mütterlicherseits verwandt mit dem Zaren Feodor Ivanovič. Er hatte verschiedene hohe politische und militärische Ämter inne, trat gezwungenermaßen mit etwas über vierzig Jahren in den Mönchsstand ein und wurde 1605 vom Pseudodemetrius zum Metropoliten von Rostov ernannt. Nach mehrjähriger Gefangenschaft in Polen wurde er 1619 zum Patriarchen von ganz Rußland inthronisiert; sein Sohn Michail Feodorovič war damals bereits sechs Jahre Zar[11]. Der Patriarch Ioakim stammte aus dem nicht

10 Pivovarov, S. 68; Titov, Suzdal'skaja ierarchija, S. 97f.; PBĖ 3, 839; Smolitsch, Geschichte, S. 121 Anm. 102; RBSl 8, 177; Čt. imp. 1847,1848/7, S. 78f.; RBSl 4, 48–51; 13, 153; 13, 65; 2, 218f.; 2, 369f.

11 BĖ 70, 735–737; über die Romanovs: BĖ 53, 49f. – Zum folgenden vgl. auch die Literatur zur russischen Adelsgenealogie: N. Novikov (Hrsg.): Rodoslovnaja kniga knjazej i dvorjan rossijskich i vyezžich ... 2 Bd.e, M. 1787; Kn. Petr Dolgorukov: Rossijskij rodoslovnyj sbornik, 4 Bd.e, SPb. 1840–1841; ders.: Notice sur les principales familles de la Russie, Bruxelles 1843; ders.: Rossijskaja rodoslovnaja kniga, 4 č., SPb. 1854–1857; L. M. Savelov: Opyt rodoslovnogo slovarja russkogo drevnego dvorjanstva. Rodoslovnye zapisi, vyp. 1–3, M. 1906–1909; V. V. Rummel', V. V. Golubcov: Rodoslovnyj sbornik russkich dvorjanskich fa-

besonders begüterten Geschlecht der Savelovs aus Možajsk, leistete erst Kriegsdienst und ließ sich 1655, als er 35 Jahre alt war und nachdem seine Frau und seine vier Kinder nahezu gleichzeitig gestorben waren, zum Mönch weihen. 17 Jahre später wurde er Metropolit von Novgorod, weitere zwei Jahre später Patriarch[12]. Gedeon (weltlicher Name: Fürst Grigorij Svjatopolk-Četvertinskij) stammte aus einem sehr alten und berühmten russischen Fürstengeschlecht, das sich bis auf Vladimir den Heiligen zurückführte und im Laufe der russischen Geschichte eine Reihe politisch bedeutender Persönlichkeiten hervorgebracht hatte. Gedeon, der etwa 1600 in Südwestrußland geboren worden war und eine umfassende Bildung in den Schulen Wolhyniens erhalten hatte, wirkte 1660–1685 als Bischof von Luck und von 1685 bis zu seinem Tode 1690 als Metropolit von Kiev[13]. Ignatij Rimskij-Korsakov gehörte einer Adelsfamilie an, die sich auf Žigimunt Korsakov (14. Jh.) zurückführte und 1677 den Namen Rimskij-Korsakov angenommen hatte, um die genealogische Herkunft aus Rom zu dokumentieren. Ignatij (weltl. Name: Ivan Stepanovič) diente eine Zeitlang als Stol'nik („Truchseß") am Hofe des Zaren Aleksej, wurde dann Mönch und trat in das durch die Strenge und Härte seiner Askese berühmte Solovki-Kloster ein. 1692 wurde er Metropolit von Sibirien und Tobol'sk. Sein Verwandter Iosif (weltl. Name: Ivan Maksimovič) Rimskij-Korsakov war Archimandrit des Moskauer Vysokopetrovskij-Klosters und 1698–1717 Bischof von Pskov[14]. Iosif Koriatovič-Kurcevič war Abkömmling einer berühmten litauischen Familie, die sich bis auf Gedimin zurückführte. Der hochgebildete und weitgereiste Archimandrit wurde 1621 Bischof von Vladimir (Wolhynien) und nach seiner durch die Verfolgungen der Orthodoxen in Südwestrußland bedingten Flucht nach Moskau Erzbischof von Suzdal' (1626–1634), wo er aber „kaum Spuren eines breiten und fruchtbaren bischöflichen Wirkens hinterließ", mit andern Worten: es gab um seine Person mehrere Skandale[15]. Varlaam Jasinskij, Feodosij Uglickij und Ioann Maksimovič stammten aus bekannteren südrussischen Adelsfamilien[16].

---

milij, 2 Bd.e, SPb. 1886–1887; Kn. A. B. Lobanov-Rosovskij: Russkaja rodoslovnaja kniga, 2 Bd.e, SPb. ^{2}1895; N. F. Ikonnikov: La Noblesse de la Russie, 25 Bd.e, Paris 1957–1966. – Lit. zum Adel: S. A. Korf: Dvorjanstvo i ego soslovnoe upravlenie za stoletie 1762–1855 gg., SPb. 1906; s. oben, S. 9, Anm. 1.

12 A. P. Barsukov: Vserossijskij patriarch Ioakim Savelov, SPb. 1891; Tichomirov 3, 280ff.; Smolitsch, Mönchtum, S. 339.

13 Titov, Pravoslavnaja cerkov', 2, 213–305; BĖ 15, 231; 57, 274.

14 RBSl 8, 47f.; Stroev, Sp. 380; BĖ 24, 783; 52, 724.

15 Charlampovič, Malorossijskoe vlijanie, S. 32–39.

16 Titov, Pravoslavnaja cerkov' 2, S. 306–455; RBSl 25, 366–370; 8, 279f. Die Adelsfamilie der Maksimovičs geht auf Maksim Vasil'kovskij (Mitte 17. Jh.) zu-

Auch die andern gesellschaftlichen Gruppierungen waren vertreten: Der Patriarch Nikon war Bauernsohn aus der Gegend von Nižnij Novgorod[17]. Der Vater Tichon Vojnovs, des späteren langjährigen Metropoliten von Kazan', gehörte der „gostinnaja sotnja“ von Nižnij Novgorod an, jener vom Staat organisierten Gruppe angesehener Kaufleute, die gleich unter den *gosti* standen, einige Privilegien wie die Steuerfreiheit besaßen und für den Zaren bestimmte Dienste zu leisten hatten[18]. Afanasij Ljubimov war der Sohn eines Soldaten in Tjumen' (Sibirien) und wurde mit 25 Jahren Mönch in der Gegend von Perm, von wo er 1682 zum Bischof der neugegründeten Eparchie Cholmogory (später Archangel'sk) berufen wurde[19]. Schließlich finden wir auch einzelne Söhne aus dem Pfarrklerus auf Bischofssitzen: Ilarion von Suzdal' (geb. 1632) stammte aus einer Priesterfamilie in der Eparchie Nižnij Novgorod; Savvatij, Bischof von Astrachan' (1683–1696), war Priestersohn aus der Eparchie Suzdal'[20]; Iov von Novgorod, nicht zuletzt bekannt durch die tatkräftige schulische Aufbauleistung in seinem Bistum, ging auch aus dem geistlichen Stand hervor[21].

Wie diese knappe Skizze, die noch in manchen Punkten ergänzt werden kann, zeigt, war die soziale Zusammensetzung des Episkopats im 17. Jh. sehr bunt und mannigfaltig. Die Bischöfe stammten aus den verschiedensten sozialen Gruppierungen, sehr oft aus der Oberschicht; zum Teil waren sie erst spät und nach einer bemerkenswerten weltlichen Karriere Mönche geworden, gehörten nicht selten über viele Jahre hinweg Klöstern an, die im Rufe einer strengen Askese standen und wurden meist in fortgeschrittenem Alter und mit einer hohen geistig-geistlichen Reife zu Bischöfen geweiht. Wie auch aus dem zitierten Brief, der auf Iosif von Volokolamsk zurückgehen soll, hervorgeht, konnte die Zugehörigkeit zum Adel die Bischofskarriere erleichtern und beschleunigen. Ein Monopolanspruch der Oberschicht auf die höchsten Stellen der Kirchenleitung läßt sich aber nicht feststellen.

Wie sahen die Verhältnisse im 18. Jh. aus?

1. Wir haben bereits gesehen, daß sich unter Peter d.Gr. der Bestand und die Zusammensetzung des Episkopats wesentlich verändert hat und der Zar Bischöfen kleinrussischer Herkunft vor allem wegen ihrer Über-

---

rück. Die beiden Brüder Ioanns hatten hohe militärische Positionen inne (BĖ 35, 441). – Petr Mogila, Sohn des moldauischen Hospodaren Simon Mogila (Simion Movilă), wurde hier nicht aufgeführt, da Kiev damals nicht zum russischen Reich gehörte.

17 Smolitsch, Mönchtum, S. 362.

18 RBSl 20, 579; Pipes, S. 203; Pushkarev, S. 139.

19 Verjužskij, S. 7f.

20 RBSl 8, 85f.; 18, 24.

21 RBSl 8, 310 (Lit.).

legenheit in der Bildung den Vorzug gegeben hat[22]. Was die soziale Herkunft der 44 Hierarchen betrifft, die zwischen dem Tod des Patriarchen Adrian und dem Tode Peters I. geweiht worden sind, ergibt sich wiederum ein mannigfaltiges und buntes Bild. Die Oberschicht war auch hier am stärksten vertreten. Neun Hierarchen stammten aus dem klein- und weißrussischen Adel (šljachta), wobei allerdings nicht mehr bei allen feststellbar ist, ob sie in der linksufrigen russischen oder in der rechtsufrigen polnischen Ukraine geboren und aufgewachsen sind[23]. Sieben Bischöfe gehörten z.T. altehrwürdigen großrussischen Adelsfamilien an[24], und einer, Pachomij Špakovskij, entstammte einer walachischen Adelsfamilie[25].

Besonders hervorzuheben ist Sil'vestr (weltlicher Name: knjaz' Sergij Vjačeslavič Svjatopolk-Četvertinskij), der aus der bereits erwähnten uralten Fürstenfamilie der Četvertinskijs stammte und 1707–1728 Bischof der dem Metropoliten von Kiev unterstellten Eparchie Mogilev war[26]. Der Metropolit von Tobol'sk Irodion Žurakovskij gehörte einer sehr bekannten kleinrussischen Adelsfamilie an, die sich bis ins 16. Jh. zurückführte und die in ihrer Mitte mehrere politisch bedeutende Männer hatte[27]. Feodosij Fürst Vadbol'skij, der wenig mehr als ein Jahr als Bischof von Saraj und Podonk diente (1711–1712) und kaum bekannt gewor-

---

22 Vgl. oben S. 33f.

23 *Filofej* Leščinskij vgl. Pivovarov, S. 68; *Sil'vestr* kn. Svjatopolk Četvertinskij s. unten S. 57; *Varnava* Volatkovskij, der Sohn eines reichen Adligen aus Galizien, vgl. Charlampovič, Malorossijskoe vlijanie, S. 534 Anm. 1; *Antonij* Stachovskij, der Sohn eines aus einer Adelsfamilie stammenden Priesters, vgl. Istoriko-statističeskoe opisanie černigovskoj eparchii, Bd. 1, 62f.; *Kirill* Šumljanskij aus Luck vgl. RBSl 8, 663; *Feodosij* Janovskij aus Weißrußland vgl. Moroškin, Feodosij, S. 1ff.; *Innokentij* Kul'čickij aus einer alten Adelsfamilie in Černigov vgl. Smirnov, Ist. Mosk. Akad., S. 206 und RBSl 8, 108f., *Irodion* Žurakovskij s. unten S. 57; *Feofilakt* Lopatinskij aus einer Adelsfamilie aus Wolhynien vgl. RBSl 25, 457–466.

24 *Arsenij* Kostjurin aus einem weniger bekannten großrussischen Adelsgeschlecht vgl. RBSl 2, 310; *Sil'vestr* Cholmskij, dessen Bruder Gutsbesitzer in Cholmogory war, vgl. Čistovič, Prokopovič S. 341f.; *Feodosij* Kn. Vadbol'skij s. unten S. 57f. *Dosifej* Glebov aus einem russischen Adelsgeschlecht, dessen Gründer 1668 zu den „dvorjane" und „deti bojarskie" aufgenommen wurde, vgl. BĖ 16, 913; *Aleksij* Titov aus einem Novgoroder Adelsgeschlecht, das seit dem 16. Jh. mehrere politisch bedeutende Persönlichkeiten hervorgebracht hatte, vgl. Čt. imp. 1847,1848/7, S. 51 und BĖ 65, 257; *Aaron* Eropkin s. unten S. 58; *Georgij* Daškov s. unten, S. 58.

25 RBSl 13, 418f.; PBĖ 3, 838f. und oben, S. 45.

26 RBSl 18, 443; Ammann, Abriß, S. 422f. über die besonderen Verhältnisse der orthodoxen Eparchie Mogilev im Königreich Polen-Litauen.

27 RBSL 8, 137f.; BĖ 23, 54.

den ist, stammte ebenfalls aus einer sehr alten Fürstenfamilie, die sich bis auf Rjurik zurückführte[28]. Auch Aaron Eropkin war ein Rjurikide. Der Sohn eines Moskauer Stol'niks diente am Zarenhof, wurde 1686 ebenfalls zum Stol'nik ernannt und war am Ewigen Frieden mit Polen und an einem Krimfeldzug (1686/1687) beteiligt. Gegen Ende des 17. Jh.s entzog er sich freiwillig der Welt, wurde Mönch, Archimandrit und 1714 Bischof von Korelien[29]. Georgij Daškov schließlich kam aus dem bis in die Anfänge des 16. Jh.s zurückgehenden russischen Adelsgeschlecht der Daškovs, das vor allem im 17. Jh. mehrere hohe Beamte am Zarenhof stellte und auch zu Beginn des 18. Jh.s hoch angesehen war. Einer seiner Onkels war Stol'nik, seine Brüder hatten ebenfalls hohe Stellungen, seine Schwestern waren mit Fürsten verheiratet, und auch er selbst verkehrte in den höchsten Gesellschaftskreisen – mit den Dolgorukijs und andern. 1706 fiel er Peter durch seine aktive Teilnahme an der Niederwerfung des Aufstandes von Astrachan' auf. 1718 wurde er zum Bischof von Rostov geweiht[30].

Vier zwischen 1700 und 1725 geweihte Bischöfe stammen aus dem Kaufmannsmilieu. Der aus Kiev gebürtige Varlaam Kosovskij war Kaufmannssohn, Schüler des Kiever Kollegiums und ausländischer Jesuitenschulen und seit 1690 Mönch; seine Weihe zum Bischof von Irkutsk (1707) verdankte er vor allem seiner überragenden Bildung[31]. Ignatij Smola gehörte vor seiner Mönchsweihe selber der Moskauer Kaufmannschaft an[32]. Feofan Prokopovič war Kaufmannssohn aus Kiev und wuchs in sehr armen Verhältnissen auf[33]. Pitirim, seit 1719 Bischof, dann Erzbischof von Nižnij Novgorod, wurde in der Gegend von Perejaslavl'-Zalesskij als Sohn einfacher Kaufleute und Angehöriger des dortigen Posad geboren, war erst längere Zeit dem Altgläubigentum verbunden und trat um 1700 zur orthodoxen Kirche über; Peter d.Gr. setzte ihn dann besonders für den Kampf gegen die Altgläubigen ein[34].

Der Vater von Dimitrij Tuptalo war erst gemeiner Kosak im Kiever Polk und diente sich allmählich zum Regimentskommandanten (polkovoj sotnik) empor[35]. Lavrentij Gorka stammte aus einer Kosakenfamilie in

28 Stroev, Sp. 1036; RBSl 25, 327; BĖ 9, 354f.

29 D.h. Vikarbischof des Metropoliten von Novgorod (1714–1723 und nochmals 1728–1730); kurz vor seinem Tode 1740 nahm er das Schima mit dem Namen Alipij – RBSl 1, 1.

30 Čistovič, Georgij Daškov; RBSl 6, 135–138; BĖ 19, 167.

31 Ternovskij, S. 271–279.

32 Čistovič, Prokopovič, S. 190ff.; BĖ 24, 783f.; RBSl 8, 51.

33 Čistovič, Prokopovič, S. 1ff.; Smolitsch, Geschichte, S. 95.

34 Makarij, Istorija nižegorodskoj ierarchii, S. 32–103.

35 RBSl 6, 389–394.

der polnischen Ukraine; seine Eltern waren orthodox und schickten ihn an die Kiever Akademie. Er wurde 1723 Bischof von Astrachan' und in den folgenden Jahren einer der bekanntesten Hierarchen der russischen orthodoxen Kirche[36].

Geistlicher Herkunft waren schließlich die Bischöfe Ioil von Ladoga, der sich freiwillig von seiner Frau getrennt hatte und in den Mönchsstand eingetreten war[37], Ioakim, der als Gemeindepriester in Suzdal' und dann in Moskau gedient hatte und nach dem Tode seiner Frau ins Aleksandr-Nevskij-Kloster eingetreten war[38], und Leonid Petrovskij, der Sohn eines Kirchendieners aus dem späteren Gouvernement Kaluga[39].

Von den restlichen 17 Hierarchen, unter ihnen einem Serben und zwei Griechen, konnten wir die soziale Herkunft nicht mehr ermitteln.

2. Ein vergleichbares Bild ergibt sich in den fünfzehn Jahren unter den Nachfolgerinnen und Nachfolgern Peters d.Gr. bis zum Regierungsantritt der Zarin Elisabeth. Auch in dieser Zeit stammte ein großer Teil der insgesamt 33 neu geweihten Bischöfe aus dem Adel: sieben Hierarchen aus der klein- und weißrussischen Šljachta, zwei, nämlich Lev Jurlov und Pimen Savelov, aus großrussischen Adelsgeschlechtern und einer, Iosif, aus der georgischen Adelsfamilie der Fürsten Chvabulov[40]. Da Peter I. sehr streng auf die Erfüllung der Dienstpflicht durch die Angehörigen der Oberschicht achtete und gegen Ende seiner Regierungszeit den Zugang zum Mönchtum immer mehr eingrenzte, wurde es für einen großrussischen Adligen zusehends schwieriger, in ein Kloster einzutreten und gegebenenfalls später Bischof zu werden. Trotzdem konnten sich immer wieder einzelne Glieder der Gesellschaftsspitze, zum Teil auf illegalen und abenteuerlichen Wegen, zum Mönch weihen lassen. Besonders bemerkenswerte Beispiele hierfür waren Lev Jurlov, der Sohn eines Adligen und Gutsbesitzers in der Gegend von Nižnij Novgorod, und Pimen Savelov, Abkömmling der Adelsfamilie der Savelovs. Jurlov wurde nach dem Tode seines Vaters von einer Bojarenfamilie in Moskau erzogen, nahm an zwei Feldzügen Peters nach Azov teil und trat, nachdem er mehrere schwere Schicksalsschläge erlitten hatte, 1721 ins Troica-Sergij-Kloster ein; bereits mit 30 Jahren war er Bischof von Voronež[41]. Pimen,

36 RBSl 10, 16–19; Nikitnikov, S. 27–33.

37 RBSl 8, 312.

38 RBSl 8, 178; Titov, Suzdal'skaja ierarchija, S. 97f.

39 RBSl 10, 210f.; Katalog Čt. imp 1917/2, S. 6.

40 Die sieben Hierarchen waren: *Rafail* Zaborovskij, *German* Kopcevič, *Dosifej* Bogdanovič-Ljubimov, *Ilarion* Rogalevskij, *Arsenij* Berlo, *Iosif* Volčanskij, *Luka* Konaševič.

41 RBSl 10, 169–172.

mit weltlichem Namen Petr Bogdanovič Savelov, begann in jungen Jahren eine Militärlaufbahn, wie sie für die Söhne aus der Oberschicht damals vorgesehen war, wurde von Peter d.Gr. nach Holland zur weiteren Ausbildung geschickt und nach seiner Rückkehr zum Kapitän im Tambover Regiment ernannt. Nach einem viermonatigen Urlaub kehrte er nicht wieder zu seiner Einheit zurück, sondern zog ein Mönchsgewand an und begab sich in ein Kloster, ohne vorher eine Weihe empfangen zu haben. Diese erhielt er erst, nachdem er todkrank geworden war und gebeichtet hatte. 1723 entließ ihn das Kriegskollegium wegen seines schlechten Gesundheitszustandes aus dem Militärdienst. In den folgenden Jahren wurde Pimen Archimandrit, und von 1740–1753 amtierte er als Bischof von Vologda[42].

Von den übrigen zwischen 1725 und 1741 geweihten Bischöfen waren sechs geistlicher Herkunft (einer aus Kleinrußland, vier aus Großrußland, einer aus Serbien), und einer, der Ukrainer Innokentij Nerunovič, stammte von „einfachen Leuten" ab. Da die Kiever Akademie immer wieder Schüler aus den untersten Gesellschaftsschichten aufgenommen hatte, stand die Laufbahn des gelehrten Mönchs und somit das Bischofsamt auch Söhnen armer „Kleinbürger" und Söhnen von Bauern und Handwerkern offen[43]. – Mit 16 von 33 ist die Zahl der Hierarchen unbekannter sozialer Herkunft verhältnismäßig groß.

3. Eine bemerkenswerte Änderung in Bestand und Zusammensetzung des Episkopats trat in der Regierungszeit der Zarin Elisabeth (1741–1762) ein. Wir haben bereits gesehen, daß der prozentuale Anteil der Bischöfe ukrainischer Herkunft von der Mitte des 18. Jh.s an zugunsten von Hierarchen großrussischer Herkunft zurückgetreten war[44]. Gleichzeitig ging auch der Anteil von Bischöfen adliger Abstammung zugunsten von Hierarchen aus dem geistlichen Stand zurück. Als Wendepunkt ergibt sich auch hier das Jahr 1758, in dem zehn Bischöfe neu geweiht worden sind.

Im einzelnen sehen die Zahlenverhältnisse wie folgt aus: von den 30 Bischöfen, die zwischen 1741 und 1757 geweiht wurden, stammten neun aus dem Adel (sieben aus dem kleinrussischen, einer aus dem großrussischen und einer aus dem georgischen), vier gehörten zu nichtadligen weltlichen Gruppierungen und zwei zum geistlichen Stand. Von 15 Hierarchen ist die Herkunft unbekannt. In den folgenden drei Jahren, von 1758 bis 1761, wurden 19 Bischöfe geweiht: drei adliger, drei nichtadliger welt-

42 ODDS 3 (1723), Sp. 110–112.

43 Smirnov, Ist. Mosk. Akad., S. 192; RBSl 8, 117f.

44 Vgl. oben S. 31f.

licher und elf (!) geistlicher Herkunft. Von zweien ist die soziale Herkunft nicht mehr bekannt. Das plötzliche sprunghafte Ansteigen der Bischöfe aus dem geistlichen Stand und der gleichzeitige Rückgang von Bischöfen adliger Herkunft ist erstaunlich[45].

Was die elf eben genannten Hierarchen aus dem geistlichen Stand betrifft, ist noch eine Differenzierung von großem Interesse: etwa die Hälfte von ihnen stammt aus angesehenen und materiell einigermaßen gut gestellten Familien von Stadtklerikern, der Rest aus sehr armen Provinz- und Dorfverhältnissen. Iosif Zolotoj, Absolvent der Moskauer Akademie und seit 1761 Bischof von Vologda, war der Sohn eines Kirchendieners im Moskauer Uspenskij Sobor, der ein zwar bescheidenes, aber doch immerhin regelmäßiges Einkommen hatte[46]. Der Vater Sil'vestr Stragorodskijs war Hofpriester in Carskoe Selo und einer der am besten situierten Angehörigen der weißen Geistlichkeit des damaligen Rußland; sein Sohn, Absolvent des Aleksandr-Nevskij-Seminars in Petersburg, wurde 1761 zum Bischof von Perejaslavl'-Zalesskij geweiht[47]. Tichon Sokolov hingegen, der spätere Bischof von Voronež und Erneuerer des russischen Starzentums, war der Sohn eines armen Psalmisten in einem Dorf des Gouvernements Novgorod und wuchs, da sein Vater früh gestorben war, in äußerst kärglichen Verhältnissen auf[48]. Gennadij Dranicyn entstammte der Familie eines Kirchendieners in einem Dorf der Eparchie Vladimir[49]. Bekanntlich hatte der Dorfklerus zu dieser Zeit keine regelmäßigen Einkünfte, war auf die Erträge aus eigener landwirtschaftlicher Arbeit, auf freiwillige Spenden der Gläubigen und auf Einnahmen von den Kasualien angewiesen und befand sich oft am Rande des Existenzminimums. Dennoch konnten die Gemeindegeistlichen auf dem Lande, zum Teil mit finanziellen Zuschüssen der Kirche, ihre Söhne an den geistlichen Lehranstalten studieren lassen. Damit stand für diese der Weg ins gelehrte Mönchtum und damit auch auf Bischofssitze offen. Angehörige der untersten und ärmsten Schichten der Bevölkerung konnten so bis in die obersten Gesellschaftsspitzen aufsteigen, wie diese und noch weitere Beispiele zeigen.

4. Auch in den folgenden Jahren überwog der Anteil von Bischöfen geistlicher Abkunft. Unter Katharina II. stammten von den 63 neu geweihten Bischöfen 34 aus geistlichen und nur noch 15 aus weltlichen Familien; bei 14 konnten wir die soziale Herkunft nicht mehr ermitteln. Unter

45 Spiski archiereev, S. 11f.
46 Grigorovič, Obzor, Tabelle 1 im Anhang.
47 Spiski archiereev, S. 12; RBSl 18, 445.
48 Smolitsch, Mönchtum, S. 516f.
49 RBSl 4, 405–407.

Paul wurden elf Bischöfe aus dem geistlichen Stand, einer aus dem Adel und einer aus dem „Bürgertum" (meščanstvo) geweiht[50]. Wir geben im folgenden eine Zusammenstellung der Bischöfe weltlicher Herkunft unter Katharina II.:

Tabelle 5: Die Bischöfe weltlicher Herkunft, die in der Regierungszeit Katharinas II. geweiht wurden[51]

Name	soziale Herkunft	Bischofsweihe	besondere Umstände (g.M. = gelehrter Mönch)
Innokentij Nečaev	Adel	1763	Mosk. Akademie, g.M.
Tichon Jakubovskij	Meščanstvo	1764	Kiever Akademie, g.M.
Kirill Florinskij	Kosakentum	1768	„ „ „
Simon Lagov	Bauern	1769	Waise, Chor d. Bischofshofes, geistl. Seminar, g.M.
Michail Mitkevič	Meščanstvo	1772	Kiever Akad., g.M.
Aggej Kolosovskij	Kosakentum	1774	„ „ „
Irinej Bratanovič	weltl. Herkunft	1775	„ „ „
Evgenij Bulgari	hohes Beamtentum	1775	von Katharina II. berufen
Nikifor Feotoki	griech. Grafen	1779	persönl. Einladung von Evgenij Bulgari
Iov Potemkin	Adel	1793	Kreis um Paisij Veličkovskij in der Moldau
Gavriil Bănulescu-Bodoni	armer moldauischer Adel	1793	vgl. oben S. 49.
Dimitrij Ustinovič	Meščanstvo	1793	Kiever Akademie, g.M.
Ioannikij Polonskij	Bauern	1795	„ „ „
Varlaam Šišackij	Bauern	1795	g.M.
Amfilochij Leontovič	Adel	1795	Kanzleidienst, Mönchsweihe

Von den 34 Bischöfen aus dem geistlichen Stand stammten nur zehn aus größeren oder kleineren Städten, und selbst bei dieser kleinen Gruppe waren die materiellen und sozialen Verhältnisse sehr verschieden. Der Vater Antonij Rumovskijs war Erzpriester am Petersburger Uspenskij Sobor und hatte ein gutes und regelmäßiges Einkommen[52].

---

50 Vgl. Spiski archiereev, S. 12–20 und die Artikel zu den einzelnen Bischöfen in den zitierten Nachschlagewerken.

51 RBSl 8, 118f.; Suchomlinov, S. 184–186; Serebrennikov, S. 38; RBSl 8, 662f.; 18, 498; Syrcov, S. 22f.; Petrov 1.2, S. 51; RBSl 1, 55f.; daß Irinej Bratanovič nicht geistlicher Herkunft gewesen ist, läßt sich aus Petrov 1.2 erschließen, wo Listen der Schüler geistlicher Herkunft für die in Frage kommenden Jahre gegeben sind, in denen Irinej aber nicht erwähnt ist; über Evgenij und Nikifor Feotoki vgl. oben S, 48f.; Runkevič, Istorija, S. 357ff.; über Gavriil vgl. oben S. 49; Serebrennikov, S. 27; Spiski archiereev, S. 17; RBSl 2, 96f.

52 RBSl 2, 225.

Auch die beiden Brüder Gavriil und Varlaam Petrov kannten in ihrer Kindheit keine materielle Not, diente doch ihr Vater als Synodal-Subdiakon in Moskau und erhielt jährlich einen Lohn von 300 Rubeln, was für die Zeit um 1730 ein beachtliches Gehalt darstellte[53].

Platon Levšin hingegen wuchs in größter Armut auf. Sein Vater war Kirchendiener in einem Dorf nördlich von Moskau, dann Priester an einer Kirche der Eparchie Kolomna und schließlich Vikarpriester ohne regelmäßige Arbeit und Einkünfte in Moskau. Der künftige Metropolit, der meist bei Verwandten lebte, ging oft barfuß an die Akademie, um seine Schuhe zu schonen; für Bücher besaß er überhaupt kein Geld[54]. Über die wirtschaftlichen Verhältnisse, unter denen die übrigen Hierarchen aus dem geistlichen Stand aufgewachsen sind, ist weiter nicht viel bekannt. Wir besitzen aber keine Hinweise dafür, daß es ihnen besser ergangen sei als den meisten Kindern von Priestern und Kirchendienern, daß sie also nicht in sehr dürftigen Verhältnissen groß geworden wären.

Die auffallende Veränderung in der sozialen Herkunft der Bischöfe, wie wir sie seit 1758 festgestellt haben, bedarf noch einer Erklärung:

1. Wir haben bereits gesehen, daß für die Auswahl der Hierarchen im 18. Jh. ihre Bildung eine zentrale Rolle gespielt hatte und daß in der ersten Hälfte des 18. Jh.s die Kiever Akademie, von der Mitte des 18. Jh.s an auch die großrussischen geistlichen Lehranstalten gelehrte Mönche, die in erster Linie für das Bischofsamt in Frage kamen, herangezogen hatten. Die soziale Zusammensetzung der Schülerschaft der Kiever Akademie veränderte sich im Laufe des Jahrhunderts erheblich. Während im Schuljahr 1736/37 der Anteil von Schülern geistlicher Herkunft nur 28% betrug, stieg die entsprechende Zahl 1744/45 auf 35%, 1764/65 auf 65% und machte um die Jahrhundertwende 70% aus[55]; entsprechend sank der Anteil von Schülern aus Adel, Kaufmannschaft und Bauerntum. Geeignete Kandidaten für Bischofssitze aus der Šljachta wurden immer seltener, worüber auch Klagen bekannt sind[56]. In der Moskauer Akademie wuchs der prozentuale Anteil der Schülerschaft geistlicher Herkunft von 32% im Jahre 1728 auf 88% im Jahre 1744; von 1775 an war die Moskauer Akademie eine reine Standesschule für Söhne aus der Geistlichkeit[57]. Die übrigen geistlichen Lehranstalten der großrussischen Eparchien waren in der Mitte des 18. Jh.s fast oder ganz ausschließlich dem geistlichen Stand reserviert[58]. Die Laufbahn des gelehrten Mönchs blieb so immer mehr den Söhnen der Pfarrgeistlichen und Kirchendiener vor-

---

53 Titlinov, Gavriil, S. 1f.

54 Snegirev, S. 5f.

55 Vgl. unten, S. 117.

56 Vgl. oben, S. 43 Anm. 26.

57 Vgl. unten, S. 122–127.

58 Vgl. unten, S. 127–133.

behalten. Die Bischöfe weltlicher Herkunft unter Katharina II. waren zumeist Absolventen der Kiever Akademie, oder sie waren von der Monarchin aus dem Ausland berufen worden (vgl. Tabelle 5). Der großrussische Bauernsohn Simon Lagov konnte die Laufbahn des gelehrten Mönchs bis zum Bischofsamt einschlagen, weil er früh Waise geworden war, dank seiner guten Stimme Aufnahme in den bischöflichen Chor gefunden hatte und ans geistliche Seminar von Novgorod gegeben wurde, wie wenn er aus dem geistlichen Stand gekommen wäre[59]. Eine weitere interessante Ausnahme war Iov Potemkin, ein Bruder des Günstlings der Zarin Grigorij Potemkin. Iov leistete mehrere Jahre Militärdienst, wurde unter dem Eindruck des Wirkens Paisij Veličkovskijs Mönch in der Moldau, 1784 Ieromonach in Jassy, ein Jahr später Abt und 1793 Bischof der Eparchie Feodosija im Süden Rußlands[60]. Daß die geistlichen Lehranstalten, zuerst in Groß- und dann auch in Kleinrußland, zu Standesschulen für die Geistlichkeit geworden sind, hängt mit einem ganzen Bündel von sozialpolitischen, kirchenpolitischen und bildungspolitischen Motiven zusammen, von denen in Teil 3 noch ausführlich die Rede sein soll.

2. Die Beschränkungen und ständischen Eingrenzungen des Zugangs zum Mönchtum, wie sie Peter und seine Nachfolger angeordnet hatten, wirkten sich immer mehr aus. Peter fehlte jedes Verständnis für klösterliche Kontemplation und Askese; das Mönchtum hatte ausschließlich dem staatlichen und gesellschaftlichen Nutzen zu dienen. Die Klöster wurden für soziale Aufgaben wie Armen-, Kranken- und Altenfürsorge sowie Waisenerziehung vereinnahmt. Außerdem waren sie als Versorgungsstätten für ausgediente Soldaten und Kriegsinvalide vorgesehen. Dienstpflichtigen Offizieren und Soldaten, Bauern, sofern sie nicht eine ausdrückliche Erlaubnis ihres Gutsherrn besaßen, verheirateten Männern, Kanzleibeamten, überhaupt Männern unter 30 und Frauen unter 60 Jahren wurde die Aufnahme in ein Kloster verboten[61]. 1725 erließ Katharina I. einen Ukaz, daß niemand außer verwitweten Priestern und Diakonen ohne spezielles Einverständnis des Synods die Mönchsweihe erhalten dürfe[62]. In den 1730er Jahren wurden auf ausdrücklichen Befehl der Zarin Anna nur noch Angehörige des geistlichen Standes und Kriegsveteranen zur Mönchsweihe zugelassen[63]. Klöster, die gegen diese Bestimmungen verstießen, mußten scharfe Strafmaßnahmen entgegennehmen. Der Gründer

---

59 RBSl 18, 498; Syrcov, S. 22f. Der Novgoroder Erzbischof Amvrosij hatte ihn aus dem steuerpflichtigen Stand befreit.

60 RBSl 8, 301–303.

61 Smolitsch, Mönchtum, S. 383–400.

62 Smolitsch, Mönchtum, S. 396.

63 PSP 8, Nr. 2689 (1733), S. 35f.

eines Klosters in Brjansk wurde scharf getadelt, weil er Mönche aus verschiedenen Ständen geweiht und aufgenommen hatte[64]. Der Archimandrit eines Klosters der Eparchie Nižnij Novgorod wurde seines Amtes enthoben und als einfacher Mönch in ein sibirisches Kloster geschickt, weil er zwischen 1729 und 1733 ohne Bewilligung 40 Männer, darunter 19 Bauern, einen Kanzleibeamten und einen Städter, zu Mönchen hatte weihen lassen[65]. Spezielle Aufnahmebewilligungen erhielten zu Beginn der 30er Jahre u.a. der greise Fürst Jurij Ščerbatov, der 63 Jahre gedient hatte, der pensionierte Hofküchenmeister Ivan Fal'kovskij, ein erblindeter Schmied der Admiralität, 14 zum Teil hochbetagte Münzpräger, der invalide Major Feodor Majčkov im Alter von 59 Jahren sowie eine Reihe von Offizieren und Unteroffizieren außer Dienst[66]. Die Zarin Elisabeth lockerte die Schärfe der Ukaze aus den 20er und 30er Jahren, hob aber erst 1761 die Beschränkungen für den Eintritt in Klöster auf[67]. Unter den Männern und Frauen, die seit der Erneuerung des russischen Mönchtums durch Paisij Veličkovskij und Tichon Zadonskij in Klöster eintraten, stammten wieder viele aus Adel und Kaufmannschaft, von 1861 an zunehmend auch aus der Bauernschaft[68].

Daß aber in der zweiten Hälfte des 18. Jh.s kaum mehr Mönche aus weltlichen Ständen, die nicht Absolventen einer geistlichen Akademie und gelehrte Mönche waren, für Bischofsämter zur Verfügung standen, lag an diesen Problemen und Hintergründen. Die geschilderten rigorosen Maßnahmen Peters d.Gr. und seiner Nachfolger hatten der Kirche einen erheblichen Substanzverlust gebracht. Daß nur noch sehr wenige Adlige Bischöfe geworden sind, ein in ganz Europa dieser Zeit einzigartiges Phänomen, ist auch eine Folge dieser Maßnahmen[69].

64 PSP 8, Nr. 2755 (1733), S. 155.

65 PSP 8, Nr. 2782 (1734), S. 184–191. Hier eine instruktive Zusammenstellung der Ukaze Peters d. Gr. und seiner Nachfolger über den Zugang zum Mönchtum.

66 ODDS 11 (1731) passim.

67 Smolitsch, Mönchtum, S. 399f.

68 Paisij Veličkovskij, 1722–1794, stammte aus einer Priesterfamilie in Poltava, sein Schüler Feodosij Maslov, 1720–1802, war der Sohn eines Kaufmanns aus Černigov; der Schihieromonach Feodor, gest. 1822, stammte aus einer Kaufmannsfamilie im Gouvernement Orel; der Starec-Hieromonach Afanasij Zacharov, gest. 1823, war adliger Herkunft; der Schihieromonach Afanasij war vor seiner Mönchsweihe Beamter; Isaja Putilovs Vater war ein reicher Kaufmann; Serafim von Sarov, gest. 1833, entstammte ebenfalls einer begüterten Kaufmannsfamilie; Leonid Nagolkin, 1768–1841, kam aus dem „Kleinbürgertum", Makarij Ivanov, gest. 1860, entstammte einem Adelsgeschlecht; Feofan Sokolov, 1752–1836, war ebenfalls adliger Herkunft – vgl. Smolitsch, Mönchtum, S. 482–493, 499, 505–507, 513.

69 Eine komparatistische Untersuchung zur Sozialgeschichte der Bischöfe der orthodoxen und der römisch-katholischen Welt steht noch aus. Im vorrevolutionären

3. Schließlich muß noch auf ein ganzes Bündel von staats- und kirchenpolitischen Interessen und Faktoren hingewiesen werden, die die ständische Abschließung und Isolierung der Gemeindegeistlichkeit zur Folge gehabt und die die Rechtslage des geistlichen Standes im Gesamtgefüge der russischen Gesellschaft betroffen haben. Sie gingen mit den unter 1 und 2 charakterisierten Problemen Hand in Hand und sollen im 4. Teil der Arbeit genauer untersucht werden.

2.3 Die Bildung der Bischöfe

Im Laufe des 17. Jh.s entstand in der Ukraine ein völlig neuer Typ des Mönchtums, das sog. „gelehrte Mönchtum" (učenoe monašestvo). Bei diesem neuen Typ trat die Bindung an das traditionelle klösterliche Leben und die traditionellen mönchischen, asketischen Ideale zugunsten einer umfassenden Gelehrsamkeit in weltlichen und theologischen Wissenschaften zurück. Das Verhältnis des alten Mönchtums zur Bildung war kompliziert. Vom heiligen Antonius ist der Spruch überliefert: „Wessen Sinn gesund ist, der braucht keine Bücher."[1] Nach der Ansicht sehr vieler Mönche der alten Kirche war das Studium von Heiliger Schrift und Theologie für diejenigen, die die geistliche Vollkommenheit nach Möglichkeit erreicht hatten, von großem Nutzen. Weltlicher Wissenschaft und heidnischer Kultur standen aber viele ablehnend gegenüber[2]. In Byzanz wie im mittelalterlichen Rußland war eine umfassende weltliche Bildung bei Mönchen eher selten[3].

Die Kiever Akademie, die in ihrem Lehrplan und in ihren Unterrichtszielen sehr stark von den polnischen Jesuitenschulen beeinflußt war, legte demgegenüber auf eine gründliche Ausbildung in weltlich-humanistischen Fächern als einer Voraussetzung für das Verständnis der Theologie größten Wert. Die lateinische und griechische Sprache, die Werke

---

Frankreich des 18. Jh.s waren die Bischofssitze vor allem eine Versorgungsstätte für jüngere Söhne des Hochadels. „Seit 1774 gab es nur noch einen, seit 1783 keinen Bischof aus dem Bürgertum in Frankreich." Vgl. Handbuch der europäischen Geschichte, hrsg. von Theodor Schieder, Bd. 4, Stuttgart 1968, S. 274. Auch der deutsche Episkopat kam aus dem hohen Adel, vgl. ebd., S. 278 Anm. 7. Ähnlich lagen die Verhältnisse in Polen, vgl. K. Völker: Kirchengeschichte Polens, Berlin 1930, S. 72f., 117f., 293.

1 „Igitur si cui sensus incolumis est, hic litteras non requirit", Vita beati Antonii abbatis, MPL 73, S. 158; Špidlik in: Handbuch der Ostkirchenkunde, S. 554.

2 Špidlik, a.a.O., S. 551–558.

3 P. Schreiner: Zum Mönchtum im Bilderstreit. Vortrag im byzantinischen Seminar, München, Februar 1974, masch., S. 5–7. (Ich danke Herrn Dr. Schreiner für die freundliche Überlassung einer Xerokopie des Manuskripts.)

der antiken Klassiker, die Philosophie des Aristoteles wurden ebenso gelehrt wie theologische Disziplinen[4].

Peter d.Gr. schätzte diese gelehrten Mönche außerordentlich, wie wir bereits gesehen haben. In seinem Ukaz über das Mönchtum 1724 beschrieb er die Ausbildung junger Männer zu gelehrten Mönchen und künftigen Hierarchen ausführlich: Es seien hierfür zwei Seminare zu gründen, eines in Petersburg und eines in Moskau. Die Absolventen hätten an diesen beiden Schulen bis zum 30. Lebensjahr zu lehren. Dann seien diejenigen, die es wünschten, zu Mönchen zu weihen und auf das spätere Bischofsamt vorzubereiten. Sie hätten sich gründlichen wissenschaftlichen Studien hinzugeben, zu predigen, Bücher und Traktate zu schreiben oder zu übersetzen und sich speziell mit dem kanonischen Recht und der staatlichen Gesetzgebung zu beschäftigen. Im übrigen wurden die gelehrten Mönche ausdrücklich davon dispensiert, alle Regeln des monastischen Lebens zu erfüllen. Die geeignetsten dieser gelehrten Mönche sollten schließlich zu Archimandriten der berühmtesten Klöster und dann zu Bischöfen erhoben werden[5].

Damit war der Lebensweg eines jungen Menschen bis zum Bischofsamt im wesentlichen festgelegt. Untersuchen wir an Hand der Bischofsbiographien, wie die Laufbahn der russischen Hierarchen im 18. Jh. ausgesehen hat, stoßen wir immer wieder auf dasselbe sechsgliedrige Schema:

1. Besuch einer geistlichen Lehranstalt einschließlich der Theologieklasse.
2. Lehrtätigkeit in den unteren Klassen eines geistlichen Seminars oder einer geistlichen Akademie.
3. (früher oder später) Mönchsweihe.
4. Beförderung zum Philosophielehrer und gleichzeitig zum Präfekten der betreffenden Lehranstalt, dann zum Theologielehrer und Rektor.
5. Ernennung zum Igumen und dann zum Archimandriten eines Klosters. Dies war meistens ein reiner Ehrentitel, der mit der tatsächlichen Leitung des betreffenden Klosters nicht mehr viel zu tun hatte, hingegen mit namhaften Einkünften aus dem Klostervermögen und von 1764 an mit etatmäßig festgelegten Einnahmen verbunden war[6].
6. Ernennung und Weihe zum Bischof.

Diese Stufenleiter konnte sehr rasch durchlaufen werden. Vor dem 18. Jh. wurden in der Regel Mönche mit großer persönlicher Erfah-

4 Vgl. unten S. 108ff.

5 PSP 4, Nr. 1197 (1724), besonders S. 57f.

6 Smolitsch, Geschichte, S. 396.

rung und einer überragenden geistig-geistlichen Reife zu Bischöfen geweiht. Von den wenigen Bischöfen aus den 1680er und 1690er Jahren, deren Geburtsdatum bekannt ist, empfingen fast alle etwa mit 60 Jahren die Bischofsweihe. Die meisten Bischöfe, die zwischen 1700 und 1725 geweiht wurden, waren bei der Weihe zwischen 40 und 60 Jahre alt; Dimitrij Tuptalo und Innokentij Kul'čickij waren etwa 40 Jahre; und Feofan Prokopovič war der einzige Hierarch, der bei der Bischofsweihe jünger als 40 Jahre alt war. Zwischen 1725 und dem Regierungsantritt Katharinas II. sank das Durchschnittsalter bei der Bischofsweihe deutlich. Elf Bischöfe waren 40 Jahre und darunter, und nur noch einer der insgesamt 83 neugeweihten Hierarchen, nämlich Ioannikij Polonskij, empfing die Bischofsweihe mit über 60 Jahren. Diese Tendenz setzte sich unter Katharina II. fort: Ein Bischof war bei der Weihe über 60, sieben zwischen 51 und 60, 21 zwischen 41 und 50 und 22 zwischen 30 und 40 Jahren alt[7]. Es ist also eine deutliche Verjüngung des Episkopats im Laufe des 18. Jh.s festzustellen. Sie hing aufs engste mit der Konzeption des gelehrten Mönchtums zusammen, bei der die wissenschaftliche Bildung und eine längere oder kürzere Tätigkeit als Akademie- oder Seminarlehrer und nicht die persönliche und geistliche Reife die entscheidenden Voraussetzungen für das Bischofsamt darstellten.

Wie groß war der Anteil der gelehrten Mönche in der Hierarchie des 18. Jh.s?

1. Von den unter dem Patriarchen Adrian (1690–1700) geweihten Hierarchen waren mindestens drei, nämlich Varlaam Jasinskij, Feodosij Uglickij und Stefan Javorskij ehemalige Schüler des Kiever Kollegiums. Fast alle der 21 zwischen dem Tode Adrians und dem Tode Peters I. geweihten Bischöfe ukrainischer und weißrussischer Herkunft hatten am Kiever Kollegium (seit 1701 Kiever Akademie) studiert, d.h., knapp die Hälfte der 44 in diesem Zeitraum ernannten Hierarchen waren gelehrte Mönche[8].
2. Im Zeitraum zwischen 1725 und 1741 waren von den 33 neu geweihten Bischöfen vermutlich alle 17 Ukrainer Schüler der Kiever Akademie und gelehrte Mönche[9].
3. Von den unter Elisabeth neugeweihten Hierarchen waren ebenfalls fast alle gelehrte Mönche. 38 hatten an der Kiever, 4 an der Moskauer Akademie und je einer an den Seminaren von Novgorod, Kazan' und

7 Über die übrigen Hierarchen fand ich in den zitierten Arbeiten und Artikeln keine Hinweise.

8 Vgl. oben, S. 29ff.

9 Über Arsenij Berlo, Iosif Volčanskij und Savva Špakovskij fand ich keine ausdrücklichen Hinweise.

Petersburg studiert. Die Kiever Akademie war über viele Jahre geradezu die Pflanzstätte des russischen Episkopats[10].

4. Unter Katharina II. hatten 19 Bischöfe ihre Ausbildung in Kiev, 18 in Moskau erhalten, sechs waren Absolventen des Troica-Sergij-Seminares und fünf hatten Seminare in der Provinz besucht. Auch in diesem Zeitabschnitt bestand der Episkopat fast ausschließlich aus gelehrten Mönchen[11].

Wie ist diese Bevorzugung gelehrter Mönche für das Bischofsamt im 18. Jh. zu beurteilen?

Smolitsch gibt in seiner Geschichte der russischen Kirche ein sehr negatives Urteil über den Episkopat aus dem gelehrten Mönchtum ab. Vor allem bemängelt er die Unfähigkeit der meisten Bischöfe auf dem Gebiet der Seelsorge, auch die Tatsache, daß die meisten Bischöfe sich mehr als „Gebieter" denn als pastorale Vorbilder gaben und daß demzufolge ein abgrundtiefer Graben zwischen den Hierarchen auf der einen und der Gemeindegeistlichkeit und den Laien auf der anderen Seite entstand, sowie die oft schrankenlose Üppigkeit vieler Hierarchen in ihrer Lebensführung und ihr nicht selten primitives sittliches Niveau[12].

Doch abgesehen davon, daß Leben und Wirken einiger Hierarchen aus dem gelehrten Mönchtum vorbildlich gewesen ist und daß es einzelne gegeben hat, die sogar im Laufe der Synodalperiode heiliggesprochen worden sind[13], muß über das gelehrte Mönchtum, zumindest über seine Konzeption, differenzierter geurteilt werden. Für die Leitung einer Eparchie sind eine gründliche Bildung nicht nur in den theologischen Fächern, sondern auch im Kirchen- und Staatsrecht sowie ein durch umfassende Bildung erworbener weiter Horizont und geistige Beweglichkeit unerläßlich. Der Aufbau eines geistlichen Schulwesens, wie er in Rußland im 18. Jh. geleistet werden mußte und dank des energischen Wirkens mancher Bischöfe auch geleistet wurde, war ohne eine gründliche Bildung der Hierarchen nicht möglich. Für die Predigt, auf die im 18. Jh. weit mehr als vorher Wert gelegt wurde, mußte eine theologische

---

10 Vgl. zur Differenzierung oben, S. 29f.

11 Ausnahmen waren Iov Potemkin, der geistlich zum Kreis um Paisij Veličkovskij gehörte, und die oben genannten verwitweten Priester und Diakone. Vgl. oben, S. 54. Die aus dem Ausland berufenen Bischöfe waren sehr gebildet.

12 Smolitsch, Geschichte, S. 392, 405f., 409f., 422. – Das russische „vladyko" (Gebieter) hat an sich eher einen väterlichen als einen gebieterischen Klang; *de facto* gaben sich aber die Bischöfe in Rußland schon seit dem Mittelalter oft als Herrscher, die die ihnen untergebenen Geistlichen und Laien sehr hart behandelten, vgl. Golubinskij 1.1, S. 363–371.

13 Smolitsch, Geschichte, S. 419 Anm. 173 weist auch ausdrücklich auf sie hin.

und weltliche Bildung zur Verfügung stehen, allerdings brauchte der Prediger auch persönliche und geistliche Reife, wie sie in den Bibliotheken allein nicht erworben werden konnte. Schwieriger stand es um die seelsorgerliche Betreuung des Gemeindeklerus und um die kirchliche Gerichtsbarkeit. Neben sehr gründlichen Kenntnissen des kanonischen und bürgerlichen Rechts brauchte der Bischof für diesen Aufgabenbereich, der seit jeher einer seiner wichtigsten war, hohe menschliche Qualitäten und seelsorgerliche Erfahrung. Hier werden die Grenzen des gelehrten Mönchtums am deutlichsten sichtbar. Nicht umsonst verlangte der Bischof Sil'vestr Stragorodskij 1767, man solle bei der Beurteilung von Bischofskandidaten die gute Lebensführung der Gelehrsamkeit vorziehen, wenn einer nicht beides aufweisen könne[14]. Das herrische Auftreten und die aufwendige Lebensführung waren nicht unbedingt typische Erscheinungen des 18. Jh.s; bereits im alten Rußland hatten sich die Bischöfe, nicht zuletzt wegen der riesigen Ausdehnung ihrer Eparchien, oft mehr als Fürsten gefühlt und sich nach außen gern entsprechend gegeben[15]. Die Hauptfehler des 18. Jh.s bestanden wohl nicht in der Konzeption des gelehrten Mönchtums als solchem, sondern in seiner einseitigen Bevorzugung und Privilegierung, besonders auch in materieller Hinsicht und darin, daß die Laufbahn zu stereotyp war und zu rasch durchschritten werden konnte. Das akademische Lehramt war nicht unbedingt eine gute Voraussetzung für das Bischofsamt, und ein guter Bischof muß vorher nicht unbedingt akademischer Lehrer gewesen sein. In dieser Kombination schlug sich wohl auch ein naiver Bildungsoptimismus, wie er für Peter d.Gr. und überhaupt für das 18. Jh. typisch war, nieder. Dazu kam, daß es offensichtlich nicht gelang, genügend fähige Leute für diese Laufbahn heranzuziehen.

Im folgenden soll versucht werden, den Bildungsstand der Bischöfe aus dem gelehrten Mönchtum im 18. Jh. einzuschätzen. Wer die geistliche Akademie von Kiev oder Moskau vollständig durchlaufen und die gebotenen schulischen Möglichkeiten voll ausgeschöpft hatte, besaß eine für die Zeit hervorragende Allgemeinbildung sowie gründliche Spezialkenntnisse in Philosophie und Theologie (vgl. auch die Ausführungen über Lehrpläne und Lehrziele im 3. Teil dieser Arbeit). Es muß zusätzlich noch erwähnt werden, daß es auch einzelne Bischöfe aus dem gelehrten Mönchtum gegeben hat, die ihre Bildung im Ausland ergänzt hatten. Stefan Javorskij begab sich nach Abschluß seiner Studien in Kiev an die Jesuitenkollegien von Lemberg und Lublin, um sich in die Philosophie zu vertiefen, und anschließend nach Wilna und Posen zur intensi-

14 Smolitsch, Geschichte, S. 394.

15 Golubinskij, 1.1, S. 557–559.

ven Beschäftigung mit der Theologie. Wie es damals üblich war, mußte Javorskij Katholik werden und schwören, „ewig“ (večno) dem römischen Stuhl zu dienen. 1689 kehrte er mit dem Titel „artium liberalium et philosophiae magister“ nach Kiev zurück und konvertierte wieder zur Orthodoxie[16]. Ein tiefer Einfluß der katholischen Theologie blieb in seinen Schriften aber unverkennbar. Feofan Prokopovič zog nach Abschluß seiner Ausbildung in Kiev ebenfalls ins westliche Ausland, trat zur Union über, wurde mit dem Namen Elisej Basilianer und studierte mehrere Jahre die scholastische Theologie am Kollegium des Hl. Athanasius in Rom, die ihn allerdings nicht befriedigen konnte[17]. Daher kehrte er 1702 nach Kiev zurück, wurde wieder orthodox und blieb dem Katholizismus gegenüber stets ablehnend. Varlaam Kosovskij, ein weiterer Hierarch in der petrinischen Zeit, und Gedeon Višnevskij, der von 1728 bis 1761 als Bischof von Smolensk amtierte, hatten beide an polnischen Jesuitenschulen studiert; Višnevskij hatte sogar den Doktor der Philosophie erworben[18]. Simeon Todorskij hingegen wurde vom Kiever Metropoliten zu einem mehrjährigen Studienaufenthalt an die Universität Halle/Saale geschickt, wo er sich vor allem mit Dogmatik, Ethik, Physik, sowie mit Deutsch, Griechisch, Hebräisch und weiteren orientalischen Sprachen beschäftigte. Die theologische Fakultät stand damals unter dem beherrschenden Einfluß des Pietismus, wie er von A. H. Francke vertreten worden war, und dies wurde für Todorskijs Denken sehr wichtig[19]. Damaskin Semenev-Rudnev studierte von 1765 bis 1774 an der erst wenige Jahrzehnte zuvor gegründeten Universität Göttingen, die in der Mitte des Jahrhunderts bereits zu einer ersten Blütezeit gelangt war, und war vor allem von der Philosophie Wolffs sehr beeindruckt. Als Akademierektor und später als Bischof von Sevsk und dann von Nižnij Novgorod trat er als Übersetzer und Herausgeber eines theologischen Traktats von Prokopovič sowie der Werke Lomonosovs und Platon Levšins hervor[20]. Venjamin Bagrjanskij schließlich studierte von 1766 an ein ganzes Jahrzehnt an der Universität Leiden, und zwar weniger an der damals sehr bekannten, an der Theologie Calixts orientierten theologischen Fakultät, sondern er widmete sich stärker den historischen, philologischen, juristischen und naturwissenschaftlichen Fächern[21]. Semenev-Rudnev und Bagrjanskij gehörten zu einer Gruppe von Studenten, die

16 Maslov, S. 3ff.
17 Stupperich, Feofan Prokopovič in Rom.
18 BĖ 10, 530; Ternovskij, S. 271–279; RBSl 4, 318–322.
19 RBSl 18, 498; RGG^3 3, 36–38.
20 Slov. ist. 1, 108–110.
21 Čistovič, Istorija, S. 36.

von Katharina II. nach Westeuropa geschickt worden waren, um ihre Bildung zu vertiefen. Im Laufe des ganzen 18. Jh.s fanden sich immer wieder solche Gruppen im Westen[22].

Es paßt genau ins Bild des gelehrten Mönchtums, das wir im Laufe der Untersuchung gewonnen haben, daß seit Parfenij Neboza (gest. 1704 als Erzbischof von Cholmogory), der sich lange im Heiligen Land und in Kleinasien aufgehalten hatte[23], kein einziger russischer Bischof in den orthodoxen Ländern südlich des Imperiums zur weiteren Ausbildung gewesen ist, weder in Konstantinopel noch auf dem Athos noch in Jerusalem oder sonst im Orient.

Eine ganze Reihe von Bischöfen, die im untersuchten Zeitraum zwischen 1700 und 1796 amtierten, traten als Verfasser mehr oder weniger umfangreicher wissenschaftlicher und religiöser Literatur hervor. Da im „Slovar' istoričeskij o byvšich v Rossii pisateljach duchovnogo čina greko-rossijskoj cerkvi" des Evgenij Bolchovitinov, im Werk „Obzor duchovnoj literatury" von Filaret Gumilevskij, bei Gennadij im „Spravočnyj slovar' o russkich pisateljach i učenych", in den Büchern S. A. Vengerovs[24] und in den biographischen Artikeln von RBSl, BĖ, PBĖ sehr viele Angaben über Autoren, Titel, Druck und Erscheinungsjahr vorliegen, beschränken wir uns hier auf einige grundsätzliche Beobachtungen und greifen nur besonders herausragende Persönlichkeiten heraus.

Fast alle Bischöfe, die schriftstellerisch tätig waren, gehörten dem gelehrten Mönchtum an. Ausnahmen waren unter anderem Ignatij Rimskij-Korsakov (gest. 1701), der mehrere Heiligenleben, polemische Schriften gegen Protestantismus, Katholizismus und Altgläubigentum, einen „Historischen Bericht über das russische Zartum", eine Deutung der Sophienikone verfaßte und überhaupt ein vielseitiger Schriftsteller war[25]; ferner Iov von Novgorod und Pitirim von Nižnij Novgorod, die sich in mehreren Schriften mit dem Raskol auseinandersetzten[26]; und Palladij von Rjazan', von dem Predigten zu den Feiertagen des Kirchenjahres und andere schriftliche Arbeiten erhalten sind[27].

---

22 Für die Zeit Peters I. vgl. M. Okenfuss: Russian Students in Europa in the Age of Peter the Great, in: J. G. Garrard (Hrsg.): The Eighteenth Century in Russia, Oxford 1973, S. 131–145. Für die Zeit Katharinas II. vgl. die Gruppe, der auch Radiščev angehörte: A. N. Radistschew: Ausgewählte Schriften, hrsg. von I. G. Stschipanov, Berlin 1959, S. 4.

23 Vgl. oben S. 29.

24 Vgl. Literaturverzeichnis und Smolitsch, Geschichte, S. XIX.

25 Smolitsch, Mönchtum, S. 329f.

26 Slov. ist. 1, 301–304; 2, 168–175.

27 Slov. ist. 2, 149f.

1. Die profiliertesten Theologen in der Zeit Peters waren Stefan Javorskij, Dimitrij Tuptalo und Feofan Prokopovič. Stefan Javorskij, der in L'vov geboren worden war, in Kiev und an polnischen Jesuitenschulen studiert und im letzten Jahrzehnt des 17. Jh.s als Lehrer, Präfekt und Rektor des Kiever Kollegiums gewirkt hatte, war umfassend gebildet. Der katholische Einfluß auf sein theologisches Denken kam in seinem Hauptwerk, dem „Stein des Glaubens" (Kamen' very), das erst 1728 postum erschien und das als umfangreichstes und bedeutendstes antiprotestantisches Werk der russischen Theologie des 18. Jh.s gilt, sehr deutlich zum Ausdruck[28]. Dimitrij Tuptalo verfaßte neben seinem umfangreichen Hauptwerk, den Četii Minei (Heiligenleben), ein reichhaltiges geistliches Schrifttum, das vor allem Predigten, moralische Belehrungen, Katechesen und Erbauliches enthielt[29]. Ein geradezu universal gebildeter Gelehrter im Vergleich zu den Bischöfen der petrinischen und nachpetrinischen Zeit war aber Feofan Prokopovič. Von seinen zahlreichen Werken müssen besonders die unvollendet gebliebenen „Christianae orthodoxae theologiae" (gedruckt erst 1773) genannt werden, die aus seinen Vorlesungen an der Kiever Akademie hervorgegangen waren, ihrem Verfasser die Bezeichnung „Vater der russischen systematischen Theologie" eintrugen und für den Theologieunterricht an den geistlichen Lehranstalten im 18. Jh. wegweisend waren. Ferner verdankte die russische orthodoxe Kirche seiner Feder den weit verbreiteten Katechismus „Pervoe učenie otrokom", den Entwurf des Geistlichen Reglements, das geistliche Schauspiel „Vladimir", viele gedruckte Predigten und anderes mehr[30]. Zu den gelehrtesten Bischöfen in der Regierungszeit Peters gehörten außerdem Ioann Maksimovič, Hierarch der Eparchie Černigov, dann der Eparchie Tobol'sk, und Feofilakt Lopatinskij, der sich durch umfangreiche Arbeiten an der Bibelrevision und als Systematiker Verdienste erwarb[31]. Die „Tractatus theologici in collegio Kievo-Mogiliano traditi et explicati" des Kiever Metropoliten Ioasaf Krokovskij wurden ein wichtiges dogmatisches Lehrbuch[32].

2. Unter den Bischöfen, die im Zeitraum zwischen 1725 und 1741 geweiht worden waren, ragt Gavriil Bužinskij, Bischof von Rjazan', durch seine Bildung besonders hervor; er übersetzte mehrere Werke Pufendorfs

---

28 RGG³ 3, 551f. (Lit.); Müller, Kritik, S. 68–79.

29 Tvorenija iže vo svjatych otca našego Dimitrija Rostovskogo, 2 Bd.e, SPb. 1911.

30 Smolitsch, Geschichte, S. 576f.; Härtel, S. 13f., 43.

31 Sein Werk „Die Heilige Wissenschaft in theologischer Sicht" (1706–1710) wurde an der Moskauer Akademie als Lehrbuch der systematischen Theologie oft benutzt, ebenso sein „Trivium Aristotelis ... logica, physica et metaphysica ..." im Philosophieunterricht; Smolitsch, Geschichte, S. 576; Döpmann, S. 121f.

32 Döpmann, S. 121.

aus dem Lateinischen ins Russische und verfaßte eine Reihe Predigten[33], die auch gedruckt wurden.

3. Aus der Regierungszeit Elisabeths müssen in unserem Zusammenhang besonders zwei Hierarchen genannt werden: *Simon Todorskij* und Tichon Sokolov. Simon Todorskij, der mehrere Jahre an der Universität Halle studiert hatte, übersetzte das berühmte lutherische Erbauungsbuch „Vier Bücher vom wahren Christentum" des ehemaligen Lüneburger Generalsuperintendenten Johannes Arndt ins Russische; die Übersetzung, 1735 in Halle gedruckt, wurde nicht nur für die russische Kirchen- und Theologiegeschichte, sondern überhaupt für das Geistesleben Rußlands von großer Bedeutung: Tichon von Zadonsk und die Freimaurer- und Rosenkreuzerkreise gegen Ende des Jahrhunderts schätzten Arndts Buch außerordentlich[34].

Der eben genannte Tichon Sokolov, nach seiner Heiligsprechung bekannt als *Tichon von Zadonsk*, durchschritt die typische Laufbahn des gelehrten Mönches, amtierte in den 60er Jahren erst als Vikarbischof von Novgorod, dann als Bischof von Voronež und ließ sich wegen seiner stark angeschlagenen Gesundheit bereits mit 43 Jahren in den Ruhestand versetzen. Er zog sich in das Gottesmuter-Kloster zu Zadonsk (Zadonskij Bogorodickij monastyr') in seiner ehemaligen Eparchie zurück, führte ein asketisches Leben, das seinen inneren Wünschen viel mehr entsprach als seine frühere Tätigkeit als Seminarlehrer und Bischof, und trug sehr wesentlich zur Erneuerung des russischen Starzentumes bei. Er hinterließ ein umfangreiches geistliches Schrifttum, das von den orthodoxen Gläubigen bis auf den heutigen Tag gern gelesen wird. Neben mehreren kleineren Arbeiten über die Pflichten des Klerus und den inneren Wert des Mönchslebens waren seine Werke „Über das wahre Christentum" (O istinnom christianstve, 1770/71), das vom oben genannten Werk Johannes Arndts mit beeinflußt war, und „Der geistliche Schatz, der aus der Welt gesammelt wird" (Sokrovišče duchovnoe ot mira sobiraemoe, 1777/79) die bedeutendsten[35].

---

33 Slov. ist. 1, 77–81; Filaret, Obzor, S. 1f. (2. Pag.). – Arsenij Maceevič verfaßte u.a. mehrere Belehrungen (poučenija), ein Werk über den Raskol und wichtige Eingaben an den Synod sowie eine Entgegnung auf eine Streitschrift gegen Stefan Javorskijs „Kamen' very". Slov. ist. 1, 56f.; Popov, Arsenij (Anhang), S. 1–68 (2. Pag.); Müller, Kritik, S. 81.

34 Slov. ist. II, 220–223; D. Čiževskij: Arndts „Wahres Christentum" in Russland, in dess.: Aus zwei Welten. Beiträge zur Geschichte der slavisch-westlichen literarischen Beziehungen, 's Gravenhage 1956, S. 220–230. Von den Moskauer Rosenkreuzern wurde Arndts Buch ein zweites Mal übersetzt.

35 Tvorenija iže vo svjatych otca našego Tichona Zadonskogo, 5 Bd.e, M. [5]1889; Smolitsch, Mönchtum, S. 516–520; Gorodetzky, N.: Saint Tikhon Zadonsky, London 1951.

Außerdem traten unter den in der Regierungszeit Elisabeths geweihten Bischöfen durch schriftstellerisches Wirken hervor: der Bischof von Mogilev, Georgij Konisskij, der bewegte Bücher über die Verfolgungen der Orthodoxen in Polen-Litauen verfaßte, als systematischer Theologe herausragte und zusammen mit dem Bischof von Smolensk, Parfenij Sopkovskij, das weit verbreitete Buch „Über die Pflichten der Pfarrgeistlichen“ (O dolžnostjach presviterov prichodskich) schrieb[36]; Amvrosij Zertis-Kamenskij, der u.a. viele Übersetzungen aus dem Lateinischen, Griechischen und Hebräischen (darunter auch eine Übersetzung des Psalters) schuf[37]; und Sil'vestr Kuljabka, der Verfasser des für den Theologieunterricht bedeutenden „Compendium orthodoxae Theologiae doctrinae“[38].

4. Der überragende Theologe der Regierungszeit Katharinas II. war Platon Levšin. Er galt in seiner Zeit nicht nur als ein bedeutender Prediger, ein „russischer Bossuet“, sondern er verfaßte auch wegweisende theologische Schriften, darunter die „Rechtgläubige Lehre oder kurzer Auszug der christlichen Theologie“, die er für seinen Schüler, den Thronfolger und künftigen Zaren Paul geschrieben hatte, weitere Lehrbücher und Katechismen sowie die erste russische Kirchengeschichte und ein Werk über Sergij von Radonež[39]. Zu den profiliertesten Hierarchen dieser Zeit gehörte auch Gavriil Petrov, aus dessen Feder wertvolle kirchliche Erbauungsliteratur, Predigten und religiöse Betrachtungen zu den Fest- und Feiertagen stammten[40]. Venjamin Rumovskij trat als Liturgiedeuter hervor[41], Feofilakt Gorskij als Systematiker und Verfasser der für die theologische Arbeit an Akademien und Seminaren wichtigen „Orthodoxae orientalis ecclesiae dogmata“ (gedruckt 1784 in Leipzig) sowie als Exeget[42], Amvrosij Podobedov als Exeget und Prediger[43]. Amvrosij Serebrennikov schrieb eine Einführung in die Rhetorik, einen Vergleich zwischen Christentum und Islam und übersetzte Miltons „Paradise lost“ aus dem Französischen ins Russische[44]. Appollon Bajbakov, der sich an der Moskauer Akademie und an der Moskauer Universität eine umfassende theologische und weltliche Bildung erworben hatte, war einer der gelehrtesten Hierarchen seiner Zeit; er arbei-

36 Slov. ist. 1, 92–96; Filaret, Obzor, S. 78–81 (2. Pag.).
37 Slov. ist. 1, 21–25; Filaret, Obzor, S. 51 (2. Pag.).
38 Slov. ist. 2, 206f.; Filaret, Obzor, S. 43 (2. Pag.).
39 Slov. ist. 2, 175–191; RE^3 15, 481–486; Hauptmann, Katechismen, S. 43–66.
40 Slov. ist. 1, 81–85; Titlinov, Gavriil Petrov, S. 1143–1174.
41 Slov. ist. 1, 74–76; Filaret, Obzor, S. 123f. (2. Pag.).
42 Slov. ist. 2, 329f.; Filaret, Obzor, S. 63 (2. Pag.).
43 Slov. ist. 1, 27–34; Filaret, Obzor, S. 142f. (2. Pag.).
44 Slov. ist. 1, 25f.; Filaret, Obzor, S. 66–68 (2. Pag.).

tete über Poetik, Geschichte, Philosophie und systematische Theologie, schrieb ein Lehrbuch zur lateinischen und russischen Dichtkunst, das klassisch wurde, geistliche Tragödien und Erzählungen (povesti), religiöse Traktate, Auslegungen der Paulusbriefe und war überdies aktives Mitglied der kaiserlichen russischen Akademie[45]. Der Feder Moisej Gumilevskijs verdanken wir u.a. ein Werk über die russische Sprache, eine griechische Grammatik und nicht nur eine Kirchenväter-, sondern auch eine Odyssee-Übersetzung[46]. Kirchenväterübersetzungen schuf auch Irinej Klement'evskij, der sich zudem als Exeget Verdienste erwarb[47]. Mefodij Smirnov publizierte die erste russische Übersetzung des Römerbriefes und ein lateinisches Werk über die Kirchengeschichte der ersten drei Jahrhunderte[48].

Wie diese bei weitem nicht vollständige Aufzählung zeigt, ist rund ein Viertel der 190 Bischöfe unseres Untersuchungszeitraumes als Verfasser theologischer und weltlicher Werke bekannt geworden. Fast alle gehörten dem gelehrten Mönchtum an und hatten sich an den geistlichen Lehranstalten in Rußland, einige auch zusätzlich im Ausland, eine gründliche wissenschaftliche Bildung erworben. Sie waren vor ihrer Bischofsweihe kürzere oder längere Zeit Lehrer an einer geistlichen Akademie oder an einem geistlichen Seminar gewesen. Aus dieser Lehrtätigkeit floß eine stattliche Anzahl von Lehrbüchern der Grammatik, Poetik, Rhetorik, Philosophie und Theologie, von denen einige für die russische Theologiegeschichte von großer Bedeutung werden sollten. Da im Unterrichtsplan der geistlichen Lehranstalten auch eine breite weltliche Bildung, ein gründliches Studium der lateinischen Sprache und der klassichen antiken Autoren enthalten gewesen ist, braucht es nicht zu erstaunen, daß gelehrte Mönche nicht nur Kirchenväter, sondern auch Homer, Vergil oder moderne Autoren wie Pufendorf, Milton und Gellert übersetzt haben. Unter den theologischen Werken, die von den Hierarchen des 18. Jh.s – teils noch in ihrer Zeit als akademische Lehrer, teils während ihres Bischofsamtes – geschrieben wurden, waren fast alle Teildisziplinen der Theologie vertreten: Systematik, alt- und neutestamentliche Exegese, Kirchengeschichte, Ethik, Liturgik, Homiletik und Katechetik. Außerdem wurden sehr viele Predigten, geistliche Reden, religiöse und moralische Belehrungen gedruckt, die für ein breites Publikum bestimmt waren.

---

45 Slov. ist. 1, 43–47; Filaret, Obzor, S. 101f. (2. Pag.).
46 Slov. ist. 2, 79–81; Filaret, Obzor, S. 86 (2. Pag.).
47 Slov. ist. 1, 204–208; Filaret, Obzor, S. 141f. (2. Pag.).
48 Slov. ist. 2, 68–71; Filaret, Obzor S. 137f. (2. Pag.).

Ein Gebiet allerdings vermissen wir bei der kritischen Durchsicht des literarischen Schaffens der Hierarchen des 18. Jh.s, nämlich die apologetische Auseinandersetzung mit der modernen französischen Aufklärungsphilosophie. Obschon sich der Bischof von Pskov, Gedeon Krinovskij, schon etwa in der Mitte des Jahrhunderts darüber beklagt hatte, daß „die Sekten jener Freimaurer sich vergrößerten und die Philosophen Voltaire und Rousseau sich vermehrten“[49], blieb eine gründliche Beschäftigung mit ihnen aus. Eine solche kritische Auseinandersetzung mit der Aufklärungsphilosophie lag für einen Hierarchen dieser Zeit nicht nahe. Bekanntlich schätzte Katharina II. die französische Aufklärungsphilosophie außerordentlich, war in ihrem politischen und weltanschaulichen Denken von Bayle und Voltaire stark beeinflußt und nannte den „Esprit des lois“ Montesquieus einmal sogar ihr Gebetbuch. Gleichzeitig sah sie sich als „chef de l'église grecque“[50]. Auch in den gebildeten und staatstragenden Schichten der Hauptstadt waren der moderne religiöse Skeptizismus, der Materialismus, der Atheismus, aber auch die Freimaurerei und das Rosenkreuzertum weit verbreitet. Daß die Hierarchen keine umfangreichen polemischen Werke gegen die politischen und philosophischen Anschauungen der Zarin geschrieben haben, ist nicht erstaunlich. Umgekehrt wurden gelehrte Mönche, die sich diesen Anschauungen gegenüber kritisch geäußert hatten, auch nicht zu Bischöfen geweiht. Unseres Wissens war Gedeon Krinovskij der einzige russische Hierarch des 18. Jh.s, der sich literarisch mit dem Freimaurertum auseinandersetzte; sein „Otvet masonam“ ist aber nicht gedruckt worden[51].

Auch Schriften über den inneren Wert des Mönchtums waren, sieht man von Tichon von Zadonsk und Sil'vestr Stragorodskij ab, auffallend selten[52]; dem gelehrten Mönchtum fehlte sehr oft der notwendige Erfahrungshintergrund. Aufs Ganze gesehen muß aber festgehalten werden, daß das reiche literarische Erbe ein positiver Ertrag des gelehrten Mönchtums gewesen ist. Der Episkopat des 18. Jh.s hatte eine umfassendere und weitere theologische und weltliche Bildung als der Episkopat früherer Jahrhunderte, was allerdings nicht heißen soll, daß es vor dem 18. Jh. nicht auch einzelne hochgebildete Bischöfe gegeben hätte, die ganz auf der Höhe ihrer Zeit standen.

---

49 Pypin, S. 98f.

50 Onasch, S. 105; zu den religiösen und philosophischen Anschauungen Katharinas II. vgl. Belikov, Otnošenie, passim.

51 Gitermann 2, S. 182, 201, 208–211, 215; v. Rimscha, Katharina, S. 23; Stökl, Russische Geschichte, S. 400; zum „otvet masonam“ vgl. Vernadskij, S. 106.

52 Slov. ist. 2, 207f.

Jedoch nicht nur die literarische Tätigkeit, sondern auch die Listen des *Bibliotheksbestandes*, die die Bischöfe bei ihrem Tod hinterlassen haben, sind eine wichtige Quelle für die Beurteilung ihres Bildungsstandes. Otto Brunner hat in seinem Aufsatz „Österreichische Adelsbibliotheken des 15. bis 18. Jahrhunderts" (1949)[53] nachdrücklich auf die Ergiebigkeit dieser Quelle für die Sozialgeschichte hingewiesen. Wir besitzen auch für die russische Kirchengeschichte des 18. Jh.s eine ganze Reihe von Bibliotheksverzeichnissen. *Dimitrij Tuptalo* hinterließ bei seinem Tod 1709 eine für seine Zeit außerordentlich reichhaltige und vielseitige Bibliothek. Wie es von einem orthodoxen Hierarchen auch zu erwarten ist, hat Dimitrij zahlreiche Bibeln, liturgische Bücher und Kirchenväterausgaben besessen, außerdem Werke bedeutender byzantinischer und russischer Theologen, wie Symeons des neuen Theologen, Maksim Greks, Iosifs von Volokolamsk, Innokenntij Gizel's und Lazar Baranovičs. Entsprechend seinen wissenschaftlichen Interessen finden sich auch zahlreiche Heiligenviten, mehrere Bände der „Acta sanctorum" und überhaupt viele kirchen- und weltgeschichtliche Bücher. Erstaunlich, aber aus den starken polnischen Einflüssen auf die Kiever Akademie und auf das ukrainische Geistesleben erklärbar ist die große Anzahl katholischer, meist jesuitischer Autoren. Unter ihnen sind der Exeget Cornelius a Lapide mit mehreren Bibelkommentaren, der Kontroverstheologe Martin Becanus, der Philosoph und Theologe Francisco de Toledo, der Kirchenhistoriker Caesar Baronius und der Gegenreformator Petrus Canisius vertreten. Humanismus, Reformation, lutherische und reformierte Orthodoxie sowie weltliche Literatur fehlen ganz[54].

Eine ungewöhnliche Bibliothek besaß auch *Stefan Javorskij*. Sie umfaßte neben zahlreichen Ausgaben griechischer und lateinischer Kirchenväter, polnischer und russischer Theologen und Prediger auch einen stattlichen Bestand an dogmatischer Literatur aus Westeuropa: Hauptwerke der mittelalterlichen Scholastik, vor allem des Thomas von Aquin, der zeitgenössischen katholischen und speziell jesuitischen Theologie und einiges Wenige aus dem Protestantismus (Chemnitz, Gomar, Quensted, Osiander). Beachtenswert sind die Bestände an weltlicher Literatur, wie sie auch aus dem Unterrichtsprogramm der Kiever Akademie erklärbar sind: Homer, Sophokles, Seneca, Livius, byzantinische Geschichtsschreiber und, ganz isoliert, Macchiavellis „Utrum licet tyrannis rebellare?"[55].

---

53 O. Brunner: Neue Wege der Sozialgeschichte, Vorträge und Aufsätze, Göttingen 1956, S. 155–167.

54 I. Šljapkin, Anhang, S. 54–58 (2. Pag.).

55 S. I. Maslov: Biblioteka Stefana Javorskogo, Kiev 1914.

Die Bibliothek *Feofan Prokopovičs*, die 3192 Positionen enthalten hat, von der aber das sagenhafte Gerücht umgegangen ist, sie habe an die 30000 Bände umfaßt, fällt nicht nur durch ihren Wert und Umfang, sondern auch durch die Schwerpunkte in ihren Beständen völlig aus dem Rahmen. Neben liturgischen Büchern, Kirchenvätern und fast allen wichtigen antiken Autoren besaß Prokopovič eine erstaunliche Sammlung neuzeitlicher Verfasser, vor allem aus der Reformationszeit und der protestantischen Orthodoxie des 16. und 17. Jh.s. Von den Humanisten und Reformatoren waren Erasmus von Rotterdam mit 14, Luther mit 9 und Melanchthon mit 23 Bänden vertreten; von den Theologen der protestantischen Orthodoxie Buddeus, Calixt, Calov, Chyträus, Johannes Gerhard, Johannes Arndt; von den Pietisten Spener und Francke sind meist mehrere, manchmal über ein Dutzend Titel angeführt. Aus dem philosophischen und juristischen Bereich müssen Descartes, Grotius und Pufendorf genannt werden. Die katholische Theologie des Mittelalters und der Gegenreformation ist ebenfalls, wenn auch nicht so ausgeprägt, vertreten[56].

Daß *Simon Todorskij*, der, wie bereits vermerkt, mehrere Jahre in Halle studiert hatte, eine stattliche Reihe reformatorischer und protestantisch-orthodoxer Werke hinterlassen hat, ist weiter nicht erstaunlich. Wir stoßen wieder auf die gleichen Namen wie bei Prokopovič, vor allem auf Martin Luther (Opera omnia), Melanchthon und Buddeus; unter den weltlichen Autoren sind Erasmus, Pufendorf, Grotius und Christian Wolff besonders zu nennen. Die orientalistischen Interessen Todorskijs sind durch zahlreiche hebräische, syrische und arabische Bücher dokumentiert. Kirchenväter treten neben der Fülle moderner Literatur etwas zurück; Ausgaben von Johannes Chrysostomos, Gregor von Nazianz, Augustinus und des Johannes von Damaskus sowie eine Chrestomathia patristica graeca weisen aber deutlich auf die Beschäftigung mit der Patristik hin. Mit 30 von den insgesamt 365 Titeln ist der Bestand an kirchenslavischer und russischer Literatur verhältnismäßig bescheiden[57].

Kirill Ljaševskij, in den 60er Jahren Bischof erst von Voronež und dann von Černigov, besaß neben zahlreichen Kirchenväterausgaben und einigen modernen theologischen Werken aus dem Westen auch überraschend große Bestände weltlicher Literatur aus dem 16., 17. und 18. Jh. Von den russischen Autoren waren Kantemir, Lomonosov, Tred'jakov und Sumarokov vertreten, von den westeuropäischen Philosophen Francis Bacon, Locke,

56 Verchovskoj 2, 5. Abt., S. 3–104.
57 ODDS 34 (1754), Anhang, Sp. 677–691.

Hobbes, Grotius, Spinoza, Wolff und Baumeister, von den Dichtern der Weltliteratur Molière und Defoe mit seinem „Robinson Crusoe“[58].

Aus diesen Bibliothekskatalogen ist zu schließen, daß die Bischöfe, die aus dem gelehrten Mönchtum stammten, eine Bildung besaßen, die auf der Höhe ihrer Zeit stand, und daß einige von ihnen die geistigen Strömungen ihrer Zeit nicht nur in der Theologie, sondern auch in Philosophie, Jurisprudenz, Literatur, wenige auch in Naturwissenschaft und Medizin, sehr aufmerksam verfolgt haben. Bibliotheksverzeichnisse von Bischöfen aus der petrinischen Zeit, die keine gelehrten Mönche waren, sind sehr viel kürzer und bescheidener. Der langjährige Bischof von Kazan', Tichon Vojnov, besaß neben den gängigen gottesdienstlichen Büchern nur noch den in Rußland weit verbreiteten Text „Über das Priestertum“ des Kirchenvaters Johannes Chrysostomos, ein Werk Maksim Greks und einiges Wenige mehr[59]. Nicht viel reichhaltiger war die Bibliothek Pachomij Špakovskijs von Voronež: Sie enthielt außer den gebräuchlichen liturgischen Texten in Kirchenslavisch und Rumänisch noch etwas zeitgenössische Panegyrik[60]. Bei Pavel von Vologda zeigen sich bescheidene Ansätze weltlicher Interessen[61].

In den Bibliotheksverzeichnissen der Bischöfe aus dem gelehrten Mönchtum sind folgende Gruppen von Büchern am verbreitetsten und typischsten:

1. Bibel und liturgische Texte.
2. Griechische und lateinische Kirchenväter in den Originalsprachen und in kirchenslavischen Übersetzungen. Die Bestände an Kirchenväterliteratur sind fast durchweg reichlich und umfassend und enthalten regelmäßig die wichtigsten Autoren der orthodoxen Tradition.
3. Ausgaben antiker Klassiker sind ebenfalls sehr reichlich vorhanden. Dies ist ein Einfluß des neuen theologischen Bildungsideals, wie es seit dem 17. Jh. vom Kiever Kollegium ausgegangen ist und im ganzen geistlichen Unterrichtswesen Rußlands im 18. Jh. eine große Rolle gespielt hat.
4. Katholische und protestantische Theologie. Auch dies ist im 18. Jh. neu. Die Hauptwerke der mittelalterlichen Scholastik und der Gegenreformation sind sehr gut vertreten, Humanisten und Reformatoren

58 ODDS 50 (1770), Anhang, Sp. 697–711. Vgl. auch die Bibliothek Arsenij Mogiljanskijs, ebd., S. 711–718 und diejenige Arsenij Maceevičs – vgl. Popov, Arsenij, Anhang, S. 53–68 (2. Pag.).

59 ODDS 4 (1724), Anhang, Sp. LXVII–LXX.

60 ODDS 4 (1724), Anhang, Sp. LXVII–LXX.

61 ODDS 5 (1725), Anhang, Sp. DLXXf. Vgl. auch Charlampovič, Malorossijskoe vlijanie. S. 790f.

etwas seltener, dafür aber wieder sehr ausgiebig die protestantische, vor allem die lutherische Orthodoxie. Kontroverstheologische Literatur ist ebenfalls oft vorhanden.

5. Philosophie (ohne die französische Aufklärungsphilosophie), Recht und teilweise auch die zeitgenössische westeuropäische und russische Literatur.

Auch an den Bibliothekskatalogen ist zu erkennen, daß zumindest ein Teil der Hierarchen der russischen orthodoxen Kirche im 18. Jh., gemessen an den damaligen Möglichkeiten, zur Bildungselite Rußlands gehört hat.

2.4 Einsetzungen, Versetzungen und Absetzungen der Bischöfe

Auch bei der Wahl der Hierarchen läßt sich zu Beginn des 18. Jh.s eine deutliche Wende feststellen. Nach dem „Čin i ustav" für die Bischofswahl, die 1676 vom Patriarchen Ioakim aufgestellt worden war, ging die Wahl folgendermaßen vor sich: Wurde eine Eparchie vakant, versammelten sich alle Bischöfe in Moskau, und jeder benannte einen Kandidaten aus seiner Eparchie, der sich für das Bischofsamt besonders eignete. Konnte ein Bischof wegen zu großer Entfernung seiner Eparchie von der Hauptstadt aus gesundheitlichen oder anderen dringenden Gründen dieser „heiligen Pflicht" nicht nachkommen, mußte er sich schriftlich entschuldigen und hatte die Möglichkeit, brieflich einen Kandidaten vorzuschlagen. Die Hierarchen erarbeiteten während einer gottesdienstlichen Feier aus den Vorschlägen eine Dreierliste und überreichten sie dem Patriarchen. Dieser wählte denjenigen der Drei aus, „den er wollte" (kogo chotel) und stellte ihn dem Zaren vor. Darauf wurde der Kandidat vom Patriarchen und von den Bischöfen geweiht[1]. Nach dem Tode des Patriarchen Adrian überging Peter d.Gr. diese Ordnung und ernannte die Bischöfe einfach durch einen Ukaz wie sonst irgend einen hohen Staatsbeamten. Wir haben schon gesehen, wie entscheidend und wie zufällig manchmal auch die persönlichen Impulse des Monarchen für die Zusammensetzung des Episkopats gewesen sind[2]. 1721 erhielt der eben gegründete Hl. Synod vom Zaren die Weisung, bei der Neubesetzung von Bischofsstellen „jeweils je zwei Personen zu wählen, und die, welche wir bestimmen [opredelim], zu weihen und einzusetzen"[3]. Eine definitive Ordnung wurde 1725 geschaffen. Der Synod hatte zwei Kandida-

1 ODDS 1 (1721), Sp. 680–683; Fink, S. 102–104.

2 Vgl. oben, S. 33f.

3 PSP 1, Nr. 3 (1721), S. 33.

ten zu benennen und dem Zaren vorzustellen, und dieser wählte einen von ihnen aus. Der Ausgewählte hatte sein Einverständnis mit der Wahl zu erklären und den Eid auf den Zaren zu leisten. Daraufhin erhielt der Kandidat von zwei oder drei Bischöfen die Weihe[4]. In der Praxis sah es dann oft so aus, daß der Synod mehrere, manchmal fünf, sechs oder sieben Kandidaten benannte, über sie abstimmte und das Resultat der Beratungen dem Monarchen vortrug. Dieser wählte ohne nähere Begründung einen aus und hielt sich dabei nicht in jedem Fall an den Mehrheitswillen der Synodalmitglieder[5].

Nepotismus bei der Besetzung der Bischofssitze läßt sich kaum feststellen. Verwandtschaftliche Beziehungen unter den Hierarchen, die im untersuchten Zeitraum geweiht wurden, gab es fast keine[6]. Afanasij Vol'chovskij (II.), Sohn eines Protoierej von Poltava, war ein Neffe des Bischofs von Tver', Afanasij Vol'chovskij (I.)[7], wurde von diesem auch erzogen und an das geistliche Seminar von Tver' gegeben. Ein direkter Einfluß des Onkels auf die Bischofslaufbahn seines Neffen war aber nicht möglich, da dieser erst Gemeindepriester war, nach dem Tode seiner Gattin Mönch wurde und 1788 die Bischofsweihe erhielt. Sein Onkel war schon längst tot[8]. — Iosif und Ieronim Volčanskij waren Brüder, Söhne eines kleinrussischen orthodoxen Adligen in Ostpolen. Nachdem Iosif sieben Jahre die Eparchie Mogilev verwaltet hatte und 1742 zum Erzbischof von Moskau erhoben worden war, rückte sein jüngerer Bruder Ieronim auf den Bischofssitz von Mogilev nach. Dieser in der Geschichte der russischen orthodoxen Kirche im 18. Jh. einzigartige Fall ist aber mehr für polnische als für russische Verhältnisse typisch[9]. —

4 ODDS 1 (1721), S. 683–689.

5 Vgl. z.B. die Bischofswahlen des Jahres 1731, PSP 7, Nr. 2440, S. 261–263. Aufschlußreich sind auch die Verhandlungen des Jahres 1754: ODDS 34 (1754), S. 357–373 (Zusammenfassung eines Aktenstückes aus 563 Blättern).

6 Die Šumljanskijs verdienen in diesem Zusammenhang kein großes Interesse, da sie mehr in den polnischen als in den russischen Raum gehören. Iosif Šumljanskij, Sohn aus einer bekannten Adelsfamilie und selber zuerst Rittmeister, war Bischof von L'vov (1668–1718) und sein Bruder Afanasij Bischof von Luck (1685–1693). Dessen Sohn Kirill war ebenfalls Bischof von Luck (geweiht 1711) und wurde von Peter I. 1716 zum Bischof von Perejaslavl' berufen. Miteinander verwandt, aber nicht Brüder waren Ignatij (geweiht 1692) und Iosif (geweiht 1698) Rimskij-Korsakov. Porfirij Krajskij, 1748 zum Bischof von Suzdal' geweiht, war mit dem 1712 verstorbenen Metropoliten von Smolensk Sil'vestr Krajskij verwandt. Vgl. Ammann, Abriß, S. 322–327, 422; RBSl 14, 589f.

7 RBSl 2, 369.

8 RBSl 2, 369f.

9 PBĖ 7, 454; RBSl 8, 166.

Die Brüder Gavriil und Varlaam Petrov verdankten ihre Karrieren allein ihren überragenden persönlichen Fähigkeiten[10]. Wenn wir noch hinzunehmen, daß auch Ioasaf Gorlenko und Sil'vestr Kuljabka entfernt miteinander verwandt gewesen sind[11], ist die Liste verwandtschaftlicher Beziehungen der russischen Bischöfe im 18. Jh. bereits abgeschlossen. Adelsfamilien, die stets Bischofssitze für sich beansprucht hätten, gab es also keine.

Überblicken wir die Bischofsbiographien des 17. Jh.s, fällt sofort auf, daß Versetzungen von Bischöfen von einer Eparchie in eine andere sehr selten waren. Daß Gedeon Fürst Svjatopolk-Četvertinskij nach einer 25jährigen Amtszeit als Bischof von Luck zum Metropoliten von Kiev ernannt wurde und Kornilij nach einjährigem Wirken in Kazan' den Metropolitenstuhl von Novgorod erhielt, waren ehrenvolle Erhebungen, ebenso natürlich die Wahl Adrians zum Patriarchen im Jahre 1690 und diejenige Evfimijs von Saraj und Kruticy zum Metropoliten von Novgorod (1695). Versetzungen von einer Eparchie in eine andere, etwa gleichwertige, gab es zwischen 1682 und 1700 fast keine[12]. Es ist also eine im Vergleich zum 18. und 19. Jh. erstaunliche personelle Stabilität in der Leitung der Eparchien festzustellen, und dies war kanonisch der Normalfall.

Die Kanones der alten Kirche hatten immer wieder gefordert, daß ein Kleriker auf der Stelle bleiben müsse, auf die er ordiniert und eingesetzt worden war, denn das Verhältnis zwischen dem Geistlichen und seiner Gemeinde, zwischen dem Bischof und seiner Eparchie wurde gleichsam als eine von Gott gestiftete und daher unauflösbare Ehe angesehen. Der 15. Kanon des ersten Konzils von Nizäa (325) lautet: „Wegen der vielen Unordnungen und Spaltungen hat man es für gut befunden, überall die Sitte abzuschaffen, die sich dem Kanon zuwider in einigen Gemeinden findet, daß nämlich kein Bischof oder Priester oder Diakon von einer Stadt zur anderen übergehen soll" (hōste apo poleōs eis polin mē metabainein mēte episkopon mēte presbyteron mēte diakonon). „Sollte aber doch jemand auch nach dieser Verordnung der heiligen und großen Synode noch solches wagen oder sich dieser Sitte hingeben, so soll die Sache durchaus nichtig sein und er der Kirche wieder zurückgestellt werden, für die er als Bischof oder Priester geweiht worden war." Auch der 21. Kanon der Synode von Antiochia (314) verbot die Versetzung eines

10 Vgl. Titlinov, Gavriil Petrov; Smolitsch, Mönchtum, S. 452.

11 BĖ 26, 718; RBSl 8, 289; N. D. Ževachov: Svjatitel' Ioasaf Gorlenko, episkop belgorodskij i obojanskij. Materialy dlja biografii, Kiev 1907; Lebedev, Belgorodskie archierei, S. 79–115; BĖ 58, 891; RBSl 18, 445; Syrcov, S. 18f.

12 Vgl. Stroev, passim.

Bischofes von einer Eparchie in die andere und verlangte, daß der Bischof bei der Kirche bleibe, für die er von Gott von Anfang an auserwählt worden war. Ähnlich formulierten es die apostolischen Kanones, die nach den Ergebnissen der modernen historisch-kritischen Forschung gegen Ende des 4. Jh.s in Syrien entstanden waren, nach älterer Auffassung aber auf die Apostel zurückgingen. Ganz konsequent wurden diese Regelungen, die auch in der alten Kirche immer wieder durchbrochen wurden, in der Kirchengeschichte Rußlands nicht eingehalten. Versetzungen von Bischöfen von einer Eparchie in die andere kamen in Rußland bis zur Mitte des 16. Jh.s nicht, in der zweiten Hälfte des 16. und im 17. Jh. verhältnismäßig selten vor[12a].

Auffallend ist auch die lange Amtszeit einzelner Bischöfe in ein und derselben Eparchie. Iona Sisoevič, nicht zuletzt durch den Bau des heute noch bestehenden Rostover Kremls bekannt, war 38 Jahre lang, von 1652 bis 1690, Metropolit von Rostov[13]. Lazar Baranovič, der hochgebildete und moskaufreundliche Erzbischof von Černigov, stand seiner Eparchie 35 Jahre vor[14]. Der gerade erwähnte Gedeon Fürst Svjatopulk-Četvertinskij residierte 25 Jahre lang als Bischof von Luck. Iona stand 25 Jahre der Eparchie Vjatka vor, Ilarion war 24 Jahre Metropolit von Suzdal', Nikita 23 Jahre Erzbischof von Kolomna, Mitrofan, der seit der Synodalzeit als Heiliger verehrt wurde, 21 Jahre Bischof von Voronež[15]. Amtszeiten von 10 bis 20 Jahren in derselben Eparchie waren keine Seltenheit.

Seit dem Tode des Patriarchen Adrian im Jahre 1700 änderte sich das Bild deutlich. Versetzungen von Hierarchen von einer Eparchie in die andere wurden wesentlich häufiger als zuvor, wenn auch noch nicht so hektisch, wie in der Ära Pobedonoscev im 19. Jh., wo z.B. Erzbischof Nikanor Kamenskij innerhalb von 17 Jahren nacheinander sieben Eparchien leitete[16]. Seit dem Beginn des 18. Jh.s finden wir Bischöfe, die im Laufe einer 20–25jährigen Amtszeit hintereinander vier oder fünf Bistümer betreut haben. Sil'vestr Cholmskij beispielsweise war im Laufe seiner 25jährigen Amtszeit mehrere Male beim Zaren in Ungnade gefallen und wurde deshalb mehrfach strafversetzt: 1708 war er zum

---

12a Hefele 1, S. 418f. Vgl. auch Kanon 2 der Synode von Arles (314), Hefele 1, S. 205. Zur Synode von Antiochia, Hefele 1, S. 519, zu den Apostolischen Kanones, Kanon 14, Hefele 1, S. 804; RGG³ 1, 516f. (Lit.). – Zu den Verhältnissen im mittelalterlichen Rußland: Golubinskij 1.1, S. 371.

13 Stroev, Sp. 333.

14 Stroev, Sp. 510.

15 Stroev, Sp. 799, 657, 1032, 837.

16 Smolitsch, Geschichte, S. 403 Anm. 129.

Metropoliten von Nižnij Novgorod geweiht worden, 1719 kam er an die Spitze der Metropolie Smolensk, allerdings ohne weißen Klobuk (Bischofshut), was einer Degradierung gleichkam, 1720 wurde er Bischof von Tver' und damit wiederum im Rang erniedrigt, 1723 Bischof von Rjazan', 1725 Bischof, dann Erzbischof von Kazan', wiederum mit schwarzem Klobuk, bis in der Regierungszeit der Zarin Anna ein Prozeß seiner geistlichen Karriere ein Ende setzte und er nach Vyborg verbannt wurde[17]. Varlaam Lenickij stand während 14 Jahren den Eparchien Suzdal', Kolomna, Astrachan', Perejaslavl' und Pskov vor. Bischof von Kolomna war er drei Jahre, Bischof von Astrachan' ebenfalls drei Jahre, Bischof von Perejaslavl' und Vikarbischof von Kiev sogar nur ein Jahr[18]. Ioakim, Aleksej Titov, Lavrentij Gorka und Feofilakt Lopatinskij leiteten in ihrer Amtszeit je vier Eparchien. Besonders bei den letzten erfolgten die Versetzungen jeweils sehr rasch, manchmal schon nach einem oder zwei Jahren[19].

Die Beispiele ließen sich noch weiter vermehren. Grundsätzlich muß aber festgehalten werden: Von den insgesamt 44 Bischöfen, die in den knapp 25 Jahren zwischen dem Tod des Patriarchen Adrian und dem Tode Peters d.Gr. geweiht wurden, standen 29 (66%) bei ihrem Tod oder bei ihrer Pensionierung noch derselben Eparchie vor, in die sie bei ihrer Weihe eingesetzt worden waren. Sieben Bischöfe (16%) wurden einmal, einer zweimal, fünf dreimal und zwei viermal von Peter oder seinen Nachfolgern versetzt. Da einige von den 29 Hierarchen wenige Jahre nach ihrer Weihe gestorben sind, weiß man nicht, ob auch sie, hätten sie länger gelebt, Versetzungen in andere Eparchien hätten auf sich nehmen müssen. Für die 37 Jahre vom Tode Peters bis zum Regierungsantritt Katharinas II. sank die Zahl derer, die nie versetzt wurden, deutlich. Vor allem die Zahl derer, die *einmal* versetzt wurden, stieg[20]. Unter Katharina II. sank der Anteil der Bischöfe, die nie versetzt wurden, weiter, nämlich auf 40%, der Anteil der Hierarchen, die einmal versetzt wurden, stieg auf 34%; zweimal versetzt wurden 12 Bischöfe (19%), dreimal vier und viermal einer.

Daß ein Bischof 25 Jahre und mehr über dieselbe Eparchie regiert hat, ist im 18. Jh. trotz allem immer wieder zu beobachten, wenn auch nur

17 Spiski archiereev, S. 3; Čistovič, Prokopovič, S. 341f.; Titlinov, Pravitel'stvo Anny, S. 109ff.

18 Spiski archiereev, S. 4.

19 Ebd., S. 3–5.

20 1725–1741: 33 Weihen; davon wurden 18 Bischöfe (55%) nie versetzt, 11 (33%) einmal, 2 zweimal, einer dreimal; 1741–1762: 49 Weihen, davon wurden 29 Bischöfe (59%) nie versetzt, 14 (29%) einmal, 4 zweimal, einer dreimal und einer viermal – vgl. Spiski archiereev, S. 6–12.

selten. Georgij Konisskij war knapp 40 Jahre Bischof, dann Erzbischof von Mogilev. Varlaam Petrov bekleidete von 1768 bis 1802, also 34 Jahre lang, die Stelle als Bischof und Erzbischof von Tobol'sk und Gedeon Višnevskij hatte beinahe 33 Jahre den Bischofssitz von Smolensk inne[21]. Alle drei haben miteinander gemeinsam, daß sie entweder gute Theologen gewesen sind wie Georgij Konisskij und Gedeon Višnevskij oder ungewöhnliche Asketen, wie Varlaam Petrov, der als Hierarch in größter Armut gelebt und sein Gehalt unter die Bedürftigen seiner Eparchie verteilt hatte[22], daß sie Bischofssitze in den Randgebieten des Imperiums verwaltet haben und politisch oder kirchenpolitisch nie sonderlich aufgefallen sind. Doch dies waren Ausnahmen. Aufs Ganze gesehen waren Amtszeiten von wenigen Jahren, höchstens zwei Jahrzehnten und eine oder mehrere Versetzungen die Regel. Dies hatte für die Eparchialverwaltung und überhaupt für das ganze kirchliche Leben tiefe Folgen. Die theologische Auffassung vom Bischof als dem guten Hirten, der die ihm anvertrauten Schafe zu führen, zu leiten hat, sie demzufolge gut kennen und ihr Vertrauen besitzen muß, ist im Laufe des 18. Jh.s immer mehr einer Auffassung vom Bischof als einem hohen Staatsbeamten, der vom Monarchen und der Kirchenleitung nach Gutdünken eingesetzt, versetzt und abgesetzt, erhoben und degradiert, belohnt und bestraft wird, gewichen. Der Bischof wurde so zu einem Diener des Staates und mußte der Regierung stets zur Verfügung stehen, ohne Widerspruch einlegen zu dürfen. Dies war eine Folge der petrinischen Politik, die der Kirche ihre institutionelle Selbständigkeit nahm und sie ganz in den absolutistischen Staat einzubinden und dem Allgemeinwohl unterzuordnen versuchte. Daß durch diese Maßnahmen das Vertrauen von Pfarrklerus und Laien in ihre Bischöfe geschwunden ist, braucht nicht näher erläutert zu werden. Nicht nur die Konzeption des gelehrten Mönchtums als beste und einzige Voraussetzung für das Bischofsamt, sondern die Umfunktionierung des Bischofs zu einem Staatsbeamten ist für die abgrundtiefe Kluft, die zwischen Eparchialbischof und weißer Geistlichkeit entstanden ist, und für viele kirchliche Mißstände in der Synodalzeit verantwortlich zu machen.

Die beschriebene Art und Weise der Einsetzungen und Versetzungen der Hierarchen war für den absolutistischen Staat des 18. Jh.s ein Mittel, die Kirche besser in den Griff zu bekommen und schärfer zu kontrollie-

---

21 Venjamin Bagrjanskij war knapp 25 Jahre Bischof von Irkutsk, Ilarion 24 Jahre Bischof von Astrachan' und Feodosij 24 Jahre Bischof von Kolomna, Tichon Vojnov 24 Jahre Bischof von Kazan'. Spiski archiereev, S. 16, 6, 12, 3.

22 Smolitsch, Mönchtum, S. 452.

ren. Auch die „üble Praxis", verwaiste Eparchien nicht sofort wieder zu besetzen, diente einer schärferen Kontrolle der Kirche durch den Staat.

So war z.B. der Metropolitensitz von Kiev 1718–1722 unbesetzt; die Amtsgeschäfte und die Weihe von Priestern und Diakonen wurden entweder vom Bischof von Perejaslavl', der damals zugleich Vikarbischof von Kiev war, oder von griechischen Bischöfen, die sich gerade in Kiev aufhielten, durchgeführt. Novgorod war unter Peter einmal fünf Jahre, Irkutsk und Mogilev je sieben Jahre ohne Hierarchen. Längere Vakanzen wurden in der Zeit nach Peters Tod dann allerdings seltener[23].

Auch daß Bischöfe aus politischen Gründen ihres Standes entkleidet, verbannt oder gar hingerichtet wurden, kam von 1700 an wesentlich häufiger vor als noch im 17. Jh. Ein erster Fall ereignete sich schon im August des Jahres 1699. Der Bischof von Tambov, Ignatij Šamgin, wurde durch einen Ukaz des Zaren von seinem Amt entbunden und ins Solovki-Kloster verbannt, weil er für Talickij Sympathien geäußert hatte. Grigorij Talickij hatte etwas merkwürdige apokalyptische und gedanklich dem Altgläubigentum nahestehende Hefte verfaßt und verbreitet und darin den Zaren als „Antichristen" und Moskau als „Babel" beschimpft[24]. Deswegen wurde er von Peter I. als staatsgefährlich angesehen und zur Verbrennung auf dem Scheiterhaufen verurteilt. Isaja, zwischen 1699 und 1708 Metropolit von Nižnij Novgorod, verlor sein Amt wegen seines energischen Protestes gegen das „Klosteramt" (Monastyrskij prikaz), das von Peter 1701 wieder eröffnet worden war und dessen Beamte auf zum Teil ungesetzliche Weise Einnahmen aus Klostergütern in die Staatskasse fließen ließen[25]. Dosifej Glebov, 1711–1718 Bischof von Rostov, wurde vom Zar seines Standes enthoben und hingerichtet, weil er zum Kreis der Geistlichen gehörte, die dem Carevič Aleksej nahe standen, und Widerstand gegen den Zaren geleistet hatte[26]. Unter den Nachfolgern und Nachfolgerinnen Peters bis zum Jahre 1741, einer Zeit, die auch in kirchenpolitischer Hinsicht durch zahlreiche schwer durchschaubare Intri-

---

23 Längere Vakanzen unter Peter I.: Kiev 1718–1722, Novgorod 1716–1721, Mogilev 1704–1707, Irkutsk 1714–1721, Vladimir 1705–1708 – vgl. Stroev, Sp. 7, 37, 494, 555, 657. In nachpetrinischer Zeit stellte Novgorod ein gewisses Problem dar: Vakanzen gab es 1736–1740, 1753–1757, 1762–1775 (!); die Vertretung erfolgte jeweils durch den Vikarbischof – Stroev Sp. 37; Moskau war 1745–1748, 1754–1757 und 1771–1775 vakant; Vertreter war der Bischof von Saraj – Stroev, Sp. 131. Ferner: Astrachan' 1755–1758, Tobol'sk 1755–1758, Pskov 1754–1758, Irkutsk 1747–1753, Kostroma 1750–1753 – Stroev, Sp. 311, 318, 381, 555, 849.

24 Smolitsch, Geschichte, S. 61, 79f.; RBSl 8, 52.

25 Smolitsch, Geschichte, S. 83.

26 RBSl 6, 606; Smolitsch, Geschichte, S. 62f., 266 Anm. 358, 400.

gen und Affären gekennzeichnet war, verloren mehrere Bischöfe aus zum Teil nur geringfügigen Anlässen Stand und Amt. Sie wurden, so weit sie noch am Leben waren, von der Zarin Elisabeth rehabilitiert[27]. Der bekannteste Fall in der Zeit Katharinas II. war Arsenij Maceevič, der wegen seines energischen Widerstandes gegen die Säkularisierung der Kirchengüter seines Standes entkleidet wurde. Schon während man in der Hauptstadt über die Enteignung der Kirche beriet, schleuderte er den Bannstrahl gegen alle, die sich am kirchlichen Eigentum vergreifen wollten. Die scharf formulierten Eingaben an den Synod in dieser Sache faßte Katharina II. als schwere Majestätsbeleidigung auf und ließ den Metropoliten zum einfachen Mönch degradieren und verbannen. Als dieser von seinem Kampf nicht abließ, wurde ihm nochmals ein Prozeß gemacht. Nach der Verurteilung mußte Arsenij die restlichen fünf Jahre seines Lebens unter dem Pseudonym Andrej Vral' (Andreas, der Lügner) in einem Kerker Revals verbringen[28].

Schlußbemerkungen

Aus dem bisher Ausgeführten geht hervor, daß sich Zusammensetzung und Lage des Episkopats der russischen orthodoxen Kirche seit dem Beginn des 18. Jh.s in wesentlichen Punkten verändert haben. Völlig neu und in der Geschichte Rußlands einmalig ist die einseitige Bevorzugung von Bischofskandidaten in der ersten Hälfte des 18. Jh.s, die geographisch in einem Randgebiet des russischen Reiches geboren, aufgewachsen und ausgebildet worden sind. Neu und einmalig ist auch der hohe Anteil von Bischöfen ausländischer Herkunft – aus dem polnisch-litauischen Staatsgebiet, aus Griechenland, Serbien, den rumänischen Fürstentümern und Georgien. Beides hängt aufs engste damit zusammen, daß Bischöfe mit einer hohen allgemeinen und theologischen Bildung gesucht worden sind und daß sich angesichts des erst sehr mangelhaft entwickelten russischen Schulwesens die gelehrten Mönche ukrainischer Herkunft geradezu angeboten haben.

Entscheidend gewandelt hat sich auch die soziale Herkunft der Bischöfe. Daß der Episkopat sich in der zweiten Hälfte des 18. Jh.s sehr weitgehend, wenn auch nicht ganz ausschließlich, aus Söhnen von Pfarrgeistlichen zusammengesetzt hat, ist die unmittelbare Folge einer Reihe von staats-, kirchen- und sozialpolitischen Faktoren. Die wichtigsten von ihnen sind die Neugliederung der russischen Gesellschaft in Stände, die ständische

27 Titlinov, Pravitel'stvo Anny, S. 72–163.
28 Smolitsch, Geschichte, S. 261–268.

Abschließung der Schülerschaft in den geistlichen Schulen, die Maßnahmen Peters d.Gr. und seiner Nachfolger gegen das Mönchtum, das weitere Überhandnehmen des Erblichkeitsprinzips bei der Besetzung von Pfarrstellen und das staatspolitisch begründete Interesse der russischen Regierung, die Zahl der von der Kopfsteuer befreiten und mit einer Reihe von Privilegien ausgestatteten Angehörigen des geistlichen Standes nicht zu groß werden zu lassen. Für das Erblichkeitsprinzip und die Rechtslage der Pfarrgeistlichkeit verweisen wir auf den vierten Hauptabschnitt unserer Arbeit.

Neu sind außerdem die Voraussetzungen in der Bildung und in der beruflichen Laufbahn, die von Bischofskandidaten gefordert werden. Sie haben zur Folge, daß systematisch und erfolgreich ein geistliches Schulwesen aufgebaut worden ist und daß aus der Reihe der Bischöfe in fast allen theologischen Disziplinen und in mehreren weltlichen Wissenschaften bahnbrechende Arbeiten, Schul- und Lehrbücher, aber auch gute Predigten und religiös-moralische Belehrungen verfaßt worden sind. Daß im Laufe des 18. Jh.s zunehmend jüngere Mönche zu Bischöfen geweiht worden sind, hängt ebenfalls mit der Konzeption des gelehrten Mönchtums zusammen. Neu ist ferner der Modus von Wahl und Einsetzung der Bischöfe, durch den der Zar größere Einfluß- und Entscheidungsmöglichkeiten erhielt, als er sie bei der früheren Regelung der Patriarchenzeit besessen hatte. Und neu ist schließlich die in einer Konzeption vom Bischof als einem Staatsbeamten begründete Politik, Hierarchen nach verhältnismäßig kurzen Amtszeiten in anderen Eparchien zu versetzen oder, falls sie in höherem Maße politisch mißliebig gewesen sind, ihres Standes zu entkleiden. Versetzungen und Absetzungen waren zwar früher auch schon vorgekommen, haben sich aber seit dem Tode des letzten Patriarchen auffällig gehäuft.

3 Geistlicher Stand und geistliches Bildungswesen

Einleitung

Die wenigen Schulen, die es zu Beginn des 18. Jh.s in Rußland gab, hatten meist allgemeinbildenden Charakter und standen Schülern aller gesellschaftlichen Gruppierungen offen. Im Laufe des 18. Jh.s entstand in Rußland ein weit verzweigtes Netz von Elementar-, Mittel- und Hochschulen, von Lehranstalten, die der Allgemeinbildung dienten und solchen, die Fachwissen vermittelten. Der systematische Aufbau eines geistlichen Schulwesens, wie er im ersten Viertel des 18. Jh.s begonnen worden ist, stellt eine bedeutende Leistung dar, die nicht nur für die Kirchengeschichte, sondern überhaupt für die Geistes-, Kultur- und Bildungsgeschichte von großem Interesse ist. Allerdings läßt sich im Laufe des 18. Jh.s eine deutliche Entwicklung feststellen, die dahin geht, daß die geistlichen Schulen immer mehr für die Söhne von Priestern, Diakonen und Kirchendienern reserviert bleiben, die „in Hoffnung auf das Priesteramt" (v nadeždu svjaščenstva) studieren sollen. In den großrussischen Eparchien war diese Entwicklung zu Ende des 18. Jh.s längst abgeschlossen. Im Süden Rußlands, wo in dieser Zeit noch Schüler aus allen Ständen an der Kiever Akademie, am Kollegium von Char'kov und an andern geistlichen Lehranstalten studiert haben, ist eine deutliche Tendenz in die Richtung auf eine solche ständische Isolierung zu beobachten, und zwar sowohl in den bildungspolitischen Absichten der Kirche als auch im faktischen Schülerbestand. Wie, wann und warum kam es zu dieser in ihrer vollen Tragweite erst später sichtbaren geistigen und sozialen Isolierung von geistlicher und weltlicher Bildung? Welche Gründe und Motive stehen hinter dieser Entwicklung? Welche Interessen hatten Staat und Kirche im 18. Jh., eine solche Entwicklung in die Wege zu leiten und zu fördern?

Die petrinische Bildungspolitik bewegte sich zwischen zwei Polen, nämlich erstens dem Versuch, eine allgemeine Bildung in dem im Bildungs- und Erziehungswesen stark rückständigen Rußland einzuführen und allgemeinbildende Schulen zu gründen, und zweitens darin, daß – durch den Zwang der Bedürfnisse bedingt – immer wieder Schulen gegründet wurden, in denen Fachwissen zum Erwerb spezieller Fähigkeiten vermittelt wurde. Die Notwendigkeit einer allgemeinen Bildung sah Peter d.Gr. deutlich ein. Schon zu Ende des 17. Jh.s schwebte ihm der Ausbau der Slavisch-griechisch-lateinischen Akademie in Moskau zu einer Lehranstalt vor, in der junge Leute sowohl zum Kirchen- als auch zum Staatsdienst, sowohl zu Ärzten als auch zu Offizieren ausgebildet werden sollten [1], wobei er offensichtlich von westeuropäischen Vorbildern, die er auf seinen Auslandsreisen persönlich kennengelernt hatte, beeinflußt war. Auf der andern Seite bestand ein so riesiger Bedarf an gut ausgebildeten Spezialisten – Militärs, Ingenieuren, Technikern, Ärzten usw. –, daß der Weg über eine Allgemeinbildung, die sehr viel Geld, Zeit und Lehrkräfte erfordert hätte, zu lang erschien und der Zar mit der Gründung militärischer, mathematischer und medizinischer Spezialschulen viel rascher seine Ziele erreichen konnte. So entstanden unter dem Druck der Verhältnisse und „in fieberhafter Hast“ [2] eine Reihe von Artillerie-, Mathematik-, Navigations- und Admiralitätsschulen sowie eine medizinisch-chirurgische Lehranstalt, eine Bergschule und eine Schule für den Verwaltungsdienst. Eine eigentümliche Form allgemeinbildender Schulen waren die sog. „Ziffernschulen“ (Cifernye školy), da sie einen verhältnismäßig engen, vor allem auf Arithmetik und Geometrie konzentrierten Lehrplan hatten, aber nicht auf eine bestimmte berufliche Ausbildung ausgerichtet waren.

Im folgenden soll zunächst eine kurze Bestandsaufnahme darüber gegeben werden, welche Schulen mit welchen Lehrzielen in Rußland zur Zeit Peters existiert haben und welche sozialen Schichten in ihnen unterrichtet worden sind, wobei besonders auf die Probleme der Ausbildung des Klerus eingegangen wird.

3.1 Das russische Bildungswesen unter Peter dem Großen bis zum Geistlichen Reglement von 1721

Zu Beginn des 18. Jh.s war es mit dem geistlichen Schulwesen in Rußland schlecht bestellt. Die Notwendigkeit, Schulen zur Ausbildung des Klerikernachwuchses zu errichten, war von einflußreichen Männern

1 Wittram, Peter Bd. 2, S. 195. – An allgemeiner Literatur zur Geschichte des russischen Bildungswesens im 18. Jh. ist vor allem zu nennen: M. Vladimirskij-Budanov: Gosudarstvo i narodnoe obrazovanie v Rossii XVIII v., Jaroslavl' 1874; P. Znamenskij, Duchovnye školy v Rossii do reformy 1808 goda, Kazan' 1881; S. V. Roždestvenskij: Očerki po istorii sistem narodnogo prosveščenija v Rossii v XVIII–XIX vv., Bd. 1, SPb. 1912; P. F. Kapterev: Istorija russkoj pedagogii, SPb. [2]1915; vgl. auch unten, S. 127 Anm. 30. – Zum damaligen Schul- und Bildungswesen in Westeuropa, das dem russischen weit voraus war, vgl. Reble, S. 95–123

der Kirche jedoch schon längst erkannt worden. Um die Wende vom 15. zum 16. Jh. klagte der Erzbischof von Novgorod Gennadij in seinem Brief an den Metropoliten Simon: „So wie es jetzt ist, pflegt man zu mir einen ungebildeten Bauern zu bringen, und ich befehle, ihm den Apostolos zu lesen zu geben, und er kann damit überhaupt nichts anfangen, und ich befehle, ihm den Psalter zu geben, und er stammelt Unzusammenhängendes zusammen, und ich weise ihn zurück, und man antwortet: ‚Das Land, Herr, ist so, wir können keinen finden, der des Lesens kundiger wäre.' Und wer das sagt, beschimpft das ganze Land, weil es keinen Menschen im Lande gibt, den man zum Priestertum weihen könnte." Deswegen müsse der Zar „um seiner Ehre und seines Seelenheils willen" Schulen gründen, in denen man „zuerst das Alphabet der Reihe nach, dann auch die Abbreviaturen der heiligen Wörter und den Psalter mit Anhang" und dann alles Weitere lernen könne[3]. Die Errichtung von Schulen „in allen Städten", in denen die künftigen Geistlichen in Alphabet, Buchschrift, Psalmensingen und im gottesdienstlichen Lesen unterrichtet werden, gehörte auch zu den wichtigsten Programmpunkten der „Hundertkapitel-Synode" (Stoglav) von 1551[4]. Ein großer Erfolg war diesen Bemühungen aber nicht beschieden. Noch im Moskauer Konzil von 1666/67 wurden bittere Klagen über die Unbildung des Pfarrklerus geäußert: Es würden unwissende Leute vom Land zu Priestern geweiht, die eher Vieh als Menschen zu weiden imstande seien[5]. Wie die jungen Handwerker, Kaufleute und Kanzleibeamten lernten die künftigen Geistlichen das für ihren Beruf Erforderliche in der Regel bei ihren Vätern oder allenfalls bei einem Lehrmeister[6]. So erwarben sich die Priester, Diakone und Kirchendiener seit vielen Jahrhunderten die Kenntnisse des Lesens, Schreibens und des Zelebrierens

---

(Jahrhundert des Barock) und S. 123–159 (Zeitalter der Aufklärung, das „pädagogische Jahrhundert", S. 129) und die dort aufgeführte Einstiegsliteratur. Über den starken Einfluß aufklärerischer Ideen auf die Entstehung des russischen Volksschulwesens unter Katharina II. vgl. neuerdings auch Polz, Theodor Janković.

2 Archangel'skij, S. 8; Wittram, Peter Bd. 2, S. 206 u. Anm. 82.

3 AI 1, S. 146–148. Eine deutsche Übersetzung dieses wichtigen Textes von F. von Lilienfeld und E. Bryner in: Hauptmann, Die orthodoxe Kirche. – Der Apostolos (ksl. apostol) enthält die gottesdienstlichen Lektionstexte aus der Apostelgeschichte und den Apostelbriefen.

4 Stoglav, Kapitel 26, in: Stoglav, S. 121–123; deutsch bei Hauptmann, Die orthodoxe Kirche.

5 A. G., Opredelenija, S. 251.

6 Daß die Kinder bei ihren Vätern lernten, war ursprünglich eine Selbstverständlichkeit, die erst durch die Entstehung des Schulwesens durchbrochen wurde. Vgl. hierzu die umfassende Darstellung von P. Ariès: L'enfant et la vie familiale sous l'ancien régime, Paris 1960.

der Liturgie zu Hause. Von einer weitergehenden theologischen Bildung konnte meist nicht die Rede sein.

Zu Beginn des 18. Jh.s gab es in Rußland nur zwei bedeutende Schulen, nämlich das Kiever Kollegium und die Moskauer Akademie. Das Kiever Kollegium (von 1701 an Kiever Akademie) wurde 1631 aus einer bereits bestehenden Klosterschule, in der man die klassischen Sprachen, Rhetorik, Theologie und einige Elementarfächer lehrte, gegründet. Kiev gehörte damals zum polnisch-litauischen Staat und stand mitten im abendländischen Kulturstrom. Lehrplan und Lehrziele, wie sie von Petr Mogila formuliert wurden, erinnerten stark an die west- und mitteleuropäischen, besonders die jesuitischen Kollegien, wie wir im einzelnen noch sehen werden, und enthielten den damals üblichen Klassenaufbau Infima, Grammatik, Syntax, Poetik, Rhetorik, Philosophie, Theologie. Auch der Unterricht in Notensingen, Katechismus und Arithmethik fehlte nicht. Das Kiever Kollegium war aber nicht als eine spezielle Schule für den geistlichen Nachwuchs konzipiert, sondern als allgemeinbildende Lehranstalt. Im Patent von 1694 hieß es ausdrücklich, daß nicht nur Kinder des russischen Volkes aus allen Ständen, sondern auch Schüler aus andern Ländern aufgenommen werden, sofern sie dem „griechisch-russischen Glauben" angehörten [7].

Die Slavisch-griechisch-lateinische Akademie in Moskau wurde 1685 gegründet und war ebenfalls als allgemeinbildende Schule konzipiert, in der sowohl weltliche als auch geistliche Fächer gelehrt und in die „Leute jeden Ranges, Standes und Alters" aufgenommen werden sollten [8]. In den ersten 15 Jahren ihrer Geschichte stand diese Lehranstalt unter dem beherrschenden Einfluß der Brüder Ioannikij und Sofronij Lichud aus Griechenland, die auf der Insel Kephalonia aufgewachsen waren, sich eine umfassende philosophische und theologische Bildung an den Hochschulen von Venedig und Padua erworben hatten und zum Aufbau einer Akademie nach Moskau berufen worden waren [9]. Ihren

---

7 Golubev, Kievskaja akademija, S. 8, 19. – Zur Geschichte der Kiever Akademie vgl. vor allem die im Literaturverzeichnis angeführten Werke von Makarij [Bulgakov], Askočenskij, Višnevskij und Petrov.

8 Das Privileg von 1682–85 in: Chrestomatija po istorii SSSR, XVI–XVIII vv., pod. red. A. A. Zimina, M. 1962, S. 585f.

9 Die Moskauer Akademie hatte Vorläufer: 1634 wurde unter dem Patriarchen Filaret eine griechisch-lateinische Schule im Čudov-Kloster gegründet; 1649 eine Schule von Arsenij Satanovskij für den Rhetorikunterricht und für die Übersetzung griechischer Bücher, 1679 eine griechische Schule im Hause der Typographie in Moskau, aus der in den 1680er Jahren die Moskauer Akademie hervorging. Vgl. Smirnov, Ist. Mosk. Akad. S. 5ff. – Zu den Brüdern Lichud (Ioannikios und Sophronios Lichudes) s. M. Smencovskij: Brat'ja Lichudy, SPb. 1899.

Bemühungen war ein deutlicher Erfolg beschieden. Bei der Eröffnung der Schule 1685 stellten sich 28 Interessenten ein, Anfang 1686 waren es 33, 1687 76, 1688 64 und 1689 54 Schüler, und zwar nicht nur solche aus dem geistlichen Stand (Priester, Ierodiakone und Mönche), sondern auch Angehörige der obersten Gesellschaftsschicht Moskaus, der Familien Odoevskij, Golicyn und Savelov[10].

Nach der Jahrhundertwende errichteten mehrere Bischöfe, meist aus eigener Initiative heraus, Schulen in ihren Eparchien, wobei in der Regel die Kiever Akademie als Vorbild für die Organisation, die Lehrpläne und Lehrziele diente. Die älteste von diesen Schulen war das Seminar von Černigov. Die Lehranstalt wurde vom damaligen Erzbischof von Černigov, Ioann Maksimovič, der selber mehrere Jahre Lateinlehrer am Kiever Kollegium gewesen und mit den dortigen Verhältnissen aufs beste vertraut war, gegründet, trug zuerst den Namen „Kollegium archiepiskopo-maksimovičeskij" und stand Schülern aus allen gesellschaftlichen Gruppierungen offen[11].

Im Herbst 1702 eröffnete Dimitrij Tuptalo, der sich schon wiederholt über die Unbildung des Gemeindeklerus bitter beklagt hatte, an seinem Hof in Rostov eine Schule, in der neben Lesen, Schreiben und Gesang auch Katechismus, Arithmetik, Latein, Griechisch und Polnisch unterrichtet wurde. Von den zweihundert Schülern stammten die meisten aus dem Gemeindeklerus. Es waren aber auch alle andern Stände vertreten – Adlige und Nichtadlige, sogar Söhne armer Familien, denn der Unterricht war unentgeltlich. Leider war der Schule kein dauerhafter Erfolg beschieden. Die letzten Nachrichten, die wir besitzen, stammen aus dem Jahre 1705, und man muß annehmen, daß die Schule 1706 zu existieren aufgehört hat[12].

Ein Sonderfall ist die Schule, die Filofej Leščinskij, Erzbischof von Tobol'sk und Sibirien, 1703/04 errichtet hat. Die Initiative ging hier von Peter d.Gr. aus, der in einem Ukaz angeordnet hatte, daß „zur Festigung und Verbreitung des Wortes Gottes" in Tobol'sk eine Schule „für die Söhne von Priestern, Diakonen und Kirchendienern" zu gründen sei. „Die Knaben sind im Lesen und Schreiben, dann in kirchenslavischer Grammatik und anderem aufgrund von Büchern in kirchenslavischer Sprache zu unterrichten, und den Katechismus ... sollen sie vollkommen kennen, und, wenn sie zu Priestern geweiht worden sind,

10 Smencovskij, S. 65, 70, 71; Smirnov, Ist. Mosk. Akad., S. 25 Anm. 36.

11 Istoriko-statističeskoe opisanie černigovskoj eparchii, Černigov 1873, S. 115, 205.

12 Šljapkin, S. 327–352; Znamenskij, Duchovnye školy, S. 21–23.

sollen sie das Volk belehren ... und die Ungläubigen erleuchten [prosveščat']." Auf einen Vorschlag des Hierarchen, eine Schule für Schüler aus allen Ständen nach ukrainischem Vorbild zu gründen, ging der Monarch nicht ein, sondern beharrte auf einer Spezialschule für den geistlichen Nachwuchs. Sie sollte, wie das ganze petrinische Bildungssystem, in fieberhafter Hast aufgebaut werden und möglichst rasch Missionare ausbilden. Die Sibirienmission lag Peter besonders am Herzen. So wurde die Schule in Tobol'sk durch die Weisungen des Zaren entgegen dem Willen des zuständigen Hierarchen zur ersten Standesschule für die Geistlichkeit und hatte lediglich zur Vorbereitung auf das Priester- und Diakonenamt zu dienen. Die Lehranstalt existierte etwa 15 Jahre lang. Sie ist für das Jahr 1718 noch in den Quellen nachgewiesen. Als Antonij Stachovskij 1721 die Leitung der Eparchie übernahm, fand er aber keine Schule mehr vor[13].

Eine erstaunliche schulische Aufbauleistung gelang dem Metropoliten Iov von Novgorod und seinem Nachfolger Feodosij Janovskij. Iov, übrigens der einzige Hierarch großrussischer Herkunft in petrinischer Zeit, der die Notwendigkeit von Schulgründungen klar erkannt hatte, berief die Brüder Lichud in seine Residenzstadt und beauftragte sie mit der Organisation einer Schule. Diese konnte 1706 mit rund 100 Schülern meist geistlicher, zum Teil aber auch weltlicher Herkunft eröffnet werden. Der Unterricht war vor allem auf die praktischen Bedürfnisse des Gemeindeklerus abgestimmt und enthielt neben Lesen und Schreiben, kirchenslavischer und griechischer Grammatik (später zusätzlich noch Poetik und Rheorik) eine gründliche Unterweisung in den 10 Geboten, dem Gebet des Herrn, den Seligpreisungen mit Auslegung und dem Glaubensbekenntnis. Peter d.Gr. schickte 1715/16 mehrere Gruppen, insgesamt über hundert junge Adlige, in diese Novgoroder Schule, da sie nicht lesen und schreiben konnten und deswegen keine Aufnahme in die soeben gegründete Petersburger Seeakademie gefunden hatten; sie wurden in einer separaten Klasse unterrichtet und erhielten Bücher und sonstiges Unterrichtsmaterial umsonst aus der Kasse der Sophienkathedrale. Nach dem Tode Iovs (1716) blieb die Schule bestehen, wenn auch ihre Blütezeit vorüber war. Iovs Nachfolger eröffnete zu Beginn der 1720er Jahre zusätzlich 15 Schulen in seiner Eparchie, die allerdings ausschließlich für die Söhne von Priestern und Kirchendienern bestimmt waren. So wurde die Eparchie Novgorod von einem ganzen Netz von Schulen überzogen, wie es damals in ganz Rußland nirgends vorkam. 1726 hatten – die genannten Gruppen junger Adliger nicht

13 Znamenskij, Duchovnye školy, S. 23–26; Lincevskij, S. 5–8; J. Glazik: Die russisch-orthodoxe Heidenmission seit Peter d.Gr., Münster 1954, S. 41–49.

mitgezählt – 1 007 Schüler die Novgoroder Schulen besucht, 284 die Eparchialschule der Hauptstadt, der Rest die Partikularschulen in der Provinz[14].

Schließlich muß noch die Schule des Metropoliten Dorofej Krotkevič in Smolensk erwähnt werden. Dorofej, selber ein Absolvent der Kiever Akademie, gründete 1714/15 in seiner Bischofsstadt eine Schule nach dem Vorbild Kievs, deren Lehrplan alle Klassen bis zur Rhetorik umfaßte und die anfänglich von 35 Schülern besucht wurde, in der Mitte der 20er Jahre allerdings in eine tiefe Existenzkrise geriet, da sich die damaligen Bischöfe nur wenig um sie kümmerten[15].

Die Ziffernschulen (cifernye školy), jenes nicht konsequent durchdachte und letztlich gescheiterte Projekt Peters d.Gr. zur Errichtung einer Art mathematischer Elementarschulen, in denen neben Lesen und Schreiben vor allem Arithmetik und Geometrie gelehrt worden sind, interessieren uns in unserem Zusammenhang vor allem aus zwei Gründen: erstens sollten sie von kirchlichen Stellen geführt werden, und zweitens wurden sie, einer allerdings sehr mangelhaften Statistik zufolge, knapp zur Hälfte von Schülern aus der Pfarrgeistlichkeit besucht. Peter d.Gr. befahl die Errichtung von Ziffernschulen ein erstes Mal im Januar 1714 und wiederholte den Befehl in den folgenden Jahren sehr oft und eindringlich. Der knappe Gründungsukaz lautete: „Es sind je einige Leute aus den mathematischen Schulen in alle Gouvernements zu schicken, damit sie die Adelskinder mit Ausnahme der Einhöfer und die Kinder des Beamtenstandes Arithmetik und Geometrie lehren. Und es soll den Zöglingen bei Strafe verboten sein, vor Abschluß ihrer Studien an diesen Schulen zu heiraten. Und deswegen wird auch den Bischöfen befohlen, keine Heiratsurkunden auszustellen ohne das Einverständnis derer, denen diese Schulen anbefohlen sind.“[16] Diese Bestimmungen wurden in einem späteren Ukaz dahingehend präzisiert, daß solche Schulen „in den Bischofshöfen und in Klöstern“ zu errichten seien, daß also der Kirche die Ausbildung des Adels und der Beamtenschaft in Mathematik aufgetragen

---

14 Priležaev, Novgorodskie eparchial'nye školy, S. 331–370; ODDS 7 (1727), Anh. Nr. VIII, Sp. XCIV–CXII. – Diese 15 Partikularschulen waren (in Klammern die Schülerzahl): Bežeck (96), Znamensk (82), Toržok (82), Vadlaja (74), Velikie Luki (67), Staraja Russa (64), Ustjužna Železnopol'skaja (54), Nikolaevsko-Razvažok (50), Olonec (43), Tichvin (42), Kargopol' (43), Oštin (26), Jur'ev (10), Gorodec (?) und Petrovskie železnye zavody (26). Vgl. Smencovskij, S. 354–356.

15 Znamenskij, Duchovnye školy, S. 41f.

16 PSZ 5, Nr. 2762 (1714), imennyj, dannyj senatu; Einhöfer (*odnodvorcy*) sind die unterste und ärmste Stufe der *deti bojarskie*, die nicht ins *dvorjanstvo* aufgenommen worden sind, vgl. Pushkarev, S. 73.

wurde[17]. Obschon der Zar seine Befehle oft wiederholte und einschärfte[18], stellte sich nur sehr langsam ein Erfolg ein, der mit dem der Eparchialschulen, die wir bereits geschildert haben, nicht verglichen werden kann. Die Gründe dazu liegen auf der Hand: Fehlen der Motivation der Eltern, ihre Söhne an solche Schulen zu schicken, Fehlen der Motivation der Schüler, sich das angebotene Wissen anzueignen, Fehlen der Motivation seitens der Amtskirche, diese Aufgabe zu übernehmen; weiterhin: Geldmangel, Unklarheiten in Gesetzgebung und Organisation, vor allem in der Frage, welche sozialen Gruppierungen diese Schulen zu besuchen hätten; schließlich der Mangel an gut ausgebildeten Pädagogen und das Fehlen der Möglichkeit, die strengen Drohungen – Heiratsverbot ohne Schulabschluß – praktisch durchzusetzen.

In den Jahren um 1720 soll es insgesamt 42 Ziffernschulen gegeben haben, von denen viele allerdings nur sehr kurzfristig existierten[19]. In einer Zusammenstellung aus dem Jahre 1725 sind 25 Ziffernschulen mit 2015 Schülern genannt, darunter 937 (46%) geistlicher Herkunft, 402 (20%) Söhne von Soldaten, 374 (18%) Söhne von Beamten, 34 (2%) Adels- und 18 (0,9%) Bojarensöhne[20].

Die gestiegenen Anforderungen im militärischen und technischen Bereich veranlaßten Peter d.Gr., wie schon erwähnt, eine Reihe von Fach- und Spezialschulen zu gründen. Darunter waren mehrere Mathematik- und Navigationsschulen, drei Artillerie- und zwei Ingenieurschulen sowie eine Übersetzerschule, eine medizinisch-chirurgische Lehranstalt und eine Bergschule. Außerdem entstanden im ersten Viertel des 18. Jh.s in den wichtigsten Hafenstädten wie Voronež, Archangel'sk, St. Petersburg, Kronstadt, Reval, Tavrov, Astrachan', Kazan' und Sestroreck Admiralitätsschulen. Die meisten dieser Schulen waren Schülern nicht nur der Oberschicht, sondern auch der übrigen sozialen Gruppierungen zugänglich. Söhne von Priestern und Kirchendienern finden sich hier aber nicht viele. Einzig in der Moskauer Mathematik- und Navigationsschule, die 1701 gegründet worden war und in der vor allem Arithmetik, Geometrie, Geodäsie, Geographie, Navigation und Astronomie unterrichtet wurde, studierten kleinere Gruppen von Söhnen aus der Geistlichkeit:

---

17 PSZ 5, Nr. 2778 (1714).

18 Vgl. die Ukaze PSZ 5, Nr. 2971 (1715); Nr. 2979 (1716); Nr. 3447 (1719); PSZ 6, Nr. 3575 (1720); Nr. 3703 (1721); PSZ 7, Nr. 4975 (1726). Literatur über die Ziffernschulen: BĖ 80, 752f., 769f.; Pekarskij 1, S. 124–126; Roždestvenskij, Očerki, S. 124–151 und Anhang S. 18–26; Wittram, Peter Bd. 2, S. 198–203, 555f.

19 Kornilov 1, S. 37.

20 ODDS 15 (1735), Sp. 1007f.

1705 waren von 201 Schülern 32 (16%), 1711 von 505 Schülern ebenfalls 32 (6%), 1715 von 447 Schülern 26 (5%) geistlicher Herkunft[21].

3.2 *Das Geistliche Reglement von 1721 und seine Bestimmungen über das geistliche Schulwesen*

Das Geistliche Reglement, das die gesetzliche Grundlage für die Kirchenreform Peters d.Gr. darstellt, besteht zu etwa einem Viertel aus Bestimmungen über das geistliche Schulwesen, was deutlich die Dringlichkeit der Bildungsfragen in diesen Jahren zeigt. Diese Bestimmungen sind in vier Teile eingeteilt:

1. Grundlegende Überlegungen über den Nutzen von Bildung und Wissenschaft,
2. Projekt der Gründung von Akademien,
3. Projekt der Gründung von Seminaren,
4. Regeln für die Prediger des Wortes Gottes.

Der Abschnitt über das Bildungswesen setzt mit der Bemerkung ein, daß Militärwesen, Architektur, Medizin und Politik durch die von Peter I. errichteten Schulen einen bedeutenden Aufschwung genommen haben und daß für die Kirche ebenfalls ein Bildungswesen geschaffen werden müsse, wenn sie Unordnung, Aberglauben, Schismen und Häresien vermeiden wolle. Anschließend wird sehr ausgiebig gegen die bildungsfeindlichen altmoskowitischen Anschauungen polemisiert. Gegen das damals weit verbreitete Vorurteil, aus Bildung entständen Häresien, versucht der Verfasser des Geistlichen Reglements mit für das 18. Jh. sehr typischen Formulierungen aus der Kirchengeschichte das Gegenteil zu beweisen: Sowohl die Irrlehren des Arius, des Nestorius, der Gnosis, des Donatismus als auch die russische Kirchenspaltung des 17. Jh.s seien „aus einer mit Hochmuth verknüpfften Dummheit“ und „aus Mangel des Verstandes in der Heil. Schrifft entsponnen“ und hätten von den Vätern und Lehrern der alten Kirche nur deswegen wirksam bekämpft

---

21 Bezkrovnyj, S. 291. – Gegründet wurden: 1. eine Schule am Preobraženskij-Regiment 1698, eine Schiffahrtsschule in Azov 1698, die erwähnte Mathematik- und Navigationsschule in Moskau 1701, die Seeakademie in St. Petersburg 1715; 2. Artillerieschulen in Moskau 1701 und St. Petersburg 1712, 1721; 3. Ingenieurschulen in Moskau 1709 und St. Petersburg 1719; die medizinisch-chirurgische Lehranstalt unter Leitung von Dr. Bidloo in Moskau 1707; 5. Die Moskauer Übersetzerschule des Nikolaus Schwimmer 1701–1715; 6. eine Bergbauschule. Zum einzelnen, auch über die Größe der Schülerschaft vgl. Bezkrovnyj, a.a.O.; Wittram, Peter Bd. 2, S. 195–197; A. Suknovalov: Pervaja v Rossii voenno-morskaja škola, in: Istoričeskie zapiski 42, 1953, S. 301–306.

werden können, weil diese „nicht allein in der Heil. Schrifft, sondern auch in der auswärtigen Philosophie" gründlich gebildet gewesen seien[22]. Als in dieser Hinsicht besonders vorbildliche Werke der Kirchenväter nennt das Geistliche Reglement: Die Schrift Basilius' des Großen „An die Jugend über den fruchtbaren Gebrauch der heidnischen Schriften", in der der Autor zeigt, wie das Studium der antiken Klassiker eine nützliche Vorbereitung für das bessere Verständnis der Bibel sein könne, die Abhandlungen des Johannes Chrysostomus „vom Mönchen-Stande" (gemeint sind wohl die drei Bücher „Gegen die Feinde des Mönchslebens") und die Reden Gregors von Nazianz gegen Julianus Apostata[23].

Nicht weniger scharf ist die Polemik gegen die westliche, römisch-katholische Bildung. Zwar gebe es seit 1400 im Westen viele Akademien, sie hätten aber einen völlig verkehrten Begriff von Wissenschaft. „Diejenigen nun, welche sich diesen Hirn-Gespensten und betrüglichen Wissenschafften ergeben, sind tümmer, als die, so gar nicht studiret haben."[24]

Für die Akademie, die in Rußland gegründet werden sollte, war folgender Lehrplan vorgesehen: 1. Grammatik (einschließlich Geographie und Geschichte), 2. Arithmetik und Geometrie, 3. Logik oder Dialektik, 4. Rhetorik und Poesie, 5. Physik und eine kurze Metaphysik, 6. Pufendorfs „Kurtze Politica" und Dialektik und 7. Theologie[25]. Von besonderem Interesse ist der Lehrplan für die Theologieklasse: Neben gründlicher Arbeit an den Texten der Hl. Schrift sollen die Schüler insbeson-

---

22 „Es lautet sehr albern, wann einige sagen, die Gelehrsamkeit sey Schuld an denen Ketzereyen, dann zu geschweigen der alten Ketzer, welche aus einer mit Hochmuth verknüpfften Dummheit, und nicht aus übriger Wissenschafft in Irrthümer verfallen, als die Valentinianer, Manichäer, Cathari, Euchiten, Donatisten etc. Deren Thorheiten Irenäus, Epiphanius, Augustinus, Theodoretus, und andere beschrieben, sind auch die Rußischen Schismatici nicht anders, als aus Ungeschliffenheit und Unwissenheit so närrisch rasend worden. Und ob auch wohl je zuweilen gelehrte Leute Uhrhebere der Ketzereyen werden, dergleichen Arius, Nestorius, und einige andere gewesen, so hat sich doch ihre Ketzerey nicht aus ihrer Gelehrsamkeit, sondern aus Mangel des Verstandes in der Heil. Schrifft entsponnen, ist aber nachgehends durch ihre Boßheit und Hoffarth zum Wachsthum gekommen, und stärcker worden, indem diese Laster ihnen nicht zugelassen, ihre alberne Meinungen abzulegen, ob sie auch schon in ihren Gewissen von der Warheit überzeuget gewesen. Ob sie nun wohl durch ihre Gelehrsamkeit die Krafft bekommen, Sophismata zu schmieden, so würde doch derjenige, welcher solches Ubel schlechterdings der Gelehrsamkeit zuschreiben wolte, ebenfalß sagen müssen, daß, wann ein Arzt jemanden vergiebet, die Artzeney-Kunst daran Schuld habe." Geistliches Reglement, S. 39; Verchovskoj, S. 51f.

23 Altaner, S. 293f., 327, 300.

24 Verchovskoj, S. 53; Geistliches Reglement, S. 41.

25 Verchovskoj, S. 57; Geistliches Reglement, S. 46.

dere die Kirchenväter studieren, und zwar vor allem die theologisch tiefen Schriften, die von der Trinität und der Zweinaturenlehre handeln: von Gregor von Nazianz die berühmten fünf theologischen Reden aus dem Jahre 380, von Augustin das umfangreiche Werk „De trinitate", von Athanasius die fünf Bücher gegen die Arianer, von Basilius die fünf Bücher gegen Eunomius, die Schriften Kyrills von Alexandrien gegen Nestorius, die Briefe Papst Leos d.Gr. an den Patriarchen Flavianus von Konstantinopel und Augustins Werke gegen die Pelagianer, sowie die Konzilsverhandlungen[26].

Das Arbeitsprogramm der Theologieklasse ist also ganz der orthodoxen byzantinischen Tradition verpflichtet und zeigt keine Einflüsse aus dem Westen, keine „protestantische Pseudomorphose der russischen Kirchlichkeit"[27]. Im übrigen erinnert der Lehrplan der Akademie an denjenigen der Kiever Akademie, deren ehemaliger Schüler, Lehrer und Rektor Prokopovič ja gewesen ist, vor allem in der Struktur Grammatik–Rhetorik–Philosophie–Theologie. Aber auch die bildungstheoretischen Überlegungen, wie sie vom Zaren und seinen Mitarbeitern vertreten worden sind, zeigen einen deutlichen Einfluß auf den Lehrplan des Geistlichen Regle-

---

26 Verchovskoj, S. 55; Geistliches Reglement, S. 44; Altaner, S. 300, 426, 273, 291, 286, 357, 428f.

27 G. Florovskij, dessen Schlagwort von der „protestantischen Pseudomorphose der russischen Kirchlichkeit" (Puti russkogo bogoslovija, S. 89) weithin bekannt ist, streitet Prokopovič eine enge Bindung an die Orthodoxie und byzantinische Tradition ab und vertritt die Meinung, der Ukrainer hätte Professor an irgendeiner protestantischen theologischen Fakultät sein können, seine Gedanken über die Heilige Schrift, über den unschuldigen und gefallenen Menschen, über die Rechtfertigung seien typisch protestantisch, und auch Kartašev bezeichnet Prokopovič als Protestanten (Florovskij, Puti russkogo bogoslovija, S. 90ff.). Ein protestantischer Theologe kann aber diesen Urteilen nicht folgen. Daß deutliche Einflüsse der protestantischen Theologie des 17. Jh.s auf das Denken Prokopovičs vorliegen, ist nicht zu bestreiten (vgl. dazu H. Koch: Die russische Orthodoxie im petrinischen Zeitalter, Breslau 1929). Trotzdem ist Prokopovič ein orthodoxer Theologe. H. J. Härtel hat in seiner gründlichen Untersuchung: Byzantinisches Erbe und Orthodoxie bei Feofan Prokopovič deutlich darauf hingewiesen und auch Zweifel an der „Pseudomorphosen"-These angemeldet. Härtel kommt zum Ergebnis, daß Prokopovič „eine Synthese zwischen der theologischen Überlieferung der Ostkirche und der zeitgenössischen Wissenschaft" zu schaffen versucht habe (S. 234). Dieses Urteil scheint mir überzeugend, denn vieles am Geistlichen Reglement, auch diese Stelle, ist nicht verstehbar, wenn man in ihrem Verfasser einen vermeintlichen „Professor irgendeiner protestantischen theologischen Fakultät" sieht, ebensowenig auch die vielen Argumente und Zitate aus der byzantinischen Tradition, dem orthodoxen Kirchenrecht und den klassischen griechischen Kirchenvätern, insbesondere Johannes Chrysostomus, Basilius und Gregor von Nazianz.

ments, besonders bei der Betonung von Arithmetik und Geometrie und des politischen Denkens Pufendorfs[28]. Im übrigen ist der Lehrplan umfassender und besser durchdacht als andere, auch zeitgenössische. Posoškov, der in seiner bekannten Schrift „Kniga o skudosti i bogatstve" (Buch über Armut und Reichtum) aus dem Jahre 1724 die Gründung von Schulen für den Klerus vorgeschlagen hatte, begnügte sich mit einer gründlichen Ausbildung erstens in Grammatik und zweitens in Theologie und Ethik, wobei vor allem das Praktische gelernt und eingeübt werden sollte, dagegen hielt er Rhetorik und Philosophie für überflüssig[29].

Über die soziale Zusammensetzung der Schülerschaft an den neu zu gründenden Schulen gibt es im Geistlichen Reglement zwei Bestimmungen: Eine erste im Abschnitt über die Pflichten der Bischöfe, wo es im neunten Punkt heißt: „Zu Verbesserung der Kirche wäre es sehr zuträglich, dass ein jeder Bischoff in oder bey seinem Hause eine Schule hätte, vor Priester-Kinder, oder andere, welche zum Priester-Stande destiniret sind." Und weiter in Punkt 10: „Dergleichen in denen Bischöfflichen Schulen unterrichtete Lehrlinge sollen ... einig und allein zu Priestern, oder, wann sie den Kloster-Stand erwehlen, zu Aebten und Prioren befördert werden."[30] Diese Bestimmungen, die von 1721 an in vielen Eparchien in die Praxis umgesetzt wurden, hatten als Ziel die Ausbildung der Schüler zu Klerikern deutlich ins Auge gefaßt, den Zugang zu den Bischofsschulen aber noch nicht auf Angehörige geistlicher Familien eingeschränkt, sondern durch die Formulierung „oder andere, welche zum Priester-Stande destiniret sind" die Vorbereitung auf geistliche Ämter ausdrücklich auch anderen sozialen Gruppierungen offengehalten. Die Professionalisierung des geistlichen Bildungswesens ging also der ständischen Isolierung der Schülerschaft voraus. Die zweite Bestimmung betrifft die Akademie, die „Ihro Czaar. Maj. ... errichten wolten" und lautet: „Wegen der Schüler soll es folgender Gestalt gehalten werden: Alle Protopopen und andere wohlhabende Priester sollen ihre Kinder zur Academie schicken. Eben dieses kan man auch denen vornehmsten Cantzeley-Bedienten in denen Städten anbefehlen."[31] Auch hier war also keine ständische Abschließung der Schule vorgesehen. Die Ausbildung von Söhnen der „Cantzeley-Bediensteten" sollte aber wohl nicht in erster Linie der Kirche, sondern dem Staat zugute kommen.

---

28 Über Pufendorf vgl. RGG³ 5, 721. – Pufendorfs Einführung in die Geschichte der europäischen Reiche übersetzte der damalige Ieromonach und spätere Bischof von Rjazan' Gavriil [Bužinskij] im Auftrage Peters d.Gr. aus dem Lateinischen ins Russische: Puffendorfovo Vvedenie v Istoriju Evropejskich Deržav, SPb. 1718, ²1726. Vgl. Slov. ist. 1, 80.

29 Archangel'skij, S. 9ff.

30 Verchovskoj, S. 41; Geistliches Reglement, S. 25.

31 Verchovskoj, S. 57f.; Geistliches Reglement, S. 47f.

3.3 *Das geistliche Bildungswesen nach dem Geistlichen Reglement bis zum Ende des 18. Jahrhunderts*

3.3.1 *Der Aufbau des geistlichen Schulwesens*

Die Bestimmungen des Geistlichen Reglements, daß an allen Bischofshöfen Schulen zu gründen seien, wurden von vielen, wenn auch nicht von allen Hierarchen ernst genommen. In den letzten vier Jahren der Regierungszeit Peters d.Gr. entstanden über ein Dutzend Eparchialschulen: 1721 in Nižnij Novgorod, Petersburg und Irkutsk, 1722 in Tver' und Belgorod, 1723 in Kazan', Suzdal', Vjatka, Archangel'sk und Tobol'sk, 1724 in Vologda und Kolomna, 1725 in Ustjug. Unter den Nachfolgern und Nachfolgerinnen Peters, besonders unter Anna Ivanovna, wurden weitere Eparchialschulen gegründet und solche, die wegen der mannigfaltigen Anfangsschwierigkeiten bald wieder eingegangen waren, neu eröffnet[32]. Wie wir im einzelnen noch sehen werden, war das ganze russische Imperium zu Beginn der 1760er Jahre mit einem Netz von Eparchialschulen überzogen, so daß es fast keinen Bischofssitz mehr gab, der nicht über eine geistliche Lehranstalt verfügte. Wenn wir bedenken, wie erfolglos die Bemühungen einflußreicher Hierarchen und bedeutender Synoden im 15., 16. und 17. Jh. gewesen sind, muß es als eine sehr bemerkenswerte Aufbauleistung gewertet werden, daß es der russischen orthodoxen Kirche gelungen ist, innerhalb weniger Jahrzehnte zu den schon länger bestehenden Akademien in Kiev und Moskau noch 26 funktionsfähige geistliche Seminare zu errichten und zu unterhalten.

Die folgende Übersicht (Seite 103) zeigt den Stand dieser Aufbauleistung in den Jahren 1760–1764.

Insgesamt sind es also 28 geistliche Lehranstalten, darunter zwei Akademien und 5536 Schüler (ohne die wahrscheinlich sehr kleine Schülerzahl von Mogilev).

Die Schülerzahlen zu Beginn der 1760er Jahre waren zum Teil recht ansehnlich, zum Teil aber auch bescheiden. Am stärksten frequentiert wurde die Kiever Akademie mit nahezu 1100 Schülern; vergleichbare Zahlen finden sich allerdings schon in den 1740er Jahren[34]. An zweiter Stelle folgte das Seminar von Belgorod, besser bekannt unter dem Namen „Kollegium von Char'kov", mit der verhältnismäßig hohen Zahl von 651 Schülern. Sie läßt sich daraus erklären, daß das Belgoro-

---

32 Charlampovič, Malorossijskoe vlijanie, S. 635f.

34 1744: 1100 Schüler, Petrov 2.1, S. 268f.; 1746: 1111 Schüler ebd., S. 343; deutlich niedriger war die Schülerzahl in den 1720er und 1730er Jahren: 1712: 651, 1731: 600, 1736: 367, 1740: 567; vgl. Petrov, 2.1, S. 6–17 und 268f.

Tabelle 6: Die geistlichen Akademien und Seminare 1760–1764[33]

Ort	Gründungsjahr	Schülerzahl
Kiev	1631	1 093
Moskau	1681	258
Novgorod	1706	405
St. Petersburg	1721	74
Kazan'	1723	428
Tobol'sk	(1703) 1723	84
Rostov	(1702) (späte 1720er Jahre) 1739	28
Pskov	1727	164
Smolensk	(1714) 1728	328
Kruticy	1730	52
Rjazan'	(1722) 1727	300
Nižnij Novgorod	1721	277
Belgorod	1722	651
Suzdal'	1723	202
Černigov	1700	78
Vologda	1724	86
Tver'	1722	176
Kolomna	1724	71
Vjatka	1723	425
Archangel'sk	1723	479
Ustjug	1725	128
Voronež	1731	82
Perejaslavl'	1738	134
Perejaslavl'-Zalesskij	1753	97
Kostroma	1747	52
Vladimir	1749	23
Troica-Sergij-Seminar	1742	151
Mogilev	1757	(keine Angabe)

der Seminar wenige Jahre nach seiner Gründung durch die tatkräftige Mitarbeit des lokalen Adels zu einer ansehnlichen Schule für Schüler geistlicher *und* weltlicher Herkunft erweitert worden ist. Die Schülerzahl schwankte stets zwischen 400 und 800[35]. Zwischen 400 und 500 Schüler besuchten die Seminare von Novgorod, Kazan' und (erstaunlicherweise) von Vjatka und Archangel'sk. Nur zwei Schulen hatten weniger als 50 Schüler: Das Seminar von Rostov, das vom Metropoliten Arsenij Maceevič stark vernachlässigt worden war[36], und das Seminar

33 Petrov, 2.2, S. 424f. Zu den Gründungsjahren: Charlampovič, Malorossijskoe vlijanie, S. 635f.; Istoriko-statističeskoe opisanie Černigovskoj eparchii, S. 115. 205; Znamenskij, Duchovnye školy, S. 185; Petrov 2.1, S. 411.

35 Lebedev, Char'kovskij kollegium, S. 1–30; Petrov 2.1, S. 384–387; BĖ 30, 694f.

36 Smolitsch, Geschichte, S. 549 Anm. 15.

von Vladimir, das erst wenig mehr als zehn Jahre existierte, 1755 allerdings von 68 Schüler besucht worden war[37]. Die Zahlen schwankten nicht nur hier, sondern auch in andern Schulen sehr stark, wie wir in andern Zusammenhängen schon gesehen haben[38], so daß die oben gebotene Zusammenstellung lediglich eine — allerdings recht instruktive — Momentaufnahme darstellt.

Nur drei Eparchien hatten zu Beginn der 1760er Jahre noch kein Seminar: Astrachan', Irkutsk und Tambov. Die Eparchie Astrachan' litt im 18. Jh. in besonderer Weise unter Armut, war doch die Bevölkerung wegen der Unfruchtbarkeit des Bodens und der ökonomischen Rückständigkeit des Landes ganz auf den teuren Import von Getreide und Holz angewiesen. Kirchen gab es nur in Abständen, die bis zu 100 Werst betrugen, und es fehlte das Geld nicht nur für Neubauten, sondern auch für den Unterhalt des Klerus und die Gründung einer Eparchialschule[39]. 1722 gab es für kurze Zeit in Astrachan' eine Ziffernschule, die auch Söhnen der Pfarrgeistlichkeit offenstand, in den Jahren um 1730 eine Lateinschule, in der man lesen, schreiben, Psalter, Stundengebet und die Anfangsgründe der lateinischen Sprache lernen konnte, um 1740 während nur weniger Jahre eine slavisch-lateinische Schule am Bischofshof und von 1740 an eine Schule für Waisen und Kinder neubekehrter Kalmücken und Baschkiren. Da es stets an Lehrern, Schülern und Geld mangelte, konnte erst 1777 ein geistliches Seminar gegründet werden[40].

In den 1720er und dann nochmals in den 1730er und 1740er Jahren hatte Irkutsk ebenfalls ein Seminar, doch es bestand jeweils nur kurzfristig, da es auch hier an Lehrern, Schülern und Geld fehlte, und es konnte erst 1779 wieder erneuert werden[41]. Der Versuch, in der neugegründeten Eparchie Tambov zu Beginn der 1760er Jahre ein Seminar zu errichten, scheiterte. Die Eröffnung einer Eparchialschule gelang erst 1779[42].

In der Regierungszeit Katharinas II. wurden noch weitere Seminare gegründet, vor allem in den neuerworbenen Gebieten im Süden und im Westen des Reiches, u.a. in Poltava (1779), in Minsk (1793) und in Sluck (1785). Dieses sollte allerdings nur vier Jahre existieren. Weitere acht Seminare stammten aus der kurzen Regierungszeit Pauls I.[43]. Um die Jahr-

37 Malickij, 3, S. 1—5.

38 Vgl. oben, S. 36f.

39 Savvinskij, S. 102—111, 193—212.

40 Blagonravov, S. 3—8.

41 Znamenskij, Duchovnye školy, S. 513.

42 Znamenskij, Duchovnye školy, S. 511f.; die Eparchie Tambov existierte schon von 1682 bis 1699, wurde dann Rjazan' unterstellt und 1758 neu gegründet, Smolitsch, Geschichte, S. 708.

43 Znamenskij, Duchovnye školy, S. 513—520; Smolitsch, Geschichte, S. 551f.

hundertwende hatte die russisch-orthodoxe Kirche 42 geistliche Schulen. Vier von ihnen trugen den Rang einer Akademie (Kiev, Moskau und seit 1797 auch Petersburg und Kazan')[44]. Außerdem gab es noch eine Reihe geistlicher Elementarschulen.

Der systematische Aufbau eines geistlichen Schulwesens, wie ihn das Geistliche Reglement verlangt hatte, war aus einer Reihe von Gründen mit enormen Schwierigkeiten verbunden.

1. Es fehlte an Lehrern, die die nötige fachliche und pädagogische Ausbildung besaßen. Die Lehrkräfte wurden meistens aus Südrußland oder in einzelnen Fällen auch aus dem Ausland geholt. Die Rektoren und Präfekten der Moskauer Akademie in der ersten Hälfte des 18. Jh.s waren bis auf wenige Ausnahmen gelehrte Mönche ukrainischer Herkunft und Absolventen der Kiever Akademie. Zu diesen wenigen Ausnahmen gehörte Palladij Rogovskij, der im Jahre 1700 vom Patriarchen Adrian mit der Leitung der Akademie von Moskau beauftragt worden war. Palladij, ein Schüler der Brüder Lichud, hatte sich in den letzten Jahren des 17. Jh.s an verschiedenen römisch-katholischen Hochschulen, u.a. in Rom und Venedig, aufgehalten, um seine Bildung zu ergänzen, war vorübergehend katholisch gewesen und 1699 vom Patriarchen wieder in die orthodoxe Kirche aufgenommen worden. Sein Denken blieb aber von der katholischen Theologie weiterhin entscheidend beeinflußt. Mit seinem Wirken als Präfekt und Rektor der Moskauer Akademie (1700 bis 1703) setzte die sog. lateinische Phase in der Geschichte dieser Schule ein[45]. Auch die übrigen Glieder des Lehrkörpers stammten zum großen Teil, wenn auch nicht ausschließlich, aus der Ukraine und waren gelehrte Mönche. Von einem Lehrer der untersten Klasse, der nach 1710 vom Zaren nach Frankreich zur Ausbildung geschickt worden ist und der in Paris Philosophie, Theologie und Französisch studiert hat, ist überliefert, daß er in der kleinrussischen Umgebung unter seiner großrussischen Herkunft sehr gelitten habe[46].

---

44 Die von Smolitsch, Geschichte, S. 552 aufgeführte Zahl von 4 Akademien und 46 Seminaren gilt erst für das Jahr 1807; es sind in den ersten Jahren des 19. Jh.s noch weitere Seminare gegründet worden. – Das schwer faßbare Problem der kirchlichen Elementarschulen bleibt hier außer acht, vgl. Znamenskij, Duchovnye školy, S. 172ff., 520ff.

45 Smirnov, Ist. Mosk. Akad., S. 78–254. Charlampovič, Malorossijskoe vlijanie, S. 649–668 nennt die Rektoren, Präfekten und Lehrer der Moskauer Akademie von 1700–1764; die Persönlichkeiten ukrainischer Herkunft sind in der Regel kursiv gedruckt.

46 Es handelt sich dabei um Tarasij Posnikov, PSP 7, Nr. 2366 (1730); Charlampovič, Malorossijskoe vlijanie, S. 649–654, 639f., 666.

In den übrigen geistlichen Schulen sah es ähnlich aus: Auch hier bestand der Lehrkörper zum großen Teil aus gelehrten Mönchen kleinrussischer Herkunft, zu einem kleineren Teil aber auch aus der Ortsgeistlichkeit.

Immer wieder ersuchten Bischöfe und Rektoren die Kiever Akademie um Entsendung ehemaliger Schüler, die als Lehrer dienen könnten. Erst allmählich gelang es, gelehrte Mönche aus Großrußland nachzuziehen[47].

2. Den Priestern, Diakonen und Kirchendienern fehlte meist die Motivation, ihre Söhne in die neugegründeten Schulen zu schicken. Wie bereits erwähnt, war es bis dahin üblich gewesen, daß die Söhne bei ihren Vätern, Onkeln oder allenfalls einem Lehrmeister das gelernt hatten, was sie für die Ausübung ihres Amtes brauchten, und es war sehr schwer, dem Klerus klarzumachen, welchen Sinn der Besuch solcher Schulen, über die keiner eine genaue Vorstellung besaß, haben sollte. Durch zahlreiche Ukaze und Verordnungen versuchten Peter d.Gr. und seine Nachfolger die Schulpflicht für Söhne der Gemeindegeistlichen im Alter von 7 bis 18 Jahren einzuführen[48]. Nicht zuletzt war ein abgrundtiefes Mißtrauen gegen die lateinische Bildung, gegen die großen Anstrengungen, die für das Erlernen der lateinischen Sprache, für das Studium der antiken Klassiker und der scholastischen Theologie erbracht werden mußten, für die Zurückhaltung, die der Gemeindeklerus den Eparchialschulen entgegenbrachte, verantwortlich. Die orthodoxen Geistlichen und Laien lebten seit Jahrhunderten in einem tief eingewurzelten Haß gegen die römisch-katholische Kirche und Theologie, und es war jetzt schwer einzusehen, warum die Pfarrgeistlichen ihre Söhne von ukrainischen gelehrten Mönchen, von denen einige ihre Ausbildung in westlichen Jesuitenschulen ergänzt hatten und vorübergehend katholisch gewesen waren, nicht nur in Latein, sondern auch in der Theologie des Thomas von Aquin unterrichten lassen sollten. Dazu kam, daß durch den Seminarbesuch der Söhne das Le-

---

47 Znamenskij, Duchovnye školy, S. 114; Petrov, 2.1, S. 358–416; Charlampovič, Malorossijskoe vlijanie, S. 631–740.

48 Hierüber gibt es zahllose Ukaze. Wir nennen nur einige wenige: PSP 3, Nr. 1098 (1723): Die Söhne der Geistlichen, die nicht der Kopfsteuerpflicht unterstellt sind, müssen sich in Schulen zusammenfinden, ob sie wollen oder nicht. PSP 3, Nr. 1108 (1723): Die Söhne der Geistlichen haben die Bischofsschulen zu besuchen, wenn sie 7–18 Jahre alt sind. PSP 10, Nr. 3638 (1741): Wie die Söhne der Geistlichen (bis zu ihrem 15. Lebensjahr) in den Eparchialschulen zusammengezogen werden. Petrov 2.2, S. 144: Die Priester der Eparchie Kiev haben ihre Söhne an die Akademie zu schicken, bis diese den Theologiekurs beendet haben, und sie dürfen ihre Töchter keinem zur Frau geben, der keine Schulbildung hat (1754). Oder der Synod verfügte in der Zeit Katharinas II.: „Wenn ein Erbe ungebildet ist . . ., darf er nicht auf die väterliche Stelle zugelassen werden“, s. Znamenskij, Duchovnye školy, S. 565, zum Ganzen ebd. S. 563ff.

ben einer orthodoxen Pfarrfamilie stark verändert wurde, was allen Beteiligten schwerfiel. Die orthodoxen Pfarrfamilien waren meist Großfamilien, in denen die Söhne von früher Jugend an nicht nur bei der landwirtschaftlichen Arbeit, sondern auch als Lektoren, Sänger und Kirchendiener mithalfen und damit einen gewichtigen Beitrag zum Lebensunterhalt leisteten. Die Stimmung wird vom Verfasser der Geschichte des Seminars von Nižnij Novgorod so geschildert: „Nur wenige Väter und Mütter begleiteten ihre Söhne gern ins Seminar. Meistens trennten sie sich mit Kummer und tiefer Trauer, mit bitteren Tränen und Seufzern. Viele Väter hielten ihren Sohn für glücklich, wenn er der Schule entlaufen war, Kirchendiener blieb oder in den Bauernstand überschrieben wurde. Den Schulunterricht betrachteten sie wie den Militärdienst oder einen Ort der Pein. Nur unfreiwilliger und gewaltsamer Zwang konnte die Kinder im Seminar sammeln und sie von den Eltern trennen. Der größte Teil strebte nach dem ersten Jahr aus dem Seminar hinaus."[49]

3. Es fehlte die Motivation der Schüler, die Schulen zu besuchen und den einmal begonnenen Lehrgang fortzusetzen. Das Schulleben war weitgehend in militärischem Geiste organisiert. Bereits das Geistliche Reglement schrieb vor: „Alle Verrichtungen und Ruhestunden der Seminaristen müssen ihre gesetzte Zeit haben, wann sie sich zu Bette legen, aufstehen, bethen, studiren, zu Tische gehen, und spatzieren sollen, etc. Alle diese Stunden müssen mit einem Glöckgen angezeiget werden, damit die Seminaristen auf den Glocken-Schall, wie die Soldaten nach den Trommelschlag, alsobald das ihnen vorgegebene Werck angreiffen können."[50] Vergehen gegen die Seminarordnung wurden hart, meist mit Prü-

---

49 Znamenskij, Duchovnye školy, S. 322. Vgl. auch das Gedicht eines Rjazaner Geistlichen aus der ersten Hälfte des 18. Jh.s, in dem es u.a. heißt:

„Detej moich ot menja otnimajut
  I v prokljatuju seminariju na muku obirajut.
O, moi detuški serdešnye,
  Ne na učen'e vas berut, no na mučen'e bezkonešnoe,
Lučše b vam neroditsja na sej svet, a chotja i roditsja,
  Togož časa kiselem zadavitsja i v vodu utopitsja ..."

Zit. aus Agncev, S. 21f.

Diese im Stil eines Klageliedes des Volkes gedichteten Verse lauten in deutscher Übersetzung: „Meine Kinder entreißt man mir / und nimmt sie weg in das verfluchte Seminar zur Qual, / o meine herzlich geliebten Kinder, / nicht zum Unterricht nimmt man euch, sondern zu endloser Pein. / Besser wäre es für euch gewesen, nicht in diese Welt geboren zu werden, / und wenn ihr schon geboren seid, / solltet ihr euch am besten an einer Schale Mehlbrei überessen und euch ins Wasser stürzen."

50 Verchovskoj, S. 60; Geistliches Reglement, S. 51.

geln und körperlichen Züchtigungen bestraft. Das Verhältnis zwischen Lehrern und Schülern glich dem Verhältnis von Herr und Knecht oder Unteroffizier und Rekrut, und die Flucht aus der Schule wurde behandelt wie die Desertion aus dem Staats- oder Militärdienst[51]. Somit brauchte sich niemand darüber zu wundern, daß viele Söhne von Priestern, Diakonen und Kirchendienern nichts unversucht ließen, um sich vor dem Seminarbesuch zu drücken. Sie verbargen sich, flohen von zu Hause, stellten sich dumm oder krank; und es sind Fälle bekannt, wo Väter ihre minderjährigen Söhne verheiratet haben, damit diese nicht mehr zum Schulbesuch rekrutiert werden konnten, oder wo sich Priestersöhne selber verstümmelt haben, um dem Seminar zu entrinnen[52].

4. Es fehlte an Geld. Die Eparchialseminare sollten nach dem Geistlichen Reglement wie folgt finanziert werden: „Die vornehmsten Klöster einer jeden Diöcese sollen den zwantzigsten Theil ihres Getreydes, und die Kirchen-Ländereyen, wo dieselben vorhanden sind, den dreyssigsten Theil desselben zur Schule geben... Den Lehrmeister selbst aber soll der Bischoff aus seiner Cassa mit Proviant und Salario versorgen, wie solches das Geistliche Collegium nach Beschaffenheit des Orts verordnen wird.“[53] Abgesehen davon, daß in mehreren Eparchien wegen der schlechten ökonomischen Lage des Bischofshofes zunächst gar kein Seminar gegründet werden konnte[54], waren die Weisungen des Geistlichen Reglements in der Praxis nicht leicht durchzuführen und wurden oft sehr unregelmäßig oder gar nicht eingehalten, was erhebliche finanzielle Engpässe in der Führung der Eparchialschulen mit sich brachte. So mußte beispielsweise der Bischof von Suzdal' seine 1723 gegründete Schule, in der 109 Schüler geistlicher Herkunft unterrichtet wurden, drei Jahre später wieder schließen, da die Getreideabgaben nicht ausreichten. Und auch sonst sind viele Klagen über die mangelhafte finanzielle Ausstattung der Bischofsschulen bekannt[55].

3.3.2 Die Lehrpläne und Lehrziele der geistlichen Akademien und Seminare

Der Lehrplan der Kiever Akademie, wie er im 17. Jh. eingeführt worden war und wie er den modernsten westeuropäischen Bildungsidealen entsprach, wurde allmählich und stufenweise auch von den Eparchialschulen

51 Znamenskij, Duchovnye školy, S. 391–409.

52 Znamenskij, Duchovnye školy, S. 234–327, 341.

53 Verchovskoj, S. 41f.; Geistliches Reglement, S. 26.

54 So z.B. in den Eparchien Kruticy, Perejaslavl' und Archangel'sk. Vgl. Znamenskij, Duchovnye školy, S. 105ff.

55 Vgl. hierzu die jeweilige Geschichte der einzelnen Seminare, in denen in der Regel ein längeres Kapitel über die materielle Lage enthalten ist.

übernommen. Nach diesem Lehrplan war der ganze Bildungsgang in acht Klassen eingeteilt. In den untersten Klassen, der „Analogie“ oder „Fara“ und der „Infima“, lernten die Schüler lateinische und russische Grammatik nebst Katechismus. Grundkenntnisse in Lesen und Schreiben hatten sie in der Regel von zu Hause, später auch von einer Elementarschule, mitzubringen. Es folgte die „Grammatika“, in der vor allem lateinische und kirchenslavische Grammatik und etwas Arithmetik gelehrt wurde. Bis in die 1760er Jahre hinein spielten die aus dem 16. Jh. stammenden und in ganz Europa weit verbreiteten „De institutione grammatica libri tres“ des portugiesischen Jesuiten Emmanuel Alvarez für den Lateinunterricht eine dominierende Rolle. Dieses Lehrbuch wurde später als „äußerst schwer verständlich“ beurteilt, und zwar „nicht nur für die, welche die lateinische Sprache zu lernen beginnen, sondern auch für solche, die schon hinreichend mit ihr vertraut sind“[1]. In den 1760er Jahren befahlen die Bischöfe, das Lehrbuch des Alvarez durch die „Kratkaja grammatika latinskaja“ Vasilij Lebedevs, der Cornelius Nepos und andere lateinische Schriftsteller ins Russische übertragen hatte, zu ersetzen[2]. Die Vertiefung des Grammatikstoffes war die hauptsächlichste Aufgabe der „Syntax“-Klasse; außerdem wurden Geschichte und Geographie unterrichtet. Dabei bemühte sich beispielsweise die Kiever Akademie, ganz mit der Zeit zu gehen, besonders gute Lehrer anzustellen und die neuesten Lehrbücher zu verwenden[3]. In der folgenden Klasse, der „Poetik“, lernten die Schüler die Regeln der Dichtkunst, übersetzten lateinische Gedichte ins Russische, lasen die klassischen Autoren und – in der zweiten Hälfte des 18. Jh.s – auch die Werke Lomonosovs, Kantemirs, Sumarokovs und Deržavins. In der „Rhetorik“, in der die Lehrbücher von Burgius und Lomonosov besonders wichtig waren, studierte man vor allem die Reden und Briefe Ciceros und die Gedichte von Horaz[4].

Der Philosophieunterricht, der Hauptgegenstand der siebten oder „Philosophie“-Klasse, stand in der ersten Hälfte des 18. Jh.s unter dem beherrschenden Einfluß des Aristoteles und wurde stets in lateinischer Sprache abgehalten. Bereits einige Titel der Vorlesungen und Lehrbü-

---

1 Znamenskij, Duchovnye školy, S. 437.

2 1. Auflage 1762, 11. Auflage 1817, vgl. BĖ 33, 415.

3 Vgl. z.B. den Vertrag mit dem Franzosen N. Margast, der an der Kiever Akademie Französisch, allgemeine Geschichte und Geographie „folgend den besten neuesten Autoren“ lehren sollte, ODDS 50 (1770), S. 324–326. In der ersten Hälfte des 19. Jh.s hatte sich das geistige Klima an den kirchlichen Schulen vollständig geändert. Der hochbegabte Aleksej Ključarev (der spätere Erzbischof Amvrosij) wäre beinahe aus dem geistlichen Seminar Bethanien gejagt worden, weil er die sentimentalen Gedichte und Erzählungen Karamzins gelesen hatte, vgl. Felmy, S. 110.

4 Smolitsch, Gedichte, S. 580–582.

cher an der Kiever Akademie vermitteln einen wertvollen Eindruck vom Geist dieser Philosophie: „Philosophia Aristotelico-scholastica“ (1708), „Philosophia ad mentem principis Philosophorum Aristotelis stagiritae tradita et explicata“ (1719), „Syntagma totius Aristotelicae Philosophiae publicis disputationibus, viva voce prolatis, illustratum“ (1745)[5]. Von 1752 an wurde erst in Kiev und dann auch in den übrigen russischen Eparchialschulen die Philosophie Christian Wolffs, meist in der von seinem Schüler Christian Baumeister in ein Kompendium zusammengefaßten Form, gelehrt, daneben auch Descartes, Bacon und Leibniz herangezogen[6].

Abgeschlossen wurde der Bildungsgang mit der „Theologie“-Klasse. Die theologischen Systeme der ersten Hälfte des 18. Jh.s, die an der Kiever und an der Moskauer Akademie vorgetragen wurden und auch als Vorbilder für den Theologieunterricht an den Seminaren galten, waren, jedenfalls in der Methode, deutlich von der mittelalterlichen Scholastik bestimmt. Auch hier vermitteln bereits Titel und Inhaltsverzeichnisse wichtige Einblicke in das theologische Denken der jeweiligen Dozenten. So lautete beispielsweise das Thema des Theologiekurses der Kiever Akademie der Jahre 1721–1725: „*Theologia christiana orthodoxa* pro diversitate materiarum in varios tractatus, disputationes et quaestiones divisa“ und enthielt in der Einleitung die wichtige und für den theologischen Ansatz typische Bemerkung: „Nos universam Theologiam dividemus in tractatus ac disputationes, et anno praesenti, *sequendo Thomam*, agemus de Deo uno in essentia et trino in personis atque de Angelis; quae autem ulterior erit disputatio, annis sequentibus, si Deus voluerit, indicabimus.“[7] Die Systeme Feofan Prokopovičs, Sil'vestr Kuljabkas und Georgij Konisskijs erlangten für den Theologieunterricht der russischen geistlichen Schulen eine besondere Bedeutung[8]. Makarij Bulgakov charakterisiert in seiner Geschichte der Kiever Akademie alle diese Arbeiten als scholastisch in der Methode und orthodox im Geist[9].

In der zweiten Hälfte des 18. Jh.s spielten die theologischen Traktate Feofan Prokopovičs im ganzen russischen theologischen Unterricht eine überragende Rolle, ebenso das „Pravoslavnoe učenie ili sokraščennaja Christianskaja Bogoslovija“ (Orthodoxe Lehre oder kurzgefaßte christliche Theologie) des Metropoliten Platon Levšin, das erste Lehrbuch der systematischen Theologie in russischer Sprache. Das für die Pastoraltheo-

5 Makarij, Istorija Kievskoj akademii, S. 144f.

6 Ebd. S. 146f.; Smolitsch, Geschichte, S. 580–582.

7 Makarij, Istorija Kievskoj akademii, S. 137 (Hervorhbg.en von mir).

8 Vgl. auch oben, S. 15, Anm. 22; S. 74–76.

9 Makarij, Istorija Kievskoj akademii, S. 137f.

logie grundlegende Werk „Über die Pflichten der Pfarrgeistlichkeit" (O dolžnostjach presviterov prichodskich) mußte größtenteils auswendig gelernt werden. Außerdem zog man gegen Ende des 18. Jh.s bedeutende westliche Lehrbücher hinzu, so z.B. die 1723 vom protestantischen Theologen und Nachfolger A. H. Franckes in Halle, Johann Jakob Rambach verfaßten „Institutiones hermeneuticae sacrae" oder das Lehrbuch der Kirchengeschichte „Summarium historiae ecclesiasticae" (1. Aufl. 1697) des lutherischen Theologen Adam Rechenberg[10].

Außerdem wurden in der zweiten Hälfte des 18. Jh.s neue Fächer eingeführt: moderne Fremdsprachen, vor allem Deutsch und Französisch, Grundkenntnisse der Nationalökonomie, Medizin und Pharmazie[11]. Das Latein behielt aber seine dominierende Rolle, denn Latein war nicht nur die allgemeine Gelehrtensprache dieser Zeit, sondern auch die Fachsprache der Theologie. Eine gründliche theologische Ausbildung ohne Latein war nach dem damaligen Wissenschaftsverständnis und der damaligen Unterrichtspraxis nicht denkbar, und, so paradox es scheinen mag, die maßgebenden philosophischen und theologischen Vorlesungen in den Schulen der russischen orthodoxen Kirche wurden bis zu Platon Levšin in Analogie zu den westlichen Hochschulen stets in lateinischer Sprache durchgeführt, wie die genannten Titel und Beispiele auch zeigen. Erst das „Pravoslavnoe učenie" des Moskauer Metropoliten leitete allmählich eine neue Epoche ein, in der der russischen Sprache eine größere Bedeutung zukam[12].

Der geschilderte achtgliedrige Klassenaufbau von der „Analogie" bis zur „Theologie" war nichts genuin Russisches oder Ukrainisches, sondern ging in seiner Grundidee bis ins westeuropäische Mittelalter, auf das System der sieben freien Künste (artes liberales) zurück. In den Kloster-, Dom- und Stiftsschulen zur Zeit Karls d.Gr. lernten die Schüler nach dem Elementarunterricht sehr viel und intensiv lateinische Grammatik, studierten die klassischen und christlichen Autoren, besonders Vergil und Cicero, und erhielten eine gründliche Ausbildung in Rhetorik und Philosophie. Der Bildungsgang wurde mit dem Studium der Theologie, d.h. vor allem der Exegese, Patristik und Dogmatik, abgeschlossen. Im Hochmittelalter bildete das System der „artes liberales", in dem der Philosophie des Aristoteles eine zentrale Bedeutung zukam, die Grund-

---

10 Vgl. auch oben, S. 75; Makarij, Istorija Kievskoj akademii, S. 143; Smolitsch, Geschichte, S. 577, 581, Über Rambach: RGG³ 5, 775, über Rechenberg: RGG³ 5, 815.

11 Znamenskij, Položenie, S. 117.

12 Vgl. oben, S. 75 und S. 15 Anm. 22.

lage für das Studium von Theologie, Jurisprudenz oder Medizin an den neu errichteten Universitäten[13]. Auch die Gelehrtenschulen, die Melanchthon im deutsch-protestantischen Raum im 16. Jh. schuf, waren dem Schema ‚Grammatik – Lektüre klassischer lateinischer Autoren – Rhetorik' als Vorbereitung des Studiums von Philosophie und Theologie verpflichtet[14]. Die Jesuitenkollegien ihrerseits sahen in ihrem Fächer- und Lehrplan den Gelehrtenschulen Melanchthons ähnlich[15].

Daß die Jesuitenkollegien, die im 17. und 18. Jh. in ganz Europa, nicht zuletzt aber in Polen verbreitet waren und die als das Modernste auf dem Gebiet der Pädagogik galten, das Bildungswesen in der Ukraine und dann in Rußland stark beeinflußt haben, ist unbestreitbar. Die breite und gründliche grammatische und humanistische Bildung, die auch hier dem Studium von Philosophie und Theologie vorangestellt war, gehörte zu den pädagogischen Hauptanliegen der Jesuiten. Die „Ratio studiorum" von 1591, die in ihren Grundideen auf Ignatius von Loyola selber zurückgeht, formulierte in ihren Anweisungen für Philosophielehrer: „Weil die Künste oder natürlichen Wissenschaften den Geist der Theologie vorbereiten ..., so behandle sie der Lehrer mit dem gebührenden Fleiß, indem er in allem aufrichtig die Ehre und Verherrlichung Gottes sucht, so daß er seine Zuhörer, und besonders die unsrigen, zur Theologie vorbereite und vorzüglich zur Erkenntnis ihres Schöpfers aufmuntere."[16]

Der Philosophieunterricht seinerseits, der sich an diese humanistische Grundausbildung anschloß und Natur- und Moralphilosophie sowie Metaphysik umfaßte, war ganz entscheidend an der Lehre des Aristoteles orientiert. Der Theologieunterricht, auch hier Krönung und Abschluß des ganzen Bildungsganges, folgte in Methode, Aufbau und Inhalt vor allem Thomas von Aquin.

Somit ergab sich folgendes Schema:

Studia inferiora: 1. Grammatik, unterteilt in:
a) infima
b) media
c) suprema

---

13 Reble, S. 54f., 57. 14 Reble, S. 82–84. 15 Reble, S. 91.

16 Über die „Ratio studiorum", vgl. G. M. Pachtler (Hrsg.): Ratio studiorum; LThK² 8, 1006f.; hier zit. aus: Ballauf, Schaller 2, S. 90f. Zu den Lehrplänen an einzelnen Jesuitenschulen vgl. Pachtler, a.a.O., Bd. 2, S. 149, 152ff., 195, 208, 213, 230, 248; Bd. 16, S. 6ff., 54ff., 69ff. Instruktive Karten über die Verbreitung der jesuitischen Schulen in Europa finden sich jeweils am Schluß der von Pachtler herausgegebenen Bände.

2. Humanitas sive poësis
3. Rhetorik
Studia superiora: 4. Philosophie
5. Theologie

Sieht man von einigen geringfügigen, meist terminologischen Verschiedenheiten ab, folgt der Lehrplan der Kiever Akademie genau dem Schema des jesuitischen Bildungswesens. In Kiev war der Grammatik noch eine Klasse „Analogia" oder „Fara" vorangestellt, in der Lesen und Schreiben und einige Elementargrammatik nebst Katechismusunterricht geboten wurde. Die jesuitische „Grammatica" war nicht in *infima, media* und *suprema* unterteilt, sondern in drei selbständige Klassen, die „Infima", „Grammatica" und „Syntaxis" hießen. Anstelle des von den Jesuitenschulen oft verwendeten Begriffes „Humanitas" stand stets „Poësis". Sonst war aber der Plan genau derselbe.

Auch die Administration der Schule, an deren Spitze Rektor und Präfekt standen, die Verwendung der Grammatik des Alvarez und des Lateins als Unterrichtssprache erinnern an die Jesuitenschulen[17].

Dieses Lehrprogramm hatte also eine sehr breite humanistische Basis, auf der sich gründliche philosophische und theologische Studien aufbauten. Wer die Theologieklasse abgeschlossen hatte, verfügte über eine umfassende weltliche und theologische Bildung. Für das geistliche Bildungswesen in Rußland, das im 18. Jh. erst im Entstehen begriffen war, ergeben sich aber zwei Fragen. Zunächst: War es möglich, bei all den geschilderten Anfangsschwierigkeiten, der mangelhaften pädagogischen und didaktischen Vorbereitung der Lehrkräfte und der dürftigen materiellen Ausstattung der Seminare überall den vollen Kursus bis zur Theologie einzurichten und anzubieten? Sodann: Welchen Wert hatte der Unterricht nach diesem Fächeraufbau, wenn er, aus welchen Gründen auch immer, nicht vollständig durchschritten werden konnte, sondern schon nach wenigen Jahren, z.B. in der „Syntax" oder der „Poetik" oder bereits in der „Grammatik" abgebrochen wurde?

Zum ersten muß bemerkt werden, daß in der ersten Hälfte des 18. Jh.s die meisten geistlichen Lehranstalten Rußlands nur teilweise ausgebaut gewesen sind. Wenn wir einmal von den Akademien in Kiev und Moskau absehen, waren in den 1720er, 1730er und 1740er Jahren nur an sehr wenigen Orten Theologieklassen zu finden, und auch diese wurden nur von ganz wenigen Schülern besucht. Das Seminar von Belgorod, eines der am besten gestellten des ganzen russischen Reiches, führte 1727 alle

17 Okenfuss, S. 112.

Klassen bis zur Philosophie und hatte einen Bestand von 422 Schülern[18]. Die Theologieklasse, die erst in den dreißiger Jahren eingeführt worden war, blieb klein und zählte z.B. 1745 nur zehn Absolventen. Auch das Aleksandr-Nevskij-Seminar von St. Petersburg konnte in diesem Jahr nur zwölf Absolventen der Theologie aufweisen[19]. Am Seminar von Smolensk war in den 1730er Jahren keine Theologieklasse, auch mußte zeitweise die Philosophie-, Rhetorik- und Poetikklasse geschlossen werden, weil sich keine Schüler gemeldet hatten[20]. Das Seminar von Novgorod bestand 1740 nur aus der „Fara", der „Infima", der „Grammatik" und der „Syntax" mit insgesamt 271 Schülern[21]. Besonders schlecht stand es in dieser Zeit um die Seminare der zentralrussischen Eparchien. Kolomna wies 1739 nur die „Fara" und die „Grammatik" auf, 1745 allerdings auch schon eine „Rhetorik"[22]. Rostov und Rjazan' verfügten 1739 nur über je eine Elementarschule, 1745 hatte Rjazan' allerdings bereits eine „Rhetorik"-Klasse mit 30 Schülern[23]. Im selben Jahr 1745 waren die Seminare von Nižnij Novgorod, Kazan', Smolensk, Pskov und Tver' bis zur Philosophieklasse, die Seminare von Vologda und Vjatka bis zur „Rhetorik" ausgebaut[24]. Erst in der zweiten Hälfte des 18. Jh.s konnte der Klassen- und Lehrplan vervollständigt werden. 1790 zählte die Theologieklasse der Seminare von Kolomna 21, von Rjazan' 25, von Rostov 32 und des Troica-Seminars 14 Schüler. 1793 besuchten 32 junge Männer die Theologieklasse in Suzdal'[25].

Zum zweiten ist festzuhalten, daß die breite humanistische Grundlage mit der intensiven Pflege der lateinischen Sprache und der Lektüre der klassischen Autoren einen allgemeinbildenden Charakter besessen hat und als Vorbereitung für das Philosophie- und Theologiestudium konzipiert gewesen ist, wie das oben angeführte Zitat aus der „Ratio studiorum" deutlich zeigt. Eine Seminarbildung, die bereits mit der „Grammatik", der „Syntax" oder auch etwas später abgebrochen wurde, vermittelte wenig mehr als nur die Anfänge einer solchen umfassenden Bildung

---

18 ODDS 7 (1727), Sp. CXXXV.

19 ODDS 26 (1746), Sp. 198f. des Anhangs.

20 ODDS 16 (1736), Sp. 619f.

21 ODDS 20 (1740), Sp. 683–725.

22 Freeze, S. 84; ODDS 26 (1746), Sp. 197 des Anhangs.

23 Freeze, S. 84; ODDS 26 (1746), Sp. 198 des Anhangs.

24 ODDS 26 (1746), Sp. 196–200 des Anhangs.

25 Der prozentuale Anteil der Theologieschüler, gemessen an der Gesamtzahl der Zöglinge, betrug in Suzdal' 5% (1793), in Kolomna 3% (1790), in Rjazan', Rostov und im Troica-Seminar je 5% (1790) – vgl. Freeze, S. 88. Novgorod hatte 1776 21, 1783 19, Petersburg 1795 17 Schüler der Theologieklasse – vgl. Titlinov, Gavriil, S. 525.

und blieb demzufolge ziemlich wertlos. Der künftige Priester, Diakon und Kirchendiener gewann in diesem Fall nicht genügend Kenntnisse und Fähigkeiten, wie er sie für seine berufliche Tätigkeit brauchte.

Als unmittelbare Vorbereitung für den Kirchendienst diente aber folgendes: 1. *Die regelmäßige Teilnahme an den Gottesdiensten* – die Gottesdienste der orthodoxen Kirche sind in mancher Hinsicht dermaßen kompliziert, daß der künftige Priester sich das notwendige Wissen vor allem durch die tägliche Praxis und weniger in theoretischen Lehrveranstaltungen in Liturgik erwirbt. 2. *Der Katechismusunterricht* und die damit verbundene religiöse Unterweisung – so formulierte der Lehrplan der Kiever Akademie 1752, daß die Lehrer an jedem Samstag Teile des Katechismus unterrichten „und die Schüler unterweisen sollen, das Gesetz Gottes [zakon Božij] zu bewahren, ohne dessen Erfüllung es unmöglich ist, das ewige Leben zu erwerben, wie dies im heiligen Evangelium festgehalten ist ... Der orthodoxe und katholische Christ muß sie, d.h. den rechten Glauben und die guten Werke, bewahren, damit er das ewige Leben erwerbe, denn wer diese beiden behält, ist ein wahrer Christ und hat die wahre Hoffnung auf das ewige Heil.“[26] Dieser Unterricht sollte die Schüler darauf vorbereiten, nach ihrer Weihe auch „ihre Gemeindeglieder im orthodoxen Glauben und der christlichen Religion zu unterweisen“[27]. 3. *Homiletische Übungen* – die Schüler der oberen Klassen, die sich auf die Priesterweihe vorbereiteten, hatten jeden Monat eine Predigt über ein vorgegebenes Thema auszuarbeiten und vorzutragen[28]. Dies war sehr wichtig, da der Predigt im 18. Jh.

26 Petrov 2.2, S. 82.

27 Ebd., S. 83.

28 Ebd., S. 83. Über die Bedeutung der Predigt im 18. Jh. vgl. Verchovskoj, S. 63–65., Geistliches Reglement, S. 54–57. Geistliche, die ein Seminar absolviert hatten und es unterließen zu predigen, mußten eine Geldstrafe bezahlen, die dem Unterhalt des Seminars zugute kam, vgl. Agncev, S. 69f. – Okenfuss (S. 117) und Freeze (S. 105) vermissen, daß keine speziellen Lehrveranstaltungen in Liturgik und Pastoraltheologie durchgeführt worden sind, übersehen dabei aber, daß für den orthodoxen Seminaristen von damals die regelmäßige Teilnahme am reichen gottesdienstlichen Leben der Kirche die beste Vorbereitung für den Kirchendienst dargestellt hat. Liturgik und Pastoraltheologie als spezielle Fachdisziplinen der Theologie waren zu diesem Zeitpunkt noch zu wenig entwickelt, als daß ganze Studiengänge in einem Seminar hätten durchgeführt werden können. Zur Geschichte der Pastoraltheologie in Rußland, die erst mit dem von Parfenij Sopkovkij und Georgij Koniskij verfaßten Werk: O dolžnostjach presviterov prichodskich (1776) einsetzte, das im theologischen Unterricht zu Ende des 18. Jh.s übrigens eine große Rolle spielte und auswendig gelernt werden mußte, vgl. Ieromonach Innokentij: Pastyrskoe bogoslovie v Rossii za XIX vek, 1899. Zur Liturgiewissenschaft und zur Liturgie der Ostkirche vgl. Heiler, S. 161–174, 189–252; K. Ch. Felmy: Der Gottesdienst der orthodoxen Kirche, in: F. Heyer (Hrsg.): Konfessionskunde, Berlin 1977, S. 105–132 (Lit.).

ohnehin eine große Bedeutung zukam. Auf diese Weise erhielten die Schüler der geistlichen Lehranstalten Rußlands, auch wenn sie nicht den ganzen achtgliedrigen Lehrgang durchlaufen konnten, einige Vorbereitungen für ihre künftige Tätigkeit in der Kirche.

Es bleibt aber ein eigentümliches Paradoxon, daß die russischen geistlichen Schulen, die dieses humanistische, allgemeinbildende Unterrichtsprogramm von den westlichen Lateinschulen und speziell von den Jesuitenkollegien übernommen hatten, sich im Laufe des 18. Jh.s immer mehr zu Standesschulen für die Geistlichkeit entwickelt haben. Dies war aber die Folge der Bildungs- und Schulpolitik von Staat und Kirche (vgl. unten, S. 122–132).

3.3.3 Die soziale Zusammensetzung der Schülerschaft

Was die soziale Zusammensetzung der Schülerschaft betrifft, lassen sich die geistlichen Lehranstalten in drei Gruppen einteilen, nämlich 1. in Schulen, die durch das ganze 18. Jh. allen Ständen und sozialen Schichten zugänglich gewesen sind, 2. in Schulen, die zunächst jedermann zugänglich waren und erst im Laufe des 18. Jh.s in reine Standesschulen für die Geistlichkeit umgewandelt worden sind, und 3. in Schulen, die von Anfang an ständisch gebundene Einrichtungen gewesen und mit wenigen Ausnahmen nur von Söhnen der Pfarrgeistlichkeit „in Hoffnung auf das Priesteramt" besucht worden sind.

3.3.3.1 Die kirchlichen Schulen mit einer ständisch gemischten Schülerschaft

Die erste Gruppe umfaßt die geistlichen Akademien und Seminare in Südrußland, als deren bedeutendste die Kiever Akademie und das Kollegium von Char'kov zu nennen sind. Wir haben bereits festgehalten, daß die Kiever Akademie im 17. und zu Beginn des 18. Jh.s keine ständischen Einschränkungen bei der Aufnahme von Schülern gekannt hat. Die folgende Tabelle (Seite 117) zeigt aber, daß der prozentuale Anteil der Schüler geistlicher Herkunft im Laufe des Jahrhunderts stark zugenommen hat. Im Schuljahr 1737 ist der Anteil der Schüler geistlicher Herkunft mit 28% erstaunlich niedrig. Auch in den 30er Jahren des 18. Jh.s war die Kiever Akademie also keine ständisch gebundene Lehranstalt. Der Lehrplan, wie er oben (S. 108–113) beschrieben worden ist, wurde als ein ausgesprochen allgemeinbildender Kursus angesehen, der Geistliche wie Weltliche gleichermaßen ansprach. Die Akademie vermittelte ihren Schülern eine allgemeine Bildung, die sie für eine berufliche Tätigkeit sowohl in der Kirche als auch im staatlichen Bereich vorbereitete. Es

Tabelle 7: Die soziale Herkunft der Schüler der Kiever Akademie im 18. Jh.[1]

Schuljahr	Schüler, davon weltl. Herkunft	Schüler, davon geistl. Herkunft	Schüler geistl. Herkunft in %	Gesamtzahl
1737	263	104	28	367
1744	722	388	35	1110
1760	575	420	42	995
1764	674	585	47	1259
1768	573	507	47	1080
1776	345	444	56	789
1777	471	426	47	897
1778	451	375	45	826
1779	418	418	50	836
1790	232	418	64	650
1799	234	544	70	778
1801	217	500	70	717
1811	129	1069	89	1198

wäre abwegig anzunehmen, daß alle Absolventen weltlicher Herkunft Geistliche geworden sind, denn die Erblichkeit der Pfarrstellen war in der Mitte des 18. Jh.s auch in der Ukraine, wie wir im 4. Haupteil noch genauer sehen werden, bereits weit verbreitet.

Betrachten wir im folgenden die Herkunft der Schüler des Jahrganges 1737 noch genauer:

Tabelle 8: Die soziale Herkunft der Schüler der Kiever Akademie im Schuljahr 1737, aufgeteilt in die 8 Klassen[2]

Klasse	Schüler weltlicher Herkunft	Schüler geistlicher Herkunft	Schüler geistl. Herkunft in %	Gesamtzahl
Theologie	5	6	55	11
Philosophie	14	7	33	21
Rhetorik	53	13	20	66
Poetik	27	15	36	42
Syntax	56	15	21	71
Grammatik	32	16	33	48
Infima	37	13	26	50
Analogia	39	19	33	58
Gesamtzahl	263	104		367

1 Petrov 2.1, S. 35–59; 227–264, 268f.; Serebrennikov, S. 201.

2 Petrov 2.1, S. 35–59.

Die „Theologie“ war mit elf Schülern ausgesprochen schwach besucht. Von diesen elf Schülern hatten drei, nämlich ein Priestersohn aus Dalmatien, ein Kosakensohn aus der Gegend von Černigov und ein Abkömmling einer adligen Familie aus Polen bereits die Mönchs- und die Diakonatsweihe. Den ersten von ihnen, Dionisij Novakovič, finden wir später als Präfekt einer Schule in Novi Sad und dann als Bischof der nördlich von Belgrad gelegenen Eparchie Budim, den zweiten als Lehrer und Präfekt des Kollegiums von Černigov, dann als Prediger in der Troickaja Lavra in Moskau und als Archimandrit verschiedener Klöster, den dritten als Lehrer der Kiever Akademie, später als Präfekt des Novgoroder Seminars[3]. Von den übrigen wirkten mehrere als Dozenten an verschiedenen geistlichen Lehranstalten in Klein- und Großrußland, einer eine Zeitlang auch als Hofprediger[4]. Von den Absolventen der „Theologie“ stammten in der Regel die gelehrten Mönche, die als Lehrer, Schulleiter, Prediger und Bischöfe führende Stellungen in der russischen orthodoxen Kirche bekleideten und auch für das geistige Leben der großrussischen Eparchien Bedeutendes leisteten. Die Laufbahn des gelehrten Mönches stand in dieser Zeit in der Ukraine Söhnen aller sozialen Gruppierungen offen, wie aus den genannten Beispielen deutlich hervorgeht.

Auch von den 21 Schülern der „Philosophie“ wurden mehrere später als gelehrte Mönche bekannt. Der Priestersohn Sil'vestr Dobrina lehrte in Kiev und wirkte als Igumen, dann als Archimandrit verschiedener Klöster und als Prediger der Kiever Akademie. Stefan Skibenskij, Sohn eines „Kleinbürgers“ aus dem polnischen Przemyśl, amtierte als Seminarlehrer in Kazan' und Novgorod; und Kirill Brodskij, ein Priestersohn aus der Gegend von Poltava, verschaffte sich einen Namen als Philosophie- und Theologielehrer an der Moskauer Akademie sowie als Rektor des Char'kover Kollegiums[5].

Sehr mannigfaltig ist die soziale Herkunft der 263 Schüler weltlicher Gruppierungen, wie die folgende Aufstellung (Seite 119) zeigt.
Mit nur 2,5% der insgesamt 367 Schüler war der Anteil der Söhne aus adligen Familien überraschend gering. Dies scheint aber typisch zu sein, denn im folgenden Schuljahr fanden sich nur 11 Adlige (2% der Schülerschaft) ein. Den größten Prozentsatz stellte 1737 die Gruppe der „Kleinbürger“, Kaufleute und D'jaken (32%); er übertraf sogar die Zahl der

---

3 Petrov 2.1, S. 273, 421, 364 (Pankratij Čarnuckij), 297 (Innokentij Migalevskij).

4 Aleksij Malinovskij in Perejaslavl', Kozma Bogdanovič in Perejaslavl', Kiev und Smolensk, Stefan Savickij war Diakon und Hofprediger, Vasilij Ivaneckij war Lehrer in Kiev, dann in Smolensk und Archimandrit, vgl. Petrov 2.1, S. 412, 427, 301f.

5 Ebd., S. 325, von den übrigen war in unseren Quellen nichts zu erfahren.

Tabelle 9: Die soziale Herkunft der Schüler weltlicher Provenienz der Kiever Akademie im Schuljahr 1737[6]:

Klasse	Adlige	Kosaken	„Kleinbürger" Kaufleute D'jaken	Bauern, „Einfache"	andere	Total
Theologie	1	2	1	1	–	5
Philosophie	–	4	9	1	–	14
Rhetorik	–	13	24	16	–	53
Poetik	–	9	3	15	–	27
Syntax	5	5	22	24	–	56
Grammatik	1	13	15	2	1	32
Infima	–	11	17	8	1	37
Analogia	2	5	25	7	–	39
Total	9	62	116	74	2	*263*

Schüler geistlicher Provenienz (28%, vgl. Tabelle 8). Als gut vertreten erscheinen ferner die Bauern und die unteren sozialen Schichten (ljudi pospolitye)[7] mit 20% und die Kosaken mit 17%. Unter den „andern" finden wir einen zur Orthodoxie konvertierten polnischen Juden und einen neugetauften Kalmücken aus Caricyn mit dem Namen Roman Christianskij[8].

Interessant ist das Alter der Schüler. Der Jüngste in der „Analogie" zählte neun Jahre, der Älteste 21, der Durchschnitt betrug 13,8 Jahre. Das Durchschnittsalter in der Philosophieklasse lag bei 23,7; die ältesten Schüler waren 31 und 32 Jahre alt, der jüngste 17. Von den 11 „Theologen" zählten vier über 30 und der Jüngste, ein Priestersohn aus Polen, 21 Jahre.[9]

Kehren wir jetzt zur Tabelle 7 zurück. Der Anteil an Schülern geistlicher Herkunft nahm von den 1740er Jahren an deutlich zu und betrug in den 1760er und 1770er Jahren rund die Hälfte des gesamten Schülerbestandes. Um die Wende vom 18. zum 19. Jh. stieg ihr Anteil auf 70% und machte 1811 sogar 89% aus.

Die allmähliche Umwandlung der *Kiever Akademie* in eine Standesschule für die Geistlichkeit wurde vor allem von Metropolit Samuil Mislavskij

6 Ebd., S. 35–59. Die „d'jaki" sind Sekretäre, vgl. Pushkarev, S. 12.

7 Die „pospolitye ljudi" sind die „niederste Klasse der Bevölkerung in Kleinrußland". Das Wort ist polnischer Herkunft und bedeutet etwa „einfach, gemein, zu keinem sozialen Stand zugehörig"; vgl. D'jačenko, S. 463. Der Besuch einer Schule wie der Kiever Akademie war mit dem Lebensstil des Adels offenbar schwer vereinbar.

8 Petrov, 2.1, S. 51, 53.

9 Ebd., S. 38–59.

angestrebt. In seinem Ukaz vom 22. Juni 1787, den er an den Klerus seiner Eparchie richtete, befahl er, daß alle Söhne der Priester, Diakone und Kirchendiener, die lesen und schreiben könnten, sofort zur weiteren Ausbildung an die Akademie zu schicken seien: „Aus den Nachrichten der Kiever Akademie über die Studenten und Schüler ... stellten Ihre Exzellenz fest, daß sich mehr Kinder weltlicher Stände in ihr befinden als Kinder von Priestern und Kirchendienern. Aus den Beichtlisten jedoch geht hervor, daß die Priester und Kirchendiener genügend Söhne haben, die im rechten Alter sind, um an die Akademie geschickt zu werden." Diese seien gemäß dem Geistlichen Reglement und den Ukazen des Zaren sofort an die Schulen zu geben, „damit sie Sprachen und Wissenschaften lernen. Und diejenigen, die nicht wollen, verlieren die Aussicht auf die Erlangung geistlicher Ränge und sind in einen weltlichen Stand [v svetskuju komandu] zu überschreiben."[10] Anstelle der Schüler aus Adel, Stadtbevölkerung und einfachen Leuten sollten also ausschließlich Studenten aus dem geistlichen Stand, die ihrerseits wieder Priester und Kirchendiener werden wollten und sollten, unterrichtet werden. Für die „raznočincy" – dieser Ausdruck begegnet uns in diesem Zusammenhang sehr oft und meint hier Schüler weltlicher Herkunft – standen von der zweiten Hälfte des 18. Jh.s an in zunehmendem Maße weltliche Schulen zur Verfügung, während die letztlich vom Kiever Metropoliten geleitete und mit kirchlichen Mitteln finanzierte Kiever Akademie über eine Kapazität verfügte, die für den geistlichen Nachwuchs gerade ausreichte. So sind es vor allem die an sich sehr berechtigte Sorge um die Bildungsnot unter den Söhnen der Pfarrgeistlichen und die Forderung nach einem besser ausgebildeten Gemeindeklerus gewesen, die für diese für das Leben und die soziale Zusammensetzung der Schülerschaft einschneidenden Maßnahmen verantwortlich sind. Bei der Vergabe von Stellen achteten die Bischöfe immer mehr auf die Bildung der Kandidaten: Gemeinden mit 80–100 Höfen wurden in der zweiten Hälfte des 18. Jh.s in der Eparchie Kiev nur noch an Absolventen der Theologie-Klasse gegeben, Gemeinden mit 60–80 Höfen erhielten auch Absolventen der „Philosophie", und wer es nicht so weit gebracht hatte, mußte sich mit einer Gemeinde, die weniger als 60 Höfe umfaßte, begnügen[11]. Da die Einkünfte eines Klerikers zu einem wesentlichen Teil aus den Kasualgebühren und aus freiwilligen Gaben der Gemeindeglieder bestanden, hatte jeder Geistliche ein unmittelbares Interesse daran, seine Söhne möglichst gut aus-

---

10 Roždestvenskij, Samuil Mislavskij, S. 301f.

11 Serebrennikov, S. 199f. – Zum Begriff „raznočincy" vgl. unten, S. 144 Anm. 20.

bilden zu lassen. Die Zahl der „raznočincy" unter der Schülerschaft mußte reduziert werden, weil die Kirche ihre Akademie ganz für sich brauchte.

Das *Kollegium von Char'kov* ging aus der 1722 am Bischofshof von Belgorod gegründeten Eparchialschule hervor. 1726 wurde sie in das benachbarte Char'kov überführt und durch die verdienstvolle Wirksamkeit des Bischofes Epifanij Tichorskij und des Fürsten M. M. Golicyn in kurzer Zeit zu einer der besten Schulen im ganzen russischen Imperium ausgebaut. Da nicht nur Golicyn und seine Nachkommen, sondern auch weitere Einwohner Char'kovs für den Unterhalt der Schule Land, Häuser, landwirtschaftliche Erträge und größere Geldsummen zur Verfügung stellten, kannte sie im Gegensatz zu den meisten geistlichen Seminaren keine materiellen Schwierigkeiten und Engpässe. Ähnlich wie in Kiev bestand die Schülerschaft, deren Zahl meist zwischen 400 und 800 schwankte, nur teilweise aus den Söhnen der Geistlichen der Eparchie, teilweise auch aus den Söhnen Adliger, Kaufleute, „Kleinbürger", Kosaken und Bauern. Diese durchliefen auch hier nur selten den ganzen Lehrgang, sondern traten nach Abschluß der „Philosophie" oder „Rhetorik" oder auch schon früher in staatliche oder öffentliche Dienste ein. 1731 hatte die Zarin Anna den allgemeinbildenden Charakter dieser Schule in einem Ukaz unterstrichen und befohlen, daß in ihr „orthodoxe Kinder des ganzen Volkes und jeden Standes unterrichtet werden, und zwar nicht nur in Poetik und Rhetorik, sondern auch in Philosophie und Theologie, der kirchenslavischen, griechischen und lateinischen Sprache"[12]. Für die zahlreichen Schüler adliger Herkunft wurden von 1765 an neue Fächer und Lehrgegenstände eingeführt: französische und deutsche Sprache, Mathematik, Geometrie, Zeichnen, Ingenieurwesen u.a.; auch Schüler geistlicher Herkunft durften diese Fächer belegen. Der Französischunterricht war übrigens ganz modern konzipiert, u.a. sollten La Fontaine, Voltaire und Rousseau gelesen werden. Von den letzten Jahrzehnten des 18. Jh.s an besuchten die Söhne weltlicher Stände immer mehr die weltlichen Schulen und dann die Universität von Char'kov (gegründet 1805), während aus dem Char'kover Kollegium, ähnlich wie aus der Kiever Akademie, allmählich eine rein geistliche Schule wurde[13].

Das 1700 nach dem Kiever Vorbild gegründete *Seminar von Černigov* war anfangs ebenfalls Schülern aus allen Ständen und sozialen Gruppierungen zugänglich. Ähnlich wie in Kiev betrug in der zweiten Hälfte der

---

12 Askočenskij 1, S. 313.
13 Lebedev, S. 1–30; BĖ 30, 694f.

30er Jahre der Anteil der Zöglinge geistlicher Herkunft rund 30%[14]. 1786 wurde die Unterrichtsanstalt durch einen Synodalukaz in ein geistliches Seminar im engeren Sinne umgewandelt, womit eine allmähliche ständische Abschließung verbunden war[15].

Auch im *Seminar von Voronež* wurden immer wieder Söhne aus Kaufmanns- oder gar Adelsfamilien unterrichtet, da in dieser Stadt keine weltlichen Schulen zur Verfügung standen. 1796 befahl der Eparchialbischof, „alle Andersständischen aus dem Seminar zu entlassen und in Zukunft keine solchen mehr aufzunehmen". Von nun an ging der Anteil von Schülern weltlicher Herkunft drastisch zurück, und es fanden nur noch vereinzelte „raznočincy" Aufnahme[16]. Schließlich sei noch kurz auf das 1796 gegründete geistliche *Seminar von Ostrog* hingewiesen, da es sich gut in das gewonnene Bild einfügt. Mit der im Gefolge der polnischen Teilungen durchgeführten Vereinigung Wolhyniens mit dem russischen Reich wurde dort auch die Errichtung eines orthodoxen Bischofssitzes und einer orthodoxen geistlichen Unterrichtsanstalt notwendig. Wie es damals auch im Süden Rußlands üblich war, blieb dieses Seminar weitgehend den Söhnen von Priestern und Kirchendienern, die ihrerseits für den Klerikernachwuchs vorgesehen waren, vorbehalten, und es wurden nur wenige Schüler weltlicher Herkunft aufgenommen. So finden wir in der Liste von 1799 einen Bauernsohn, der im Alter von 21 Jahren immatrikuliert und nach zehnjährigem Studium zum Priester geweiht worden ist, oder in der Liste von 1803 den Sohn eines Militärarztes, der später wiederum Kriegsdienst geleistet hat[17]. In den ersten anderthalb Jahrzehnten des 19. Jh.s besuchten in der Regel jeweils 20–30 „raznočincy" das Seminar, was rund 3% der gesamten Schülerschaft entsprach[18].

3.3.3.2 Die kirchlichen Schulen, die erst im Laufe des 18. Jahrhunderts Standesschulen für die Geistlichkeit wurden

3.3.3.2.1 Die Moskauer Akademie

Die Schulen der zweiten Gruppe waren bei ihrer Gründung im ausgehenden 17. oder in der ersten Hälfte des 18. Jh.s keine Standesschulen für die Geistlichkeit, wurden dies aber im Laufe des Jahrhunderts. Von ihnen

---

14 1736 stammten 175 der 253 Schüler aus weltlichen Ständen und nur 78 oder 31% waren geistlicher Herkunft, 1739 waren 135 Schüler weltlicher und 67 oder 33% geistlicher Herkunft, vgl. Titlinov, Pravitel'stvo Anny, S. 389 Anm. 1.

15 Istoriko-statističeskoe opisanie Černigovskoj eparchii, S. 115, 205f.

16 Nikol'skij, S. 189; eine nähere sozialgeschichtliche Analyse fehlt.

17 Teodorovič, S. 264f., 273.

18 Teodorovič, S. 217ff.

ist die Moskauer Akademie an erster Stelle zu nennen. Während der Gründungsukaz aus dem Jahre 1682 eine Akademie für Schüler „aus allen Ständen, jeden Alters und jeder Herkunft" vorsah, wie wir gesehen haben[19], forderte bereits ein knappes halbes Jahrhundert später der damalige Rektor Gedeon Višnevskij, daß in seiner Lehranstalt nur Söhne aus dem geistlichen Stand ausgebildet werden sollten, die ihrerseits wieder Geistliche zu werden beabsichtigten. Als 1725 einige junge Adlige in diese Schule zur Ausbildung geschickt wurden, wie dies schon wiederholt geschehen war, wies sie Gedeon mit der Begründung zurück, „daß in diese Akademie nur Kinder geistlicher Personen zum Lernen kommen dürfen, die in den geistlichen Stand [v duchovnyj čin] eintreten könnten"[20]. Hintergrund dieser Forderung nach einer ständischen Abschließung der Akademie waren zwei Tatsachen, nämlich erstens das Faktum, daß in jenen Jahren in dieser ausschließlich von kirchlichen Mitteln getragenen Schule nur ein knappes Drittel der Schülerschaft geistlicher Herkunft war und mit dem Ziel der Priester- oder Diakonatsweihe studierte, gleichzeitig aber ein äußerst empfindlicher Mangel an Studiermöglichkeiten für die Söhne der Priester, Diakone und Kirchendiener bestand, und zweitens das Faktum, daß immer wieder die besten Schüler – gleichgültig ob weltlicher oder geistlicher Provenienz – für den Staatsdienst rekrutiert wurden.

Zum ersten: Die folgende Übersicht, die auf einer vom Synod geforderten Zählung beruht, vermittelt einen detaillierten Einblick in die soziale Zusammensetzung der Schülerschaft im Jahre 1728 und zeigt auch den erstaunlich geringen Anteil von Schülern aus dem Pfarrklerus (vgl. Tabelle 10, Seite 124).

Die soziale Zusammensetzung der Schülerschaft der Moskauer Akademie von 1728 kann mit den Verhältnissen in Kiev von 1737 durchaus verglichen werden. Auch in Moskau betrug der Anteil der Schüler geistlicher Herkunft nur knapp ein Drittel (32%), und der Anteil der Adelssöhne war mit 9% ebenfalls recht gering. Erstaunlich ist, daß die Söhne von Soldaten die am stärksten vertretene soziale Gruppierung dargestellt und mit 34% sogar die Gruppe aus dem geistlichen Stand übertroffen haben. Kaufleute, Handwerker, Beamte usw. waren ebenfalls gut vertreten. Von den zehn Ausländern studierte die Hälfte, darunter zwei Adlige und zwei Söhne von Kaufleuten, in der Theologieklasse und einer, dessen Herkunft nicht bekannt ist, in der „Philosophie"; von den drei Infimaschülern waren zwei polnischer Nationalität.

Zum zweiten: nicht nur die Kirche, sondern auch der Staat brauchte dringend Menschen, die über eine gewisse Allgemeinbildung und beson-

19 Vgl. oben, S. 93.
20 Zitiert aus Znamenskij, Duchovnye školy, S. 288.

Tabelle 10: Die soziale Herkunft der Schüler der Moskauer Akademie, 1728[21]

	Geistliche	Adlige	Kaufleute Städter Handwerker	Beamte	Soldaten	Bauern	Ausländer	Arme	Insgesamt
Theologia	3	1	1	–	–	–	5	–	10
Philosophia	6	–	2	1	1	–	1	–	11
Rhetorica	11	2	4	3	5	–	–	–	25
Poetica	29	5	4	2	23	2	–	–	65
Syntaxis	18	7	8	3	31	2	–	–	69
Grammatica	18	4	6	3	22	3	–	–	56
Infima	10	7	14	4	23	–	3	–	61
Fara	20	5	12	6	17	–	1	2	63
Insgesamt	115	31	51	22	122	7	10	2	360

ders auch über gute Lateinkenntnisse verfügten. So suchte Dr. Bidloo für seine 1707 in Moskau gegründete medizinisch-chirurgische Lehranstalt gebildete junge Lateiner und hatte die ausdrückliche Erlaubnis des Zaren, zur Vervollständigung seiner Kurse, die jeweils 50 Studenten aufnehmen konnten, Schüler aus der Moskauer Akademie abzuwerben. So holte er sich 1722 zwanzig, 1724 elf, 1727 nochmals zwanzig und 1728 zwei Akademieschüler, „die geneigt waren und wünschten, in der chirurgischen Wissenschaft ausgebildet zu werden“. Diese Abwerbungen und Aufforderungen bedeuteten einen spürbaren Aderlaß für die Akademie und nicht selten den Verlust gerade der besten Kandidaten für den Kirchendienst. Deswegen legte der Synod 1724 einen energischen Protest ein, der zwar wenig praktischen Erfolg zeigte, die Intentionen der Kirchenleitung auf eine ständisch geschlossene Lehranstalt für den Nachwuchs gebildeter Kleriker aber deutlich machte. Es hieß hier: „... in Zukunft dürfen die Schüler dieser Schulen [d.h. der Moskauer Akademie, E.B.] nicht mehr in dieses Hospital eingewiesen werden, und zwar deswegen, weil die Schüler in diesen Schulen nicht zur Verbesserung der Notlage des Hospitals, sondern zur Erlangung der Priesterweihe unterrichtet werden.“[22]

Der Wunsch des Synods und speziell auch des Rektors Gedeon Višnevskij, die Moskauer Akademie in eine Standesschule der Geistlichkeit umzuwandeln, wird noch verständlicher, wenn man bedenkt, daß die

21 PSP 6, Nr. 2135 (1728), S. 187–189.
22 PSP 6, Nr. 2263 (1729), S. 400.

115 Schüler geistlicher Herkunft des Jahrganges 1728 oder die 64 des Jahrganges 1730 nur ein winziger Bruchteil der Kinder der Gemeindegeistlichkeit Moskaus oder gar des Synodalgebietes dargestellt haben. Nach einer Zählung aus dem Jahre 1731 gab es in Moskau allein über 700 Priester und Diakonen und vermutlich ebenso viele Kirchendiener, und nach einer andern Zählung aus demselben Jahr amtierten im Synodalgebiet über 11500 Angehörige der weißen Geistlichkeit[23]. Die von Peter d.Gr. erhobene Forderung, daß keine jungen Leute, die nicht eine schulische Ausbildung besäßen, zu Priestern oder Diakonen geweiht werden dürften, war um 1730 noch lange nicht verwirklicht. Das Bestreben der Kirchenleitung, die geringe Ausbildungskapazität der Moskauer Akademie ganz für den kirchlichen Nachwuchs zu reservieren, wird so verständlich.

Von hier aus erklärt sich der Synodalbeschluß aus dem Jahre 1728, daß die an der Akademie studierenden Söhne von Soldaten unverzüglich in den Militärdienst zurückzuschicken seien und künftig nur solche Schüler aus Garnisonen aufgenommen werden sollten, deren Dienstuntauglichkeit vom Regimentskommandanten schriftlich bestätigt werde. Ebenso seien alle unfähigen Schüler, besonders auch die Bauernsöhne zu entlassen, da von ihnen nicht anzunehmen sei, daß sie in den geistlichen Stand aufgenommen werden könnten. Von nun an sank der Anteil von Schülern weltlicher Herkunft deutlich[24]. Gelegentlich mußte die Schule aber auf staatliche Verordnung hin größere Kontingente von jungen Leuten aus der Oberschicht aufnehmen, um ihnen eine gewisse Allgemeinbildung zukommen zu lassen. So lernten 1737 73 Adlige unter 12 Jahren an der Moskauer Akademie, und der spätere Protoierej des Archangel'skij Sobor im Moskauer Kreml, Petr Alekseev (gest. 1801), der seinerseits aus der Familie eines Kirchendieners in Moskau stammte, berichtet rückblickend, daß er nicht nur mit Söhnen von Priestern, Diakonen und Kirchendienern, sondern auch mit jungen Leuten der ältesten und berühmtesten Fürstengeschlechter Moskaus studiert habe, mit Abkömmlingen der Dolgorukijs, Obolenskijs, Prozorovskijs, Meščerskijs und anderer Familien[25]. Der Anteil der Schüler geistlicher Herkunft stieg aber beständig und betrug 1744

23 ODDS 11 (1731), Sp. 1135–1138 und 1163–1166. Die Zahl von über 700 Priestern und Kirchendienern ergibt sich aus einer Aufstellung des Klerus der „sobory", „verchovnyja cerkvi", „ružnyja cerkvi" und der Kirchen der sechs Bezirke; daß die Zahl der Kirchendiener in etwa ebenso hoch sei, ist eine reine Schätzung aufgrund der Liste, Sp. 1163–1166. Hier sind nur die Geistlichen angeführt, die die Untertaneneide auf Anna Ivanovna 1730/31 geleistet haben (11512 im Synodalgebiet).

24 Ist. Ross. Ierarchii 1, S. 429; PSP 6, Nr. 2135 (1728), S. 190.

25 Suchomlinov, S. 280–283.

bereits 88%[26]. Auch in den 50er und 60er Jahren gab es noch kleinere Gruppen von Studenten nicht-geistlicher Herkunft an der Akademie.

Den Studenten geistlicher und weltlicher Herkunft kam eine unterschiedliche Behandlung zu. Den Söhnen von Priestern, Diakonen und Kirchendienern wurde 1747 der Übertritt in andere Schulen, z.B. in die medizinisch-chirurgische Lehranstalt oder an die Universität an der Petersburger Akademie verboten. „Söhne aus dem Priesterstand oder dem Gemeindeklerus dürfen nicht [dorthin] entlassen werden, und zwar deswegen, weil sie nach dem Geistlichen Reglement und den Ukazen Ihrer Kaiserlichen Majestät zur Erlangung des Priestertums studieren und zu Priestern und Kirchendienern geweiht werden sollen, und nicht für die medizinisch-chirurgische Wissenschaft ... Die Söhne von Kommissaren, Kanzleibeamten, Ärzten, Soldaten und die übrigen Raznočincy, die sich an jener Akademie befinden ... sollen für jenes Hospital ausgewählt und unverzüglich entlassen werden ...“[27] Neben diesen grundsätzlichen Bestimmungen kennen wir eine Reihe von Einzelfällen, welche die verschiedene rechtliche Lage der Schüler – je nachdem, ob sie weltlicher oder geistlicher Herkunft gewesen sind – deutlich illustrieren: Als 1746 zwei Studenten aus der Akademie geflohen waren, um Soldaten zu werden (der eine der Sohn eines Diakons, der andere der Sohn eines Soldaten), mußte der erste sofort unter strenger Bewachung an die Akademie zurückgeschickt und schonungslos vor dem Angesicht aller Studenten bestraft werden, denn als Sohn aus einer geistlichen Familie hatte er für den geistlichen Stand zur Verfügung zu stehen; der andere durfte aber beim Militär bleiben[28]. Oder ein anderes Beispiel aus dem Jahre 1770: Ein Schüler der „Philosophie“ geistlicher Herkunft, der 12 Jahre an der Akademie mit nur mäßigem Erfolg studiert hatte, bat um Entlassung in die Moskauer Universität, „da er keine Neigung zum Priesteramt spüre“; der Synod verweigerte ihm aber die Entlassung, „da an dieser Akademie Söhne von Priestern und Kirchendienern in der Hoffnung auf das Priesteramt lernen“[29]. Einzig in wenigen Fällen, als nicht genügend „raznočincy“ zur Verfügung standen, durften einige Schüler geistlicher Herkunft in weltliche Schulen übertreten.

Als Platon Levšin 1775 Erzbischof von Moskau und Akademiedirektor wurde, war die geschilderte Entwicklung abgeschlossen. Die Slavisch-griechisch-lateinische Akademie diente von jetzt an lediglich als eine reine

---

26 Freeze, S. 202 (333 Schüler geistlicher und 50 Schüler weltlicher Herkunft).
27 PSP El 3, Nr. 1002 (1747), S. 76.
28 Ebd., Nr. 970 (1746), S. 26.
29 ODDS 50 (1770), Sp. 92f. Vgl. PSP El 4, Nr. 1465 (1756), S. 187.

Standesschule für die Geistlichkeit, deren Aufgabe die Ausbildung des Priesternachwuchses darstellte. Es fanden sich jetzt nur noch sehr wenige Schüler weltlicher Herkunft, z.B. ein Kaufmannssohn aus Možajsk, der ein freier Hörer der philosophischen Lektionen gewesen war, oder ein Kaufmannssohn aus Konstantinopel, der eine Sondergenehmigung als Ausländer erhalten hatte. Das Ausbildungsziel der Akademie war klar formuliert: „die Schüler zu Dienern Gottes und Verwaltern der Mysterien der Kirche heranzubilden." Für die weltlichen Stände standen in zunehmendem Maße weltliche Schulen zur Verfügung[30].

3.3.3.2.2 Die Seminare von St. Petersburg, Novgorod, Smolensk und im Troica-Sergij-Kloster

Ein interessanter Sonderfall in der Geschichte des russischen geistlichen Schulwesens war das *Aleksandr-Nevskij-Seminar in St. Petersburg.* Laut Gründungsukaz vom 11. Juli 1721 war „am Aleksandr-Nevskij-Kloster zum allgemeinen Nutzen [v obščuju pol'zu] eine slavische Schule zu errichten, in der junge Menschen im Lesen und Schreiben unterrichtet werden sollen, und zwar sowohl Söhne der Bediensteten dieses Klosters als auch Waisen, die elternlos und unversorgt sind, und Kinder einfacher Leute. Wer jemanden geben will, von fünf bis dreizehn Jahren, soll kirchenslavisch lesen und die Schrift nach den neugedruckten Alphabeten lernen."[31] In der Tat war die soziale Herkunft der Schüler in den ersten Jahren sehr gemischt, und es fanden sich nur wenige Söhne aus der Geistlichkeit. Von den 26 Schülern des Gründungsjahres stammten acht aus Familien von Kanzleibeamten des Klosters, fünf von weiteren Klosterbediensteten, neun waren Söhne von Handwerkern, zwei von Klosterbauern, einer der Sohn eines Soldaten und nur einer geistlicher Abkunft. In den folgenden drei Jahren sahen die Verhältnisse ähnlich aus: 1722 waren von 28 Schülern nur zwei geistlicher Herkunft, nämlich die beiden Söhnen eines verwitweten Priesters, der Ieromonach im Aleksandr-Nevskij-Kloster geworden war, und auch 1724 wurden nur zwei Söhne von Geistlichen zusammen mit 23 Schülern weltlicher Herkunft unterrichtet[32]. Mit der Übernahme der Schulleitung gestaltete der Archimandrit Petr Smelič die Schule in eine Lehranstalt um, deren vornehmlichstes

30 Smirnov, Ist. Mosk. Akad., S. 339 Anm. 297, S. 342. Zum weltlichen Bildungswesen vgl. Kapterev, S. 121ff. D. A. Tolstoj: Gorodskie učilišča v carstvovanie imperatricy Ekateriny II, in: Sbornik 41, Nr. 2, SPb. 1886, S. 1ff.; N. A. Konstantinov, V. I. Struminskij: Očerki po istorii načal'nogo obrazovanija v Rossii, M. ²1953; Polz, Theodor Janković.

31 Čistovič, Istorija, S. 7.

32 ODDS 12 (1732), Sp. 206–236 (Anhang).

Ziel es sein sollte, würdige Diener der Kirche, daneben aber auch fähige Kanzleibeamte für die Verwaltung der ausgedehnten Klosterländereien heranzubilden. 1733 wurde die Schulpflicht für alle Söhne von Priestern und Kirchendienern im Alter von 7 bis 18 Jahren im Gouvernement St. Petersburg proklamiert und zunächst mit Mühe und polizeilichen Maßnahmen 79 Schüler rekrutiert. In der Mitte des 18. Jh.s war die Schülerzahl verhältnismäßig klein und betrug 1735 35, 1736 83, 1739 88, 1741 108, 1744 74, 1748 70 und 1762 73 Studierende, die zum größten Teil der Eparchialgeistlichkeit angehörten, aber auch aus Familien von Raznočincy und Klosterbediensteten stammten[33]. Die Absolventen traten meist in den Dienst der Eparchie, aber gelegentlich auch, und zwar ohne Schwierigkeiten, in den diplomatischen Dienst, in den Dienst der Volksschulen, des Medizinkollegiums, in den Dienst der Universität an der Akademie der Wissenschaften oder der Moskauer Universität und auch ausländischer Universitäten, oder sie wurden gelehrte Mönche[34]. 1788 begann eine neue Periode in der Geschichte der Schule. Durch die Initiative des Metropoliten Gavriil Petrov wurde sie in ein Seminar umgewandelt, das dem Lehrernachwuchs für die oberen Klassen der Eparchialschulen dienen sollte. Gelehrte Mönche, denen diese Aufgabe meist anvertraut war, gab es bekanntlich zu wenige. Deswegen befahl der Synod in einem Ukaz, „aus jedem Eparchialseminar je zwei Schüler zu schicken, . . . damit sie zur Erteilung des Unterrichts in den obersten Klassen ausgebildet werden“, und daß sie daraufhin zur Erfüllung dieser Aufgaben an ihre Seminare zurückzuschicken seien[35]. 1797 wurde das Seminar, gleichzeitig mit dem von Kazan’, zu einer geistlichen Akademie erhoben[36].

Daß die 1706 gegründete *Schule am Bischofshof von Novgorod* keine Standesschule für die Geistlichkeit gewesen ist, haben wir bereits erläutert. Nach der Vereinigung der Eparchialschule mit der Ziffernschule im Jahre 1723 blieb die Schülerschaft ständisch gemischt, denn Weltliche aller Stände, auch Adlige, Beamte und Kaufleute, sollten nach diesem Ukaz ihre Söhne an die Bischofsschule zum Unterricht schicken[37]. Dies gelang aber nicht. Der Arithmetik- und Geometrieunterricht stieß bei der Novgoroder Bevölkerung auf ebensowenig Interesse wie bei der Bevölkerung aller anderen russischen Städte. 1740 zählte die Lateinschule

---

33 Čistovič, Istorija, S. 44f.

34 Čistovič, Istorija, S. 49–69.

35 Čistovič, Istorija, S. 75f.

36 Smolitsch, Geschichte, S. 552.

37 PSP 4, Nr. 1262 (1724), S. 112f. Zum geistlichen Schulwesen in Novgorod vgl. oben S. 95f.

von Novgorod vier Klassen: Fara, Infima, Grammatica und Syntax mit insgesamt 271 Schülern, von denen fünf nicht aus dem geistlichen Stand stammten: die drei Söhne eines „Dvorjanin" des Bischofshofes und zwei Bauernsöhne[38], und so wurde in den folgenden Jahren auch aus dem Novgoroder Seminar eine reine Standesschule für die Geistlichkeit.

Auch die *Eparchialschule von Smolensk* gehört in diesen Zusammenhang. Von der Schule aus dem Jahre 1714/15 blieb gegen Ende der 1720er Jahre nur noch ein Torso übrig, so daß an eine Neugründung gedacht werden mußte. Der ehemalige Rektor der Moskauer Akademie, Gedeon Višnevskij, der 1728 mit dem Bischofssitz von Smolensk betraut worden war, erhielt den Befehl, in seiner Eparchie nach den Weisungen des Geistlichen Reglements eine Schule zu errichten, die aber nicht nur für den geistlichen Nachwuchs, sondern ebenso für den Adel bestimmt sein sollte. Die Notwendigkeit einer solchen Schule sah der Synod darin, daß die Smolensker Adelsfamilien ihre Söhne sehr oft an die römisch-katholischen Lateinschulen im benachbarten Polen schickten, die ein für die damaligen Verhältnisse überdurchschnittliches Niveau hatten, oder daß sie römisch-katholische Hauslehrer anstellten. Smolensk und seine Umgebung war Gegenstand jahrhundertelangen Streits zwischen Polen und Rußland gewesen und erst in der Mitte des 17. Jh.s endgültig dem russischen Reich angegliedert worden. Über die Landes- und Konfessionsgrenzen hinweg blieben intensive Beziehungen bestehen, in deren Gefolge viele orthodoxe Gläubige zum Katholizismus konvertierten und viele junge Menschen „den orthodoxen katholischen Glauben [pravoslavnuju kafoličeskuju veru] verließen und den römischen Glauben annahmen", wie sich Bischof Filofej in seiner Eingabe von 1727 an den Synod ausdrückte. Wer an römisch-katholischen Schulen studieren wollte, mußte die Konfession wechseln, wie wir bereits an den Biographien Stefan Javorskijs und anderer Persönlichkeiten gesehen haben. Manche heirateten katholische Frauen und blieben auch nach ihrer Rückkehr in die väterlichen Güter der Smolenščina katholisch. Dies alles war eine große Sorge der Bischöfe von Smolensk[39]. Um dieser Abwanderung nach Polen ein Ende zu setzen, sollte die Eparchialschule allen Ständen, besonders auch dem Adel, zugänglich sein, und es sollten hochqualifizierte gelehrte Mönche aus Kiev und Černigov als Lehrer herbeigerufen werden.

Der Erfolg blieb sehr bescheiden. Wir sahen bereits, wie gering der Anteil adliger Schüler an den Akademien von Kiev und Moskau gewesen

---

38 ODDS 20 (1740), Sp. 683–723.
39 PSP 6, Nr. 2119 (1728), S. 144f.; Nr. 2178 (1728), S. 247f.; ODDS 7 (1727), Sp. 83–85; ODDS 8 (1728), Sp. 471–473 (über Konversionen).

war. Junge Adlige für den Besuch der verschiedenen Militär- und Mathematikschulen zu gewinnen, war ebenfalls sehr schwierig. Der Smolensker Adel bevorzugte weiterhin die polnischen Jesuitenschulen, weil sie einfach besser waren, und es entsprach viel mehr dem adligen Lebensstil, polnische oder westeuropäische Hauslehrer anzustellen. Nach einer Aufstellung von 1737 hatten nur 13 Schüler aus neun Familien der sozialen Oberschicht das Smolensker Seminar besucht:

Tabelle 11: Die Schüler adliger Herkunft im Smolensker Seminar[40]

Name	Stand und Beruf des Vaters	ausgeschieden: Klasse	Jahr
Ljarskij Aleksij	Rittmeister	Rhetorik	1733
Kolečickij Aleksij	Leutnant	Poetik	1734
„ Samuil	„	„	1734
Voronez Iakov	Oberst	Fara	1733
„ Filip	„	„	1733
Miklasevskij Vasilij	Leutnant	Russkaja škola	1732
Ėngiljamt Vasilij	„	Infima	1732
Kochovskij Petr	Major	Grammatika	1735
„ Iosif	„	„	1735
Stajkevič Stefan	Rittmeister	Fara	1733
Christoforovič Antonij	Adliger	Fara	1732
Glinka Feodor	„	Syntax	1733
Kochovskij Iakov	„	keine Angabe	1733

Die Zahl der Schüler aus dem geistlichen Stand schwankte von Jahr zu Jahr ziemlich stark, wie es sich auch in andern geistlichen Seminaren beobachten läßt, und betrug zwischen 1728 und 1739 im Durchschnitt 55 Schüler, wobei die Philosophie- und die Rhetorikklassen nur drei Jahre, von 1728 bis 1730, existierten und die anderen Klassen verhältnismäßig gut besucht waren. Der Plan, an dieser Schule Adlige im Geiste der Orthodoxie ausbilden zu lassen, war also bei der Oberschicht der Eparchie auf äußerst wenig Interesse gestoßen; was die Ausbildung von Söhnen von Priestern und Kirchendienern betraf, entsprach der Erfolg in etwa den Verhältnissen in anderen Provinzseminaren[41].

Ähnlich wie das Aleksandr-Nevskij-Seminar in Petersburg wurde auch das *Seminar am Troica-Sergij-Kloster (heute Zagorsk bei Moskau)* ursprünglich

---

40 PSP 9 (1737), Nr. 3117, S. 547. Vermutlich haben alle 13 Schüler ihr Studium im Jahre 1728 aufgenommen.

41 ODDS 16 (1736), Sp. 619–622 (wesentlich höhere Zahlen für 1739 bei Titlinov, Pravitel'stvo Anny, S. 394).

nicht als Schule für den geistlichen Nachwuchs, sondern als Schule zur Ausbildung von künftigen Verwaltungsfachleuten für die Administration der seit Jahrhunderten riesigen Klostergüter konzipiert[42] und stand in den ersten Jahren seines Bestehens sogar in den Händen eines weltlichen Intendanten. Von den 104 Schülern, die sich bei der Eröffnung des Seminars im Jahre 1743 einfanden, waren 92 Söhne von Klosterbediensteten (von Kanzleibeamten, Handwerkern, Bauern, Soldaten usw.) und nur 12 geistlicher Herkunft, zumeist Söhne von Pfarrgeistlichen, die zum Klosterbesitz gehörende Dörfer betreuten. Wie für die Eparchialschulen, so war es auch für das Troica-Seminar sehr schwierig, Schüler zu gewinnen und erfolgreich für eine bessere Bildung für Verwaltungsleute und Geistliche zu werben. Es ließen sich, nicht zuletzt auch als Folge der Zwangsrekrutierungen, pro Jahrgang etwa 90 bis 200 Schüler gewinnen, wobei bis 1750 die Zahl der Zöglinge weltlicher Herkunft meist größer war als der Anteil der Söhne von Pfarrklerikern, wobei jedoch von 1750 ab der Charakter der Schule sich immer mehr den Seminaren an den Bischofshöfen anglich. Die Schulleitung erließ 1750 den programmatischen Beschluß: „Das Troica-Seminar wurde im vergangenen Jahr 1742 gegründet, und ... wegen Schülermangels wurden zuerst Söhne aus allen Ständen, die zur Troickaja Lavra gehörten, genommen, aber jetzt nimmt und fordert man für die Zukunft nur Söhne von Kirchendienern, Beamten, Bediensteten und Kanzlisten.“[43] Die Ausbildung der Schüler war in der Regel streng nach ständischer Herkunft getrennt. Die Söhne der Priester und Kirchendiener, die nicht kopfsteuerpflichtig waren, wurden in der Griechisch-lateinischen Schule zu künftigen Pfarrgeistlichen ausgebildet, die kopfsteuerpflichtigen Klosterbediensteten „zum Nutzen der Troickaja Lavra“[44]. Der Eintritt eines Klosterbediensteten in den geistlichen Stand war nur in einigen Ausnahmefällen möglich, vor allem dann, wenn – aus welchen Gründen auch immer – eine Priesterstelle in einem Dorf der Klosterländereien nicht besetzt werden konnte[45]. Die soziale Zusammensetzung der Schülerschaft änderte sich mit der Säkularisierung der Kir-

---

42 Vgl. zur Entstehung des riesigen Großgrundbesitzes des Troica-Sergij-Klosters: Akty severo-vostočnoj Rusi, Bd. 1, hrsg. von S. B. Veselovskij, M. 1952.

43 Smirnov, Ist. Troic. Sem., S. 34f.

44 Ebd., S. 101. Das Gros der Schüler geistlicher Herkunft stammte aus einem Umkreis von 200 Desjatinen um die Lavra und von den Klostergütern und verteilte sich somit auf die Eparchien Moskau, Kolomna, Vladimir, Rjazan', Tver' Kostroma, Perejaslavl', Rostov, in einzelnen Fällen auch aus entfernteren Eparchien, wie Nižnij Novgorod oder aus Kleinrußland. Auch einige Schüler weltlicher Herkunft wurden unterrichtet, z.B. ein getaufter Jude, ein Kaufmannssohn aus Wilna und ein polnischer Adliger – vgl. ebd., S. 27f., 33f.

45 Smirnov, Ist. Troic. Sem., S. 102–104.

chengüter 1764 entscheidend: Da die Kirche von nun an weniger Kanzlei- und Verwaltungsleute brauchte, wurde das Seminar in eine reine Standesschule für die Geistlichkeit umgewandelt, an der allerdings auch einige Schüler weltlicher Herkunft – aus Adel, Kaufmannschaft, Beamtenschaft und aus dem orthodoxen Ausland – Aufnahme finden konnten[46].

3.3.3.3 Die übrigen geistlichen Seminare

Die meisten seit 1721 gegründeten geistlichen Seminare wurden von Anfang an als Standesschulen für die Geistlichkeit konzipiert. Nach den Worten Peters d.Gr. sollten „die Söhne der Priester, Diakone und Kirchendiener, die nicht in den Kopfsteuerstand überschrieben werden und ihrem Alter nach zum Schulunterricht aufgefordert werden können, in Schulen gesammelt werden, und diejenigen, die nicht unterrichtet werden wollen, sind auch gegen ihren Willen in die Schulen aufzubieten, und sie sind in der Hoffnung auf eine bessere Priesterschaft zu unterrichten, wie es im Geistlichen Reglement bestimmt ist."[47] Und der Synod verfügte, „daß alle Söhne von Priestern und Kirchendienern, die für den Schulunterricht geeignet sind, besonders diejenigen vom 7. bis zum 18. Altersjahr, zu sammeln und in Schulen zu unterrichten seien" und daß die Bestimmungen des Geistlichen Reglements in die Praxis umzusetzen seien[48].

In diesen Sätzen liegt der Kerngedanke für ein ständisch geschlossenes Bildungswesen, in dem für Schüler weltlicher Herkunft – von den im vorherigen Abschnitt charakterisierten Ausnahmen abgesehen – kein Platz war. Der Plan Lavrentij Gorkas, der von 1733–1737 als Bischof von *Vjatka* amtierte, an seinem Bischofshof eine Schule „nicht nur für die Söhne des geistlichen, sondern auch des weltlichen Standes" zu errichten, scheiterte, und es wurde aus dem Projekt ein geschlossenes geistliches Seminar, wie es die andern auch waren[49]. Die Immatrikulationsverzeichnisse zeigen, daß die ständische Abschließung sehr konsequent durchgeführt worden ist. So zählte das *Seminar von Nižnij Novgorod* im Jahre 1740 insgesamt 305 Schüler, die ausnahmslos aus dem geistli-

---

46 Ebd., S. 231–233. So studierten 1767 acht Söhne von Unteroffizieren der Leibgarde am Seminar, oder es wurde im selben Jahr ein Kanzleibeamter des staatlichen Kammerkollegiums aufgenommen oder 1773 der Enkel eines Generalmajors oder 1786 der Sohn eines Polkovnik der Donauarmee und drei Söhne von Kaufleuten.

47 Ukaz vom 2. Sept. 1723 an Feodosij von Novgorod, zit. aus ODDS 1 (1721), Sp. 715.

48 Ebd., Sp. 715f.

49 Nikitnikov, S. 29, 48.

chen Stand stammten[50], genauso, wie von den 68 Schülern des Seminars von Vladimir im Jahre 1755 kein einziger weltlicher Herkunft war[51]. Diese beiden Beispiele lassen sich beliebig vermehren[52] und weisen auf die grundlegenden bildungspolitischen Absichten von Synod, Bischöfen und Schulleitungen mit unmißverständlicher Deutlichkeit hin.

Die Ausnahmen waren so selten, daß sie nur die Regel bestätigen. Während 1741 zwei junge Adlige, die in das *Seminar von Rjazan'* aufgenommen zu werden wünschten, abgewiesen wurden, da sie weltlicher Herkunft waren, konnten durch eine besondere Fürsprache des Bischofs und durch besondere Beziehungen im Jahre 1810 zwei Söhne eines Arztes von Rjazan' immatrikuliert werden, der seinerseits aus dem geistlichen Stand stammte, vor seinem Medizinstudium Seminarist in Rjazan' gewesen war und als Arzt die Kranken der Schule versorgte. Eine Sondergenehmigung, seine Lateinkenntnisse in der „Syntax" zu vertiefen, erhielt 1811 auch der Sohn eines Kaufmanns; die Rechte eines regulären Schülers wurden ihm aber verweigert. Beide Beispiele mußten aus dem beginnenden 19. Jh. genommen werden, denn das Seminar war stets eine streng geschlossene beruflich-ständische Institution[53].

Auch in der Geschichte des geistlichen *Seminars von Tver'* findet man Schüler weltlicher Herkunft nur mit großer Mühe. Die in den 70er Jahren des 18. Jh.s formulierte Klage einer Gruppe junger Kaufleute und Raznočincy, sie fänden im Seminar keine Aufnahme, stieß beim zuständigen Bischof auf kein Verständnis. Unter den Schülern dieser Zeit stammten nur zwei nicht aus dem geistlichen Stand, nämlich der Sohn eines Majors aus Smolensk, über den weiter nichts bekannt ist, und ein Angehöriger des Posad von Tver', der als freier Hörer und aus rein persönlichem Interesse alle Lehrveranstaltungen besuchte, die nicht in lateinischer Sprache abgehalten wurden[54].

Schließlich sei noch darauf hingewiesen, daß ins *Seminar von Kazan'* vereinzelt neugetaufte Tataren und Čeremissen aufgenommen worden sind, die zu Geistlichen für die neu bekehrten Gebiete vorbereitet werden sollten[55].

---

50 ODDS 20 (1740), Sp. 909–984.

51 Malickij Lieferung 3, S. 1–5.

52 Freeze, S. 202 – für Kolomna 1733: kein, 1741: 1 Schüler weltlicher Herkunft; Rjazan': 1738–40: 2, 1744: kein Schüler weltlicher Herkunft; Rostov 1730–38, 1744 ausschließlich Schüler geistlicher Herkunft; Suzdal', 1723–26: kein, 1736: 2 weltliche Schüler.

53 Agncev, S. 98.

54 Kolosov, S. 148f., 446–449.

55 Znamenskij, Kazanskaja seminarija, S. 270–273.

3.3.4 Zur sozialen Zusammensetzung des Lehrkörpers

Hinsichtlich der Sozialgeschichte des Lehrkörpers gibt es dem, was in den beiden Hauptteilen über den Episkopat und das Schulwesen schon an verschiedenen Stellen ausgeführt oder angedeutet worden ist, nicht mehr viel hinzuzufügen. Wie wir schon sahen, gehörte die Suche nach fähigen Lehrkräften zu den schwierigsten Problemen beim Aufbau des geistlichen wie auch des weltlichen Schulwesens in Rußland überhaupt. Als Lehrer der beiden Akademien und der Seminare dienten in erster Linie die gelehrten Mönche ukrainischer Herkunft, die bekanntlich aus allen sozialen Schichten stammten, sich in der Regel an der Kiever Akademie eine besonders gute weltliche und theologische Bildung erworben hatten, speziell für die theologische wissenschaftliche Arbeit, die Predigt und den Unterricht vorgesehen, von der Einhaltung verschiedener Mönchsregeln aber dispensiert waren. In der Tat wurde der Unterricht an der Kiever Akademie weitgehend von solchen gelehrten Mönchen bestritten. Noch in der zweiten Hälfte des 18. Jh.s stammten von den zehn Rektoren und Theologielehrern einer aus dem Adel, einer aus dem „Kleinbürgertum", vier aus dem geistlichen Stand und einer war der Sohn eines einfachen Kosaken, und auch unter den Präfekten und Philosophielehrern finden sich mehrere Abkömmlinge von „Kleinbürgern", Kosaken, Raznočincy und Adligen neben Söhnen von Priestern. Sie alle (mit nur einer Ausnahme) gehörten dem gelehrten Mönchtum an[56]. Von den übrigen 45 Lehrern, die von 1750 bis zur Amtszeit Samuil Mislavskijs als Metropolit von Kiev (1783–1796) wirkten, waren ebenfalls die meisten Mönche; elf gehörten weltlichen Ständen an, fünf waren Weltpriester und einer Ausländer[57]. Da die Attraktivität des gelehrten Mönchtumes gegen Ende des 18. Jh.s nachließ, mußte der Lehrkörper entsprechend umgestaltet werden, so daß von den 23 unter Samuil Mislavskij neu ernannten Lehrern nur noch ein Mönch und drei Gemeindegeistliche, hingegen fünf Ausländer und 14 Weltliche waren[58].

Der Lehrkörper der Moskauer Akademie und der Eparchialseminare bestand ebenfalls zu einem großen Teil aus ukrainischen gelehrten Mönchen. Wir hielten schon einmal fest, daß nahezu alle Rektoren und Präfekten und ein großer Teil der übrigen Lehrkräfte in der ersten Hälfte des 18. Jh.s gelehrte Mönche aus der Ukraine gewesen sind, während erst allmählich eigene Absolventen mit Lehraufgaben betraut werden konnten[59]. Ähnliches galt auch von den Seminaren in den Pro-

---

56 Serebrennikov, S. 3–22, 23–33.
57 Ebd., S. 65.
58 Ebd.
59 Vgl. oben, S. 105f.

vinzstädten: Zunächst waren es meist Absolventen der Kiever Akademie, die die Schulen aufbauten, und erst mit der Zeit gab es Schüler der Moskauer Akademie oder eines Seminars großrussischer Herkunft, die nachrücken konnten[60].

Da die Zahl gelehrter Mönche aus Kiev und dann aus Moskau für den enormen Lehrerbedarf nicht ausreichte, sandten einige Bischöfe junge Leute, meist Söhne von Priestern und Kirchendienern, an die schon länger bestehenden Schulen, z.B. nach Kiev, Moskau, Petersburg oder Novgorod, um sie zu Lehrern für die neu zu errichtenden Seminare ausbilden zu lassen. Nur ein kleiner Teil von ihnen nahm die Mönchsweihe, die meisten blieben in der weißen Geistlichkeit[61].

3.4 Theologische Fakultäten an den russischen Universitäten des 18. Jahrhunderts?

Im Anschluß an die Probleme des Aufbaus eines kirchlichen Bildungswesens, der Lehrpläne und Lehrziele und der sozialen Zusammensetzung von Schülerschaft und Lehrkörper muß noch eine spezielle Frage erläutert werden, die das bisher gewonnene Bild vervollständigen kann. Es handelt sich dabei um die Frage, warum die Pläne, an den neugegründeten oder neu zu gründenden Universitäten theologische Fakultäten zu errichten, nicht zur Ausführung gekommen sind.

Projekte, die Akademie und Universität von Petersburg, die Universität Moskau und die Universität Kiev, die im 18. Jh. allerdings noch nicht eröffnet werden konnte, auch unter diesem Gesichtspunkt dem Vorbild westeuropäischer Universitäten nachzugestalten, bestanden durchaus. Bereits im Jahre 1701 plante Peter d.Gr., in Rußland eine Akademie der Wissenschaften mit allen Fakultäten, also auch mit einer theologischen, ins Leben zu rufen, und noch im Gründungsbefehl vom 28.1. 1724 hieß es: „Zur Verbreitung der Künste und Wissenschaften braucht man gewöhnlich zwei Arten von Einrichtungen: die erste heißt Universität, die zweite Akademie oder Sozietät der Künste und Wissenschaften." Die Aufgabe der Universität sei die Pflege der hohen Wissenschaften, nämlich Theologie, Jurisprudenz, Medizin und Philosophie „bis zu dem Stand, zu welchem sie jetzt gekommen sind"[1]. In den weiterführenden Plänen, die Blumentrost kurz darauf vorlegte, wurde die Theologie aber

---

60 Smirnov, Ist. Mosk. Akad., S. 78ff., 192ff., 352ff.

61 Agncev, S. 11ff.

1 PSZ 7, Nr. 4443 (1724), S. 220–225, das Zitat auf S. 220; Roždestvenskij, S. 158.

stillschweigend übergangen. Das Reglement Katharinas I. aus dem Jahre 1727 kannte nur die drei Fakultäten Jurisprudenz, Medizin und Philosophie und bemerkte lakonisch: „Die Pflege der Theologie wird dem Synod überlassen."[2]

Ähnlich dachte Lomonosov im Hinblick auf die Gründung der Moskauer Universität. In seinem Brief an V. K. Tred'jakovskij (1748) formulierte er, daß „in der Universität nach wie vor drei Fakultäten bestehen sollten: die juristische, die medizinische und die philosophische (die theologische überlasse ich den Synodalschulen)", und in einem Brief an I. I. Šuvalov schrieb er, daß die Moskauer Universität nach dem Vorbild der ausländischen zu gestalten sei und den Lehrbetrieb zunächst mit 12 Professoren aufnehme, die auf drei Fakultäten – die juristische, medizinische und philosophische – verteilt werden sollten; von der Theologie war überhaupt nicht die Rede[3]. In diesem Sinne wurde 1755 die Moskauer Universität eröffnet und die Sorge um die Theologie dem Synod überlassen[4]. Die Frage, ob nicht doch eine theologische Fakultät zu gründen sei, wurde aber in den folgenden Jahren ernsthaft diskutiert. 1773 arbeitete eine Kommission, bestehend aus dem Erzbischof von Petersburg Gavriil Petrov, dem Erzbischof von Pskov Innokentij Nečaev und den beiden Geheimräten Grigorij Teplov und Petr Čebyšev, ein ganzes Projekt einer theologischen Fakultät aus und schrieb in ihrem Gutachten: „Die Moskauer Universität wurde nach denselben Prinzipien gegründet wie alle deutschen Universitäten. In allen europäischen Universitäten wurden schon seit vielen Jahrhunderten für die Studierenden vier Klassen, Fakultäten genannt, eingeführt. Diese Fakultäten sind: 1. die philosophische Fakultät, in der die philosophischen und rein mathematischen Wissenschaften gelehrt werden; 2. die juristische Fakultät, in der die Rechte gelehrt werden; 3. die medizinische Fakultät, in der die höhere Physik, Mathematik und viele andere Wissenschaften gelehrt werden und 4. die theologische Fakultät, in der jedes Land die Theologie auf der Grundlage seines eigenen Glaubens lernt. Weil es bei der Gründung der Moskauer Universität keine eigenen Lehrer und Professoren für diese Fakultät gegeben hatte und es nötig gewesen wäre, sie aus Ausländern zu wählen, wurde keine theologische Fakultät gegründet, und die Moskauer Universität besteht auch jetzt nur aus drei Fakultäten und nicht aus vier. Trotzdem wäre es für die Ausbildung der Geistlichkeit nützlich, diese Fakultät zu gründen, und zwar unter der beson-

2 Roždestvenskij, S. 159; Wittram, Peter Bd. 2, S. 209.

3 Zitiert aus M. W. Lomonossow: Ausgewählte Schriften in zwei Bänden, Berlin 1961, Bd. 2, S. 170, 208–210.

4 Petrov, 2.2, S. 149f.

deren Leitung des Synods und dem persönlichen Schutz der Zarin. In Moskau, einer Stadt mit vielen Einwohnern, wäre es besonders günstig, diese Fakultät zu gründen, da die Lehrer und Professoren außer den öffentlichen Vorlesungen auch Privatunterricht in den Häusern und private Vorlesungen für Studenten, die es wünschten, gegen Bezahlung durchführen könnten, und zwar nach einem öffentlich publizierten Programm, wie dies auch an allen europäischen Universitäten getan wird ... Als Professoren und Lehrer dieser Fakultät könnten sowohl die Studenten, die bereits aus dem Ausland zurückgekehrt sind, wie zum Beispiel Semenev mit seinen Gefährten, dienen, als auch die, die noch aus Leiden und Oxford zurückkehren werden, sofern sie sich als ebenso geeignet und würdig zeigen sollten, wie jene. Zur Vorbereitung auf diese Fakultät könnte man eine Abteilung am Spasskij-Kloster gründen oder ein besonderes Gymnasium an der Fakultät, in dem die Studenten, die aus den Seminaren zum Eintritt in die theologische Fakultät geschickt werden, Vorlesungen in Physik, Mathematik, Moralphilosophie, Altertumswissenschaften, Naturgeschichte und Sprachen – besonders Hebräisch, Griechisch, Deutsch und Französisch – hören könnten. Alle Absolventen der theologischen Fakultät sollten entweder Lehrer an den Seminaren werden oder in den geistlichen oder klösterlichen Stand eintreten. Auf diese Weise gäbe es in der Geistlichkeit von einem bestimmten Zeitpunkt an viele gebildete Leute, die Bücher in vielen Sprachen lesen könnten und deswegen zur eigenen Weiterbildung fähig wären. So, wie am Spasskij-Kloster schon unter dem Zaren Feodor Alekseevič im Jahre 1662 eine Akademie errichtet worden war, so könnte man zur Erhaltung dieser altehrwürdigen Gründung auch die theologische Fakultät mit ihr vereinigen, so daß diese beiden Schulen, die für die Geistlichkeit errichtet worden waren, *eine* Akademie genannt werden würden."[5]

Nach diesem Gutachten, in dem der Geist der Aufklärung deutlich zu spüren ist, sollte also eine theologische Fakultät gegründet werden, wie sie die westeuropäischen Universitäten auch besaßen, und es sollten mehrere in Westeuropa, vor allem an den Universitäten von Göttingen, Leiden und Oxford ausgebildete junge Russen als Professoren eingesetzt werden. Es handelte sich hier um eine bekannte Gruppe von zwölf Seminaristen aus Moskau, Petersburg, Novgorod und dem Troica-Sergij-Seminar, die 1765 von Katharina II. ausgewählt worden waren, um im Westen die „höheren Wissenschaften", „östliche Sprachen und Theologie" zu studieren[6], und von denen wir zwei, die später Bischöfe gewor-

---

5 Vestnik Evropy 1873/11, S. 313f. (Vgl. oben, S. 93 Anm. 9).

6 Ebd., S. 301f. Was mit einer theologischen Fakultät gemeint ist, ist in der neueren Forschung mehrere Male mißverstanden worden. Smolitsch, Geschichte, S. 551

den waren, nämlich den auch im Gutachten erwähnten Damaskin Semenev-Rudnev und Venjamin Bagrjanskij, bereits kennengelernt haben[7].

Am 15. November 1773 befahl die Zarin, daß die theologische Fakultät in diesem Sinne zu gründen sei, daß Semenev zum Professor für Philologie und Kirchengeschichte mit einem Jahresgehalt von 600 Rubeln zu ernennen und weitere namentlich aufgeführte Lehrkräfte zu bestellen seien. Der Befehl kam aber nie zur Ausführung. Offenbar verloren Zarin und Synod in den folgenden Jahren das Interesse an diesen Plänen, und das Projekt geriet in Vergessenheit, ohne daß es von staatlicher oder kirchlicher Seite *expressis verbis* abgelehnt worden wäre[8].

Auch Kiev sollte in der zweiten Hälfte des 18. Jh.s eine Universität mit einer theologischen Fakultät erhalten. So sah es jedenfalls der Hetman K. G. Razumovskij vor, der 1763 ein umfangreiches Bittschreiben an Katharina II. über die Wiederherstellung der alten Rechte in Kleinrußland sandte und darin auch Vorschläge zur Gestaltung des Bildungswesens formulierte. Im Abschnitt „Über die Gründung von Universitäten, Gymnasien und Druckereien" vertrat Razumovskij den Standpunkt, daß in Kleinrußland nach westeuropäischem Vorbild zwei Universitäten und mehrere Gymnasien zu gründen seien. Die erste Universität sollte in Kiev, und zwar an der Stelle, wo die Akademie stand, aufgebaut werden und vier Fakultäten – eine theologische, eine juristische, eine medizinische und eine philosophische – erhalten. Die alte Akademie sollte in der theologischen Fakultät aufgehen und die Mönche, sofern sie nicht dem Lehrkörper angehörten, müßten vertrieben werden. Als Standort für die zweite Universität schlug der Hetman Baturin in der Gegend von Černigov vor. Sie sollte nur aus den drei Fakultäten Jurisprudenz, Medizin und Philosophie bestehen. Als Kurator für die beiden Universitäten sah sich der Hetman selber vor. Die theologische Fakultät von Kiev aber sollte der Oberaufsicht des Metropoliten unterstehen, der dafür zu sorgen hätte, daß nichts gegen die orthodoxe Theologie und Frömmigkeit gelehrt werde. Auch die Buchdruckereien, in denen geistliche und weltliche Literatur erscheinen sollten, müßten unter politischer und geistlicher Zensur stehen. Mit den regulären Steuern und Zuschüssen aus der Staatskasse sollten die Projekte finanziert werden[9].

Da die Zarin das ganze Paket Razumosvkijs ablehnte, kamen auch die Bildungspläne zunächst nicht zur Ausführung. Die Universität Kiev

---

meint, die Delegation sei zur Vorbereitung von Professuren „an der Geistlichen Akademie" nach Westeuropa geschickt worden, und G. Freeze spricht in diesem Zusammenhang von einer „ecclesiastical university" (S. 80).

7 Vgl. oben, S. 71f.

8 Vestnik Evropy 1873/11, S. 314–317.

9 Petrov 2.3, S. 185–186 (§ 19: Ob učreždenii universitetov, gimnasii i tipografii).

wurde erst 1834 ohne eine theologische Fakultät gegründet und die Kiever Akademie als geistliche Akademie mit einem beachtenswerten Niveau bis ins 20. Jh. hinein weitergeführt[10].

Fragt man nach den Gründen, warum diese Pläne gescheitert sind, wird man sich folgendes vor Augen halten müssen:

Erstens fehlte in Rußland die abendländische Universitätstradition mit einer theologischen Fakultät an der Spitze. Die geistige Situation im Frankreich des 13. Jh.s war völlig anders als diejenige im Rußland des 18. Jh.s. In der Scholastik, besonders in der Lehre des Thomas von Aquin, wurde die Theologie nicht nur als eine Wissenschaft definiert, sondern es wurde ihr der erste Rang im System der Wissenschaften zuerkannt[11]. Daß man von hier aus der theologischen Fakultät die erste Stelle im Aufbau einer Universität zugewiesen hat, ist eine logische Konsequenz dieses Wissenschaftsverständnisses. Im byzantinisch-orthodoxen Raum blieben aber die scholastische Theologie und die von ihr geprägten Auffassungen von Wissenschaft und Hochschule wenig bekannt, und es gab keine Institution, die mit einer theologischen Fakultät vergleichbar wäre[11a]. Diese Tradition blieb in Rußland bis ins 18. Jh. hinein lebendig. Der Gedanke, daß nach mittelalterlich-abendländischem Verständnis die theologische Fakultät an die Spitze des Wissenschaftsgefüges und des Universitätsaufbaus gehörte, wurde nicht einmal von der Kommission erfaßt, die eine theologische Fakultät in Moskau gründen wollte. Im zitierten Gutachten wird nämlich bei der Beschreibung der westeuropäischen Hochschulen die theologische Fakultät erst an vierter Stelle genannt, wofür es keine historischen Vorbilder gibt[12].

Zweitens: Bei allen drei Projekten – der Universität und Akademie von Petersburg, der Universität von Moskau und der Universität von Kiev – hieß es, daß die theologischen Fakultäten nach dem Vorbild westlicher Hochschulen zu errichten seien. Obschon der Einfluß der katholischen wie

10 Auch im 19. Jh. kam der Gedanke einer orthodoxen theologischen Fakultät nicht zur Ruhe. Im „Žurnal zemlevladel'cev" Nr. 10 Nov. 1858, Smes' S. 29–31, schlug ein Adliger vor, daß es „gut wäre, wenn man an den Universitäten theologische Fakultäten errichten würde" und den Zutritt zum geistlichen Stand Gymnasiasten aller Stände öffnen würde. Vgl. N. N.: Obščestvo i duchovenstvo, in Prav. Sob. 1858 I, S. 97.

11 Thomas von Aquin, Summa theologica, 1–1,2: „Ob die Theologie eine Wissenschaft sei", 1–1,5: „Ob die Theologie höheren Ranges sei als die übrigen Wissenschaften": Responsio: Jene Wissenschaft (d.h. die Theologie) „übertrifft sowohl nach ihrer spekulativen wie auch nach ihrer praktischen Seite alle andern Wissenschaften, die spekulativen ebensogut, wie die praktischen".

11a Vgl. H.-G. Beck: Das byzantinische Jahrtausend, München 1978, S. 170f.

12 Vgl. oben, S. 136.

der protestantischen Theologie auf die russische orthodoxe theologische Arbeit des 18. Jh.s sehr stark war, blieb der Westen für die rechtgläubigen Kleriker und Laien suspekt und häresieverdächtig. Pläne, westliche Vorbilder in der theologischen Bildung nachzuahmen, stießen deswegen auf wenig Gegenliebe und konnten den fehlenden, bis ins Hochmittelalter zurückgehenden Traditionsstrom nicht ersetzen.
Drittens: Man versteht sehr gut, daß die Kirche in der Mitte des 18. Jh.s kein Interesse an einer theologischen Fakultät gezeigt hat, wenn man sich das Wissenschaftsverständnis der führenden Männer der Moskauer Universität vergegenwärtigt. Für A. A. Barsov, Professor für Mathematik und dann für Rhetorik, vereinigte sich unter dem Begriff Universität „das ganze Universum der für das menschliche Leben notwendigen Wissenschaften", „... Wir lernen die Wissenschaften um der Wissenschaften willen, d.h. damit unser Verstand (razum) mit allen im Leben notwendigen Kenntnissen erfüllt werde." Im Zentrum aller Wissenschaften stand für Barsov die Philosophie, denn alle Wissenschaften beziehen sich in der einen oder andern Weise auf die Philosophie[13]. Für N. N. Popovskij, Professor der Philosophie und Rhetorik, war die Philosophie die Wissenschaft aller Wissenschaften, von der jede Erkenntnis abhing; „sie ist die Mutter aller Wissenschaften und Künste"[14] und gleichzeitig der Weg zur Tugend. Außerdem enthielten diese und ähnliche Formulierungen Sätze, die den stark utilitaristischen Charakter der Wissenschaft als Dienst am Gemeinnutz und Weg zur Erlangung menschlichen Wohlstandes unterstrichen. Auch für den in Preßburg geborenen Professor der Moskauer Universität I. M. Šaden (Schaden) diente die Universität mit ihrem Wissenschaftsbetrieb dem Allgemeinwohl[15]. Daß die Kirche keinerlei Interesse gezeigt hat, die Theologie auf die Ebene eines solchen Wissenschaftsverständnisses, wie es für die Mitte des 18. Jh.s typisch war, zu stellen und einer solchen Aufklärungsphilosophie bei- oder unterzuordnen, versteht sich von selbst. Die Aufklärungsphilosophie war ihrerseits nicht religions- oder theologiefeindlich, vielmehr gehörten die rechte Gotteserkenntnis und die Tugendlehre nach dem Gesetz Gottes zu ihren Hauptanliegen. Für die orthodoxe Kirche blieben solche Positionen aber unannehmbar, da sie sich mit der Tradition der orthodoxen Theologie, Liturgie und Frömmigkeit nicht vereinigen ließen.

Von hier aus kann man verstehen, daß die Pläne, orthodoxe theologische Fakultäten an den Universitäten Rußlands zu errichten, geschei-

---

13 Roždestvenskij, S. 209, 210; BĖ 5, 103.

14 Roždestvenskij, S. 211. Vgl. auch die westeuropäischen Adelsschulen und Ritterakademien im 17. Jh., Reble, S. 113–117.

15 Roždestvenskij, S. 211. Alle diese Sätze stammen aus den Jahren 1755/56.

tert sind. Die geschilderte Entwicklung, für die es einsichtige und gute Gründe gegeben hatte, trug aber wiederum zur geistigen und im Gefolge davon auch zur sozialen und ständischen Isolierung des kirchlichen Bildungswesens bei.

3.5 Die ständische Abschließung im weltlichen Bildungswesen

Das Projekt Peters I., im ganzen russischen Imperium mathematische Elementarschulen, die sog. Ziffernschulen, zu errichten, war nicht konsequent durchdacht und ist nach einigen wenigen verheißungsvollen Anfängen aus verschiedenen Gründen gescheitert. Einer dieser Gründe war die Unklarheit und Unsicherheit in der Gesetzgebung über die Frage, aus welchen sozialen Schichten die Schüler kommen sollten. Im Gründungsukaz vom 20. Januar 1714 waren die Söhne aus Adel und Beamtenschaft mit Ausnahme der Einhöfer (odnodvorcy) vorgesehen[1] und im Ukaz vom 28. Dezember 1715 Söhne aus allen Ständen *ohne* Einschränkung[2], aber bereits wenige Wochen später wurde der Adel ohne nähere Begründung vom Zwang, die Ziffernschulen besuchen zu müssen, ausdrücklich ausgenommen[3]. 1720 reichte eine Gruppe von Kaufleuten eine Beschwerde ein, in der es hieß, ihre Söhne hätten bis jetzt Handel und Gewerbe unmittelbar bei ihren Vätern gelernt, seien durch die Teilnahme an Handelsreisen in ferne Länder mit ihrem künftigen Beruf vertraut worden und hätten dabei auch von selbst ausreichende Fähigkeiten im Lesen, Schreiben und Rechnen erworben; wenn sie statt dessen die Ziffernschulen besuchen müßten, würden sie dem Handel und dem Gewerbe verloren gehen. Darauf befreite der Senat die Kaufmannssöhne vom Schulzwang, sofern sie bei ihren Vätern in die Lehre gehen wollten[4]. Schließlich wurden die Söhne der Priester, Diakone und Kirchendiener vom Besuch der Ziffernschulen dispensiert, denn sie sollten in den vom Geistlichen Reglement geforderten Schulen an den Bischofshöfen unterrichtet werden. „Diese als Verordnung des Hl. Synods erlassene Bestimmung bildete den Auftakt zur Umwandlung der geistlichen Schulen in ausschließlich für den geistlichen Stand reservierte Lehranstalten."[5]

---

1 PSZ 5, Nr. 2762, 2778, vgl. auch oben, S. 96f.; zu „odnodvorcy" vgl. Pushkarev, S. 73.

2 PSZ 5, Nr. 2971.

3 PSZ 5, Nr. 2979 (18.1.1716); ähnlich der Ukaz vom 6. Nov. 1719, PSZ 6, Nr. 3447.

4 PSZ 6, Nr. 3575 (1720).

5 Smolitsch, Geschichte, S. 546; vgl. PSP 1, Nr. 312 (1721), p. 10, S. 366; Wittram, Peter Bd. 2, S. 201.

Gerade diese Bestimmung war für die weitere Existenz der Ziffernschulen äußerst schwerwiegend, stammten doch rund 46% ihrer Schüler aus der Geistlichkeit. An einzelnen Schulen waren es sogar deutlich mehr: In Vologda 56 von 57, in Nižnij Novgorod 57 von 66, in Jur'ev-Pol'skij 53 von 58, in Arzamas 21 von 34[6]. Somit blieben im wesentlichen nur noch Kanzleibeamten-, Soldaten- und Raznočincy-Kinder als Rekrutierungsbasis für die Ziffernschulen.

Das weitere Schicksal der Ziffernschulen liegt teilweise im dunklen. Die Ziffernschule von Novgorod wurde mit der Novgoroder Eparchialschule zusammengeschlossen[7]. Gegen einen Ukaz der Zarin Katharina I. 1726, daß die Ziffernschulen samt ihren Lehrern und Schülern mit den nach den Weisungen des Geistlichen Reglements gegründeten Eparchialschulen vereinigt werden sollen[8], legte der Synod heftigen Protest ein. Erstens handle es sich hier um Arithmetik- und Geometrie-, nicht um Theologieschulen: „Es ist weltlicher Unterricht – ist dies denn Sache des Synods?“ Und zweitens fehlten die finanziellen Mittel und Möglichkeiten. Dies führte zur grundsätzlichen Feststellung: „Es ist dem Synod unmöglich, jene Lehrer und Schüler weltlicher Fächer in seinen Kompetenzbereich aufzunehmen ... Solche Schulen zu führen ist nicht Sache der geistlichen, sondern der weltlichen Verwaltung.“[9] In diesem Punkte wehrte sich die Kirche erfolgreich gegen die von Peter I. begonnene Vereinnahmung für staatspolitische Zwecke: Nach einigem Hin und Her verblieb die Angelegenheit der Ziffernschulen im Kompetenzbereich des Admiralitätskollegiums[10]. Ihr weiteres Schicksal ist nicht immer bekannt. Einige gingen in Garnisonsschulen auf, andere verschwanden unauffällig von der Bildfläche. Gibt die mit Vorsicht aufzunehmende Statistik, die eine Gesamtzahl von 2051 Schülern nennt, von denen nur 302 die Schule ganz durchlaufen haben sollen[11], ein wenigstens einigermaßen genaues Bild, dann wird man die praktische Bedeutung dieser mathematischen Elementarschulen allerdings nicht allzuhoch einschätzen können. Das Scheitern dieser Bildungspläne trug zur ständischen Isolierung des Bildungswesens, des geistlichen wie des weltlichen, bei.

Wie schon ausgeführt, gründete Peter d.Gr. eine Reihe von Spezialschulen für Navigation, Artillerie, Ingenieurwesen, Mathematik und dergleichen,

---

6 ODDS 15 (1735), Sp. 1007f.; Wittram Peter Bd. 2, S. 201f.; Kornilov 1, S. 37f.

7 PSP 4, Nr. 1262 (1724), S. 112f.

8 PSP 5, Nr. 1858 (1726), S. 436–438. Der Ausdruck „seminarija“ begegnet bereits hier, nicht erst 1731, wie Smolitsch, Geschichte, S. 548 meint.

9 PSP 5, Nr. 1858 (1726), S. 436–438; Nr. 1887 (1727), S. 472f.

10 PSP 10, Nr. 3455 (1739), S. 287–289.

11 ODDS 15 (1735), Sp. 1007; Wittram, Peter Bd. 2, S. 201.

um möglichst rasch den riesigen Mangel an Offizieren und guten Fachleuten zu beseitigen. In mehreren Gründungsukazen machte sich bereits eine Tendenz zur ständischen Eingrenzung der Schülerschaft bemerkbar, wenn auch noch nicht an eine strenge ständische Abschließung gedacht war. So wurde die 1701 gegründete Moskauer Navigationsschule „für Söhne der Dvorjane, der Kanzleibeamten, der Bojaren und anderer Stände" bestimmt. In den Ingenieur- und Artillerieschulen, die 1712 eröffnet worden waren, fanden Söhne aus der Oberschicht bevorzugt Aufnahme, aber es wurden auch Raznočincy unterrichtet. Die Marineakademie von Petersburg blieb demgegenüber den berühmtesten Adelsfamilien vorbehalten[12].

Diese Schulen entwickelten sich von den 1730er Jahren an zu reinen Standesschulen für den Adel. So entstand 1732 nach dem Vorbild des preußischen Kadetten-Corps in Berlin der „Suchoputnyj Šljachetskij Kadetskij Korpus" in Petersburg, dessen Aufgabe die Ausbildung junger Adliger zum Kriegs- und Staatsdienst darstellte und in den keine Schüler, die nichtadliger Herkunft waren, Aufnahme finden konnten[13]. Mehrere der von Peter d.Gr. gegründeten Spezialschulen wurden in den 50er Jahren des 18. Jh.s zusammengelegt, reorganisiert und in Standesschulen für den Adel umgewandelt. Die drei wichtigsten dieser Schulen waren der „Morskoj Šljachetskij Kadetskij Korpus", der 1752 eröffnet wurde, der „Artillerijskij i Inženerskij Šljachetskij Kadetskij Korpus" (1758) und der nach französischen Vorbildern gestaltete „Pažeskij Korpus" (1759). Alle diese Schulen trugen einen exklusiv ständischen Charakter[14].

Von den 1730er Jahren an entstanden auch die Garnisonsschulen (garnizonnye školy), in denen die 7–15jährigen Söhne von Offizieren nichtadliger Herkunft, von Unteroffizieren und Soldaten im Lesen und Schreiben, in Arithmetik und im Exerzieren ausgebildet und zu einem spezialisierten Kader für den Militärdienst geschult werden sollten, 1732 gab es rund 4000 Schüler in diesen Garnisonsschulen, 1773 waren es 10313[15]. Es konnten aber nur die Söhne der genannten Gruppierungen aufgenommen werden, da sie von der Seelensteuer befreit waren.

Für die Söhne von Kanzleibeamten, die nicht aus dem Adel stammten, wurde 1755 eine spezielle Kanzlei- und Verwaltungsschule gegründet. Auch für die Ärzte gab es beruflich-ständische Einschränkungen: Ihre Söhne durften keine andern Schulen besuchen als die medizinisch-chi-

12 Roždestvenskij, S. 10–43.
13 Kapterev, S. 112; Štrange, S. 11f.
14 Štrange, S. 11f.; Kapterev, S. 112.
15 Štrange, S. 16.

rurgischen Lehranstalten. Damit sollte der Nachwuchs an geschulten Fachleuten sichergestellt werden. Auch diese Schulen trugen zur sozialen Isolierung des Bildungswesens bei[16].

Interessant ist in diesem Zusammenhang schließlich die 1755 gegründete Moskauer Universität. Sie unterscheidet sich von ihren westeuropäischen Vorbildern nicht nur darin, daß sie keine theologische Fakultät besaß, sondern auch darin, daß sie nicht für alle Schichten und Stände der Gesellschaft zugänglich war. Es gehört zu den allgemeinen Charakteristika der Universitäten, wie sie seit dem 13. Jh. überall in Europa entstanden waren, daß sie allen Schichten und Ständen der Gesellschaft offen stehen. Bereits die Universitäten des Mittelalters nahmen alle sozialen Schichten und Stände aus allen Ländern und Völkern auf und gewährten ihnen ohne jede Rücksicht auf ihre Herkunft gleiche Rechte. Es war für das hohe Mittelalter „ganz außergewöhnlich, fast einzigartig, daß sich Männer des Adels mit Bürger- und Bauernsöhnen, Reiche und Arme, Vornehme und Namenlose unterschiedslos zu einer Gemeinschaft, einer Korporation, einer ‚Universitas' verbanden"[17]. Dabei ist es bemerkenswert, daß der Adel prozentual offenbar schlecht vertreten war, während Bürgersöhne, darunter viele aus einfachen Kreisen, von Handel und kleinem Gewerbe, den Großteil der Studenten ausmachten[18]. Diese Tradition hielt sich im wesentlichen durch die ganze Neuzeit hindurch. Eine Ausnahme machte hier aber die Moskauer Universität. Obschon das ursprüngliche Projekt Graf I. I. Šuvalovs eine Universität vorsah, in der „nach dem Beispiel der europäischen Universitäten" Studenten aus allen Ständen aufgenommen werden sollten[19], wurde im Gründungsukaz der Zutritt zur Universität ausdrücklich auf Adlige und Raznočincy (dvorjane i raznočincy) beschränkt und Leuten aus dem Kopfsteuerstand verwehrt[20]. Damit wurde ein neues, sozial-elitäres Universitätsmodell geschaffen.

Diese Beschränkung auf die genannten beiden gesellschaftlichen Gruppierungen ist eine Folge der ständisch-professionellen Bildung in der ersten Hälfte des 18. Jh.s. Die Universität war einmal bestimmt für Adlige, die sonst an einer der bestehenden Adelsschulen studiert hätten, andererseits für Raznočincy, die in keiner beruflich-ständischen Schule Aufnahme finden konnten und später Gelehrte, Lehrer, Ärzte, teilweise auch Juristen wurden.

---

16 Kapterev, S. 113f.

17 Grundmann, S. 19.

18 Ebd., S. 21.

19 Roždestvenskij, S. 201.

20 Petrov 2.2, S. 149; Roždestvenskij, S. 239; – „raznočincy" sind Leute, die zu keinem Stand (soslovie) gehören, Pushkarev, S. 113, vgl. auch oben, S. 120.

Schlußbemerkungen

Für die Entstehung eines ständisch streng isolierten geistlichen Bildungswesens im Laufe des 18. Jh.s müssen folgende Gründe besonders hervorgehoben werden:

1. Die Kirche litt unter einem riesigen Bildungsdefizit für die Söhne von Priestern, Diakonen und Kirchendienern, die, wie noch näher zu erläutern sein wird, in der Regel wieder Pfarrgeistliche wurden. Das Geistliche Reglement und zahlreiche Ukaze Peters d.Gr. und seiner Nachfolger, aber auch viele Bischöfe forderten mit berechtigten Gründen immer wieder eine bessere Schulung des Gemeindeklerus. Um diese Aufgabe, die eine der drängendsten der ganzen Kirchenpolitik des 18. Jh.s überhaupt war, besser lösen zu können, strebten die Verantwortlichen danach, die Ausbildungskapazitäten der Akademien und Seminare ganz diesem Ziel zur Verfügung zu stellen, wie es Gedeon Višnevskij 1725 für die Moskauer Akademie oder Samuil Mislavskij 1787 für die Kiever Akademie sehr deutlich formuliert hatten. Schüler anderer sozialer Herkunft, die ohnehin nicht Pfarrgeistliche werden konnten, sollten von den kirchlichen Lehranstalten ferngehalten werden.

2. Die finanzielle Lage der geistlichen Akademien und Seminare war während des ganzen 18. Jh.s äußerst angespannt. Bis zur Säkularisierung der Kirchengüter 1764 (in der Ukraine 1786) wurden die geistlichen Schulen ausschließlich aus kirchlichen Mitteln, nämlich durch Getreideabgaben der Klöster und Kirchen, durch Gelder der Eparchialverwaltung, durch Bußgelder, die Geistliche für verschiedene Verfehlungen entrichten mußten, finanziert und getragen. Seit der Säkularisierung der Kirchengüter stellte das Ökonomiekollegium, das die ehemaligen Kirchengüter verwaltete, jährlich bestimmte Summen für das geistliche Schulwesen zur Verfügung, so z.B. 1765 40000 Rubel für die Moskauer Akademie und die großrussischen Seminare, oder 1784 77500 Rubel für das gesamte geistliche Schulwesen Rußlands, was einem Durchschnitt von rund 2000 Rubeln pro Seminar entsprach[1]. Mit dem Verlust des kirchlichen Landbesitzes fielen aber die im Geistlichen Reglement genannten Getreideabgaben weg, so daß sich die materielle Lage der geistlichen Schulen aufs Ganze gesehen nicht wesentlich verbesserte, in einzelnen Fällen sogar verschlechterte[2].

1 Smolitsch, Geschichte, S. 560f.

2 Smolitsch, Geschichte, S. 560. – Das geistliche Seminar von Archangel'sk gehörte wohl zu den ärmsten Schulen. Es war in einem Kloster 55 Werst von der Stadt entfernt untergebracht, zählte im Jahre 1770 91 Schüler von der „Fara" bis zur „Rhetorik". 39 dieser Seminaristen beklagten sich in einem ausführlichen Schrei-

3. Mit der Säkularisierung der Kirchengüter ging der Bedarf der Kirche an geschulten Verwaltungsfachleuten so stark zurück, daß auch Schulen, die ursprünglich für die Ausbildung von Sekretären und Kanzlisten konzipiert waren, zu reinen Standesschulen für die Geistlichkeit umgestaltet wurden.

4. Die ganze, in diesem Kapitel geschilderte Entwicklung war verflochten mit einem Bündel von sozial-, bildungs- und kirchenpolitischen Vorgängen. Dazu gehörte nicht nur die beruflich-ständische Isolierung im weltlichen Bildungswesen, sondern auch das Bestreben des Staates, die Gesellschaft neu in Stände zu gliedern, die Zahl der von der Seelensteuer befreiten und auch sonst privilegierten Geistlichen möglichst klein zu halten sowie das Überhandnehmen der Erblichkeit der Pfarrstellen, worüber im folgenden Hauptteil noch ausführlicher die Rede sein wird.

Die Analyse der sozialen Zusammensetzung der Schülerschaft in den einzelnen Akademien und Seminaren hat außerdem ergeben, daß die Verhältnisse in den einzelnen Regionen des riesigen Reiches sehr verschieden waren. Hauptstädte und Provinzstädte, Zentralgebiete und Randregionen zeigen so mannigfaltige lokale Besonderheiten, daß man das geistliche Schulwesen im Rußland des 18. Jh.s nicht als homogene Einheit ansprechen kann. Besonders die Eparchien am Rande des Reiches wiesen unter diesem Aspekt Eigentümlichkeiten auf: Die südrussischen Schulen von Kiev, Černigov, Char'kov und Voronež, die auch zu Ende des 18. Jh.s noch eine ansehnliche Zahl von Schülern weltlicher Herkunft hatten, wenngleich eine Tendenz zur ständischen Isolierung der Schülerschaft deutlich war, standen noch ununterbrochen in den alten, allgemeinbildenden Traditionen der Kiever Akademie, die ihrerseits wieder stark vom polnischen Bildungswesen beeinflußt war. In Südrußland machten sich im 18. Jh. noch weitere Besonderheiten geltend. So wird in den Quellen öfters ein reges kirchliches Leben bezeugt, denn die Nachbar-

---

ben an den Synod, daß sie „in diesen Jahren unter großem Mangel in der Ernährung und unter nicht geringem Hunger zu leiden hatten". Am Seminar selber seien sieben Diener angestellt, die nichts leisteten, so daß sie, die Seminaristen, selber Holz fällen und kochen müßten. Außerdem mangele es sehr an Kerzen, Federn und Tinte. Die zur Verfügung stehenden Geldmittel, über die eine genaue Abrechnung vorgelegt wurde, reichten für den Lebensunterhalt und den Schulbetrieb bei weitem nicht aus, vgl. ODDS 50 (1770), Sp. 188–196. – Fotij Spasskij berichtete von seiner Schulzeit im Novgoroder Seminar, das verhältnismäßig gut gestellt war (zweite Hälfte des 18. Jh.s): „Ich war nie übersättigt, oft ging ich, der beste Schüler, hungrig vom Tisch ..." Smolitsch, Geschichte, S. 557. – Über die mangelhafte Ernährung und die niedrigen Gehälter der Lehrer vgl. Smolitsch, Geschichte, S. 556f.

schaft zu Union und Katholizismus zwang die Orthodoxen immer wieder, ihre konfessionellen Eigenarten zu betonen und hervorzuheben, mehr für die Schulung und Bildung der Jugend zu tun, sorgfältiger die Geistlichen zu wählen und zu unterhalten und der Kirche ganz allgemein mehr Aufmerksamkeit zu schenken. Die Besonderheiten der Smolensker Schule lassen sich ebenfalls aus der Nachbarschaft zum katholischen Polen-Litauen erklären. Das verhältnismäßig frühe Aufblühen eines kirchlichen Schulwesens in Novgorod ist in erster Linie der persönlichen Tüchtigkeit der betreffenden Bischöfe zu verdanken. Dazu läßt sich auch an die allerdings schon weit zurückliegende Initiative des Metropoliten Gennadij erinnern. In Tobol'sk hingegen mußten möglichst rasch Priester und Mönche für die Sibirienmission ausgebildet werden; deswegen entstand hier die erste Standesschule für die Geistlichkeit. Astrachan' erhielt erst sehr spät ein Priesterseminar, da die Eparchie besonders arm (z.B. zählte sie 1736 nur 26 Kirchen[3]) und der Anteil der christlichen Bevölkerung klein war. Demgegenüber ähnelten sich die Verhältnisse in den zentralrussischen Eparchien einander sehr. Sieht man einmal von der noch im 17. Jh. gegründeten Moskauer Akademie und vom Troica-Sergij-Seminar ab, waren alle Seminare von Anfang an als Standesschulen für die Geistlichkeit konzipiert und geführt.

3 Vgl. unten, S. 187, 190f. und 191 Anm. 58.

4 Die ständische Abschließung der weißen Geistlichkeit

Einleitung

Es ist eine der eigentümlichsten Erscheinungen der russischen Sozialgeschichte des 18. Jh.s, daß sich die weiße Geistlichkeit mit all ihren Privilegien und Besonderheiten ihrer Rechtslage zu einem eigenen, in sich abgeschlossenen, von den übrigen sozialen Gruppierungen deutlich abgegrenzten Stand entwickelt hat, der alle Merkmale eines Geburtsstandes aufweist. Mit andern Worten, der Gemeindeklerus wurde zu einer „rechtlich und sozial abgeschlossenen Schicht, in die der Einzelne hinein geboren wird“[1]. Das im Laufe der russischen Kirchengeschichte entstandene und im 18. Jh. weit verbreitete Erblichkeitsprinzip bei der Besetzung der Pfarrstellen legte für diese Entwicklung eine in Tradition und Gewohnheitsrecht verankerte Grundlage. Deswegen soll im ersten Abschnitt untersucht werden, wer, wie, unter welchen Umständen hat Pfarrgeistlicher werden können. Zur Erklärung der Entstehung des in sich abgeschlossenen geistlichen Standes wird dies aber nicht genügen, und deshalb sollen im zweiten Abschnitt die Rechtslage der Gemeindegeistlichkeit, besonders die in der petrinischen und nachpetrinischen Gesetzgebung formulierten Standesrechte, -pflichten und -verbote, einer genaueren Analyse unterzogen werden, und es muß gefragt werden, welche Interessen Staat und Kirche und nicht zuletzt die Betroffenen selber an dieser Entwicklung hatten. In einem dritten Abschnitt schließlich soll gezeigt werden, daß der geistliche Stand trotz seiner sozialen Abgeschlossenheit und Isolierung in sich eine beachtliche innere Mannigfaltigkeit und Differenzierung aufzuweisen hat.

Die Untersuchung über den Episkopat des 18. Jh.s konnte sich auf eine feste und genau umrissene Gruppe von 190 Metropoliten, Erzbischöfen und Bischöfen stützen, auf eine Gruppe von Personen also, deren Namen, Lebensdaten, Biographien und deren politische und kirchenpolitische Bedeutung mehr oder weniger bekannt sind. Über einzelne besonders hervorragende Hierarchen, wie Feofan Prokopovič oder Gavriil Petrov, liegen umfangreiche Monographien vor, in denen ein riesiges biographisches und zeitgeschichtliches Material verarbeitet ist. Über eine ganze

---

1 E. Haberkern / J. F. Wallach: Hilfswörterbuch für Historiker, Bern ²1964, S. 594.

Reihe von Hierarchen besitzen wir längere oder kürzere Zeitschriften- oder Lexikonartikel; die Zahl derjenigen Bischöfe, über die nur wenige Lebensdaten bekannt sind, ist klein. Somit war es möglich, ein verhältnismäßig lückenloses und zuverlässiges Bild über die geographische und soziale Herkunft, über die Bildung und über die Einsetzungen, Versetzungen und Absetzungen der 190 Hierarchen zu gewinnen. Von den Pfarrgeistlichen hingegen sind in der Regel weder Name noch Herkunft bekannt, nur in seltenen Fällen liegen Biographien oder Autobiographien vor. Die Zeitgenossen nahmen von der einzelnen Persönlichkeit der weißen Geistlichkeit nur wenig Notiz, da diese politisch und kirchenpolitisch zumeist nicht bedeutend war. Die sehr oft negativen Pauschalurteile über den Pfarrklerus insgesamt von Schriftstellern, Dichtern, Reisenden und Beobachtern tragen nur wenig zu einem tieferen Verständnis dieser sozialen Gruppierung bei.

Über die Größe des geistlichen Standes im 18. Jh. gibt es nur wenige statistische Angaben und Schätzungen. In seinen an sich sehr umfangreichen, für den Klerus aber leider zu knappen demographischen Untersuchungen vermutet der sowjetische Gelehrte Ja. E. Vodarskij, die Zahl der Geistlichen – d.h. der Pfarrgeistlichen samt ihren Familien, der Mönche und Nonnen – habe zu Beginn des 18. Jh.s „nicht mehr als 140 000 Menschen" umfaßt[2]. Die erste Revision (1722), bei der 5 436 013 Bauern und 169 429 Städter, also 5 605 442 steuerpflichtige Seelen gezählt wurden[3], ergab 61 111 Priester, Diakone und Kirchendiener[4]. Nach einer Zählung des Synods im Jahre 1731 gab es im ganzen russischen Imperium 21 385 Protopriester und Priester, 5 007 Protodiakone und Diakone und 33 599 Kirchendiener, die den Untertaneneid auf die Zarin Anna Ivanovna geleistet hatten[5]; dazu kamen rund 5 000 Geistliche, die den Eid verweigert hatten[6]. 1738 wurde die weiße Geistlichkeit (einschließlich Familienanhang) mit 124 923 Seelen beziffert[7]. 1764 amtierten in der russischen orthodoxen Kirche 67 111 Priester, Diakone und Kirchendiener[8]. Nach den Daten der vierten Revision (1783) dürfte der geistliche Stand, wie A. Kornilov schätzte, „nicht mehr

---

2 Vodarskij, S. 82. Das Buch ist vor allem in bezug auf die „feudal-abhängige Bevölkerung" von großem Wert und enthält im Anfang reichhaltiges Tabellen- und Kartenmaterial. Das Kapitel über die Geistlichkeit (S. 78–89) ist demgegenüber reichlich knapp und berücksichtigt nicht alle erreichbaren Daten. Zu den methodischen Schwierigkeiten demographischer Untersuchungen im 17. und 18. Jh. anhand der mangelhaften Quellen und Statistiken sind S. 18–58 sehr lehrreich.

3 Den', Naselenie, S. 36.

4 Smolitsch, Geschichte, S. 710.

5 ODDS 11 (1731), Sp. 1163–1166.

6 Titlinov, Pravitel'stvo Anny, S. 209.

7 Smolitsch, Geschichte, S. 710.

8 Smolitsch, Geschichte, S. 710.

als ein Prozent der Gesamtbevölkerung", für die eine Zahl von 12838529 Seelen männlichen Geschlechtes ermittelt worden war, umfaßt haben, während der Adel etwa 1–1½%, die Städter etwa 2½% und die Bauernschaft rund 95% ausmachten[9]; die Zahl der amtierenden Gemeindekleriker betrug 1784 84131 Personen[10].

Der Klerus der russischen orthodoxen Kirche ist in die schwarze oder die Mönchsgeistlichkeit und die weiße oder die Gemeindegeistlichkeit unterteilt[10a]. In dieser werden wiederum zwei Gruppen unterschieden – nämlich die Priester (svjaščenniki) und Diakone (diakony), die vom Bischof das Mysterium der Priester- oder Diakonatsweihe erhalten, und die Kirchendiener – der Klerus minor (cerkovnoslužiteli, pričetniki), die nur eingesetzt werden und denen lediglich Hilfsfunktionen in der Gemeinde und im Gottesdienst zukommen.

Der Priester hat die wichtigste Funktion im Gemeindeklerus, denn ohne ihn kann keine Liturgie gefeiert werden. Die Liturgie ist aber das Herzstück der orthodoxen Theologie, Frömmigkeit und Kirchlichkeit. Die Lehre vom Priester als ordiniertem Amtsträger, der die Mysterien vollzieht und Mittler zwischen Gott und Mensch ist, hat sich im Laufe der ersten vier Jahrhunderte der Kirchengeschichte herausgebildet und ist von den Kirchenvätern festgelegt worden[11]. Johannes Chrysostomos forderte in seinem „Peri hierosynes" (Über das Priestertum) für dieses

---

9 Kornilov, 1, S. 26, 36.

10 Smolitsch, Geschichte, S. 710. Die Schätzung Fokkerodts und Mansteins, die Geistlichkeit in Rußland habe (einschließlich ihrer Familien) in der ersten Hälfte des 18. Jh.s bis zu 300000 Seelen umfaßt, sind also wesentlich zu hoch gegriffen, vgl. Titlinov, Pravitel'stvo Anny, S. 201. Zahlen, aufgeschlüsselt nach den einzelnen Eparchien für 1784 bei Titlinov, Gavriil Petrov, S. 553. Freeze macht wertvolle Angaben über die Verhältnisse in den zentralrussischen Eparchien (Moskau, Kolomna, Perejaslavl', Rjazan', Rostov, Suzdal') für 1747 (Tabelle 15, S. 129) und 1784 (Tabelle 17, S. 142).

10a Über die schwarze Geistlichkeit vgl. das ausgezeichnete und umfassende Werk von I. Smolitsch: Russisches Mönchtum. Entstehung, Entwicklung und Wesen, 988–1917, Würzburg 1953, insbesondere das reichhaltige Literaturverzeichnis, S. 11–43 und die Ausführungen über das 18. Jh., S. 383ff. Zum gelehrten Mönchtum vgl. oben, S. 26, 66–70, zum „gewöhnlichen" Mönchtum, S. 64f.

11 Kattenbusch, S. 346–357; Ja. Gorunovič: Učenie o pastyrskom služenii drevnych otcev i učitelej cerkvi, Smolensk 1899; Heiler, S. 179–184; B. Lohse, Priestertum 3; In der christlichen Kirche, RGG³ 5, 578–581; R. Stupperich: Priestertum und Mysterium im östlichen Kirchenverständnis, in: Kirche im Osten 8, 1965, S. 11–24; G. Troicki: Der priesterliche Dienst in der Sicht des heiligen Johannes Chrysostomos, in: Stimme der Orthodoxie 1964/3, S. 48–67; L. Voronov: Pravoslavnyj vzgljad na sakramental'nuju storonu svjaščenstva, in: ŽMP 1962/9, S. 53–64; 1962/10, S. 64–72.

Amt höchste religiöse und ethische Qualitäten. Der Opferdienst, d.h. die Eucharistie, die Verwaltung der himmlischen Schätze, die Vollmacht zu binden und zu lösen, die Vollmacht der Sündenvergebung – das alles war für ihn das höchste Ehrenamt, das es geben konnte; das alles erforderte aber vollkommene Reinheit und Heiligkeit. „Welch peinliche Reinheit und welch ausnehmende Gewissenhaftigkeit müssen wir von ihm [dem Priester] fordern? Bedenke doch, wie beschaffen die Hände sein müssen, die solchen Dienst verrichten, wie beschaffen die Zunge, die solche Worte ausspricht, wie beschaffen die Seele, die solchen Geist in sich aufnimmt."[12] Diese tiefe und bedeutende Schrift des Johannes Chrysostomos, in der die Würde und Erhabenheit, aber auch die Schwierigkeit des Priesteramts ausführlich dargelegt worden waren, erfreute sich in Rußland großer Beliebtheit. 1614 wurden die „Sechs Bücher über das Priestertum" in der Übersetzung des Hieromonach Pafnutij in L'vov (Lemberg) herausgegeben[13], und 1664 erschien in Moskau ein Buch mit dem Titel „Poučitel'nye slova ili kniga o svjaščenstve", das eine Lebensbeschreibung des Johannes Chrysostomos, seine sechs Bücher über das Priestertum in der Übersetzung von Epifanij Slavineckij und weitere Artikel über das Amt des Priesters enthielt[14]. Im Geistlichen Reglement wurde das Werk des Johannes Chrysostomos ausführlich zitiert[15]. 1776 schuf G. Pisarev in Petersburg eine neue Übersetzung der „Šest' slov o svjaščenstve", die 1794 in Moskau in zweiter Auflage erschien[16].

Die Priesterweihe vermittelt die Vollmacht, in der Gemeinde Taufe, Myronsalbung, Eucharistie, Buße, Trauung und Krankenölung zu vollziehen und die Gemeindeglieder in Dogma und Sittenlehre des christlichen Glaubens zu unterweisen. In seinem Kirchendienerkatechismus von 1775 definierte Platon Levšin die Bedeutung der Priesterweihe und die Aufgabe des Priesters kurz und einprägsam:

„Was ist die Priesterweihe?
Die Priesterweihe ist das Mysterion, in dem der Heilige Geist durch die bischöfliche Handauflegung den würdig Ausgewählten einsetzt,

---

12 Johannes Chrysostomos, Peri hierosynēs, MPG 48, 625ff.; deutsch in: Johannes Chrysostomus: Über das Priestertum, (= Bibliothek der Kirchenväter, Bd. 27), Kempten–München 1916; das Zitat auf S. 226f. – Das Vorbild zu dieser Schrift war Gregor von Nazianz: Apologie wegen der Flucht nach dem Pontus, aus dem Jahre 362, MPG 35, 407ff. Zur Thematik vgl. auch die „Regula pastoralis" Gregors d.Gr., MPL 77, 13ff.

13 Sopikov, Nr. 478.

14 Sopikov, Nr. 477.

15 Verchovskoj, S. 88 (Anm.); Geistliches Reglement, S. 85f.

16 Sopikov, Nr. 485, 486.

damit er die Mysterien vollziehe und die Herde Christi weide.
Wer empfängt die Priesterweihe würdig?
Ein Mensch von einem tugendhaften Lebenswandel, der eifrig ist zum Ruhme Gottes und erleuchtet durch die Lehre des göttlichen Gesetzes.
Worin besteht die priesterliche Aufgabe?
Außer dem Vollzug der Mysterien und der kirchlichen Amtshandlungen vor allem, nach dem Apostel, in diesen vier Dingen: in der Lehre, d.h. der Unterweisung im Gesetz Gottes durch Wort und beispielhaften Lebenswandel, in der Belehrung Irrender, in der Läuterung der Lasterhaften, in der Bestrafung der Unbußfertigen."[17]

Während die Diakone in neutestamentlicher Zeit mit der Armenpflege und mit Aufgaben in Predigt und Mission beauftragt waren[18] und in der alten Kirche meist als einflußreiche Gehilfen des Bischofs – als „Engel und Propheten des Bischofs" – amtierten[19], hatten sie im Laufe der Jahrhunderte allmählich an Bedeutung eingebüßt und waren lediglich Helfer im Gottesdienst geworden. Für die Feier der orthodoxen Liturgie ist bis auf den heutigen Tag der Diakon entbehrlich[20]; der Gottesdienst gewinnt aber wesentlich an Schönheit und Lebendigkeit, wenn der Diakon mitzelebriert. In den ältesten Zeiten der russischen Kirchengeschichte gab es verhältnismäßig wenige Diakone, meist nur an den Bischofs- und Stadtkirchen, ganz selten aber an gewöhnlichen Gemeindekirchen[21]. Im 18. Jh. war das Verhältnis von Priestern zu Diakonen etwa 4:1[22]. Wie der Priester wird der Diakon vom Bischof geweiht; die Diakonatsweihe ist der unterste priesterliche Weihegrad.

Die beiden wichtigsten Ämter des Klerus minor sind der D'jaček und der Ponomar'. D'jaček ist die Verkleinerungsform von Diakon. Er vereinigt die altkirchlichen Ämter des Anagnostes (Lektor) und Psaltes (Sänger)[23]. Der Ponomar' (griech. paramorarios) hatte die Glocken zu läuten, sich am Chorgesang während des Gottesdienstes zu beteiligen, er war für das Anzünden und Auslöschen der Kerzen verantwortlich und hatte den übrigen Gliedern des Klerus zuzudienen[24]. An den größeren

---

17 Platon Levšin, Kratkij katichizis, S. 226.
18 Apg. 6, 1–7; E. Haenchen: Die Apostelgeschichte, Göttingen ^{5}1965, S. 216, 219.
19 BĖ 20, 735; RGG^{3} 2, 160.
20 Die Bemerkung W. Jannaschs, daß im Osten „auch die kleinste Gemeinde neben dem Priester einen Diakon haben *muß*", RGG^{3} 2, 160, ist falsch.
21 Golubinskij 1.1, S. 461.
22 Vgl. oben, S. 149 (für 1731).
23 D'jačenko, S. 161; Golubinskij 1.1, S. 462.
24 Golubinskij, 1.1, S. 465; PPBĖ, 1846.

Kathedralen gab es außerdem den Ipodiakon (Subdiakon), den Pevčij (Sänger), den Psalomščik (Psalmensänger), den Storož (Wächter) und weitere Diener (služiteli). Die Terminologie war im 18. Jh. nicht einheitlich[25].

4.1 Wahl und Einsetzung der Pfarrgeistlichen

In der altrussischen Kirchengeschichte wurden vorwiegend Glieder unterer sozialer Schichten Priester, Diakone und Kirchendiener, während die oberen Schichten in der Regel wenig Neigung zeigten, Gemeindegeistliche zu werden. Dies erklärt Golubinskij damit, daß der Eintritt in den Gemeindeklerus für Angehörige unterer Schichten ein sozialer Aufstieg und somit attraktiv gewesen ist. Die Privilegien des „geistlichen Standes" (duchovnyj čin) wie Steuer- und Tjaglo-Freiheit waren für Bauern, Handwerker und Tagelöhner erstrebenswert. Für reiche und angesehene Angehörige der sozialen Oberschichten bedeutete der Eintritt in die weiße Geistlichkeit zumeist einen sozialen Abstieg. Die genannten Privilegien besaßen sie ohnehin schon, während die materielle und gesellschaftliche Stellung der Gemeindekleriker nicht besonders anziehend war[1]. Wer aus innerer Berufung sein Leben Gott weihen und in den Dienst der Kirche treten wollte, wurde Mönch (und von hier aus eventuell Bischof), denn das Mönchtum und nicht der Pfarrklerus stellt die nach orthodoxer Auffassung oberste und reinste Form eines Gott wohlgefälligen, engelgemäßen Lebens dar. Der Stand des Gemeindegeistlichen war wegen seiner engen Verbindungen und Verstrickungen mit der Welt von solchen Zielen weiter entfernt.

War eine Priester- oder Kirchendienerstelle frei, gab es im 18. Jh. im wesentlichen drei Möglichkeiten, sie wieder zu besetzen: a) Die Gemeinde konnte nach dem alten Gemeindewahlrecht einen Kandidaten wählen und den Bischof der Eparchie um Weihe und Einsetzung bitten; b) es konnte der älteste Sohn oder ein anderer Verwandter die Stelle des verstorbenen oder zurückgetretenen Priesters oder Kirchendieners erben und c) konnte der Eparchialbischof einen von ihm bestimmten Kandidaten, zum Beispiel einen Absolventen eines Priesterseminars, auf die Stelle setzen, ohne auf die Wünsche der Gemeinde Rücksicht zu nehmen.

---

25 ODDS 11 (1731), Sp. 1163–1166.

1 Golubinskij 1.1, S. 444f.; „tjaglo" bedeutet die Summe aller Steuer-, Arbeits- und Dienstleistungsverpflichtungen, die der Staat den einzelnen Gliedern der Gesellschaft auferlegt hat, Pushkarev, S. 157.

4.1.1 Das Gemeindewahlrecht

Daß die Kirchgemeinde (prichod) für die Wahl ihres Klerus selbst verantwortlich gewesen ist, geht bis in die Anfänge der russischen Kirchengeschichte zurück[2]. Da es im alten Rußland keine Trennung zwischen weltlicher und kirchlicher Gemeinde gab, sondern beides, *prichod* und *obščina* bzw. *mir*, identisch war, wurden die Priester, Diakone und Kirchendiener in den Zusammenkünften (s-chody) des Mir, die regelmäßig stattfanden und deren Hauptaufgabe die periodische Neuverteilung des Landes war, gewählt[3]. Man schloß mit dem Kandidaten einen Vertrag, in dem die gegenseitigen Rechte und Pflichten festgelegt wurden, und sandte den Gewählten zum zuständigen Bischof, der ihn weihte oder, wenn er schon geweiht war, segnete. Die Gemeinde besaß eine bemerkenswerte Autonomie in der Regelung aller kirchlichen Angelegenheiten, kontrollierte das religiöse Leben, war für die Verwaltung des Kircheneigentums zuständig, baute und restaurierte die Kirchengebäude in eigener Kompetenz und verfügte auch über das *ius praesentandi* der Priester- und Kirchendienerkandidaten vor dem Bischof. Die Bischöfe ihrerseits, die riesige Gebiete zu verwalten hatten[4], mischten sich in die Gemeindeangelegenheiten in der Regel nicht ein, besaßen allerdings das Recht, ungeeignete Kandidaten abzuweisen oder abzusetzen, wenn sie sich nach der Weihe als unwürdig erweisen sollten.

War die Kirche von einem einzelnen gestiftet, hatte dieser oder seine Erben das Recht, die Kandidaten für den Klerus auszuwählen und dem Bischof vorzuschlagen. In diesem Falle schloß der Stifter den Vertrag mit dem Bewerber; er hatte nicht nur das Verfügungsrecht über die Einnahmen der Kirche, sondern war auch für den materiellen Unterhalt des Klerus verantwortlich. Dieses Stifterrecht (ktitorskoe pravo) war bereits in der byzantinischen Kirche verbreitet und hatte im Patronatsrecht im Westen eine Parallele[5].

Das Gemeindewahlrecht hielt sich in Rußland bis in die Neuzeit hinein und war noch im 18. Jh. nicht nur in der Ukraine, sondern auch in den

---

2 Golubinskij 1.1, S. 454f.

3 Znamenskij, Prichodskoe duchovenstvo, S. 19; Freeze, S. 149; „mir" = Dorfgemeinde, vgl. C. Goehrke: Die Theorien über Entstehung und Entwicklung des „Mir", Wiesbaden 1964 (Lit.).

4 Golubinskij 1.1., S. 558f. Dies war ein wesentlicher Unterschied zur byzantinischen Kirche, wo die Eparchien im Vergleich viel kleiner und übersichtlicher waren. Zur kirchlichen Geographie im byzantinischen Reich, vgl. Beck, Kirche, S. 148–229.

5 Golubinskij, 1.1, S. 489–492; Prichodjko, Pfarrei, S. 20. Zum westlichen Patronatsrecht vgl. H. von Schubert: Geschichte der christlichen Kirche im Frühmittelalter. Ein Handbuch, Tübingen 1921, S. 163–165.

großrussischen Eparchien verbreitet. Im Prinzip konnten Kandidaten jeder sozialen Herkunft gewählt werden. Nach den Feststellungen des Moskauer Konzils von 1666/67 setzte sich der Gemeindeklerus teils aus Leuten zusammen, die ihrerseits schon Abkömmlinge von Familien der Pfarrgeistlichkeit waren, aber auch aus Leuten, die aus tjaglo-pflichtigen Gruppierungen stammten, wie Bauern, Kaufleuten, Handwerkern, aber auch Leibeigenen. Die Weihe eines Leibeigenen, der keinen Entlassungsbrief seines Herrn vorweisen konnte, war zwar kirchenrechtlich verboten und auch von russischen Regionalsynoden, wie z.B. dem Sobor von Vladimir im Jahre 1274, untersagt worden; trotzdem fanden sich im 17. Jh. immer wieder Priester und Kirchendiener, die ihrer Herrschaft entflohen waren oder die im Auftrage ihres Gutsherrn eine Weihe empfangen hatten und Kirchendienst leisteten, dabei aber den Status des Leibeigenen beibehielten[6]. Der Pfarrklerus war also hinsichtlich seiner sozialen Herkunft gemischt und kein isolierter und in sich abgeschlossener Stand, in den kein Außenstehender hätte eintreten können. Dadurch wurde einerseits eine bestimmte soziale Mobilität gewährleistet, andererseits konnten religiös motivierte Kräfte auch weltlicher Herkunft in den Dienst der Kirche eintreten.

Im folgenden soll anhand von zwei charakteristischen Dokumenten vom Ende des 17. Jh.s und vom Anfang des 18. Jh.s Wesen und Eigenart der Gemeindewahl gezeigt und anschließend ihre rechtliche Grundlage und ihre Verbreitung für das 18. Jh. erläutert werden. Schließlich sollen ihre Vorzüge und Nachteile in Theorie und Praxis diskutiert werden.

Bei den beiden Dokumenten, die wir ausgewählt haben und die viele typische Züge in exemplarischen Formulierungen enthalten, handelt es sich a) um den Anstellungsvertrag, der zwischen einer Gemeinde und einem Priesteramtskandidaten in der Eparchie Cholmogory (der späteren Eparchie Archangel'sk) 1689 geschlossen worden ist, und b) um ein Bittschrieben, das die Grundbesitzer in einem Dorf der Eparchie Rostov in den ersten Jahren des 18. Jh.s ihrem Bischof gesandt hatten.

a) Der Anstellungsvertrag von 1689 lautete: „Siehe, ich, der Kirchenälteste der Einöde Verchotermensk im Bezirk Verchovaz'e Petr Semenov und die Bauern Matfej Trifanov ... und alle Bauern der Einöde Verchotermensk – wir haben mit dem D'jaček Dimitrij Andreev, dem Sohn eines Priesters aus dem Kreis Volodskaja, einen Vertrag geschlossen, daß er zum Priester an der Kirche Gottes zur Auferstehung Christi eingesetzt

6 Die Kanones des Landeskonzils in Vladimir in: RIB 6, Sp. 86ff.; auszugsweise in: P. Hauptmann, Die orthodoxe Kirche; zum 17. Jh. vgl. A. G., Opredelenija, S. 248–251.

werde und daß er, Dimitrij, sich mit eigenem Geld zum Priester einsetzen lasse, wenn der Bischof ihn, Dimitrij, segnet und zum Priester einsetzt. Und ihm, Dimitrij, ist von den Bauern eine Getreide-Ruga zu geben, und zwar von jedem Mann und von jeder Frau je ein Četverik Roggen und Weizen je zur Hälfte, und die Ruga ist vom jetzigen Jahr 197 [d.h. 7197 = 1689] jedes Jahr zu bezahlen. Und das zum Dorf gehörende Kirchenland ist von ihm, dem Priester, selber zu pflügen; und die Gemüsegärten sind selber zu umzäunen. Und die Kirchensteuer und alle bischöflichen Ansprüche sind von uns, dem Mir, zu bezahlen; und das ganze Wohnhaus des Priesters ist von uns, dem Mir, zu stellen und 10 Četverki gesäten Weizens; und dieser gesäte Weizen ist von ihm, dem Priester, in Besitz zu nehmen; und das Gras ist vom Mir zu mähen und ihm, dem Priester, zu geben; und vom geschnittenen Gras gehört ihm, dem Priester, die Hälfte. Und der Fischfang und jede Länderei, die die früheren Priester besaßen, sollen ebenso dem Priester gehören. Und als Einkünfte von der Kirche [soll er haben] die Hälfte der Getreide- und Geldeinnahmen für Kasualien (die andere Hälfte ist für die übrigen Kleriker): für ein Gebet bei einer Wöchnerin je 2 Den'gi, für die Taufe eines Kindes je 4 Den'gi, für die Gebete für die Verstorbenen je 1 Den'ga, für eine große Totenliturgie je 4 Den'gi, für eine Totenliturgie bei einem Kind je 2 Den'gi, für eine Trauung je 4 Den'gi. Und er, der Priester, soll mit asketischem Eifer für die Kirche arbeiten; und er soll zu uns Bauern mit dem Heiligen und allem Nötigen in die Häuser kommen. Darüber haben wir, der Älteste und alle Bauern, die Wahl gegeben. Und die Wahlurkunde schrieb im Auftrag des Starosta und aller Bauern der Priester Ivan aus der Volost' Kočvorsk von der Kirche des Hl. Nikolaus. Im Jahre 7197, am 4. Juli."[7]

Dieses Dokument vermittelt einen tiefen Einblick in die kirchlichen Verhältnisse Nordrußlands am Ende des 17. Jh.s. Es enthält vor allem Bestimmungen über die materielle Versorgung des Priesters, seine Aufgaben und Pflichten. Danach mußte der künftige Priester Dimitrij Andreev für die Gebühren, die er bei der Weihe zu entrichten hatte, selber aufkommen. Diese waren nicht immer gering und bestanden aus einer offiziellen Grund-

---

7 Das Dokument ist zitiert nach Verjužskij, Afanasij, S. 163f. – Dazu noch einige Sacherklärungen: Die Einöde (pustyn') Verchotermensk (?) ist im Russischen Geographischen Namensbuch, begründet von Max Vasmer, Wiesbaden 1954ff. nicht erwähnt. Der Bezirk Verchovaz'e lag im späteren Gouvernement Vologda, Vasmer 2, S. 63; Volodskaja lag am Flusse Led', im späteren Gouvernement Archangel'sk, Vasmer 2, S. 158; „ruga" (griech. rhoga), Einkünfte oder Salär des Klerus, das vom Staat, vom Gutsbesitzer oder von der Gemeinde in Geld oder Naturalien entrichtet wird – vgl. Pushkarev, S. 118; Smolitsch, Geschichte, S. 494–496. 1 četverik = 24 Liter – vgl. Pavlovskij, S. 1727.

taxe (stavlennye pošliny) sowie aus Geschenken und Bestechungsgeldern, die jeweils einzelnen Beamten am bischöflichen Hof entrichtet wurden und für den Weihekandidaten in der Regel eine sehr spürbare finanzielle Belastung bedeuteten. Einen Teil seiner Lebenskosten hatte der Priester durch eigene landwirtschaftliche Arbeit auf dem Kirchenland, das dem Mir gehörte und das in den periodischen Landumlegungen jeweils neu verteilt wurde, zu bestreiten. Einen weiteren Teil lieferte ihm die Gemeinde in Form von Naturalien (Roggen und Weizen). Diese Einkünfte hießen „ruga" (vom griechischen „rhoga" abgeleitet) und wurden den Geistlichen entweder aus der Staatskasse oder vom Grundbesitzer oder – wie hier – von der gesamten Gemeinde ausgezählt. Sehr oft wurde die Ruga aber nicht oder nur unregelmäßig geliefert. Daß das Pfarrhaus von der Gemeinde gestellt wurde, war nicht typisch; sehr oft mußte der Priester sich selbst eines kaufen oder bauen lassen, was ebenfalls eine erhebliche finanzielle Belastung darstellte. Wie es damals in allen Gemeinden üblich war, sollten Kasualgottesdienste nach bestimmten Taxen entlöhnt werden, und dies war der dritte Hauptteil der Einkünfte des künftigen Priesters Dimitrij Andreev. Allgemeinverbindliche Ansätze gab es erst von der zweiten Hälfte des 18. Jh.s an. Bis dahin hatte jede Gemeinde die Freiheit, mit ihren Priesteramtskandidaten die Gebühren mehr oder weniger verbindlich festzulegen. Ein letzter Hauptteil der Einkünfte waren schließlich die im Vertrag natürlich nicht erwähnten freiwilligen Abgaben und Geschenke einzelner Gemeindeglieder an ihre Geistlichen. Ihre Höhe schwankte sehr stark von Ort zu Ort, hing meist von der ökonomischen Lage der Gemeinde, von örtlichen Eigenheiten und Traditionen und von der Tüchtigkeit und Beliebtheit der einzelnen Pfarrgeistlichen ab.

Die ökonomische Lage der Gemeinde Verchotermensk und die Entlöhnung des Priesters Dimitrij Andreev sind nicht leicht zu beurteilen. Über Wert und Umfang des Kirchenlandes sind keine Angaben gemacht worden, und auch die Größe der Gemeinde ist nicht bekannt. Der Begriff „pustyn'" (Einöde) deutet aber auf eine sehr kleine Siedlung hin. Die Kasualgebühren dürfen sich neben den gesetzlichen Bestimmungen von 1764/65 durchaus sehen lassen[8]. Wichtig und typisch ist noch ein Satz

8 Nach den Bestimmungen des Synods von 1764 sollte ein Priester für das Gebet bei einer Wöchnerin 2 Kopeken, für eine Taufe eines Kindes 3 Kopeken, für eine Trauung 10 Kopeken, für die Beerdigung eines Erwachsenen 10 Kopeken, für die Beerdigung eines Kindes 3 Kopeken erhalten; Beichte und Abendmahl sollten unentgeltlich sein; für die übrigen Amtshandlungen war kein fester Tarif vorgesehen. Vgl. PSP Ek II 1, Nr. 225 (1764), S. 265f. Vgl. den Senatsukaz vom 10.4.1765, PSZ 17, Nr. 12378. Oft wurden höhere Taxen bezahlt, vgl. Znamen-

gegen Ende des Vertrages: Der Priester darf von den genannten Einkünften nur die Hälfte für sich behalten und muß die andere Hälfte sämtlichen übrigen Mitgliedern des Klerus, in der Regel einem Diakon und mehreren Kirchendienern, zukommen lassen. Nach Vertragsabschluß hatte sich Dimitrij Andreev vom zuständigen Bischof – es war Afanasij Ljubimov in Cholmogory (1682–1702) – weihen zu lassen. Der Bischof, der im übrigen sehr tüchtig war und vieles für seinen Pfarrklerus geleistet hatte, mischte sich in die inneren Angelegenheiten der Gemeinde nicht ein[9].

b) Das zweite Dokument ist ein Brief mehrerer Grundbesitzer der Eparchie Rostov an den Metropoliten Dimitrij Tuptalo, der dem Weihekandidaten mitgegeben wurde: „Wir, die Grundbesitzer, haben für die Kirche der Geburt der Hl. Gottesmutter des Dorfes Karačevo den Sohn des Priesters, Vasilij Leont'ev, ausgewählt, damit er, nach deinem erzbischöflichen Segen und nach unserer Wahl an dieser Kirche zweiter Priester sei, um seinem Vater zu helfen, denn dieser Priester ist alt, und damit die Kirche Gottes nicht ohne Liturgie sei und die christlichen Seelen nicht ohne die Eucharistie sterben müssen. Gnädiger Herr, heiligster Dimitrij, Metropolit von Rostov und Jaroslavl'! Erbarme dich unser, befiel ihn, Vasilij, zur Einsetzung zum Priester mit deinem bischöflichen Segen. Sei gnädig, erbarme dich."[10]

Hier waren es die Grundbesitzer und nicht die gesamte Gemeinde, die den Kandidaten auswählten und dem Bischof vorschlugen. Daß der Sohn des Ortspriesters, der vermutlich bereits als Diakon oder Kirchendiener in derselben Gemeinde gedient hatte, gewählt wurde, lag für die damaligen Verhältnisse auf der Hand. Mehr wird darüber im Kapitel über das Erblichkeitsprinzip zu sagen sein. Auch hier schaltete sich der Bischof nicht in die inneren Angelegenheiten der Gemeinde ein, sondern begnügte sich mit dem Weihegottesdienst. Über die materielle Versorgung des Priesters, über seine Vorbildung und über seine moralischen Qualitäten ist aus dem Brief leider nichts zu erfahren. Eine Ausbildung in der damals bestehenden Eparchialschule von Rostov ist offensichtlich nicht verlangt worden.

Entgegen der Feststellung der älteren Forschung[11] war die Gemeindewahl im 18. Jh. im ganzen russischen Reich verbreitet. Das Geistliche

---

skij, Položenie, S. 131f.; Freeze, S. 166, Tabelle 19 wertet nicht alle zur Verfügung stehenden Zahlen aus. Über den fortschreitenden Zerfall des Rubels vgl. Ključevskij: Russkij rubl', in: Sočinenija 7, S. 170–238.

9 Verjužskij, S. 142–255.

10 Zitiert nach Znamenskij, Prichodskoe duchovenstvo, S. 20.

11 Znamenskij, Prichodskoe duchovenstvo, S. 18–81.

Reglement enthielt unter diesem Aspekt keine grundlegend neuen Formulierungen, sondern wiederholte und präzisierte nur, was schon seit Jahrhunderten gebräuchlich war. Die Hundertkapitelsynode (stoglav) des Jahres 1551 hatte bereits verbindlich festgehalten, daß die Gemeindeglieder solche Priester, Diakone und Kirchendiener zu wählen hätten, die geschickt, gebildet und von untadeligem Leumund seien, um in den heiligen Kirchen zu dienen[12]. Peter d.Gr. erließ 1711 schärfere Richtlinien über die Gemeindewahl des Klerus, da in jenen Jahren schwerwiegende Mißbräuche zutage getreten waren: Söhne von Subdiakonen und Kirchendienern, die militärdienstpflichtig und militärdiensttauglich waren, entzogen sich den Rekrutierungen, indem sie sich mit gefälschten Bittschreiben die Priester- oder Diakonatsweihe geben ließen und somit dem Staatsdienst verlorengingen. Deswegen erließ Peter folgende neun Regeln: 1. Für die Diakonatsweihe mußte der Kandidat mindestens 25, für die Priesterweihe mindestens 30 Jahre alt sein. Dies war nichts anderes als die Wiederholung alter kirchenrechtlicher Bestimmungen, die auch im alten Rußland – man vergleiche z.B. die Kanones des Landeskonzils von Vladimir 1274 – gültig gewesen waren[13]. 2. Die Bischöfe dürfen keine Priester und Diakone weihen, für die keine Stelle bereitstand. Dies war eine dringend notwendige Bestimmung, denn die Bischöfe hatten wegen der oft riesigen räumlichen Ausdehnung der Eparchien und wegen der großen Gemeindeautonomie keinen Überblick über die Probleme von Priesterüberfluß und Priestermangel und hatten in den vergangenen Jahrzehnten eher zu viel als zu wenig Kandidaten geweiht, so daß es viele stellenlose Priester und Diakone gab oder eine Gemeinde mehr Geistliche besaß, als sie sinnvollerweise beschäftigen und bezahlen konnte[14]. Die übrigen sieben Bestimmungen gaben detaillierte Anweisungen an die Eparchialbischöfe: 3. Sollte ein D'jaček die Stelle eines kranken Priesters einnehmen, mußte dieser seine Arbeitsunfähigkeit und sein Einverständnis schriftlich bestätigen. 4. Über die besetzten und freien Priester- und Diakonsstellen muß Buch geführt werden. 5. *perechožie gramoty*, d.h. Urkunden, die dem Geistlichen erlauben, eine Stelle in einer anderen Gemeinde anzutreten, dürfen nur in besonders begründeten Notfällen ausgestellt werden. 6. Bittschreiben sind auf ihre Echtheit zu überprüfen. 7. Die Gemeinden haben zu bestätigen, daß ihnen der Kandidat genehm ist. 8. D'jaček und Kirchendiener sind mit großer Strenge anzuhören.

---

12 Stoglav, S. 64f.

13 Zum Landeskonzil („sobor") von Vladimir vgl. oben, S. 155 Anm. 6.

14 Vgl. die Problematik des Priesterüberschusses und der Etatisierung der Stellen unten, S. 183ff.

9. Bischöfe, die sich an diese Bestimmungen nicht halten, müssen bestraft werden[15].

Die grundsätzlichen rechtlichen Bestimmungen im Geistlichen Reglement hatten in der zeitgenössischen deutschen Übersetzung folgenden Wortlaut: „Wann die Pfarr-Kinder oder Edelleute auf dem Lande jemanden zum Priester in ihrer Kirche erwehlen, so sollen sie in ihrem Berichte attestiren, daß er ein unverdächtiger Mann und guten Wandels sey; Wann aber die Edelleute nicht selbst auf ihren Güthern zugegen sind, so sollen ihre Bediente und Bauern gedachtes Zeugniß ausstellen. Ferner soll in denen desfalls überreichten Suppliquen spezifiziret werden, was vor Besoldung oder Land bey der Pfarre sey: Wobey denn auch der Candidatus sich verschreiben muß, daß er damit zufrieden seyn, und von der Kirche, zu welcher er geweihet worden, zeit Lebens nicht abgehen wolle. Wenn aber der Bischoff auf denselben einen Verdacht hat, des Roskolsczischen Wesens oder anderer Dinge wegen, oder meinet, daß er des Ambts unwürdig sey, so wird solches zu seiner, des Bischoffs, Beurtheilung gestellet."[16] Und in der Ergänzung zum Geistlichen Reglement hieß es: „Der Candidatus soll bey seiner Supplique ein deutliches Zeugniß von seinen Pfarrkindern beybringen, daß sie ihn vor einen ehrlichen Mann kennen, in specie, dass er kein Trunckenbold, nicht nachläßig in seiner Haußhaltung, kein Verleumder, kein Zäncker, kein Hurer, kein Schläger, und niemahls einiger Schelmerey oder Betrugs überführet sey. Dann diese Laster hindern vor allen andern das Hirten-Ambt, und schänden den geistlichen Stand. – Es soll auch in der Supplique nahmentlich gemeldet, und unter der Eingepfarreten Hand attestieret seyn, wie viel Besoldung oder Land bey der Pfarre sey? Wobey der Candidatus sich verschreiben soll, daß er mit solcher Besoldung oder Lande zufrieden seyn wolle."[17]

Die Bischöfe durften sich also mit solchen Bittschreiben, wie sie die Grundbesitzer von Karačevo in der Eparchie Rostov an Dimitrij Tuptalo gesandt hatten, nicht mehr zufriedengeben, sondern mußten auch darüber informiert werden, ob der betreffende Weihekandidat die ethischen Voraussetzungen für die Aufgaben als Priester, Diakon oder Kirchendiener besitze und ob die Gemeinde in der Lage sei, die erforderlichen Mittel in Geld und Naturalien zur Verfügung zu stellen. Beides war kirchenpolitisch notwendig. Das ethische Niveau des Gemeindeklerus ließ seit Jahrhunderten sehr zu wünschen übrig, und gerade Dimitrij Tuptalo hatte

---

15 PSZ 4, Nr. 2352 (1711), S. 668.
16 Verchovskoj, S. 70; Geistliches Reglement, S. 63.
17 Verchovskoj, S. 83f.; Geistliches Reglement, S. 78.

sich in mehreren pastoraltheologischen Schriften sehr darüber beklagt[18]. Auch die Zahl der Gemeindekleriker, die ihre Parochie verlassen mußten, weil sie keine Mittel für den Lebensunterhalt bekamen, war in dieser Zeit beunruhigend groß[19]. Somit waren die verschärften Bestimmungen nicht nur verständlich, sondern dringend notwendig. Etwas prinzipiell Neues über das Gemeindewahlrecht war damit aber nicht gesagt.

Das Gemeindewahlrecht wurde wiederholt bestätigt. In einem Synodalukaz vom 23. Februar 1722 hieß es, daß in allen Eparchien geeignete Kandidaten für freie Priester- und Diakonenstellen von den Gemeinden gewählt und dem Bischof zur Weihe vorgeschlagen werden sollen. Die Kandidaten müssen einen guten Leumund besitzen, lesen und schreiben können und dürfen nicht der Sympathie zum Altgläubigentum verdächtig sein. Vor der Weihe haben sie noch „Bücher über den Glauben und die christliche Religion" (O vere i zakone christianstem) zu studieren und öffentlich den Priester- oder Diakoneneid abzulegen. Daß an dieser Stelle nicht der Besuch einer geistlichen Schule verlangt wurde, war realistisch, denn das geistliche Bildungswesen war zu diesem Zeitpunkt nicht genügend leistungsfähig und anerkannt[20].

In der Praxis und im kirchlichen Alltag wurde das Gemeindewahlrecht häufig angewendet, was sich mit vielen Beispielen belegen läßt. In der Ukraine gestaltete sich die Wahl eines Priesters jeweils zu einem regelrechten Volksfest, an dem sich mehrere Kandidaten öffentlich vorstellten, um die Gunst der Wähler warben und an dem in einem feierlichen Akt die Wahl vollzogen wurde[21]. Auch in Moskau war das Gemeindewahlrecht weiterhin lebendig. So wählte die Gemeinde einer kleineren Kirche nach dem Tode ihres Diakons 1721 einen Vikar, der das Amt so lange ausüben sollte, bis der noch minderjährige Sohn des Verstorbenen die Stelle antreten könne; da dieser Sohn bald darauf verstarb, bat sie um die definitive Einsetzung des Vikars. — Die Gemeindeglieder einer anderen Kirche Moskaus ersuchten 1762 ihren Metropoliten, den seit mehreren Jahren amtierenden Diakon mit der Stelle eines soeben verstorbe-

18 Makarij, Istorija russkoj cerkvi 8, S. 336–339; 10, S. 60–63 über das 16. Jh. und die Smuta; A. G., Opredelenija, S. 233–248, über die Mitte des 17. Jh.s; Šljapkin, S. 294–297; 324–327.

19 Über das Problem des vagabundierenden Klerus vgl. unten, S. 218–221.

20 PSP 2, Nr. 439 (1722), S. 86f.

21 Kryžanovskij, S. 408–421; Znamenskij, Prichodskoe duchovenstvo, S. 23–26. Die Wahl eines Priesters hatte viel Ähnlichkeit mit der Wahl von Hetman, Kosakenführern und der ganzen Kosaken-Staršina — vgl. Kryžanovskij, S. 420. Die Wahl von Diakonen und Kirchendienern war demgegenüber sehr viel einfacher — vgl. Kryžanovskij, S. 426–428.

nen Priesters zu betrauen[22]. Wie G. Freeze nachgewiesen hat, war das Gemeindewahlrecht noch in den 1780er und 1790er Jahren in den zentralrussischen Eparchien gang und gäbe: Eine Delegation erschien jeweils vor dem Bischof, brachte ein Empfehlungsschreiben mit den seit Jahrzehnten üblichen Formulierungen und bat um die Weihe und Einsetzung ihres Kandidaten[23]. Man kann sogar Beispiele aus dem beginnenden 19. Jh. anführen, welche die Zählebigkeit des Gemeindewahlrechts demonstrieren: Nach dem Tode ihres Priesters bildeten die Bauern des Dorfes Kablukovo im Gouvernement Vladimir eine Wahlkommission, die ins benachbarte Jur'ev auf den Bazar zog, einen Kirchendiener, der mit Schafen handelte, kennenlernte und ihn bat, die verwaiste Priesterstelle zu übernehmen. Dank der Fürsprache des Gutsherrn wurde der betreffende Kirchendiener vom Bischof sehr rasch geweiht und eingesetzt[24]. Auch in Nordrußland – in den Eparchien Petersburg und Novgorod – war das Gemeindewahlrecht in der zweiten Hälfte des 18. Jh.s weit verbreitet[25]. Ein interessantes Bittschreiben aus der Eparchie Voronež (1747) zeigt nochmals deutlich, worauf die Gemeindeglieder besonders geachtet haben, als sie ihren Bischof um die Beförderung ihres Diakons zum Priester ersuchten: „Wir, die oben Genannten, kennen jenen Diakon sehr gut und wissen, daß er ein guter und demütiger Mensch ist, kein Trunkenbold, in seiner Haushaltsführung nicht faul, kein Verleumder, nicht zanksüchtig, kein Hurer, kein Mörder, des Diebstahls und Betrugs nicht überführt. Er kann lesen und schreiben, es liegt auf ihm kein Raskol-Verdacht und sein Diakonenamt übt er fleißig und untadelig aus."[26] Auch im Osten und Südosten des Imperiums war die Gemeindewahl verbreitet. Der Bischof von Irkutsk mußte seine Gemeinden ausdrücklich auffordern, um die Besetzung freier Stellen besorgt zu sein; und ähnliches galt auch von den Eparchien Tobol'sk und Astrachan', da hier zeitweise – im Gegensatz zu Zentralrußland – ein so großer Klerikermangel herrschte, daß der Nachwuchs aus Priester- und Kirchendienerfamilien zur Besetzung freier Stellen bei weitem nicht ausreichte und immer wieder Angehörige anderer sozialer Gruppierungen herangezogen werden mußten[27].

Daß es Geistlichen nicht immer gelungen ist, auf dem Wege der Gemeindewahl eine Stelle zu bekommen, ist ebenfalls oft bezeugt. So be-

---

22 ODDS 6 (1726), Sp. 227; Rozanov 2.2, S. 63 (2. Paginierung).

23 Freeze, S. 157f.

24 N. I. Solov'ev: Kak prichožane iskali sebe batjušku, in: R. St. 1899/6, S. 287–289.

25 Titlinov, Gavriil Petrov, S. 69–71; 528–531.

26 Znamenskij, Prichodskoe duchovenstvo, S. 22.

27 Ebd., S. 18; vgl. unten, S. 187f.

klagten sich 1718 die Absolventen der Moskauer Akademie, sie hätten die größte Mühe, als Priester oder Diakone unterzukommen, da die Gemeinden die freien Stellen nach dem Erblichkeitsprinzip oder mit Kandidaten, die ihnen mehr zusagten als Akademieabsolventen, besetzten[28]. Oder ein ehemaliger Armeegeistlicher, der eine feste Anstellung in seiner Heimateparchie Belgorod suchte, jammerte über eine mehrjährige Stellenlosigkeit, da es ihm nicht gelungen sei, genügend Unterschriften von Gemeindegliedern zu sammeln, die ihn bei sich als Priester haben wollten (Mitte des 18. Jh.s)[29].

Der unbestreitbar größte Vorteil des Gemeindewahlprinzips lag darin, daß die Gemeinde die Kandidaten ihrer Wahl zu Priestern, Diakonen und Kirchendienern erhielt und nicht vom Bischof oder von einer anonymen übergeordneten Kirchenbehörde Geistliche vorgesetzt bekam, zu denen kein Vertrauensverhältnis bestand oder die ihr aus dem einen oder andern Grund nicht genehm waren. Das Gemeindewahlprinzip setzte allerdings ein reges kirchliches Leben, ein inneres Engagement und geistig-geistliche Reife der Wahlberechtigten voraus. Dies trifft im 18. Jh. in starkem Maße auf die Ukraine zu, da die Nachbarschaft zu Katholizismus und Union im angrenzenden Polen-Litauen die orthodoxen Christen immer wieder zur Beachtung ihrer eigenen Tradition und Kirchlichkeit herausforderte, ließ sich aber auch in den übrigen Eparchien Rußlands beobachten[30]. Der zweite Vorteil des Gemeindewahlprinzips bestand darin, daß Kandidaten jeder sozialen Herkunft berücksichtigt werden konnten. In der Ukraine des 18. Jh.s war der geistliche Stand auch Weltlichen zugänglich. Außer den Söhnen der Pfarrkleriker, außer den Kirchendienern, die in höhere geistliche Ämter aufsteigen wollten, außer stellenlosen Geistlichen bewarben sich jeweils auch gebildete Interessenten weltlicher Stände – Absolventen der Schulen von Kiev, Černigov, Perejaslavl', vor allem Söhne von Bauern und einfachen Leuten, Kosaken, Kaufleute und „Kleinbürger" (meščane) – um Priester- und Diakonsstellen, so daß zunächst noch kein in sich geschlossener geistlicher Stand mit allen seinen Eigentümlichkeiten und Schwierigkeiten entstehen konnte[31]. Im übrigen Rußland rekrutierten sich die Kandidaten für die geistlichen Ämter zumeist aus dem geistlichen Stand, da die Erblichkeit der Pfarrstellen schon weit verbreitet war.

Deutliche Nachteile des Gemeindewahlprinzips bestanden darin, daß Mißbräuche der hohen Gemeindeautonomie verhältnismäßig oft vorka-

---

28 ODDS 1 (1721), Anhang Nr. XXX, Sp. CCCIV–CCCXV.

29 ODDS 29 (1749), Sp. 626–628. 30 Vgl. oben, S. 161f.; Freeze, S. 156–162.

31 Znamenskij, Prichodskoe duchovenstvo, S. 24; zur sozialen Zusammensetzung der Schülerschaft in den ukrainischen geistlichen Schulen vgl. oben, S. 116–121.

men und schwer kontrollierbar waren. Es wurde in vielen Fällen nicht der fähigste, sondern der für die Gemeinde bequemste Kandidat gewählt und geweiht. Den Bischöfen wurden Leute präsentiert, die nicht oder nicht genügend lesen und schreiben konnten, die nicht das vom Kirchenrecht geforderte Alter besaßen (s.o., S. 159), die in moralischer Hinsicht den Anforderungen der Kanones nicht entsprachen oder die mit gefälschten Urkunden erschienen [32]. Der Metropolit von Moskau, Platon Levšin, schätzte das Gemeindewahlprinzip nicht, da seiner Meinung nach die Bauern damit überfordert waren: „Eure Sache ist es, zu pflügen und den Acker zu bestellen, meine Sache, euch Priester zu geben.“ [33] Da seit der Pugačevščina und den übrigen Bauernaufständen unter Katharina II. und Paul I. Staat und Kirche eine schärfere Kontrolle über die Pfarrgeistlichen, die oft mit den Aufständischen sympathisiert hatten, forderten und da zudem immer mehr Seminarabsolventen zur Verfügung standen, die Stellen suchten und sich dabei an die Bischöfe wandten, verschwand das Gemeindewahlprinzip mit dem Beginn des 19. Jh.s zunehmend: Von 1815 an wurden keine Zeugnisse von den Gemeinden mehr verlangt und im „Statut der geistlichen Konsistorien“ (1841) das Gemeindewahlrecht endgültig beseitigt [34].

4.1.2 Das Erblichkeitsprinzip

Im Gegensatz zum Klerus der römisch-katholischen Kirche ist die orthodoxe Pfarrgeistlichkeit verheiratet. Ein Kandidat für die Priester- oder Diakonatsweihe muß bereits verheiratet sein. Nach der Weihe ist keine Eheschließung mehr möglich, und auch eine zweite Ehe ist kanonisch verboten [1]. Der Pfarrgeistliche hat mit seinen Einkünften eine oft vielköpfige Familie zu unterhalten und auch für eine berufliche Ausbildung seiner Söhne zu sorgen. Daß diese den Beruf des Vaters erlernen und gegebenenfalls auch die Stelle des Vaters erben, ist eine weitverbreitete Erscheinung und völlig natürlich.

In Rußland ging die Erblichkeit der Pfarrstellen bis in die Anfänge der Kirchengeschichte zurück. Es gab vor allem zwei Gründe, die diese Erblichkeit förderten: Erstens lernten die Söhne bei ihren Vätern lesen und schreiben, wuchsen von ihrer Kindheit an in das gottesdienstliche Leben

---

32 Vgl. hierüber Markov, PBĖ 5, 98f. (bereits in der Tatarenzeit), 106ff. (17. Jh.) und oben S. 159 (Entzug vor den Rekrutierungen 1711).

33 Znamenskij, Prichodskoe duchovenstvo, S. 70.

34 Smolitsch, Geschichte, S. 435.

1 Kattenbusch, S. 371–373; vgl. die kanonischen Bestimmungen über die Ehen von Geistlichen im Trullanum (692), Kanones 3, 6, 12, 13, 26, 30, 48; Hefele 3, S. 330ff.

der Kirche hinein und waren schon früh mit den Amtsaufgaben ihrer Väter vertraut; viele halfen von einem bestimmten Alter an in den Kirchen ihrer Väter als Küster, Lektoren und Sänger aus. Dies alles war die beste Vorbereitung für die Priester- und die Diakonatsweihe, denn Schulen fehlten. Zweitens genossen die Gemeindegeistlichen im alten Rußland Standes- und Berufsprivilegien, vor allem die Freiheit von Steuern, von Abgaben und Dienstleistungen dem Staat gegenüber. Verständlicherweise wurden diese Vorrechte von den Söhnen eines Klerikers gern beibehalten. Die Geistlichen hatten also ein unmittelbares persönliches Interesse an der Erblichkeit der Stellen. Der älteste Beleg für das Erblichkeitsprinzip findet sich in einer Chronik unter dem Jahre 1030, wo es heißt, daß Jaroslav für Novgorod Priester rekrutiert habe, „von den Söhnen der Bauernältesten und der Priester“ (ot starost i ot popovych detej)[2].

Die Erblichkeit von Pfarrstellen läßt sich auch in anderen orthodoxen und vorchalkedonensischen Kirchen beobachten[3]. So erhielten alte und angesehene Priesterfamilien Konstantinopels vom Kaiser das erbliche Recht auf das Priestertum und die mit den Stellen verbundenen Einkünfte; wer nicht Priester werden konnte oder wollte, hatte die Möglichkeit, die Stelle zu vermieten[4]. Die trullanische Synode des Jahres 692 lehnte die armenischen Sonderbräuche, Wein ohne Wasser für die Eucharistie zu gebrauchen und nur Abkömmlinge der Priesterfamilien zu Klerikern zu weihen, entschieden ab[5]. Die Erblichkeit von Pfarrstellen ist auch aus dem mittelalterlichen Serbien bezeugt: König Stefan III. Uroš (1322 bis 1331), der Gründer des Klosters Dečani, verfügte, daß „ein Priestersohn, der lesen und schreiben gelernt hat, bei seinem Vater auf dessen Pfarrstelle bleiben soll. Wenn er aber nicht lesen und schreiben gelernt hat, soll er ein Bauer sein.“[6]

Im Laufe der Jahrhunderte setzte sich in Rußland der Brauch immer mehr durch, daß die Söhne von Gemeindegeistlichen die Stellen ihrer Väter erbten und daß damit die Gemeindegeistlichkeit allmählich zu einem in sich geschlossenen, isolierten Stand wurde. Dieser Prozeß, der schon in der mittelalterlichen Kirchengeschichte Rußlands einsetzte und sich

2 PSRL 5, SPb. 1851, S. 136.

3 Unter „Vorchalcedoniern“ versteht man die Kirchen, die die Lehren des Konzils von Chalcedon (450) abgelehnt haben; zu ihnen gehören die syrische, koptische und armenische Kirche; vgl. M. Lehmann: Leitfaden der Ostkirchen. Das geistliche Profil der Ostchristen, Wien 1969, S. 16f.

4 Golubinskij, 1.1, S. 451 Anm. 1.

5 Mansi 11, S. 958f.; Hefele 3, S. 335; Golubinskij, 1.1, S. 451 Anm. 1.

6 Monumenta Serbica, spectantia historiam Serbiae, Bosnae, Ragusii, ed. F. Miklosich, Wien 1858 (ND Graz 1964), S. 98f.; Golubinskij, Kratkij očerk, S. 692.

im Laufe des 17. Jh.s intensivierte, kam im 18. Jh. zum Abschluß, da noch weitere Faktoren mitwirkten, nämlich die Problematik des geistlichen Schulwesens und der sozialen Zusammensetzung seiner Schülerschaft und die Rechtslage der Pfarrgeistlichkeit[7]. Die Erblichkeit der Stellen wurde kirchenrechtlich nie legitimiert, im Gegenteil, noch 1775 zitierte der Metropolit Platon Levšin in seinem kurzgefaßten Katechismus für Priester und Kirchendiener den apostolischen Kanon 76 und paßte dessen Wortlaut gerade in diesem Gesichtspunkt der aktuellen kirchenpolitischen Situation an. Der apostolische Kanon 76 hatte es den Bischöfen verboten, ihren Brüdern, Söhnen oder sonstigen Verwandten auf menschliche Weise eine besondere Gunst zu erweisen und sie als Nachfolger auf ihre Stellen zu weihen, denn die Bistümer durften nicht erblich sein. Platon Levšin erweiterte die Formulierung des Kanons „hoti ou chrē episkopon tō adelphō ē hyiō ē heterō syggenei charizesthai pathei anthrōpinō" in „episkop, ili presviter, ili diakon, ili pričetnik na mesto svoe ne možet syna svoego, ili srodnika postaviti, ili naznačati", schloß also auch den Gemeindeklerus unter das Verbot der Erblichkeit der Stellen ein: „Die Kirche Gottes darf nicht unter ein Erblichkeitsprinzip gestellt werden."[8] Die Erblichkeit der Pfarrstellen war kanonisch also nicht vorgesehen, hatte sich aber *de facto* und als Gewohnheitsrecht, wie in der mittelalterlichen armenischen, so auch in der russischen Kirche der beginnenden Neuzeit durchgesetzt[9].

Etwas schematisierend schildert Znamenskij den Klerus einer Gemeinde wie folgt: „Nach dem Tode des Vaters, der als Priester diente, folgte sein ältester Sohn auf seine Stelle, der unter seinem Vater Diakon gewesen war, und auf seine Stelle wurde als Diakon der folgende Bruder eingesetzt, der als D'jaček gedient hatte, die D'jaček-Stelle besetzte der dritte Bruder, der vorher Küster gewesen war; wenn für alle diese Stellen nicht genügend Brüder vorhanden waren, wurde die vakante Stelle vom Sohn des ältesten Bruders besetzt oder sie wurde ihm zugeschrieben, wenn er noch nicht erwachsen war, usw."[10]

Fehlten männliche Nachkommen, gingen die Erblichkeitsansprüche auf die weibliche Linie über: Die Stellen wurden auf die Schwiegersöhne des Verstorbenen übertragen, so daß bei der Besetzung der Stellen „sehr

---

7 Vgl. unten, S. 175ff. und oben, S. 90ff.

8 Mansi 1, S. 45; Hefele 1, S. 823; Platon Levšin, Sokraščennyj katichizis, S. 245. Platon verweist auch auf den Kanon 23 des Konzils von Antiochia in encaeniis (341), Hefele 1, S. 520.

9 Anders in Griechenland, wo der ländliche Klerus zumeist aus dem Bauernstand stammte, Kattenbusch, S. 373.

10 Znamenskij, Prichodskoe duchovenstvo, S. 121.

viel vom Geschmack der Töchter hinsichtlich ihrer künftigen Ehemänner abhing"[11]. Waren die Erben oder Erbinnen noch minderjährig, konnte von der Witwe oder von den Verwandten ein Vikar eingestellt werden, der die Amtsgeschäfte des Verstorbenen ausführte und einen Teil der Einkünfte für sich behielt, einen Teil der Witwe und den Erben übergab[12]. Wenn gar keine Nachkommen da waren, wurde die Stelle bzw. das Pfarrhaus an einen Interessenten verkauft; der persönliche Besitz der Pfarrhäuser trug erheblich zur sozialen Stabilität des geistlichen Standes bei[13].

Daß die Söhne von Pfarrgeistlichen wieder Töchter aus dem geistlichen Stand heirateten und daß die Söhne aus diesen Ehen wieder Geistliche wurden, war die Regel. Statistische Angaben hierüber fehlen für den untersuchten Zeitraum. Es sind aber sehr viele Einzelfälle aus den Gesetzestexten, den Synodalakten, den Biographien und Autobiographien bekannt, die sehr ähnlich liegen und allgemeine Schlüsse in dieser Richtung zulassen. Ein solcher typischer Einzelfall war beispielsweise die Familie des Priesters Feodor Rumovskij, der in der Mitte des 18. Jh.s in Krasnoe selo amtierte. Von seinen fünf Söhnen besuchte der erste, Vasilij (geb. 1738/39), das Aleksandr-Nevskij-Seminar, schlug die Laufbahn des gelehrten Mönches (mit dem Namen Venjamin) ein, wurde 1774 zum Bischof von Olonec geweiht, bald darauf nach Archangel'sk und schließlich nach Nižnij Novgorod versetzt; der zweite Sohn Foma wurde Priester am Blagoveščenskij Sobor in Moskau, der dritte, Ioann, Protopriester an der Kirche des Andrej Pervozvannyi in St. Petersburg, der vierte, Stefan, erbte die Stelle des Vaters in Krasnoe selo und der fünfte, Sergij, erhielt die Stelle als Protopriester am Moskauer Blagoveščenskij Sobor und als Beichtvater Alexanders I.[14]. Oder ein weiteres, ebenfalls typisches Beispiel: Afanasij Sil'vestrov (geb. um 1770, gest. nach 1831), ein Kirchendiener und dann Priester in einem Dorf der Eparchie Vladimir, der selber Sohn eines D'jaček gewesen war und die Tochter eines Priesters aus einem Nachbardorf geheiratet hatte, hatte sechs Töchter und einen Sohn. Was aus dem Sohn geworden ist, geht aus den autobiographischen Aufzeichnungen Sil'vestrovs nicht hervor. Von den Töchtern heirateten drei Söhne aus dem geistlichen Stand, die später wieder Geistliche wurden. Einer von ihnen übernahm die Stelle seines Schwie-

---

11 Ebd., S. 133, 130–135.

12 Ebd., S. 135, 158.

13 Ebd., S. 138–144, 153f. Über die Häuser, die die Geistlichen meist selber bauen oder kaufen mußten und den dadurch entstandenen Handel mit den Pfarrstellen vgl. ebd., S. 141ff.

14 Makarij, Istorija nižegorodskoj ierarchii, S. 187f.

gervaters. Die vierte Tochter verehelichte sich mit einem Sekretär in Jur'ev, und die andern beiden wurden Nonnen[15]. Auch die drei Söhne des Priesters Georgij Levšin wurden wieder Geistliche: Der älteste Sohn Timofej amtierte als Kirchendiener und dann als Diakon in Moskau, Aleksandr erhielt die Stelle als Protopriester am Uspenskij Sobor in Moskau und Petr wurde gelehrter Mönch und schließlich Metropolit von Moskau[16]. Auch die Biographie Filaret Drozdovs zeigt, wie weit die soziale Abschließung des geistlichen Standes im 18. Jh. gehen konnte: Sein Urgroßvater Ignatij Drozdov war Kirchendiener und hatte mehrere Söhne, die wiederum Geistliche wurden, sein Großvater Nikita amtierte als Priester und Protopriester in Kolomna, sein Vater war Diakon und Seminarlehrer in derselben Stadt, und seine Paten gehörten ebenfalls dem geistlichen Stand an[17].

Somit entstanden oft ganze Priesterdynastien, Familien, die durch Jahrhunderte hindurch dem geistlichen Stand angehörten. Was dies bedeutet, läßt sich am besten wieder mit einigen eindrucksvollen Beispielen, die beliebig vermehrt werden können, belegen: Sergij Bulgakov (1871–1944), einer der bedeutendsten Theologen der russischen Emigration in der ersten Hälfte des 20. Jh.s, war, wie er sich selber ausdrückte, „Levite bis ins sechste Geschlecht"; einer seiner Vorfahren, ein verarmter *bojarskij syn*, trat in der Regierungszeit Ivans des Schrecklichen in den geistlichen Stand ein, und seine Nachkommen blieben Priester[18]. Amvrosij Ključarev (1820–1901), Erzbischof von Cherson und einer der berühmtesten Prediger der russischen orthodoxen Kirche im 19. Jh., stammte aus einer Familie, deren Glieder zweihundert Jahre lang ununterbrochen Pfarrgeistliche im selben Dorf, nämlich in Aleksandrov (Gouv. Vladimir) gewesen waren[19]. Die Vorfahren des durch seine charismatische Persönlichkeit und durch seine soziale Arbeit bekannten Protoierej von Kronstadt, Ioann Sergiev (1829–1908), gehörten gar seit 350 Jahren zum geistlichen Stand[20].

Die Haltung der Bischöfe in der Frage der Erblichkeit von Pfarrstellen war nicht einheitlich. Auf der einen Seite war das Erblichkeitsprinzip

---

15 R.St. 1899/2, S. 369–375.

16 Snegirev, S. 203–205.

17 A. Smirnov, Detstvo, S. 17–19.

18 Die „deti bojarskie" (Singular: „bojarskij syn") sind eine geringe Adelsklasse im Moskauer Rußland, ursprünglich vielleicht verarmte oder jüngere Söhne von Bojaren, die den Rang der Väter nicht erreicht hatten; im 16. und 17. Jh. bildeten sie einen Hauptteil der Armee des Zaren, Pushkarev, S. 11. – Zur Familiengeschichte der Bulgakovs vgl. Bulgakov, Avtobiografija, S. 15.

19 Felmy, S. 110.

20 Felmy, S. 176.

für den Eparchialbischof sehr bequem. Die Söhne aus den Klerikerfamilien brachten durch Herkunft, Erziehung und regelmäßige Teilnahme an den Gottesdiensten in der Kirche der Väter bessere Vorkenntnisse für den Priesterberuf mit als weltliche Kandidaten. Deswegen forderten die Väter des Moskauer Konzils von 1666/67 die Gemeindegeistlichen nachdrücklich auf, sich um eine sehr sorgfältige Erziehung ihrer Söhne „in der Hoffnung auf das Priesteramt" (v nadeždu svjaščenstva) zu bemühen[21]. Die Entwicklung auf einen in sich geschlossenen geistlichen Stand zeichnete sich hier also bereits deutlich ab.

Ein zweiter Grund, warum die Bischöfe die Erblichkeit der Priester-, Diakonen und Kirchendienerstellen tolerierten, wenn nicht förderten, war die Witwen- und Waisenversorgung. Wie schon kurz angedeutet, besaß die Witwe eines Priesters die Möglichkeit, einen Vikar mit der Stelle ihres verstorbenen Mannes zu betrauen, bis der älteste Sohn erwachsen war und geweiht werden konnte, oder, wenn keine Söhne da waren, bis eine der Töchter einen Kandidaten für die Priesterweihe heiratete, der die Stelle dann übernahm; der Vikar mußte einen Teil seiner Einkünfte aus den Erträgen der landwirtschaftlichen Arbeit, der Kasualgebühren und der freiwilligen Abgaben der Gemeindeglieder der Witwe abgeben, so daß sie mit ihren Kindern materiell einigermaßen versorgt war. Hierüber sind auch viele Einzelfälle bekannt. So ersuchte die Witwe eines Priesters in einem Dorf der Moskauer Gegend den Synod um die Bewilligung, einen Vikar vorübergehend mit der Stelle ihres Mannes, der 1725 im Alter von 50 Jahren verstorben war, zu betrauen, bis ihre 13jährige Enkelin mit einem Priester verheiratet sei, der die Stelle übernehmen könne. Der Synod erlaubte es ihr gewohnheitsgemäß (po obyknoveniju), was deutlich auf die Häufigkeit und die Rechtmäßigkeit solcher Fälle hinweist[22]. Oder ein weiteres Beispiel: Die Witwe eines 1730 verstorbenen Priesters in der Umgebung Moskaus hatte acht Kinder zu versorgen und bat den Synod, einen Vikar anstellen zu dürfen, bis ihr ältester Sohn, der jetzt 20 Jahre alt sei, zum Priester geweiht werde und die Stelle des Vaters übernehmen und damit auch für die ganze Familie aufkommen könne; die Witwe berief sich auf eine entsprechende Rechtstradition[23]. Und in den 60er Jahren des 18.

---

21 A. G., Opredelenija, S. 251f. – Sehr eindrucksvoll schildert S. Bulgakov in seiner Autobiographie, welche Eindrücke er von der gottesdienstlichen Atmosphäre der Kirche seines Vaters von frühester Kindheit an empfangen habe, wie sehr seine Seele ergriffen worden sei, wenn sein Vater das Mysterium der Eucharistie vollzogen hatte, und wie ihn das Erlebnis der Osternacht begeistert habe, Bulgakov, Avtobiografija, S. 12–15.

22 PSP 5, Nr. 1761 (1726), S. 341.

23 ODDS 11 (1731), Sp. 622f.

Jh.s erließ der Synod einen Ukaz, in dem diese Rechtstradition und diese Praxis noch einmal bestätigt und erläutert wurde: „Wenn nach dem Tode von Priestern und Kirchendienern Töchter und weibliche Verwandte zurückbleiben und die Frauen der Verstorbenen auf die Stellen ihrer Männer für ihre Töchter und weiblichen Verwandten jemanden nach ihrem Wunsch aufnehmen möchten, der würdig ist und gegen den keine gesetzlichen Hindernisse vorliegen, dann sollen sie ihn bestimmen. Hinterläßt der Priester oder Kirchendiener nach seinem Tode minderjährige Knaben, und zwar solche, die in den Schulen tatsächlich lernen, dann soll ... bis zu deren Schulabschluß niemand in die väterlichen Stellen eingesetzt werden, sondern man soll aus den Einkünften der Kirchenstelle einen Vikar unterhalten. Haben jene die Ausbildung abgeschlossen, das nötige Alter erreicht und erscheinen sie würdig, dann sollen sie die Stelle erhalten."[24] Auf diese Art und Weise konnten Synod und Eparchialbischöfe das Problem der Witwen- und Waisenversorgung bequem lösen; die Stellen blieben in den jeweiligen Familien, und die soziale Isolierung des geistlichen Standes wurde dadurch noch weiter zementiert.

Auf der anderen Seite wurde das Erblichkeitsprinzip von Staat und Kirche wiederholt scharf kritisiert. Auf die Äußerungen Platon Levšins, wonach der Dienst an der Kirche Gottes nicht erblich sein dürfe, ist bereits hingewiesen worden[25]. In der petrinischen Gesetzgebung wurden die Bischöfe mehrere Male aufgefordert, nur noch Leute, die eine Schulbildung nachweisen konnten, zu Priestern und Diakonen zu weihen und zu Kirchendienern einzusetzen und den Anspruch ungebildeter Kandidaten auf die Stellen ihrer Väter nicht zu berücksichtigen[26]. Der „Zugabe zum Geistlichen Reglement" (1722) läßt sich die Häufigkeit und die innere Problematik der Erblichkeit der Stellen deutlich entnehmen: „Bey vielen Kirchen läst der Priester keinen Fremden an den Dienst, sondern nimmt die Stellen, zuweilen auch mehr, als nöthig sind, vor seine Kinder und Verwandten inn, ohne darauf zu sehen, ob sie auch dazu tüchtig, und in Schrifften geübet sind? Dieses ist unter andern wichtigen Gründen auch deswegen höchst schädlich, weil bey solcher Bewandtniß der Priester desto freyer leben, sich um sein Ambt und gute Ordnung wenig bekümmern, und die Raskolscziken verhelen darff. Es hat

---

24 Rozanov 2.1, S. 276; Znamenskij, Prichodskoe duchovenstvo, S. 158. Diese drei Beispiele stammen aus Moskau und Umgebung. Der Ukaz gilt aber für das ganze russische Reich. Für Kleinrußland vgl. Znamenskij, Prichodskoe duchovenstvo, S. 136, 156; Freeze, S. 193f.

25 Vgl. oben, S. 166.

26 PSZ 4, Nr. 2186 (1708), S. 401; Nr. 2308, S. 581 und öfter.

auch bey einem solchen obgesetzer II. Articul keine Krafft. Derohalben sind die Bischöffe verpflichtet, dieses Ubel in alle Wege zu hemmen, und die Priester, so solches thun, scharff zu straffen. Nur allein mag ein Priester, auf Begehren seiner Pfarr-Kinder einen einigen von seinen Söhnen, als Lectorem, oder Küster, bey sich haben: Die andern aber muß er, wenn sie vorher wohl unterrichtet sind, entweder an andere Kirchen geben, oder sonst eine ehrliche Handthierung ergreiffen lassen."[27]

Und in der Schrift „Das Recht der Monarchen, in willkührlicher Bestellung der Reichsfolge ..." (1722), in der gezeigt werden soll, daß der Nachfolger des Zaren „nicht nach der natürlichen Erstgeburt ..., sondern nach der Vortrefflichkeit in denen Tugenden zu erwehlen und zu designiren" sei, wird das Erblichkeitsprinzip im kirchlichen Bereich nochmals verworfen: „Ein Priester ist nicht verpflichtet, davor zu sorgen, damit sein Sohn wieder Priester werde. Gleicher gestalt stehen zwar die Feld-Herren, die Obrigkeiten in denen Städten, Lehrer der Weisheit, und andere, in der ihnen von GOtt und der Natur auferlegten obligation, Sorge zu tragen, daß ihre Kinder verständig, tugendhaft, und der Ehre würdig werden; sie sind aber nicht schuldig, sich zu bemühen, ihre Kinder in einen ihnen gleichen Stand zu bringen."[28]

Für das Erblichkeitsprinzip sprachen also die Tatsache, daß die Söhne der Priester, Diakone und Kirchendiener von frühester Kindheit an mit den Gottesdiensten und dem Beruf ihrer Väter aufs engste vertraut waren und daß die Witwen- und Waisenversorgung innerhalb des geistlichen Standes auf diese Weise gesichert wurde. Gegen das Erblichkeitsprinzip sprachen kirchenrechtliche Gründe und die Gefahr, daß ungebildete Erben gegenüber gebildeten Kandidaten ohne Erblichkeitsansprüche bevorzugt wurden. Daß sich trotz dieser Gegenargumente das Erblichkeitsprinzip das ganze Jahrhundert hindurch halten und noch verstärken konnte, trug sehr wesentlich zur sozialen Isolierung des geistlichen Standes bei.

---

27 Verchovskoj, S. 92; Geistliches Reglement, S. 92f.

28 Die Absicht dieser Schrift war, „einen Successoren im Russischen Reich, nicht nach der natürlichen Erstgeburt, als einer betrüglichen Regel, sondern nach der Vortrefflichkeit in denen Tugenden zu erwehlen und zu designieren ..." (Recht der Monarchen, S. 2) und den Carevič Aleksej von der Nachfolge auf dem Zarenthron auszuschließen. Für die Häufigkeit der Erblichkeit von Pfarrstellen ist aber indirekt ein Hinweis gegeben. PSZ 7, Nr. 4870, S. 605ff.; eine zeitgenössische deutsche Übersetzung, aus der zitiert wird: „Das Recht der Monarchen, in willkührlicher Bestellung der Reichsfolge ..." Berlin 1724. Das Zitat im Text: S. 22, Punkt 2. Vgl. zum Ganzen Wittram, Peter Bd. 2, S. 119–121, 534 (Anm. 33).

4.1.3 Die Auswahl gebildeter Kandidaten

Wie aus den letzten beiden Abschnitten hervorgegangen ist, waren Gemeindewahl- und Erblichkeitsprinzip im Laufe des 18. Jh.s zunehmend der Kritik von seiten des Staates und der Kirchenleitung ausgesetzt gewesen. Dies hängt damit zusammen, daß die Anforderungen an die Kleriker deutlich gestiegen waren. Für Peter d.Gr., der die Kirche ganz in seine politische Konzeption zu integrieren und seiner Leitidee vom Allgemeinwohl dienstbar zu machen versuchte, hatte der Gemeindepriester nicht nur selbst gebildet zu sein, sondern auch für die Bildung seiner Gemeindeglieder zu sorgen. Mit dem Beginn des 18. Jh.s entstand ein neuer Priesterbegriff, der weniger an Theologie und Tradition, wie sie bis in die klassische Kirchenväterzeit zurückgingen, orientiert war, sondern an den allgemeinen Ideen der Frühaufklärung. Befragen wir das Geistliche Reglement nach den Aufgaben des Priesters, gelangen wir zu folgenden erstaunlichen, aber aus der geistigen Situation des 18. Jh.s erklärbaren Feststellungen:

Die Bildung der Priester spielte hier eine weit größere Rolle als je zuvor. Während, wie wir gesehen haben, bis gegen Ende des 17. Jh.s die Voraussetzungen für die Priesterweihe auf den Gebieten der Theologie und Allgemeinbildung sehr gering waren, wurde jetzt außerordentlich großer Wert auf eine umfassende Schulbildung der Kandidaten gelegt. Dies ist bereits daraus zu entnehmen, daß etwa ein Viertel des Textes des Geistlichen Reglements Schul- und Bildungsfragen gewidmet ist, und auch daraus, daß in der „Zugabe zum Geistlichen Reglement" der Abschnitt „Von den Priestern, Diaconis und übrigen Kirchenbediensteten" mit der Forderung, die Gemeindekleriker hätten gebildet zu sein, einsetzt: „Derohalben soll niemand zum Priester oder Diacono geweihet werden, der nicht in denen Schulen der Bischöfflichen Häuser ... unterrichtet worden. So lange aber, biß solche Schulen zu Stande kommen, soll man die Candidatos die Bücher vom christlichen Glauben und Gesetz, wie auch von denen Pflichten aller Stände, auswendig lernen lassen, und niemanden weyhen, ehe und bevor er dieselbige auswendig kan."[1]

Der Bewerber für die Priesterweihe mußte also gute Kenntnisse in Dogmatik und Ethik nachweisen können, denn ohne sie war er seinen Aufgaben nicht gewachsen. Unter ihnen waren Predigt und Seelsorge die wichtigsten. Ihnen wurden breite Ausführungen gewidmet: „Der Prediger Pflicht ist, gründlich und mit Beweißthümern aus der Heil. Schrifft zu predigen von der Busse, von der Besserung des Lebens, von der Verehrung der Obrigkeit, sonderlich aber der höchsten Czaar. Gewalt, und von denen

1 Verchovskoj, S. 83; Geistliches Reglement, S. 77.

Pflichten eines jeden Standes: Den Aberglauben auszurotten, und die Furcht Gottes in die Hertzen der Menschen zu pflantzen."[2] Dies ist ein typisch aufklärerisches homiletisches Programm, das ganz auf die Ethik und das praktische Leben des Alltags ausgerichtet ist. Von Kreuz und Auferstehung Christi, von der Hoffnung auf ein ewiges Leben ist im ganzen Abschnitt über die Prediger[3], der bezeichnenderweise als Appendix zum Schul- und Bildungskapitel angefügt ist, nicht die Rede. Daß der Zuspruch der Sündenvergebung aber nicht fehlt, zeigen die Ausführungen zu Beichte und Seelsorge, „den allernöthigsten Pflichte eines Priesters", wo dargelegt wird, daß ein Sünder „mit Vorstellung der Göttlichen Barmhertzigkeit und Gnade aufzurichten und zu stärcken" sei[4]. Das Feiern von Liturgie, Eucharistie und Mysterien, in traditionell orthodoxer Sicht die zentralen Aufgaben des Priesters, wird demgegenüber nur beiläufig – unter Nr. 15 der 28 Punkte über die Priester, Diakone und Kirchendiener – erwähnt, was deutlich die theologische Gewichtsverschiebung markiert, wie sie für das 18. Jh. kennzeichnend ist[5]. Dafür wird dem Priester neben Beichte und Abendmahl auch die Mitwirkung am Kampf gegen den Raskol und gegen jede Art von „Aberglauben" (sueverie) aufgetragen[6].

Für alle diese Aufgaben war eine gute schulische Ausbildung unerläßlich, und so ist es verständlich, daß Staatsregierung und Kirchenleitung das größte Interesse daran gehabt haben, das Gemeindewahl- und das Erblichkeitsprinzip bei der Besetzung von Stellen im Gemeindeklerus

---

2 Verchovskoj, S. 63; Geistliches Reglement, S. 55.

3 Verchovskoj, S. 63–65; Geistliches Reglement, S. 54–57.

4 Verchovskoj, S. 84f.; Geistliches Reglement, S. 79.

5 Verchovskoj, S. 89f.; Geistliches Reglement, S. 88f.

6 Bildung und Aufklärung (prosveščenie) stehen Unbildung und Aberglauben (sueverie) gegenüber. Der Kampf gegen den „Aberglauben" gehört nach dem Geistlichen Reglement und vielen Ukazen im 18. Jh. zu den zentralen Aufgaben des Gemeindeklerus. Unter Aberglauben verstand man damals: Heiligenviten oder Partien aus Heiligenviten, die der orthodoxen Glaubenslehre widersprechen, im Volke aber oft sehr beliebt gewesen sind, „untaugliche und wohl gar schädliche Ceremonien" in Gottesdiensten, Prozessionen und auf Wallfahrten, falsche Reliquienverehrung, falsche Ikonenverehrung. „Was aber Aberglaube genennet werden kan, das ist, was überflüssig, zur Seligkeit nicht dienlich, und nur von Heuchlern ihres Vortheils wegen erdacht ist, das gemeine Volck aber bethöret, und gleich dem Treib-Schnee verhindert, den geraden Weg zur Warheit zu zihen." Geistliches Reglement, S. 17–20; vgl. Verchovskoj, S. 34–36; ebd., S. 40; Geistliches Reglement, S. 25 (falsche Ikonenwunder); Verchovskoj, S. 49; Geistliches Reglement, S. 36 (Wahrsagereien, falsche Wunder bei Ikonen, Brunnen und Quellen); Verchovskoj, S. 73; Geistliches Reglement, S. 66 (der Synod muß „Gerüchte von Wundern und Visionen" prüfen und anerkennen oder ablehnen).

abzuschaffen und den Bischöfen, die meist aus dem gelehrten Mönchtum hervorgegangen waren, die Auswahl geeigneter und gebildeter Kandidaten zu übertragen. Wie Peter „gelehrte Mönche" bei der Besetzung der Bischofssitze bevorzugte, so war ihm ein gelehrter oder zumindest ein gebildeter Gemeindeklerus von größter Wichtigkeit, denn die Geistlichen sollten Lehrer und Erzieher des Volkes (učiteli i vospitateli naroda) sein[7]. Außerdem bedeutete Bildung damals auch immer höhere Sittlichkeit.

Diese Forderungen nach einem gebildeten Gemeindeklerus fanden in zahlreichen Ukazen ihren Niederschlag. Bereits im Jahre 1708 verlangte Peter d.Gr., daß die Söhne der Priester und Diakone in den griechischen und lateinischen Schulen unterrichtet würden. „Diejenigen aber, die an solchen Schulen nicht lernen wollen, darf man nicht zu Priestern und Diakonen, weder an die väterlichen Stellen noch sonst wohin, weihen und zu Beamten darf man sie nicht machen und in andere Ränge, außer in den Militärdienst, nicht aufnehmen."[8] Dieser Ukaz wurde etwas mehr als zwei Jahre später wiederholt und auf die Söhne der Kirchendiener und Prosphorenbäckerinnen ausgedehnt[9], hing aber völlig im luftleeren Raum, da das geistliche Bildungswesen erst in den Anfängen stand und die damals bestehenden Schulen in Kiev, Moskau, Černigov, Novgorod, Smolensk und Tobol'sk niemals den gesamten geistlichen Nachwuchs hätten ausbilden können[10]. Der systematische Aufbau eines geistlichen Bildungswesens setzte, wie wir gesehen haben, erst in den 1720er Jahren ein. 1739 besuchten 2819 Schüler die beiden Akademien und die 15 Seminare[11], zu Beginn der 1760er Jahre zählte man 5536 Akademie- und Seminarschüler[12], 1778 waren es 6012 und erst von den 1780er Jahren an stieg die Zahl sprunghaft: 1784 gab es rund 12000 Schüler, denen allerdings noch etwa doppelt so viele Söhne von Priestern, Diakonen und Kirchendienern gegenüberstanden, die keine Schule besuchten[13]. Zu Ende der Regierungszeit Katharinas II. war die Zahl auf 16951 Schüler angestiegen[14].

---

7 Znamenskij, Zakonodatel'stvo, S. 378.

8 PSZ 4, Nr. 2186 (1708), S. 401.

9 PSZ 4, Nr. 2308 (1710), S. 581. Aufforderungen von Staat und Kirche an die Geistlichen, ihre Söhne an die Schulen zu schicken, finden sich beinahe in jedem Band von PSZ, PSP, ODDS.

10 Vgl. oben, S. 91ff.

11 Titlinov, Pravitel'stvo Anny, S. 394. Dazu kommen noch 2296 Schüler von Elementarschulen (hellenisch-griechischen und slavisch-russischen Schulen), ebd., S. 394.

12 Vgl. oben, S. 102f.

13 Vgl. unten, S. 194.

14 1808: 29000 Schüler – vgl. Freeze, S. 88, Tabelle Nr. 3.

Somit hatten sich im Laufe des 18. Jh.s die herkunfts- und bildungsmäßigen Voraussetzungen der Kandidaten für kirchliche Ämter entscheidend verändert. Während früher die Gemeinden ihren Kandidaten, meist einen Sohn oder Verwandten des verstorbenen oder zurückgetretenen Geistlichen, gewählt und dem zuständigen Bischof zur Weihe und Einsetzung vorgeschlagen hatten, standen jetzt Schulleiter und Bischöfe vor dem Problem, die Absolventen der geistlichen Schulen in geeignete Stellen einzusetzen. Dies war der Hauptgrund, warum das Gemeindewahlrecht und das Erblichkeitsprinzip immer mehr zurückgedrängt wurden [15]. In der zweiten Hälfte des 18. Jh.s waren die Verhältnisse unter diesem Gesichtspunkt von Eparchie zu Eparchie allerdings noch recht verschieden. Während zum Beispiel der Metropolit von Moskau, Platon Levšin, relativ viele Akademieabsolventen zur Verfügung hatte – 1790 studierten an der Moskauer Akademie 971 Schüler, wovon 52 in der Theologie-, 60 in der Philosophie- und 111 in der Rhetorikklasse lernten [16] –, war Gavriil Petrov während seines Wirkens als Bischof von Tver' und noch als Metropolit von Novgorod und Petersburg auf die Präsentation von nahezu ungebildeten Kandidaten aus der Mitte der Gemeinden angewiesen, denn in diesen Eparchien gab es nur wenige gut ausgebildete Anwärter auf ein geistliches Amt. Die von Peter d.Gr. 1708 und in den folgenden Jahren formulierten Ukaze, nach denen keine ungebildeten Kandidaten geweiht werden durften, ließen sich hier und in den meisten andern Eparchien noch nicht in die Praxis umsetzen [17].

4.2 Die Rechtsstellung der Pfarrgeistlichkeit

4.2.1 Die Vereidigung auf den Zaren

Wie im Kapitel über den Episkopat bereits dargelegt wurde, strebte Peter d.Gr. danach, der Kirche ihre institutionelle Selbständigkeit zu nehmen und sie ganz dem Staat ein- bzw. unterzuordnen. Die Hierarchen wurden

15 Das Gemeindewahlrecht verschwand zu Beginn des 19. Jh.s (oben, S. 164), wurde aber in der Reformperiode Alexanders II. wieder neu diskutiert, vgl. M. Moroškin: Vybornoe načalo v duchovenstve, SPb. 1870. Das Erblichkeitsprinzip bestand trotz allem noch lange weiter, vgl. Smolitsch, Geschichte, S. 442.

16 Freeze, S. 88, Tabelle Nr. 4 gibt wertvolle Angaben über den Schülerbestand der Seminare von Suzdal', Kolomna, Rjazan', Rostov, des Troica-Sergij-Klosters und der Moskauer Akademie für die Jahre 1790/93, aufgeteilt nach den verschiedenen Klassen.

17 Bekannt sind interessante Einzelfälle, in denen die verschiedenen Prinzipien – Gemeindewahl, Erblichkeit und Einsetzung durch Bischöfe – konkurrieren, vgl. Znamenskij, Prichodskoe duchovenstvo, S. 151–153.

wie Staatsbeamte behandelt und mußten bei ihrer Weihe und Einsetzung schwören, stets treue und ergebene Untertanen seiner Kaiserlichen Majestät zu sein[1]. Dasselbe verlangte Peter d.Gr. auch von den Gemeindepriestern. Von 1722 an hatte jeder Priesterkandidat bei seiner Weihe folgenden Eid zu leisten: „Ich, der unten Genannte, verspreche und schwöre vor dem Allmächtigen Gott, vor dem Heiligen Evangelium, ... meinem Herrn, dem Erlauchtesten und Mächtigsten, Peter dem Großen, Zar und Selbstherrscher über ganz Rußland usw., und nach ihm den hohen gesetzlichen Erben Seiner Majestät ... und Ihrer Majestät, der Allergnädigsten Großen Herrscherin, der Zarin Ekaterina Alekseevna, ein treuer, guter und gehorsamer Diener und Untertan zu sein und alle zur Selbstherrschaft Seiner Kaiserlichen Majestät gehörenden Rechte und Prärogativen (oder Vorrechte), die rechtmäßig sind und in Zukunft sein werden, zu bewahren, zu beschützen und zu verteidigen und darin mein Leben, wenn es sein muß, nicht zu schonen und dabei vor allem alles, was den wahren Dienst an Seiner Kaiserlichen Majestät und den Nutzen des Staates und der Kirche in allen Fällen betreffen kann, mit allem Fleiß und Eifer, so weit es meine beschränkten Fähigkeiten zulassen, zu fördern und zu unterstützen."[2] Diese Sätze sind ein typischer Untertaneneid, wie sie alle Beamte im absolutistischen Staat, und nicht nur Geistliche, zu schwören hatten. Der „Nutzen für die Kirche" wird im gleichen Atemzug wie der Staatsnutzen genannt, und die zentrale Aussage ist das Versprechen, ein treuer Untertan des Monarchen zu sein („vernym, dobrym i poslušnym rabom i poddannym byt'"). Die folgenden Sätze enthalten eine Verpflichtung auf das Geistliche Reglement und besonders auf die Ausführungen über die Pflichten und Aufgaben der Pfarrgeistlichen im Anhang von 1722. Dabei wird bezeichnenderweise der Kampf gegen den Raskol außerordentlich stark hervorgehoben: Die Altgläubigen sollten nicht mehr bloß verflucht, sondern auch den Staatsbehörden gemeldet – also denunziert – werden, was nicht zuletzt auch für die zerrütteten Staatsfinanzen von großer Wichtigkeit war, denn die Raskolniki mußten doppelte Kopfsteuer bezahlen[3]. „Ich schwöre auch vor dem lebendigen Gott,

1 Vgl. oben, S. 86.

2 Das Eidesformular für Priester: PSP 2, Nr. 557 (1722), S. 205f.

3 Die Bischöfe mußten dem Synod über die Raskol'niki in ihren Eparchien genau Bericht erstatten. Als Grundlage für diese Berichterstattung hatten Verzeichnisse derjenigen Gemeindeglieder zu dienen, die länger als ein Jahr nicht gebeichtet und kommuniziert hatten. Altgläubige sollten von kirchlichen und staatlichen Ämtern ferngehalten werden. Außerdem hatten sie die doppelte Seelensteuer zu bezahlen. – Verchovskoj, S. 67–70; Geistliches Reglement, S. 60–63. Über die doppelte Seelensteuer vgl. PSP 1, Nr. 103, S. 138; Nr. 235, S. 285f.; Nr. 312, p. 12, S. 366 u.ö. Bereits aus den Registern von PSP und ODDS ist zu entnehmen, eine

daß ich es während meines ganzen Lebens nicht wage, mit den Altgläubigen in Verbindung zu stehen, ... sondern daß ich jede altgläubige Vereinigung ... verfluche und mich von ihnen allen distanziere und daß ich eifrig bemüht sein werde, mich nicht nur von ihren verderblichen Ansichten zu distanzieren, sondern auch alle, die mit ihnen in Verbindung stehen, ... mit allen meinen Kräften aufzuspüren und zu überführen, und daß ich die Altgläubigen, die ich in meiner Pfarrgemeinde sehe und erkenne, weil sie der Beichte und der Heiligen Eucharistie fernbleiben oder sonst irgendwie, nicht durch Schweigen verheimliche, sondern über sie ohne jede Verzögerung meinem Bischof schriftlich Bericht erstatten werde und daß ich mich verpflichte, sie offen und unverzüglich an der entsprechenden Stelle anzuzeigen. Ich weiß, daß mich bei Nichterfüllung dieser meiner Pflicht eine harte Bestrafung erwartet."[4]

Diese Eidesformel unterschied sich sehr deutlich von den Eiden, die die Priesterkandidaten in byzantinischer Zeit und im mittelalterlichen Rußland hatten leisten müssen und die im wesentlichen das Versprechen enthielten, daß die Kandidaten nach ihrer Weihe alle ihre Pflichten gewissenhaft und sorgfältig erfüllen und sich den kirchlichen Vorgesetzten unterstellen würden[5]. Daß ein Priester durch Gehorsam gegenüber dem Herrscher, den regierenden Behörden und den staatlichen Gesetzen den übrigen Gläubigen ein besonderes Vorbild sein müsse, gehörte dabei durchaus zu diesen Pflichten[6]. Dies war bereits im Neuen Testament angelegt, vor allem in der berühmten Stelle im 13. Kapitel des Römerbriefes, wo Paulus den Gehorsam gegen die Obrigkeit von jedem Christen verlangt und zur Begründung erklärt, daß es keine Obrigkeit gebe außer von Gott[7]. Und der 84. (83.) Apostolische Kanon, der auf das Ende des 4. Jh.s zurückgeht, verbot Klerikern und Laien, etwas gegen den Kaiser oder die Staatsbehörden zu unternehmen[8].

Peter d.Gr. aber ging sehr viel weiter. Die Geistlichen mußten in seinem Staat einen Untertaneneid schwören wie die Staatsbeamten und die Militärs. Die Angehörigen des Senats hatten durch einen Eid „Treue dem Herrscher und dem ganzen Staat" zu versprechen[9]. Offiziere und Soldaten hatten ihren Eid auf den „Ustav voinskij" („Krieges-Artickel")

---

wie große Rolle Altgläubigenangelegenheiten im 18. Jh. gespielt haben und wie verwickelt die Probleme gewesen sind.

4 PSP 2, Nr. 557 (1722), S. 205–207. Vgl. die „Zugabe" zum Geistlichen Reglement, Verchovskoj, S. 84f.; Geistliches Reglement, S. 78.

5 Milasch, S. 411.

6 Milasch, S. 418f.

7 Röm. 13,1f.; E. Käsemann: An die Römer, in: Handbuch zum Neuen Testament, Band 8a, Tübingen 1973, S. 334–344 (Lit.).

8 Hefele 1, S. 826.

9 Vernost' moemu Gosudarju i vsemu Gosudarstvu, PSZ 4, Nr. 2329 (1711), S. 643.

von 1716 zu leisten und zu geloben, „bey dem Allmächtigen Gott, dem Allerdurchlauchtigsten unseren Zaren und Herrn, mit aller Treue und Gehorsam zu dienen, und alles, was sowohl in diesen bereits verordneten, als in künftige noch zu machenden Krieges-Artickeln enthalten, und dieselbe in sich begreiffen, getreulich zu exequiren“[10]. Die Behörden der Städte hatten zu schwören, in allen Gouvernements und Provinzen „Seiner Kaiserlichen Majestät ... ehrbare und gute Leute und Diener zu sein und auf jede Weise und nach allen Kräften seinen Nutzen und Wohlstand zu suchen“[11]. Die Geistlichen wurden unter diesem Gesichtspunkt genau gleich behandelt.

Was es zu Beginn des 18. Jh.s bedeutete, daß die Pfarrgeistlichen treue und gehorsame Untertanen des Zaren zu sein hätten, wurde im Synodalukaz, der der Eidesformel vorangestellt war, noch deutlicher umschrieben. Danach waren die Priester verpflichtet, Beichtende zu denunzieren, wenn sie bestimmte Verbrechen zu begehen beabsichtigten und dabei keine Reue zeigten. Besonders aufgeführt wurden dabei Verrat, Aufruhr gegen den Herrscher oder gegen den Staat, üble Absichten gegen die Ehre oder das Leben des Zaren oder gegen die Familie Seiner Majestät, kurz: alle Verbrechen, die seit dem „Uloženie“ von 1649 mit dem Begriff „slovo i delo Gosudarevo“ umschrieben wurden[12]. Zur Begründung zog der Ukaz nicht nur Worte Jesu aus den Evangelien (Matth. 18,15ff.) und das Kirchenrecht bei, sondern auch das Beispiel des Carevič Aleksej, der seinem Beichtvater, dem Protopriester Iakov Ignatiev, anvertraut hatte, daß er den Tod seines Vaters wünschte[13]. Es braucht nicht weiter dargelegt zu werden, daß die Pflicht des Priesters, in bestimmten Fällen das Beichtgeheimnis preiszugeben, das Vertrauensverhältnis zwischen ihm und seiner Gemeinde erschüttert und von Grund auf in Frage gestellt hat. Der Priester wurde durch diesen Untertaneneid nicht nur ein Staatsbeamter, sondern geradezu ein Spitzel und Denunziant im Dienst des Herrschers. Er wurde der verlängerte Arm der Staatsmacht auf dem Dorfe und in der Pfarrgemeinde und so völlig in das Herrschaftssystem des absolutistischen Staates eingebunden[14].

10 PSZ 5, Nr. 3006 (1716), S. 318–322; zit. S. 319. Die „Krieges-Artickel“ sind zweisprachig, russisch und deutsch, abgefaßt (interessant ist auch der Einfluß der deutschen Sprache auf die militärischen Fachausdrücke dieser Zeit). Die in unserem Zusammenhang wichtigen Worte lauten in russisch: „služit' vsepresvetlejšemu Našemu Gosudarju verno i poslušno.“

11 PSZ 6, Nr. 3708 (1721), S. 291. – Reglament ili Ustav Glavnogo Magistrata.

12 Uloženie Kap. 2: „O gosudarskoj česti i kak ego gosudarskoe zdorovie oberegat'“, besonders die Absätze 12, 14, 16, 17, S. 28–36.

13 PSZ 6, Nr. 4012 (1722), S. 685–688; Wittram, Peter Bd. 2, S. 349.

14 Zu den Untertaneneiden, die der Klerus gegenüber der Zarin Anna Ivanovna 1730 und 1731 zu leisten hatte, vgl. Titlinov, Pravitel'stvo Anny, S. 203ff.

4.2.2 Die Standesprivilegien

4.2.2.1 Die Befreiung von der Kopfsteuer

Standesprivilegien für den Klerus der christlichen Kirche gehen bis auf die Zeit Konstantins d.Gr. und seiner Nachfolger zurück. Mit dem „Mailänder Religionsedikt" (313), das die konstantinische Wende eingeleitet hatte, erhielt jeder Reichsuntertan das Recht zugesprochen, gemäß seiner eigenen Entscheidung die Religion zu wählen, die er wünschte. Gottesdienst und Sitten der Christen wurden zur „religio licita" erklärt, und die Periode der Christenverfolgungen, die kurz zuvor unter Diocletian ihren grausamen Höhepunkt erreicht hatte, fand ihr Ende. Der Klerus der christlichen Kirche erhielt von nun an eine Reihe von rechtlichen Privilegien[15].

Eine Sonderstellung des Klerus innerhalb der christlichen Gemeinde läßt sich bis auf das Ende des ersten nachchristlichen Jahrhunderts zurückverfolgen. Der Begriff „Laie" (laikos) findet sich zum ersten Mal im ersten Clemensbrief, der ca. 96/97 abgefaßt worden ist, und zwar im Zusammenhang mit breiteren Ausführungen zum alttestamentlichen Priesterbegriff. Das alttestamentliche Priestertum erschien dabei als Vorbild oder Typos für die Ämter von Bischof und Diakon in der jungen Kirche[16]. Ignatius von Antiochien schrieb in seinem Brief an die Smyrnäer, daß Bischof und Presbyter Nachfolger der Apostel seien und deren Autorität besäßen; Eucharistie, Taufe und Liebesmahl (agape) sollten demzufolge nicht ohne sie durchgeführt werden[17]. Für Justin war der Vorsteher (proestos), der den Gottesdienst leitete, Gebete sprach, predigte und die Gemeinde ermahnte, von dieser deutlich abgegrenzt[18].

---

15 N. Baynes: Constantine the Great and the Christian Church, London 1929; H. Lietzmann: Geschichte der alten Kirche, Bd. 3: Die Reichskirche, Berlin ³1961, S. 42–67, 126–153; J. Vogt: Constantin der Große und sein Jahrhundert, München 1973, S. 162f., S. 199–228. – Zum Problem der Immunitäten und Privilegien: E. Magnin: Immunités ecclésiastiques, in: Dictionaire de théologie catholique, Bd. 7.1, Paris 1922, 1218–1262; R. Danieli: Immunità ecclesiastica, in: Enciclopedia cattolica 6, Rom 1951, 1697; C. Dupont: Les privilèges des clercs sous Constantin, in: Revue d'histoire ecclésiastique 62, 1967, S. 729–752; G. Ostrogorsky: Pour l'histoire de l'immunité à Byzance, in: Byzantion 28, 1959, S. 165–254.

16 1. Clemensbrief, Kap. 40,5; vgl. auch Kap. 41–43. J. A. Fischer (Hrsg.): Die Apostolischen Väter, Darmstadt ³1959, S. 76–81, S. 77 Anm. 238, S. 79 Anm. 248. Hierzu und zum folgenden vgl. auch B. Lohse in RGG³ 5, 578f. und Stupperich, Priestertum, S. 12–16.

17 Ignatius an die Smyrnäer, Kap. 8, J. A. Fischer (Hrsg.): Die Apostolischen Väter, S. 210f.

18 Justin, Apologie 1, S. 65–67; Altaner, S. 66f.

Hippolyt hielt in ähnlicher Weise in seiner Kirchenordnung fest, daß ein Laie den Segen nicht sprechen könne[19]. Tertullian bezeichnete den Bischof als „summus sacerdos"[20]. Cyprian definierte den Priester als Mittler zwischen Gott und Mensch[21], und nach den ersten beiden Kanones der Synode von Ancyra (314) hatten die Priester die „hieratike leiturgia" durchzuführen[22]. Johannes Chrysostomos verstand den Presbyter schließlich ganz als Opferpriester und Mittler[23]. Diese Abgrenzung zwischen Klerus und Laien im Leben der christlichen Kirche, diese theologische und geistliche Sonderstellung des Priesters, die sich in den ersten vier Jahrhunderten der Kirchengeschichte herausgebildet hatte, war die erste, die theologische Ursache, die zu der sozialen Gruppierung führte, die später in Rußland „geistlicher Stand" (duchovnyj čin) hieß.

Die zweite Ursache war die besondere Rechtslage, die dem Klerus seit der konstantinischen Wende in Staat und Gesellschaft zugebilligt wurde. Das erste bekannte Privileg, das den Klerus von bestimmten Dienstleistungen (munera) gegenüber dem Staat entband, stammte aus dem Oktober 313. Dieses und noch weitere Privilegien, die in den folgenden Jahren erlassen wurden, enthielten die Befreiung von der Pflicht, das Amt eines Decurio (eines Ratsmitgliedes) zu übernehmen, die Befreiung von der Einquartierungspflicht und von Frondiensten, den „munera sordida", wozu die Pflicht zur Mitarbeit beim Straßen- und Brückenbau gehörte. Die ersten heute noch bekannten Immunitätsurkunden, die die Befreiung von Steuern und Abgaben beinhalteten, stammten aus der Regierungszeit von Konstantins Söhnen; in der neueren Forschung wird aber mit guten Gründen angenommen, daß bereits Konstantin die Steuerimmunität für den Klerus in die Wege geleitet habe, daß bereits Konstantin der „Créateur d'immunitées fiscales diverses au profit des membres du clergé"[24] gewesen sei. In byzantinischer Zeit waren die Geistlichen vor allem von persönlichen Dienstleistungen wie der Pflicht zur Übernahme von öffentlichen Ämtern, von den „munera sordida", von der nach jedem Haus zu bezahlenden Abgabe (mitation) und von außerordentlichen Steuern, nicht aber von der Kopfsteuer, der Bodensteuer und den Abgaben für Heer und Flotte befreit. Seit den Novellen über die Immunität der Kleriker, die Kaiser Manuel I. Komnenos 1144 und in den folgenden Jahren

---

19 Kirchenordnung (apostolikē paradosis) Hippolyts, Kap. 50,8; Altaner, S. 82–84.

20 De baptismo, 17,1; Altaner, S. 156.

21 Epistolae 5; Altaner, S. 176f.

22 Hefele 1, S. 222–224.

23 Zur Schrift des Johannes Chrysostomos „Peri hierosnyēs" und zu ihrer Bedeutung für die russische Kirchengeschichte des 18. Jh.s vgl. oben, S. 150f.

24 Dupont, S. 737–739; Handbuch zur Kirchengeschichte, 2.1, S. 293–296.

erlassen hatte, mußte der byzantinische Klerus auch keine Boden- und Militärsteuern, sondern nur noch die Kopfsteuer bezahlen, einzelne Gruppen nicht einmal diese mehr[25].

Die Verhältnisse in Rußland in vormongolischer Zeit sind nach Golubinskij nicht mehr ganz deutlich. Der russische Kirchenhistoriker vermutet aber, daß die Geistlichkeit von den ersten Zeiten der russischen Geschichte an von sämtlichen staatlichen Steuern und Dienstverpflichtungen befreit und von Anfang an ein „außerstaatlicher Stand [vnegosudarstvennoe soslovie] im vollsten Sinne dieses Wortes" gewesen sei[26]. Daß sogar die Mongolenchane die russische orthodoxe Geistlichkeit von allen Steuern und Abgaben befreit haben, ist bekannt. So formulierte der Chan Mengutemir in seinem Jarlyk an den Metropoliten Kyrill (1267) unter Berufung auf Dschingis-Chan: „... Die Priester und Mönche sind privilegiert worden; Tribut oder etwas anderes, was es auch sei – Tamga, Pfluggeld, Abgabe oder Kriegsgeld – darf von ihnen nicht verlangt werden ... Um welchen Tribut es sich auch handelt, um Pfluggeld, Geleit, Nahrung – wer es auch sei, er möge es nicht fordern; Abgabe, Kriegsgeld, Tamga sollen sie nicht geben; und was kirchliches Gut ist: Land, Wasser, Gärten, Weinberge, Mühlen, Wintergetreidefelder, Sommergetreidefelder – man soll es nicht einziehen."[27]

Eine tiefergreifende Änderung trat erst in der Regierungszeit Peters d.Gr. ein. Da die Militärausgaben sehr stark anstiegen und der Staatshaushalt mehr und mehr aus dem Gleichgewicht geriet, mußte der Monarch neue Geldquellen erschließen, denn Geld war, wie er 1711 einmal formulierte, „die Arterie des Krieges"[28]. Die neue Steuerpolitik brachte nach der Meinung Miljukovs eine ungewöhnliche Mehrbelastung für die Steuerpflichtigen; neuere sowjetische Forschungen stellen Miljukovs Berechnungen allerdings wieder in Frage[29]. Aber wie dem auch sei, zu dieser Erschließung neuer Geldquellen wurden auch die Kirche und der Klerus herangezogen. Dies äußerte sich erstens in der Wiedereröffnung des Klosteramtes (Monastyrskij prikaz) im Jahre 1701, wonach ein Teil des Klostervermögens und der Klostereinkünfte staatlichen Zwecken zugeführt werden konnte, und zweitens in der Einführung neuer Steuern, zu denen

---

25 Golubinskij, 1.1, S. 484f. 26 Ebd., S. 485.

27 M. D. Priselkov: Chanskie jarlyki russkim mitropolitam (= Zapiski istoriko-filologičeskogo fakul'teta Imperatorskogo Petrogradskogo universiteta 133), Petrograd 1916, S. 96–98, 110f. Deutsche Übersetzung in: Hauptmann, Die orthodoxe Kirche. – Die „tamga" ist eine Zollabgabe, vgl. Pushkarev, S. 157.

28 Wittram, Peter Bd. 2, S. 51.

29 P. N. Miljukov: Gosudarstvennoe chozjajstvo Rossii v pervoj četverti XVIII st. i reforma Petra Velikogo, SPb. 1905; Wittram, Peter Bd. 2, S. 47–56, 518–520.

nicht nur die Untertanen weltlicher sozialer Gruppierungen, sondern auch die Geistlichkeit veranlagt wurde. Unter anderem mußte man den Besitz von Mühlen, Bienenstöcken und den Fischfang versteuern. Wer in seinem Haus über eine Badestube verfügte, hatte jährlich zuerst fünf, dann noch einen Rubel zu entrichten. Auf den Abschluß von Mietverträgen erhob der Staat Gebühren, und von 1707 an hatte die Geistlichkeit unter Berücksichtigung der Höhe ihrer Einkünfte Pferde für die Kavallerie zu stellen. Außerdem gab es Militärpflichtersatzsteuern, Flottensteuern, Kanalbausteuern, Bartsteuern und viele andere Steuern mehr, so daß nahezu jede Form von Erwerb, Besitz und Geschäft mit einer Steuer belegt war[30]. Da dies alles nur sehr schwer durchschaut und in die Praxis umgesetzt werden konnte, legte sich eine völlige Neugestaltung des Steuerwesens nahe. Der Grundgedanke Peters war sehr einfach: Die Ausgaben für das Heer sollten durch einfache Teilung auf jede Person männlichen Geschlechtes umgelegt werden. Nachdem die Revision von 1721/22 eine Gesamtzahl von 5605439 steuerpflichtigen männlichen Seelen (einschließlich der Knaben und Greise) ergeben hatte, wurde den Bauern eine Seelensteuer (Kopfsteuer, *podušnyj oklad*) von 80 Kopeken, den Städtern eine Seelensteuer von 1 Rubel 20 Kopeken auferlegt[31].

Die Frage, ob und inwiefern die weiße Geistlichkeit seelensteuerpflichtig sein sollte, war zu Beginn der 1720er Jahre heftig umstritten. In

30 Hierüber wurden von 1704 an zahlreiche Ukaze erlassen: PSZ 4, Nr. 1956 (über die Fischereirechte), Nr. 1958 (Steueraufsicht über den Fischfang), Nr. 1959 (über Brücken, Fährbetriebe, Mühlen, Fischfangrechte, u.a.; die Bestimmungen sollten auch Bischöfe, Klöster und Cerkovniki angehen), Nr. 1961 (über Waldbienenstöcke, betreffend Bischöfe, Klöster und Gemeindeklerus), Nr. 1966 (über Mühlen, die „im Besitze von Leuten jeden Standes sind"), Nr. 2222 (über Bienenhonig und steuerpflichtige Ländereien. Es sind Nachrichten über Bienenstöcke, die Geistlichen gehören, zu sammeln „nach dem Gebote des Evangeliums und des Herrn"), Nr. 1954, 1955, 2011 (über die Badestubensteuer, betraf u.a. arme Dienstleute, Bojaren, Dragoner, Einhöfer und besonders D'jački, Ponomari, Storoži und Prosphorenbäckerinnen), Nr. 2142, 2154, 2166 (der Klerus hat Kavalleriepferde zu stellen). Die Pferdegestellungen und die Badestubensteuer für den Klerus waren lange Gegenstand intensiver Verhandlungen zwischen Staat und Kirche – vgl. u.a. PSP 4, Nr. 1375 (1724), S. 212–221; ODDS 2.2 (1722), Sp. 238–240; ODDS 4 (1724), Sp. 122f.; ODDS 5 (1725), Sp. 128f. und öfter (betreffend Pferdegestellungen); ODDS 8 (1728), Sp. 237–241 (Gesuch der Bischöfe um Befreiung der Gemeindegeistlichen von der Badestubensteuer).

31 Den', Naselenie 1, S. 36. Nach Ključevskij, Russkij rubl', S. 229–236 entsprach 1 Rubel von 1701–1715 9 Rubeln von 1884, 1 Rubel von 1730–1740 10 Rubeln von 1884. Von großem Wert sind die Angaben über die Getreidepreise in dieser Zeit. So kostete beispielsweise 1 Četvert' Roggen in Moskau um 1700 im Durchschnitt 71 Kopeken (über „četvert'" vgl. BÉ 76, 736). Die Belastung durch die Seelensteuer konnte also sehr spürbar sein.

mehreren Ukazen verlangte Peter 1720, daß die Priester und Diakone bei der Revision mitgezählt und in besonderen Listen erfaßt werden sollten, während die Kirchendiener (pričetniki cerkovnye) samt ihren Angehörigen unter die Gruppe der Bauern fielen. Die vielen Wiederholungen der Befehle machen übrigens deutlich, wie schwer die Zählungen durchzuführen gewesen sind[32]. 1721 beschloß der Senat mit Rücksicht auf die traditionelle rechtliche Sonderstellung der Gemeindegeistlichkeit, die Priester und Diakone wie die Adligen und die ausgedienten Soldaten und Dragoner von der Seelensteuer auszuschließen, von ihren Söhnen aber den „podušnyj oklad" zu verlangen[33]. Diese Regelung rief einen energischen Protest des Synods hervor, denn es blieb unklar, wer für diese Söhne die Steuer bezahlen sollte, wenn sie in eine geistliche Schule eintraten oder für ein geistliches Amt geweiht wurden. Außerdem sollten auch die Kirchendiener seelensteuerfrei sein, „denn auch sie sind Diener der heiligen Kirche und die meisten oder der größere Teil von ihnen ist sehr arm, andere haben kein Kirchenland und ernähren sich mit größter Not"; die Seelensteuer bedeutete für sie „eine nicht geringe Belastung, und viele waren gezwungen, ihre Stellen zu verlassen"[34]. Weitere Verhandlungen brachten in diesem Zusammenhang die Etatisierung der Priester-, Diakons- und Kirchendienerstellen, wovon gleich noch die Rede sein soll. Hinsichtlich der Seelensteuer fanden Senat und Synod 1723 folgende Regelung: Von der Seelensteuer befreit waren *erstens* die an ihren Stellen arbeitenden, etatisierten Priester, Diakone und Kirchendiener, *zweitens* deren Söhne und *drittens* die Priester und Diakone, die zwar dienten, aber gemessen an den Etatisierungen überzählig waren und nicht gleich eine Etatstelle fanden. Den „podušnyj oklad" mußten die Kirchendiener bezahlen, die dienten, aber überzählig waren, ihre Söhne und die Söhne der oben unter „drittens" genannten Priester und Diakone[35].

Es bedarf keiner weiteren Begründung, daß der petrinische Staat das größte Interesse daran gehabt hat, die Zahl der von der Seelensteuer befreiten Kleriker möglichst klein zu halten und die stellenlosen Priester, Diakone und Kirchendiener in einen steuerpflichtigen Stand zu überschreiben. Dies war deswegen ein sehr wichtiges und kompliziertes Problem, weil niemand, auch die Eparchialbischöfe nicht, einen Überblick über Angebot und Nachfrage von kirchlichen Stellen und Gemeindegeistlichen hatte und im Gefolge der geschilderten Autono-

32 PSZ 6, Nr. 3481, 3492, 3657, 3707 (1720–1721).
33 PSZ 6, Nr. 3807 (1721), S. 405f.
34 PSP, 1, Nr. 175 (1721), S. 227–229.
35 PSP 3, Nr. 1029 (1723), S. 64f.; gekürzt auch in PSZ 7, Nr. 4148.

mie der kirchlichen Gemeinden mehr Kirchen gebaut und mehr Geistliche geweiht und angestellt wurden, als es dem tatsächlichen Bedarf und den finanziellen Möglichkeiten entsprochen hätte. So sind Fälle bekannt, wo zwei Geistliche 15 Höfe betreuten oder ein Dorf mit 400 Höfen 7 Priester hatte. 1722 wurden 15761 Kirchen und 67111 Pfarrgeistliche gezählt; auf eine Kirche kamen also im Durchschnitt 4–5 Kleriker[36]. Ferner sind Fälle bekannt, wo die Gemeindegeistlichen ihre Stellen haben verlassen müssen, weil sie ihnen keine Ernährungsbasis mehr geboten hatten[37]. Mehrere Ukaze Peters, nach denen keine überflüssigen Kirchen mehr gebaut und keine Geistlichen, deren materielle Versorgung nicht gesichert sei, mehr geweiht werden dürften, hatten wenig konkrete Ergebnisse gezeigt. Deshalb beschlossen Senat und Synod nach längeren Verhandlungen, die Priester-, Diakons- und Kirchendienerstellen zu etatisieren, und es wurde in dieser Sache folgendes beschlossen:

1. In den 12 Moskauer Kathedralkirchen (sobory) soll der Pfarrklerus nicht reduziert werden. Dies bedeutete, daß beispielsweise die Kathedrale Mariä Heimgang (Uspenskij sobor) im Moskauer Kreml, in der traditionellerweise die Zaren gekrönt wurden, ihren Klerus von insgesamt 32 Mann, darunter einen Protopriester, fünf Priester, einen Protodiakon und fünf Diakone, behalten sollte. Ähnlich bestand der Klerus der Mariä-Verkündigungs-Kathedrale aus 15, der Klerus der Erzengels-Kathedrale aus 27 Angehörigen der weißen Geistlichkeit. Alle 12 Sobory verfügten nach einer Aufstellung von 1722 über insgesamt 175 Kleriker, darunter 12 Protopriester, 4 Ključari (Bewahrer von Kirchengewändern und -geräten), 33 Priester, 1 Protodiakon, 27 Diakone, 8 Psalmensänger, 5 D'Jački, 16 Kirchendiener und 69 Wächter[38].
2. Die zur Kathedralkirche eines Bischofssitzes gehörige Geistlichkeit sollte bestehen aus je 1 Protopriester, 2 Ključari, 5 Priestern, 1 Protodiakon, 4 Diakonen, 2 Psalmensängern und 2 Kirchendienern.
3. Die Kathedralkirchen, die nicht zu einem Bischofssitz gehörten, sollten je einen Protopriester, zwei Priester, zwei Diakone, zwei D'jački und zwei Kirchendiener haben.
4. Den übrigen Gemeindekirchen wurde der Klerus entsprechend der Anzahl der Höfe, die zu betreuen waren, zugeteilt: Gemeinden mit 100 bis 150 Höfen sollten einen Priester, solche mit 200 oder 250 Höfen zwei Priester, solche mit 300 Höfen drei Priester anstellen dürfen. Auf drei

36 Znamenskij, Prichodskoe duchovenstvo, S. 184; Titlinov, Pravitel'stvo Anny, S. 201; Smolitsch, Geschichte, S. 709f.

37 Zum Problem der „krestovye popy" vgl. unten, S. 218–221.

38 Eine genaue Aufstellung in: PSP 2, Nr. 745 (1722), S. 434–439.

Priester sollten nicht mehr als zwei Diakone kommen und jedem Priester durfte höchstens ein D'jačem und ein Kirchendiener (ponomar') zugeteilt werden[39].

Die überzähligen Priester und Diakone, die keine Etatstelle fanden, konnten für eine Übergangszeit noch außeretatmäßig beschäftigt werden. Stellenlose Kirchendiener mußten aber in den „podušnyj oklad" überschrieben werden und konnten bis zu einem gewissen Grad wählen, ob sie dem „posad" angehören, als Handwerker arbeiten oder auf Staats-, Synodal- oder Gutsbesitzerland zugeteilt werden oder ob sie Staats- oder Militärdienst leisten wollten[40].

Die Befreiung des Pfarrklerus von der Seelensteuer und die Etatisierung der Priester-, Diakonen- und Kirchendienerstellen, wie sie zu Beginn der 1720er Jahre gesetzlich festgelegt worden war, hatten für die soziale Abschließung des geistlichen Standes ausschlaggebende Bedeutung. Staat und Kirche hatten sich mit den entsprechenden Ukazen das ganze Jahrhundert hindurch immer wieder auseinanderzusetzen, und die Synodalakten sind voll von Erörterungen und Beschlüssen über die Frage, welche Teile des Klerus in bestimmten Umständen dem Kopfsteuerstand zuzuzählen seien und welche nicht und wie die Etatisierungsgesetze durchgeführt werden könnten. Der Staat hatte natürlich ein Interesse daran, daß möglichst viele Untertanen die Seelensteuer bezahlten und damit die zeitweise ins Ungeheure steigenden Militärausgaben tragen halfen. Die Zahl der Gemeindekleriker sollte klein bleiben, und die Stellen sollten den Söhnen der Priester, Diakone und Kirchendiener vorbehalten sein, da diese ohnehin von der Seelensteuer befreit waren, wohingegen die Weihe von Steuerpflichtigen eine finanzielle Einbuße im Staatshaushalt bedeutete. „Überflüssige" Geistliche sollten sofort in einen kopfsteuerpflichtigen Stand überschrieben werden.

Demgegenüber kämpfte die Kirche für die Standesprivilegien des Klerus, sah immer wieder Anlässe, mehr Geistliche anzustellen, als es die Etatisierungsbestimmungen vorsahen, und stand vor dem Problem, daß sich zeitweise in einzelnen Gegenden Rußlands ein empfindlicher Mangel an

---

39 Ebd., S. 438; PSP 2, Nr. 513 (1722), S. 160–162., 553, 198ff.

40 PSP 2, Nr. 674 (1722), S. 350f. – Die Söhne der außeretatmäßigen Kirchendiener aus dem Gebiet von Olonec, Kargopol', Belozersk, Ustjug und Čaransk sollten an die Waffenschmieden von Olonec gegeben werden, damit sie die „Büchsenmacherkunst" erlernten, PSP 2, Nr. 773 (1722), S. 460–462; schlechte Schüler aus dem geistlichen Stand sollten den Schulen entnommen und einem seelensteuerpflichtigen Stand überschrieben werden, PSP 2, Nr. 648 (1722), S. 314–319. Vgl. ferner PSP 3, Nr. 1029 (1723), S. 64f.; Nr. 1121 (1723), S. 203–208.

geistlichem Nachwuchs bemerkbar machte, der nur durch die Weihe kopfsteuerpflichtiger Interessenten zu beheben war.

Aus dieser Problematik heraus erließ der Staat von 1725 ab eine Reihe von Ukazen, die den Zugang von Kopfsteuerpflichtigen in den geistlichen Stand erschweren, wenn nicht gar verhindern sollten. Senat und Synod hatten sich immer wieder mit Gesuchen von „Leuten aus verschiedenen Ständen, von Leibeigenen und Bauern“ auseinanderzusetzen, die Gemeindegeistliche werden wollten, wobei neben religiösen und kirchlichen Motiven nicht selten der Wunsch nach einer besseren materiellen und sozialen Stellung mitspielte. Bereits in der „Zugabe zum Geistlichen Reglement“ hatte es geheißen: „Viele dringen sich in den Priester-Stand um keiner andern Ursache willen, als weil sie darinne mehr Freyheit und bessere Nahrung zu haben vermeinen, ob sie schon nicht die geringste zu diesem Beruff gehörige Wissenschaft besitzen.“[41] Die Weihe Andersständischer wurde jetzt aber untersagt. Der Synod erließ an sämtliche Bischöfe des Imperiums ein ausdrückliches Verbot, Kirchendienern, die nach der ersten Revision ihren Wünschen entsprechend Gutsbesitzern zugeschrieben worden waren, nachher aber dennoch eine Weihe zu Priestern oder Diakonen erhalten hatten, aus der Seelensteuerpflicht zu entlassen[42]. Solche Kandidaten durften in Zukunft nicht mehr zu Priestern und Diakonen geweiht werden, denn schon der 82. (81.) Apostolische Kanon hatte die Weihe von Sklaven untersagt[43]. Schließlich konnten sich Senat und Synod dahingehend einigen, daß kopfsteuerpflichtige Leute, vor allem solche, die vor der Revision dem geistlichen Stand angehört hatten, unter bestimmten Voraussetzungen zu Klerikern geweiht werden könnten; die Seelensteuer mußte aber von jemandem, der diese Weihe wünschte oder befürwortete, z.B. von einem Grundbesitzer „ewig“ (večno) bezahlt werden[44]. Somit entstand eine neue Gruppe in der Pfarrgeistlichkeit des 18. Jh.s: Kleriker, die alle Rechte und Pflichten von Priestern, Diakonen und Kirchendienern – einschließlich der Standesrechte – besaßen, für die aber von einer weltlichen Instanz die Seelensteuer gleichsam stellvertretend bezahlt werden mußte. Ihr Anteil am Gesamtklerus betrug etwa 2–5%[45]. Auf diese Weise fanden Senat und Synod

---

41 Verchovskoj, S. 81f.; Geistliches Reglement, S. 77.

42 PSZ 7, Nr. 4802 (1725), S. 551; PSP 5, Nr. 1693 (1725), S. 229f.; Den', Podatnye ėlementy, S. 271.

43 Hefele 1, S. 825.

44 PSZ 7, Nr. 5202 (1727), S. 900f. („... za nich podušnyja dengi ot nich pomeščikov plačeny byli spolne večno“); Den', Podatnye ėlementy, S. 275.

45 Den', Podatnye ėlementy, S. 1363 (für die Eparchie Archangel'sk 2%, Novgorod 4,6%, Olonec, Perejaslavl' und Ustjug je 3,7%, Smolensk 3,4% im Jahre 1767.

einen Kompromiß: Der Staat kam zu seinem dringend benötigten Geld und diese Gruppe von Geistlichen erhielt ihre Standesprivilegien.

Größere Gruppen von Weltlichen wurden unter diesen Bedingungen aber nur noch in Ausnahmefällen zu Gemeindegeistlichen geweiht. Ein erster solcher Ausnahmefall ist 1727/28 in Astrachan' zu beobachten. Der Klerus dieser Stadt wurde in den beiden Jahren durch eine Pestepidemie grauenvoll dezimiert. Von den 44 Priestern, Diakonen und Kirchendienern der Kathedrale starben innerhalb weniger Monate 31; und gleichzeitig wurden 32 Geistliche der Gemeindekirchen von der Seuche dahingerafft, so daß sieben Kirchen noch neun Priester und zwei Diakone hatten, während in sechs Kirchen und 2 Klöstern keine Gottesdienste mehr gefeiert werden konnten, da sämtliche Priester und Diakone hatten, während in sechs Kirchen und zwei Klöstern keine Gotteslaam Lenickij erlaubten Senat und Synod, „ehrbare, unverdächtige und eines solchen Standes würdige Leute aus der Mitte der Kaufleute und der übrigen Einwohner Astrachan's zu weihen"; die Kaufmannschaft der Stadt mußte sich aber bereit erklären, für sie die Seelensteuer zu bezahlen, und die übrigen Raznočincy mußten frei, nicht kopfsteuer- oder militärdienstpflichtig sein[46]. Auch in der erst 1701 gegründeten Eparchie Irkutsk herrschte großer Priestermangel. Der Bischof von Irkutsk, Innokentij Nerunovič, beklagte sich 1739 in einer Eingabe an den Synod, daß 35 Kirchen seiner Eparchie ganz ohne Klerus seien und daß in verschiedenen Kirchen nur ein Priester ohne Kirchendiener oder ein Kirchendiener ohne Priester dienten; in Selenginsk amtierten zwei Priester an zwei Kirchen aber ohne Diakon, so daß nicht einmal an den kirchlichen und staatlichen Feiertagen die Liturgie gefeiert werden könne, wie sie im Služebnik vorgesehen sei. Deswegen bat er eindringlich, geeignete und gebildete Leute aus weltlichen Ständen weihen zu dürfen. Dies wurde von Senat und Synod mit folgenden Auflagen erlaubt: „Wenn jemand von den weltlichen Ständen in den Priesterstand einzutreten wünscht und von allen staatlichen Diensten frei sein kann und von den Gemeindegliedern seine gute Lebensführung und sein untadeliges Verhalten im weltlichen Stand bezeugt wird, dann ist ihm die Freiheit zur Erhebung in den Priesterstand zu geben, sofern sich die Gemeindeglieder freiwillig verpflichten, für diesen — falls er seelensteuerpflichtig ist — die Seelen-, Rekruten- und die anderen Steuern zu bezahlen."[47] Ein ähnliches Gesuch ist auch aus Kazan' bekannt. Wegen

---

Davon waren in der Eparchie Archangel'sk 20, Olonec 9, Perejaslavl' 26, Ustjug 29, Smolensk 28 Priester, — ebd., S. 1365.

46 PSP 6, Nr. 2183 (1728), S. 256f.; ODDS 8 (1728), Sp. 644f.

47 PSP 10, Nr. 3358 (1739), S. 196—198; Nr. 3426 (1739), S. 205; 1741 mußte dies bereits wieder kontrolliert werden, PSP 10, Nr. 3664 (1741), S. 500f.

ständigen Mangels an Geistlichen bat Erzbischof Luka Konaševič 1739 den Synod, Bauern zu Priestern weihen zu dürfen, wenn die Seelensteuer von Grundbesitzern und Kirchengemeinde weiter bezahlt werde; ob der Bitte entsprochen worden ist, entzieht sich unserer Kenntnis[48].

Daß Weltliche zu Geistlichen geweiht worden sind, ohne daß jemand die Seelensteuer hat bezahlen müssen, ist für diese Zeit lediglich aus der Missionsgeschichte bekannt. Da dem Staat an der Missionierung der Mordwinen, Tschuwaschen, Tscheremissen, Loparsker und Samojeden außerordentlich viel gelegen war, sprachkundige Missionare geistlicher Herkunft aber nur sehr schwer gefunden werden konnten, wurde 1740 die Möglichkeit zum Eintritt in den geistlichen Stand für Missionsaufgaben und zur damit verbundenen Steuerimmunität auch Mitgliedern der Kaufmannschaft, die ohnehin zu diesen Völkern reisten und oft deren Sprachen beherrschten, armen Adligen und Bauern aus den Eparchien Kazan' und Archangel'sk gegeben[49].

Doch dies waren alles Ausnahmen. Der Staat sah sich im übrigen während des 18. Jh.s mehrere Male genötigt, – an den Etats von 1722 gemessen – „überflüssige" Geistliche und deren Söhne in steuerpflichtige Stände zu überschreiben. Solche Aussonderungen (razbory) fanden in der Mitte der 30er Jahre und dann je zweimal unter Elisabeth und unter Katharina II. statt. Die Regierungszeit der Zarin Anna (1730–1740) war für die Kirche eine äußerst düstere Zeit, in der sehr viel Ungerechtigkeit und Willkür gerade der Pfarrgeistlichkeit gegenüber geschah. Titlinov schildert die Lage eines Gemeindegeistlichen so: „Heute vor dem Altar – morgen in eisernen Ketten, auf dem Weg in die Folterkammer; heute Diener der Kirche – morgen aus dem Stande ausgeschlossen, gebrandmarkt, verstümmelt, Soldat, verbannter Siedler im ungastlichen Sibirien, Gefangener in Bergwerken; im besten Fall einige Monate oder Jahre in der Tiefe der Gefängnisse, in sich dahinschleppenden Gerichtsverhandlungen; schlimmstenfalls – der Tod."[50]

Daß es in diesen Jahren trotz der Etatisierungen unter Peter d.Gr. in den meisten Eparchien weit mehr Geistliche gab, als es für den Kirchendienst unbedingt notwendig war, daß viele Leute also in einer privilegierten Rechtslage lebten, ohne dem Staat nützlich zu sein, war der Regierung

---

48 PSP 10, Nr. 3444 (1739).

49 Den', Podatnye ėlementy, S. 280f. Zur Missionsgeschichte vgl. J. Glazik: Die Russisch-Orthodoxe Heidenmission seit Peter d.Gr., Münster 1954 und ders.: Die Islammission der russisch-orthodoxen Kirche, Münster 1959.

50 Titlinov, Pravitel'stvo Anny, S. 164f.

in Petersburg ein Dorn im Auge, mußte doch gerade 1736 die Armee für den Krieg gegen die Türken mit mehr Rekruten und Geld ausgestattet werden. In mehreren, sehr streng formulierten Ukazen befahl die Zarin, vor allem jene Geistlichen, die die Untertaneneide von 1730 und 1731 nicht geleistet hatten, aber auch die übrigen, die stellenlos, überzählig, politisch verdächtig, kriminell oder sonst mißliebig waren, in einen kopfsteuerpflichtigen Stand zu überschreiben oder für den Militärdienst zu rekrutieren[51]. Da diese Ukaze zu ungunsten des Klerus sehr großzügig und oft auch willkürlich in die Praxis umgesetzt wurden, bedeuteten diese Jahre nicht nur für den geistlichen Stand eine schreckliche Zeit voller Ungewißheit und Unrecht, sondern sie brachten auch der gesamten Kirche einen empfindlichen Substanzverlust.

Folgende Zahlenbeispiele verdeutlichen dies: Nach einer Zählung von 1731 gab es im Synodalgebiet für knapp 5000 Kirchen 11793 Geistliche, die den Untertaneneid auf Anna geleistet hatten; nach den „razbory" von 1736–1739 waren 1639 Etatstellen unbesetzt, u.a. fehlten 105 Priester und 118 Diakone[52]. Die Eparchie Nižnij Novgorod verfügte 1736 über 1403 Kirchen und hatte nach den „štaty" von 1722 einen Anspruch auf 2245 Geistliche; 1739 gab es aber 1153 freie Etatstellen, mit anderen Worten: etwas mehr als die Hälfte der Planstellen war vakant[53]. Für die 261 Kirchen der Eparchie Archangel'sk (1736) sahen die „štaty" 786 Gemeindegeistliche vor, 1739 fehlten aber 26 Priester, sieben Diakone, 58 D'jački und 61 Ponomari – insgesamt 152 Kleriker[54]. Einen besonders empfindlichen Mangel an Geistlichen meldeten die Bischöfe der Eparchien Novgorod, Rostov, Kazan' und Suzdal'. Insgesamt gab es, die kleinrussischen Eparchien, die in diesen Jahren begünstigt waren, nicht mitgezählt, in ganz Rußland 706 Kirchen ganz ohne Klerus, und es fehlten 47 Protopriester, 1264 Priester, 1263 Diakone, 2790 D'jački und 3557 Ponomari. Sänger und Wächter mit eingeschlossen, waren 1739 9016 Stellen an den Kirchen unbesetzt[55].

Die folgende Zusammenstellung zeigt den Rückgang der amtierenden Priester, Diakone und Kirchendiener, wie er durch die „razbory" von 1736–1739 in Moskau zustande gekommen ist.

---

51 PSZ 9, Nr. 7070 (1736); 10, Nr. 7364 (1737); Titlinov, Pravitel'stvo Anny, S. 210–271.

52 ODDS 11, (1731), Sp. 1165f.; 19 (1739), Sp. 679–712 und unten Tabelle Nr. 12.

53 Titlinov, Pravitel'stvo Anny, S. 220f., 269.

54 Ebd., S. 221, 269.

55 ODDS 16 (1736), Sp. 653f.; Titlinov, Pravitel'stvo Anny, S. 218–221, 269.

Tabelle 12: Die Razbory von 1736–1739 in Moskau[56]

Kirchen	Protopriester 1736	Protopriester 1739	Priester 1736	Priester 1739	Diakone 1736	Diakone 1739	Kirchendiener 1736	Kirchendiener 1739
Sobory und Ruga-Kirchen	15	10	117	102	64	54	289	268
Die Kirchen der 6 Kirchenbezirke (Soroki):								
Kitajskij sorok			21	18	8	5	26	25
Ivanovskij sorok			52	45	43	34	94	90
Sretenskij sorok			46	40	36	34	36	35
Nikitskij sorok			59	52	46	38	101	89
Prečistenskij sorok			70	59	51	39	110	93
Zamoskvoreckij sorok			42	38	41	33	80	68

Tabelle 13: Die Razbory von 1736–1739 in einzelnen Eparchien[57]

Eparchien	Protopriester 1736	Protopriester 1739	Priester 1736	Priester 1739	Diakone 1736	Diakone 1739	Kirchendiener 1736	Kirchendiener 1739
Astrachan'	4	4	57	55	32	33	132	118
Pskov	8	6	241	154	40	22	460	289
Ustjug	6	7	338	327	79	66	622	501
Suzdal'	4	4	609	570	262	259	684	584
Kazan'	17	16	802	766	344	319	904	762
Rjazan'	10	9	1533	1490	308	289	2376	2448
Nižnij Novgorod	10	10	1134	1009	394	361	1674	1221
Rostov	4	4	834	828	270	260	910	720
Archangel'sk	3	3	300	275	52	44	527	360
Kolomna	7	3	1004	975	311	306	1486	1334
Smolensk	9	4	388	306	120	54	462	342

Tabelle 14 s. S. 191.

Wie aus diesen Tabellen hervorgeht, waren die einzelnen Eparchien sehr unterschiedlich betroffen. Weitaus am schlimmsten erging es der Eparchie Pskov, die, wenn die Zahlen tatsächlich stimmen, in diesen drei dunklen Jahren 87 von 241 Priestern (= 36%), fast die Hälfte der Diakone und mehr als ein Drittel der Kirchendiener verlor, so daß schließlich in über einem Drittel der Kirchen gar keine Geistlichen mehr wirkten. Stark betroffen waren auch die Eparchien Nižnij Novgorod mit einem Verlust von 125 Priestern, Smolensk mit einem Verlust von 82 Prie-

56 Quelle: ODDS 19 (1739), Sp. 679–712.
57 Quelle: ODDS 19 (1739), Sp. 712–766.

Tabelle 14: Der Mangel an Gemeindeklerikern 1739[58]

Eparchien	Anzahl der Kirchen (1736)	Anzahl der verwaisten Kirchen	Anzahl der freien Stellen	darunter freie Protopriester- u. Priester-stellen
Synodalgebiet	4832	165	1696	111
Novgorod	1302	35	1086	287
Kazan'	610	–	656	112
Astrachan'	26	–	40	10
Tobol'sk	265	–	480	133
Rostov	760	111	1207	223
Pskov	146	55	287	92
Smolensk	252	29	398	35
Kruticy	858	12	366	3
Nižnij Novgorod	1403	23	1153	138
Belgorod	893	68	402	124
Suzdal'	502	20	536	–
Kolomna	733	50	447	4
Archangel'sk	261	6	152	26
Ustjug	300	2	86	13
Voronež	333	–	24	–
Rjazan'	1208	37	keine	keine
Vologda	558	33	Angaben	Angaben
Tver'	456	60		

stern und 66 Diakonen, während Suzdal', Kazan' und Rjazan' je rund 40 Priester abgeben mußten. Daß zum Teil sehr viele Kirchendiener ausgesondert wurden, war für das Leben der Kirche weniger ausschlaggebend. In anderen Eparchien wie Astrachan' oder Moskau wirkten

58 Quellen: ODDS 16 (1736), Sp. 653f. (Zählung der Kirchen; sie ergibt, die in Tabelle Nr. 13 nicht aufgeführten Eparchien eingeschlossen: 11749 Gemeindekirchen und dazu 770 Männer- und 246 Frauenklöster) und Titlinov, Pravitel'stvo Anny, S. 269. In der von Titlinov gegebenen Zusammenstellung sind die Eparchien Kiev, Perejaslavl', Černigov, Vjatka und Irkutsk nicht berücksichtigt: bei den Zahlen für Voronež fehlen drei Städte. Zu Nižnij Novgorod ist ein Teil des Synodalgebiets hinzugeschlagen: die eigentliche Eparchie hatte nur 592 Kirchen (ODDS 19 [1739], Sp. 747). Merkwürdigerweise liegen über die Anzahl der Kirchen in diesen Jahren zum Teil recht stark voneinander abweichende Angaben vor. So gab es nach der Zählung von ODDS 16 (1736), Sp. 653f. in der Eparchie Pskov 146, nach der Zählung in ODDS 19 (1739), Sp. 713ff. 206 Kirchen. Die entsprechenden Angaben für Astrachan' lauten 26/32, für Kazan' 610/710, für Rjazan', 1205/1215, für Rostov 750/811, für Archangel'sk 261/250, für Kolomna 733/782, für Smolensk 252/274, für Suzdal' 502/502.

sich die „razbory“ nicht so stark aus, allerdings waren sie auch dort spürbar.

1740 trat eine grundlegende Wende in der Kirchenpolitik ein. Wegen der geschilderten großen Notlage im Personalbestand der Kirche wurden die strengen „razbory“ der vergangenen Jahre beendet und rückgängig gemacht. Die Söhne von Priestern und Kirchendienern, die in einen kopfsteuerpflichtigen Stand überschrieben worden waren, durften in den geistlichen Stand zurückkehren und sich in eine freie Stelle einsetzen lassen, wenn sie es wünschten [59]. Soldaten, die aus geistlichen Familien stammten, durften eine Stelle als Priester oder Kirchendiener antreten, ohne vorher ein Seminar besucht zu haben, wenn sie das geforderte Mindestalter erreicht hatten und eine gewisse Bildung sowie einen guten Leumund besaßen [60]. Konfiszierte Ikonen, Kreuze und Kirchenbücher wurden zurückgegeben [61]. Einer der ersten kirchenpolitischen Ukaze der Zarin Elisabeth, die wegen ihrer offenkundig tiefen Religiosität von der Geistlichkeit sehr geschätzt wurde [62], bestätigte und präzisierte die Bestimmungen des Jahres 1740: „Alle, die [aus dem geistlichen Stand ausgeschieden und] als Bedienstete in die Zünfte und in die Kanzleien [geschickt und damit in einen kopfsteuerpflichtigen Stand] überschrieben worden waren, sind unverzüglich der geistlichen Verwaltung [duchovnaja komanda] zur Prüfung vorzustellen, und diejenigen, die entsprechend der Prüfung der Zugehörigkeit zum Klerus würdig zu sein scheinen, sind von der Kopfsteuer auszuschließen und der Synodalverwaltung [vedomstvo sinodskoe] zu übergeben; die aber für den kirchlichen Dienst ungeeignet scheinen, haben wie bisher in der Kopfsteuer zu bleiben.“ [63] So wurde die Notlage, wie sie durch die „razbory“ von 1736–1739 entstanden war, in verhältnismäßig kurzer Zeit wieder behoben.

Das Problem des Klerikerüberschusses kam aber im Laufe des ganzen Jahrhunderts nie zur Ruhe. Bereits im Zusammenhang mit der zweiten Revision (1744) wurden die Etatisierungen der Priester-, Diakons- und Kirchendienerstellen, wie sie von Peter d.Gr. erlassen worden waren, wieder in Erinnerung gerufen und die bereits wieder überzähligen Angehörigen des geistlichen Standes in eine der kopfsteuerpflichtigen sozialen Gruppierungen – allerdings nicht mehr in den Militärdienst – über-

---

59 PSP 10, Nr. 3581 (1740), S. 425f.

60 PSP 10, Nr. 3579 (1740), S. 424f.

61 PSP 10, Nr. 3583 (1740), S. 426f.

62 Smolitsch, Geschichte, S. 139, 237f.; T. T. Rice: Elisabeth von Rußland. Die letzte Romanov auf dem Zarenthron, München 1973, S. 92, 96f.

63 PSP El 1, Nr. 13 (1741), S. 16f.

schrieben[64]. Der Synod kämpfte dafür, daß freie Priester-, Diakons- und Kirchendienerstellen mit Gliedern des „duchovnyj čin" besetzt wurden, daß keine Kopfsteuerpflichtigen für den Kirchendienst die Steuerfreiheit erhielten und keine Söhne von Klerikern in einen weltlichen Stand überschrieben wurden. Der Synod trat mit diesen Ukazen für die Interessen der Geistlichen und ihrer privilegierten Rechtslage ein und förderte damit die soziale Abgeschlossenheit des geistlichen Standes entscheidend[65].

In der Mitte der 50er Jahre schien ein neuer „razbor" notwendig. Der Synod achtete aber in Zusammenarbeit mit dem Senat genau darauf, daß alle Stellen besetzt waren, daß die Eparchien, in denen zu viele Geistliche waren, diese an Eparchien mit einem größeren Klerikermangel abgaben und daß erst diejenigen, die dann noch überzählig waren, kopfsteuerpflichtig wurden[66]. Quantitativ fielen diese beiden Aussonderungen weit weniger ins Gewicht als die „razbory" unter Anna Ivanovna.

Umso einschneidender waren dafür die beiden „razbory" von 1769 und 1784, die unter Katharina II. durchgeführt wurden. Die erste dieser beiden Aussonderungen beruhte auf den Etatisierungen von 1722 und hatte zum Ziel, für den russisch-türkischen Krieg, dessen ehrgeiziges Ziel die Vertreibung der Türken aus Europa darstellte und der im Friedensvertrag von Küčük-Kainardže (1774) Rußland einen bedeutenden Landzuwachs bringen sollte, möglichst viele Rekruten zu gewinnen. Unter den knapp 9000 Angehörigen des geistlichen Standes, die eingezogen wurden, befand sich ein Viertel der Söhne von Pfarrgeistlichen, die aktiv der Kirche dienten, und die Hälfte der Söhne der Inaktiven, während die Seminaristen, welche vor der Publikation des entsprechenden Ukazes in eine geistliche Schule eingetreten waren, und die Dienstpflichtigen, welche alte und kranke Familienglieder zu versorgen hatten, vom „razbor" verschont blieben. Die Eparchie St. Petersburg und die Kathedralkirchen und Klöster Moskaus waren ebenfalls ausgenommen[67].

Knapp 10 Jahre später wurden die Etatisierungen des Jahres 1722 durch neuere und schärfere Bestimmungen ersetzt, die den Klerikerbestand an den Kirchen weiter reduzierten. Gemeinden bis zu 150 Höfen durften nur einen Priester haben. Gemeinden bis zu 200 Höfen mußten sich

64 PSP El 2, Nr. 553 (1744), S. 29–31.
65 PSZ 12, Nr. 8904 (1744); Smolitsch, Geschichte, S. 436.
66 PSP El 4, Nr. 1400 (1754), S. 98–103; Nr. 1401 (1754), S. 103–105. – Über den Razbor von 1754/55 vgl. außerdem PSP El 4, Nr. 1432 (1755), S. 146–150; Nr. 1444, S. 164f.; Nr. 1449, S. 172f.; Nr. 1529, S. 265–269; Petrov 2.2, S. 185–188.
67 Znamenskij, Položenie, S. 70–73; Smolitsch, Geschichte, S. 449f.; Freeze, S. 40, 240.

ebenfalls mit einem Priester begnügen, wenn die Entfernung dieser Höfe nicht zu groß war und die kirchlichen Amtshandlungen von einem Priester bisher stets ohne Verzug durchgeführt werden konnten; war dies nicht der Fall, durfte eine zweite Priesterstelle bewilligt werden. Gemeinden mit 250–300 Höfen sollten von zwei Priestern betreut werden, und Gemeinden mit mehr als 300 Höfen wurden (allerdings nur in besonderen Notfällen) auch drei Priester zugestanden. Über die Anzahl der Diakone und Kirchendiener galten sinngemäß die Bestimmungen von 1722 und 1768[68].

Im Gefolge der vierten Revision von 1784 wurde nochmals eine Aussonderung durchgeführt. Die Zählungen ergaben 84131 aktiv auf Etatstellen dienende Gemeindegeistliche und eine Gesamtzahl von 95481 Etatstellen, die auf 21142 Kirchen verteilt waren. Die 11350 unbesetzten Planstellen sollten erstens mit den 1540 Geistlichen, die der Kirche dienten, seit der neuen Etatisierung von 1778 aber als außerplanmäßig gezählt wurden, besetzt werden, und zweitens Söhnen der aktiv dienenden Priester und Kirchendiener, die nach Meinung der Bischöfe würdig und die nicht jünger als 15 Jahre alt waren, anvertraut werden. Alle überflüssigen Kirchendiener und alle Söhne aus dem geistlichen Stand, die älter als 15 Jahre waren und kein Seminar besuchten, sollten in einen kopfsteuerpflichtigen Stand überschrieben werden[69].

Folgende Personengruppen wurden aus dem geistlichen Stand ausgeschieden:

7488	überzählige und verdächtige Kirchendiener;
14414	Söhne von Priestern und Kirchendienern über 15 Jahren, die keine Schule besuchten;
9287	Söhne von Priestern und Kirchendienern unter 15 Jahren, die keine Schule besuchten;
1357	Kirchendiener aus dem Kopfsteuerstand und deren Söhne;
1455	Seminaristen, die für ein geistliches Amt nicht geeignet schienen;
= 33998	Angehörige des geistlichen Standes[70].

68 Nach einer Bestimmung von 1768 sollten auf drei Priester zwei Diakone, auf zwei Priester ein Diakon kommen. Nur an besonders bedeutenden Kirchen kam auf einen Priester ein Diakon, vgl. Znamenskij, Položenie, S. 68.

69 Znamenskij, Položenie, S. 75–77; Smolitsch, Geschichte, S. 450f.; Freeze, S. 40, 240f. – Nach Freeze, a.a.O., S. 142 waren 1784 in der Eparchie Moskau 10% der Stellen vakant, in der Eparchie Kolomna 1,5%, in der Eparchie Perejaslavl' 4,8%, in der Eparchie Rostov 5,5%, wohingegen die Eparchien Rjazan', Suzdal' und Vladimir fast alle Stellen besetzt hatten.

70 Titlinov, Gavriil Petrov, S. 544; hier auch die entsprechenden Angaben für die einzelnen Eparchien.

Der letzte große „razbor" im 18. Jh. wurde von Paul I. 1796/97 veranlaßt. In einem Ukaz stellte er fest, daß seit den letzen „razbory" wieder „überaus viele Söhne von Priestern und Kirchendienern müßig bei ihren Eltern wohnten", und befahl, daß mit ihnen „erstens die im Etat vorgesehenen Priester- und Kirchendienerstellen, zweitens die Lehrerstellen nicht nur in den geistlichen Schulen, sondern auch in den Stadtschulen, die in den Gouvernements gegründet worden waren", besetzt werden müßten und daß alle übrigen in den Militärdienst einzuziehen seien, „wo sie mit Nutzen und nach dem Beispiel der alten Leviten, die zur Verteidigung des Vaterlandes bewaffnet wurden, Verwendung finden werden". Daraufhin wurden 12000 überzählige Angehörige des geistlichen Standes ausgeschieden[71].

Die Überfüllung des geistlichen Standes war eines der wichtigsten kirchenpolitischen Probleme des 18. Jh.s. Es ist gut zu verstehen, daß die Söhne der Priester, Diakone und Kirchendiener nicht nur die väterlichen Stellen haben erben wollen, sondern auch an ihrer privilegierten Rechtslage, besonders an der Steuerimmunität, festgehalten haben. Da die Zahl der Geburten von Söhnen in den Familien der Pfarrgeistlichen stets höher war als die Zahl der freiwerdenden Stellen, blieb ein ansehnlicher Teil des geistlichen Nachwuchses stellen- und arbeitslos oder konnte sich lediglich als überzähliger Priester, Diakon oder als Kirchendiener (z.B. an der Kirche des Vaters oder eines Verwandten) oder als vagabundierender Geistlicher knapp ernähren. Die Aussonderungen, wie sie im Laufe des Jahrhunderts wiederholt durchgeführt wurden, konnten dem Staat zusätzliche Diener, Steuerzahler und Soldaten zuführen, das Problem aber nicht grundsätzlich lösen.

Daß unter diesen Umständen, abgesehen von gelegentlichen Ausnahmen, keine Angehörigen weltlicher sozialer Gruppierungen in den Pfarrklerus haben Aufnahme finden können, versteht sich von selbst. Der Synod achtete immer genau darauf, daß die unmittelbaren Interessen des Pfarrklerus und seines Nachwuchses bei der Besetzung frei gewordener Stellen berücksichtigt wurden, und hatte dabei die größte Mühe, die Geistlichen außerhalb des Etats und die überzähligen Söhne aus Priesterfamilien unterzubringen. Daß auf diese Weise persönlich und religiös motivierten Kräften der Zugang in den geistlichen Stand versperrt wurde und der Kirche damit auch Chancen verloren gingen, wurde kaum gesehen. Die Kirche und ihr Klerus gerieten aber durch diese Entwicklung zunehmend in ein soziales und geistiges Ghetto.

---

71 Znamenskij, Položenie, S. 77f.; Smolitsch, Geschichte, S. 451f.; Freeze, S. 41f., 241f.

4.2.2.2 *Die kirchliche Gerichtsbarkeit*

Die kirchliche Gerichtsbarkeit, ein weiteres Standesprivileg der Geistlichkeit im 18. Jh., führte sich letztlich auf die Worte Jesu in Matth. 18, 15–17 zurück, in denen es heißt, daß der Bruder, der sündigt, erst unter vier Augen, dann vor zwei oder drei Zeugen zurechtgewiesen werden müsse: „Wenn er aber nicht auf sie hört, so sage es der Gemeinde." In der alten und in der byzantinischen Kirche wurde der Bischof nicht nur mit dem Hirtenamt beauftragt, sondern er hatte auch als Richter zu amtieren und in allen Rechtsstreitigkeiten zwischen Klerikern unter sich sowie zwischen Klerikern und Laien zu entscheiden, ohne weltliche Gerichte heranzuziehen[72]. In einer Novelle Justinians, auf die sich die Bischöfe der russischen orthodoxen Kirche im 18. Jh. noch beriefen, hieß es lapidar: „Presbyter, Diakone, Hypodiakone, Lektoren und Sänger – sie alle sollen von ihrem Bischof geleitet und gerichtet werden."[73] Das Kirchenrecht unterschied zwei Arten von Delikten der Kleriker, *erstens* Vergehen gegen das Amt und die Amtspflichten und *zweitens* Vergehen in der persönlichen Lebensführung. Zur ersten Gruppe gehörten u.a. Eigenmächtigkeiten in der Amtsführung, die Vernachlässigung gottesdienstlicher und pastoraler Pflichten, die Verletzung des Beichtgeheimnisses, Betrügereien mit kirchlichem Vermögen; zur zweiten Gruppe u.a. Verschwörungen gegen die staatliche Obrigkeit, Blasphemie, Verleumdung, Diebstahl, Wucher, Totschlag, Schlägerei, Ehebruch, Unzucht, Trunksucht. Alle Klagen gegen Geistliche mußten dem Bischofsgericht vorgetragen werden, und die Kleriker waren ihrerseits verpflichtet, ihre Rechtsangelegenheiten vor das geistliche Gericht zu bringen[74].

Daß die weltliche Obrigkeit die Glieder des Priester- und Mönchsstandes nicht vor Gericht ziehen dürfe, wurde in der Hundertkapitelsynode (Stoglavnyj sobor) von 1551 unter Berufung auf das orthodoxe Kirchenrecht für Rußland nochmals ausführlich wiederholt: „Niemand von den Laien soll über sie Gewalt haben. Nur die allgemeine, heilige Großkirche herrscht und richtet nach dem Gesetz der heiligen Kanones über sie,

---

72 Milasch, S. 459–515; Beck, S. 74–78.

73 PSP 6, Nr. 2240 (1729), S. 360.

74 Kein weltlicher Beamter darf Kleriker richten (vgl. die Äußerungen der Synode von Sardika (347), Hefele 1, S. 610). Kleriker dürfen nicht das geistliche Gericht umgehen und sich ohne Zustimmung des Bischofs an weltliche Richter wenden, vgl. Kanon 9 der Synode von Hippo (393), Kanon 10 der Synode von Karthago (407), Kanon 9 des Konzils von Chalcedon (450): „Wenn ein Kleriker gegen einen anderen Kleriker einen Prozeß führt, so soll er nicht unter Umgehung des Bischofs zu den weltlichen Gerichten laufen ...", Hefele 2, S. 57, 101, 512f.; Milasch, S. 493–496.

und von den Laien sollen sich weder Fürst noch Bojar noch irgendein weltlicher Richter Macht über Priester, Klöster und Mönche anmaßen. Denn diese alle sind Gott geheiligt und einem Bischof unterstellt ... Die heiligen Schriften, die heiligen Kanones und Gesetze gestatten weltlichen Gerichten nicht, Priester, andere Kleriker und Mönche zu richten. Vielmehr befehlen sie, daß alle geweihten Männer und auch die übrigen Angehörigen der Großkirche ... der Fürsorge der Ortsbischöfe anvertraut sind."[75] Im 17. Jh. waren die Verhältnisse in diesen Dingen komplizierter. Die Bestimmungen des Stoglav wurden im Gesetzbuch von 1649 (Uloženie) im wesentlichen bestätigt, einzig die bürgerlichen Rechtsangelegenheiten der Kleriker mußten von nun an dem neugegründeten Klosteramt (Monastyrskij prikaz), also einer weltlichen Instanz, unterstellt werden[76]. Das Moskauer Konzil von 1666/67 stellte die kirchliche Gerichtsbarkeit für die Geistlichen wieder in vollem Umfange her[77].

Nach dem Tode des Patriarchen Adrian versuchte Peter, die Macht der Kirche in der Frage der kirchlichen Gerichtsbarkeit wesentlich zu schwächen, dieser sämtliche Rechtsstreitigkeiten zwischen Geistlichen und Weltlichen zu entziehen und den jeweils zuständigen weltlichen Instanzen zu übertragen; nur rein geistliche Angelegenheiten sollten im Kompetenzbereich des Patriarchatsverwesers verbleiben[78]. Kurz darauf, im Januar 1701, stellte Peter das Klosteramt wieder her und übertrug ihm die Rechtssprechung über die Geistlichkeit. Nach der Auflösung des Monastyrskij prikaz (1720) und der Gründung des Hl. Synod blieb die Rechtslage des Klerus einstweilen unklar[79], bis im April 1721 der Synod mit Billigung des Senats einen Ukaz erließ, der während des ganzen 18. Jh.s Gültigkeit behielt und immer wieder zitiert wurde. Danach waren die Rechtsangelegenheiten, die geistliche Personen betrafen – vor allem Streit, Schlägereien, Diebstahl und ähnliches –, der Kompetenz des Synods anheimgestellt, und wer einen Geistlichen vor Gericht ziehen woll-

75 Stoglav, Kap. 53f.; deutsch in: Hauptmann, Die orthodoxe Kirche; Makarij, Istorija russkoj cerkvi 8, S. 169–206.

76 Uloženie, Kap. 13, S. 185–189; Smolitsch, Geschichte, S. 382f., 462f.

77 PSZ 1, Nr. 412 (1667/67).

78 PSZ 4, Nr. 1818 (1700), S. 87f.

79 Interessant ist hier ein Brief des Zaren an den Fürsten Romodanovskij vom 15.2. 1721: Man schreibt aus Moskau, daß Geistliche wegen Altgläubiger und Leuten, die nicht beichten, im Preobraženskij prikaz in Gefängnissen festgehalten würden. „Senden Sie bitte einen Ukaz, daß die Beamten im Preobraženskij prikaz sich in diese Dinge nicht einmischen und sich nicht um die Angelegenheiten des Geistlichen Standes und die Altgläubigen kümmern, denn diese Dinge sind jetzt dem geistlichen Kollegium übertragen." ODDS 1 (1721), Sp. CXIIIf.

te, mußte sich an den Synod oder die Eparchialbischöfe wenden. Ausgenommen waren schwere Verbrechen gegen den Staat, für die die Geheimkanzlei (Tajnaja kanceljarija) zuständig bleib, und die Angelegenheiten, die mit Handel und Gewerbe zusammenhingen; sie waren dem Kommerz- oder dem Kammerkollegium vorzutragen[80]. Doch abgesehen davon durften „Angehörige des geistlichen Standes nicht an ein weltliches Gericht überführt, von niemandem verhaftet und festgehalten werden“[81].

In den folgenden Jahren und Jahrzehnten kostete es den Synod außerordentliche Mühe, diesen grundlegenden Entscheid in die Praxis umzusetzen und die weltlichen Behörden daran zu hindern, sich in geistliche Angelegenheiten einzumischen. Es sind zahlreiche Ukaze an fast alle Gouvernementskanzleien des russischen Reiches bekannt, in denen die oberste Kirchenleitung mit scharfen Worten vor solchen Übergriffen gewarnt hat. „Weltliche Beamte dürfen es in Zukunft nie mehr wagen [vpered otnjud' ne derzali], sich in solche Dinge einzumischen ...“ hieß es in einem Synodalukaz an den Gouverneur von Kiev, denn den Angehörigen des geistlichen Standes dürften nicht unnötige Beschimpfungen zugefügt und das Kirchenvolk nicht in Verwirrung gebracht werden[82]. Ein ähnlicher Befehl ging wenig später nochmals an das kleinrussische Kollegium in Kiev, denn die Priester der Eparchie Černigov hatten sich bei ihrem Bischof bitter darüber beklagt, daß verschiedene Regierungsinstanzen sie wiederholt vor das weltliche Gericht gezogen und dadurch ihnen und ihrem Besitz nicht geringen Schaden zugefügt hätten[83]. Der Metropolit von Smolensk bat in dieser Sache den Synod um eine Intervention gegen die Übergriffe der weltlichen Behörden seiner Eparchie. Anlaß hierzu war ein sehr typischer Streit zwischen einem Gutsbesitzer und einem Priester, in dessen Verlauf der Priester beschimpft, geschlagen und in die Smolensker Gouvernementskanzlei zur Aburteilung geschickt worden war. „Der Adel und ... viele Gutsbesitzer meiner Eparchie Smolensk schlagen unschuldige Priester, Diakone und Kirchendiener mit Knüppeln, Rohrstöcken und Ruten und allem Möglichen – ohne jedes Mitleid – und halten sie in Ketten und Eisen und nehmen von ihnen die für die heiligen Kirchen bestimmten Ländereien, ... dem geistlichen Stand fügen sie aber Beschimpfungen und Lästerungen zu, und in den Gottesdiensten, in den Kirchen und bei weltlichen Amtshandlungen entsteht so eine erhebliche Verzögerung.“ Der Synod antwortete, daß all diese Dinge vor das bischöfliche Gericht zu bringen und „nach den Ka-

---

80 PSP 1, Nr. 76 (1721), S. 105, p. 3.
81 PSP 3, Nr. 996 (1723), S. 30.
82 PSP 4, Nr. 1459 (1725), S. 318f.
83 PSP 5, Nr. 1636 (1725), S. 166f.

nones der heiligen Apostel und Gott tragenden Väter und nach den Gesetzen Seiner Kaiserlichen Majestät" zu richten seien, auf keinen Fall aber einem weltlichen Gericht überlassen werden dürften[84].

Ähnliche Fälle sind auch in den folgenden Jahrzehnten aus den übrigen Eparchien Rußlands bekannt[85]. Die Kirche hatte sich immer wieder gegen die Übergriffe des Staates zu wehren. Die Bischöfe wiesen in ihren Eingaben sehr eingehend auf die Novellen Justinians und die Kanones der alten Kirche über die Fragen der geistlichen Gerichtsbarkeit sowie auf die Ukaze aus den Jahren nach 1721 hin, die in diesen Fragen eindeutig waren und in den wesentlichsten Punkten miteinander übereinstimmten[86]. Der Episkopat war an der kirchlichen Gerichtsbarkeit deswegen so stark interessiert, weil sie ihm auf der einen Seite eine lückenlose Kontrolle und Aufsicht über die Geistlichkeit bot und weil durch sie auf der andern Seite der geistliche Stand, dessen Angehörige in Amts- und Lebensführung besonders vorbildlich zu sein hatten, vor dem Spott und der Verachtung durch weltliche Instanzen geschützt war, denn sehr viele Klagen über Eingriffe der weltlichen Gerichte beinhalteten in erster Linie Beleidigungen des Klerus.

Für die Gemeindegeistlichkeit war dieser Schutz in vielen Fällen von ausschlaggebender Bedeutung. Im übrigen urteilten die geistlichen Behörden über die Vergehen von Klerikern sehr streng und waren deswegen oft gefürchtet. Zu den verbreitesten Delikten, mit denen die Bischöfe und ihre Konsistorien beschäftigt waren, gehörten Trunksucht, Streitigkeiten, Schlägereien und übertriebene Geldforderungen für den Kasualdienst. Die Trunksucht konnte trotz strenger Maßnahmen der Bischofsgerichte nicht eingedämmt werden. Timofej Ščerbackij, von 1758–1767 Metropolit von Moskau, beobachtete wiederholt mit eigenen Augen, wie einzelne Geistliche in Moskau sich betrunken auf den Straßen herumwälzten, und sein Nachfolger Amvrosij Zertis-Kamenskij, der von 1768 bis 1771 mit der Eparchie Moskau betraut war, beklagte sich über das abscheuliche Benehmen von Priestern und Kirchendienern auf den Straßen und in den Schenken der ehemaligen Hauptstadt. Auch Streitigkeiten und Schlägereien zwischen Geistlichen unter sich oder zwischen Geistlichen und Laien – nicht nur auf der Straße, sondern sogar während der Gottesdienste – kamen sehr häufig vor. Übertriebene Geldforderungen für kirchliche Dienstleistungen, Habsucht, ja Betrügereien waren eben-

84 PSP 6, Nr. 2187 (1728), S. 261f.

85 Vgl. die Register der einzelnen Bände von PSP und ODDS; Freeze, S. 22–26.

86 Vgl. die Eingaben Leos von Voronež und Gavriils von Rjazan', PSP 6, Nr. 2240 (1729), S. 360–365.

falls keine Seltenheit; die Hauptwurzel dieses Übels lag aber in der sehr mangelhaften materiellen Versorgung des Gemeindeklerus. Zu den häufigsten Strafen, die vor allem der Abschreckung dienen sollten, gehörten die Züchtigung mit Ruten (solange Körperstrafen für Priester und Diakone noch erlaubt waren), die Pflicht, in den Gemeindekirchen öffentlich während einer Woche oder während eines Monats 50–100 Verbeugungen täglich zu machen, Zwangsarbeit in Klöstern bis zu einem Jahr oder länger, zeitweise auch in Ketten, eigentliche Kirchenstrafen (Epitimien) und bei schweren Delikten wie Mord oder Majestätsverbrechen der Verlust des Standes[87]. Auch vorübergehende Berufsverbote oder Degradierungen wurden verhängt. So verlor ein Priester der Eparchie Tambov 1767 seinen Priesterstand wegen fahrlässiger Tötung, durfte aber in der gleichen Gemeinde als D'jaček weiter dienen, da er seine Mutter und mehrere minderjährige Kinder zu versorgen hatte; auch in solchen Fällen mischten sich weltliche Gerichte nicht ein[88].

Die Sache weltlicher Gerichte waren aber Majestätsverbrechen, Delikte, die seit dem Gesetzbuch (Uloženie) von 1649 unter der Bezeichnung „slovo i delo gosudarevo“ in den staatlichen Gerichtsakten immer wieder begegnen. Ein solches Delikt zu begehen, hieß in der Rechtssprache des 17. und 18. Jh.s „skazyvat' za soboju gosudarevo slovo i delo“. Dieser Tatbestand umfaßte Vorhaben, die sich gegen Leben und Ehre des Zaren und dessen Familie richteten, sowie Aufruhr und Verrat gegen den Monarchen. Schuldig machte sich dieses Delikts auch, wer von einem Vorhaben gegen das Wohlergehen des Zaren wußte, wer sich an Aufruhr und Verrat gegen diesen beteiligte und wer sich an der Staatskasse vergriff. Das Uloženie von 1649 schrieb dafür sehr harte Strafen, vom Auspeitschen mit der Knute bis zur Todesstrafe, vor[89]. Peter d.Gr. beklagte sich darüber, daß sich diese Vergehen häuften, und forderte in mehreren Ukazen ein schärferes Vorgehen des Preobraženskij prikaz, der späteren Geheimkanzlei. Auch die Geistlichen, die des „slovo i delo gosudarevo“ beschuldigt worden waren, mußten von der Geheimkanzlei und nicht von einem kirchlichen Gericht abgeurteilt werden. Solche Prozesse kamen offenbar ziemlich häufig vor. Dies geht aus einer Zusammenstellung hervor, wo von 60 Personen geistlichen Standes die Rede ist, die in den Jahren 1721–1729 in dieser Sache an die Geheimkanzlei zur Bestrafung geschickt worden sind, denen auf Grund der Untersuchung aber mildernde Umstände eingeräumt worden waren[90]. Die Problematik des „slovo

87 Rozanov 2.1, S. 126–132; 2.2, S. 288–296 und öfter. Vgl. auch die vielen Einzelfälle in den Bänden von ODDS. – Vgl. auch unten, S. 205.

88 PSP Ek 1, Nr. 342 (1767), S. 390; Nr. 148 (1763), S. 147f.

89 Kap. 2: O gosudarskoj česti, S. 28–36.

90 PSP 7, Nr. 2302 (1730), S. 32–37.

i delo gosudarevo“ spielte während des ganzen 18. Jh.s eine wichtige Rolle. Geistliche, die sich dieses Vergehens schuldig gemacht hatten, wurden ihres Standes entkleidet und als Laien den weltlichen Behörden zur Aburteilung übergeben. Danach wurden die Geistlichen genau wie Weltliche behandelt[91].

4.2.2.3 Die Befreiung von Polizei- und Feuerwehrdiensten

Im petrinischen Staat wurde die gesamte Stadtbevölkerung zu Polizei- und Feuerwehraufgaben verpflichtet. Nicht nur die Posad-Angehörigen im engeren Sinn, sondern auch die Raznočincy mußten Polizeidienste in den Hundert-, Fünfziger- und Zehnerschaften leisten, an den Schranken der Stadteingänge und in den Polizeigebäuden Wache stehen, bei Feuersbrünsten zum Löschen ausrücken und in verschiedenen Angelegenheiten für das Allgemeinwohl Laufburschendienste leisten[92]. Der Wachdienst stand unter sehr strenger Aufsicht, und nach den „Krieges-Artickeln“ von 1716, die auch für diese Dienste galten, durfte sich keine Wache unterstehen, „von ihrem Posten bey Verlust des Lebens wegzugehen, ausser nur, wenn sie abgelöset wird, sie mag Ausrede machen, wie sie immer wollte“[93].

Obwohl der Klerus seit Konstantin d.Gr. von solchen Diensten freigestellt war und auch noch 1722 der Senat in St. Petersburg in seiner Instruktion die Diener der Kirche vom Wachdienst an den Schranken ausdrücklich ausgenommen hatte, damit keine Unordnung und keine Verzögerung im Feiern von Liturgie und Kasualien entstünden[93a], boten die Polizeimeister- und Gouvernementskanzleien auf lokaler Ebene, vor allem in St. Petersburg, Moskau und Novgorod, immer wieder Geistliche zu diesen Dienstleistungen auf. So mußten auf Befehl des damaligen Polizeimeisters Grekov in Moskau nicht nur Kirchendiener, sondern sogar Priester und Diakone ihre kirchlichen Verpflichtungen verlassen und Wache stehen, ohne daß ein entsprechender Ukaz des Zaren vorgelegen hätte. Sie wurden bisweilen mit Gewalt, zusammen mit weltlichen Bürgern, an diese Wachposten geführt und gezwungen, in den Polizeigebäuden Tage und Nächte zu verbringen, Straßen zu reinigen und jede Art von Feuerwehr- und Polizeiaufgaben zu leisten. Deswegen formulierten einige Geistliche in Moskau in einer Beschwerdeschrift an den Synod: „Sie schleppen uns zu ungelegenen Zeiten auf die Polizeidienststellen ... und sie lassen die Priester und Diakone, die sich darauf vorbereitet haben, nicht zur Göttlichen Liturgie, und die

---

91 Vgl. PSP 6, Nr. 1220 (1724), S. 79f. Zahlreiche Belegstellen in den einzelnen Bänden von PSP und ODDS und bei Rozanov.

92 Kizevetter, S. 351f.

93 PSZ 5 (1716), S. 302, p. 13.

93a PSP 6, Nr. 2246 (1729), S. 375.

Kirchendiener schleppen sie, und sie erleiden einen solchen Arrest wie irgendwelche verdächtigen Leute, und sie lassen uns weder zum Abendgottesdienst [večernja] noch zum Morgengottesdienst [utrenja] noch zur Göttlichen Liturgie noch zur Durchführung von Amtshandlungen frei, und deswegen bleiben die Kirchen Gottes ohne Bewachung, und im Heiligen Gottesdienst, im Läuten der Kirchenglocken und in den Kasualien entstehen Verzögerung und Verwirrung."[94]

Deswegen kämpfte der Synod unter Berufung auf das kanonische Recht und die kirchliche Tradition und mit Hinweisen auf die Unregelmäßigkeiten, die im kirchlichen Leben entstanden waren, für die Befreiung des Klerus von den Polizei- und Feuerwehrdiensten[95]. Trotzdem kam es bis zu Beginn der 1740er Jahre immer wieder vor, daß Priester, Diakone und Kirchendiener in den beiden Haupt- und in den Provinzstädten von Offizieren und Polizeibehörden zu solchen Diensten gezwungen wurden. Erst 1742 befreite die Zarin Elisabeth in einem Ukaz die aktiv dienenden Geistlichen von der Mitarbeit bei Polizei- und Feuerwehraufgaben[96]. Da dieser Ukaz nicht konsequent eingehalten wurde, mußte er im Laufe des 18. Jh.s noch mehrere Male wiederholt werden[97].

4.2.2.4 Die Befreiung von militärischen Einquartierungen

Die Einquartierungspflicht stellte für die Bevölkerung des petrinischen Staates eine schwere Belastung dar. Nach den Bestimmungen der bereits mehrfach zitierten „Krieges-Artickel" (Ustav voinskij) des Jahres 1716 hatte sich bei Verlegungen der Truppe der Quartiermeister eines Regiments bei den betreffenden Stadt- und Dorfbehörden zu melden und für die Offiziere, Unteroffiziere und Soldaten seiner Einheit Unterkünfte bei der Zivilbevölkerung zu organisieren. „Er assignirt also die besten Häuser dem Obristen, Obrist-Lieutenant und Major nach dem geschehenen Vorschlag der Obrigkeit. Für die andern Quartiere der Capitains und Officiers werden Billets (Zetteln) geschrieben, und an die Fouriers der Compagnien gegeben; die besten Quartiere werden denen angewiesenen für den Capitains, Lieutenant und Fähnrich aus-

94 Zitiert aus einer Beschwerdeschrift der Moskauer Priester und Kirchendiener vom 29. Juni 1729, ebd., S. 375f. Eine ähnliche Beschwerde sandte der Erzbischof von Novgorod, Feofan Prokopovič, am 8. Aug. 1729 an den Synod, ebd., S. 376f.; vgl. auch die Meldung des geistlichen Dikasterions in Moskau an den Synod vom 16. Nov. 1726, in: PSP 6, Nr. 1984 (1727), S. 40–42.

95 Vgl. die Befreiung des Klerus von den „munera sordida", oben, S. 180; PSP 8, Nr. 2705 (1733), S. 57f.; Nr. 2812 (1734) S. 243–245.

96 PSP El 1, Nr. 72 (1742), S. 86f.; PSZ 11, Nr. 8546.

97 So z.B. PSP Ek 1, Nr. 477 (1768), S. 559f.

gesucht, die übrigen Quartiere aber unter denen Unterofficieren und Gemeinen bey ihrer Ankunft nach den Billetten ausgetheilet."[98] Aufgrund eines militärischen Befehles hatte die Stadt- und Dorfbevölkerung eine beliebige Zahl von Unterkünften für die Mannschaft zu stellen, und der Quartiermeister mußte darauf achten, daß sich niemand der Einquartierungspflicht entzog[99]. Unter Umständen, zum Beispiel „wann grosser Mangel an Proviant und Fourage ist, oder wann die unfreundliche nasse und kalte Herbstzeit solches erfordert"[100], blieb die Armee über längere Zeit am selben Ort, was nicht selten zu Konflikten zwischen Armeeangehörigen und der Zivilbevölkerung führte[101].

Obwohl der Klerus der christlichen Kirche seit den Zeiten Konstantins d.Gr. von der Pflicht, durchziehende Truppen zu versorgen und ihnen Quartiere zur Verfügung zu stellen, ausdrücklich befreit war[102] und auch im vorpetrinischen Rußland die Geistlichkeit mit solchen Aufgaben nicht belastet wurde, kamen in den ersten Jahrzehnten des 18. Jh.s solche Einquartierungen in Pfarrhäusern oder in kirchlichen Gebäuden recht häufig vor. So beklagte sich 1725 der Bischof von Belgorod, Epifanij Tichorskij, in einem Schreiben an den Synod sehr bitter über die schlechte Behandlung, die sich die Pfarrgeistlichen und die Seminaristen von einquartierten Offizieren, Unteroffizieren und Soldaten gefallen lassen mußten. Der Unterricht an dem von ihm gegründeten Belgoroder Seminar (Char'kover Kollegium) werde durch die Einquartierung von Militär erheblich gestört. Aus der ganzen Eparchie seien Klagen über Zerstörungen und Verwüstungen in Pfarrhäusern und über Behinderungen von Gottesdiensten eingetroffen. Armeeangehörige hätten Geistliche grundlos geohrfeigt und halb totgeschlagen oder hätten die Geistlichen, bei denen sie einquartiert gewesen seien, samt ihren Familien aus ihren Häusern gejagt und den Pferdestall für die eigenen Pferde vollständig beansprucht. Deswegen bat Epifanij, „daß ... die Priester und Kirchendiener meiner Eparchie und ebenso mein Haus in Belgorod und die Häuser der Kirchendiener und Kanzleibeamten und der übrigen Bediensteten ... frei bleiben von militärischer Einquartierung für die Söhne der Priester, die an der Schule unterrichtet werden"; er bat ferner, „daß die weltlichen Befehlshaber und Beamten meinen Untergebenen künftig keine Kränkungen und Zerstörungen zufügen und sie nie mehr,

98 PSZ 5, Nr. 3006 (1716), S. 255.
99 Ebd., S. 256.
100 Ebd., S. 256f.
101 Die in Bauernhöfen Einquartierten mußten immer wieder ermahnt werden, mit dem Besitzer Frieden zu halten, PSZ 7, Nr. 4291 (1723), S. 106–109.
102 Handbuch der Kirchengeschichte 2.1, S. 293 (Belege).

ohne mich schriftlich zu verständigen, eigenmächtig vor ihr Gericht zu ziehen wagen ... und daß die Priester und Kirchendiener, ebenso auch die Bediensteten meines Hauses, nicht mehr vollkommen widerrechtlich blinde Zerstörung und schwerste Mißhandlungen von seiten der Staatsgewalt erdulden müssen."[103]

Durch eine ganze Reihe von Ukazen wurde in den 20er und 30er Jahren allmählich die Befreiung des Gemeindeklerus von der Einquartierungspflicht durchgesetzt[104].

4.2.2.5 Die Befreiung von körperlicher Bestrafung

Wie bereits im Abschnitt über die geistliche Gerichtsbarkeit angedeutet worden ist, waren körperliche Züchtigungen auch für Angehörige des geistlichen Standes bis in die Regierungszeit Katharins II. hinein durchaus üblich. Auch für verhältnismäßig geringe Vergehen wurden die Geistlichen mit Ruten und Stöcken geschlagen. Das Ziel dieser Maßnahmen war nicht die Besserung des Delinquenten, sondern die Abschreckung, „die Furcht für die andern"[105]. Die Strenge, die bei vielen Bischöfen bis zur Unmenschlichkeit ging, wurde sogar mit der Heiligen Schrift begründet: Christus habe seinen persönlichen Beleidigern vergeben, nicht aber denen, die Gott gegenüber zum Ärgernis geworden seien; Ananias und Saphira seien für ihre Lügen vor Gott ebenfalls grausam bestraft worden; Judas sei dem ewigen Gericht übergeben worden[106]. Viele Hierarchen im 18. Jh., darunter Arsenij Maceevič, Amvrosij Zertis-Kamenskij, Pavel Konjuškevič, Gedeon Višnevskij und andere waren wegen ihrer Grausamkeit von der Pfarrgeistlichkeit besonders gefürchtet; diese sah in ihnen in erster Linie den Herrn, den Gebieter, den Kirchenfürsten, dem der einzelne schutzlos ausgeliefert war. Von der im Geistlichen Reglement gesetzlich vorgesehenen Möglichkeit, daß jeder Pfarrgeistliche gegen seinen Bischof vor dem Synod Recht suchen könne, wagten die wenigsten Gebrauch zu machen[107].

---

103 Dies war ein sehr typisches Beispiel. Die Klageschrift Epifanijs vom 1. Nov. 1725 in: PSP 5, Nr. 1701 (1726), S. 247–249. Vgl. auch PSP 8, Nr. 2705 (1733), S. 57f. und weitere Stellen.

104 PSZ 8, Nr. 4571 (1724), S. 350: Über die Befreiung der Häuser der Priester in St. Petersburg von Einquartierungen; ODDS 3 (1723), Sp. 526–528; PSZ 8, Nr. 4579 (1724), S. 356: Bestätigung dieses Ukazes ohne Einschränkungen auf die Hauptstadt, PSP 9, Nr. 2971 (1736), S. 292f.

105 Popov, Arsenij Maceevič, S. 197ff.

106 Ebd., S. 201.

107 Smolitsch, Geschichte, S. 405, 409f.; PSP 1, Nr. 1 (1721), S. 16; Geistliches Reglement, S. 37.

Im Laufe des 18. Jh.s wurden im Zuge von Gerichtsreformen und Straferleichterungen, die aufklärerischen Ideen zu verdanken waren, die Folter und die Körperstrafe für bestimmte Personenkreise abgeschafft. Die Adligen, denen Peter d.Gr. schon 1716 die Befreiung von körperlicher Züchtigung, ausgenommen bei schweren Staatsverbrechen, zugesprochen hatte, sollten nach der Meinung der „Großen gesetzgebenden Kommission" von jeder demütigenden unschicklichen Bestrafung – d.h. mit der Knute, dem Stock und den Ruten – befreit sein[108]. 1767 wurde die Körperstrafe für den Adel verboten. Auch ein Teil der Stadtbevölkerung, nämlich die Kaufleute der ersten beiden Gilden und besonders angesehene Personen der übrigen Vereinigungen dieses Standes, wurden in der Regierungszeit Katharinas II. (1785) von der körperlichen Züchtigung befreit. Schon die „Große gesetzgebende Kommission" hatte stattdessen Geldstrafen vorgeschlagen[109]. Für das Verbot, die Priester und Priestermönche der Folter und den Körperstrafen zu unterziehen, kämpfte der Synod in den 1760er Jahren, und er argumentierte damit, daß die Geistlichkeit und insbesondere die Priester die ihrem Amt und ihrer Person von der Gesellschaft geschuldete Ehre verlören und daß unter den Gläubigen „eine nicht geringe Verwirrung und Anlaß zu Mißtrauen" entständen, wenn Kleriker öffentlich ausgepeitscht würden. Es sei wesentlich sinnvoller, straffällig gewordenen Geistlichen Kirchenstrafen (Epitimien) und Geldstrafen zugunsten von Spitälern aufzuerlegen, und es müßten überhaupt die menschliche Schwachheit und gegebenenfalls auch die gute Führung im Priesteramt mehr berücksichtigt werden als bisher. Deshalb befahl die Zarin in einem Ukaz 1767, daß an Priestern und Priestermönchen keine qualvollen Verhöre und Körperstrafen mehr vollzogen werden dürften und daß bei schwerwiegenden kriminellen Angelegenheiten und Staatsverbrechen nach den Weisungen des Synods verfahren werden müsse[110]. Vier Jahre später wurde dieser Ukaz wiederholt und auf die Diakone und Ierodiakone ausgedehnt[111]. Damit waren die Priester und Diakone (nicht aber die Kirchendiener) *de iure* von der Körperstrafe befreit, und es war ihnen im Zuge der von der Aufklärung mitgeprägten Straferleichterung ein Privileg zugestanden worden, das sie mit dem Adel und dem angeseheneren Teil der Kaufmannschaft teilten[112].

---

108 Latkin, S. 130; Vladimirskij-Budanov, Obzor, S. 241 (auch zum folgenden).
109 Latkin, S. 166.
110 PSP Ek 1, Nr. 349 (1767), S. 396.
111 Ebd., Nr. 609 (1771), S. 735.
112 Unter Paul I. wurde die Körperstrafe wieder eingeführt, unter Alexander I. endgültig abgeschafft, Smolitsch, Geschichte, S. 469.

4.2.2.6 *Das Verbot, Handel und Gewerbe zu treiben*

Zu den Standesprivilegien kam ein Verbot des Handeltreibens. Bereits das kanonische Recht hatte es den Geistlichen verboten, sich in weltliche Geschäfte einzumischen. Der 7. (6.) apostolische Kanon formulierte kurz und bündig: „Ein Bischof oder Presbyter oder Diakon soll weltliche Sorgen nicht annehmen.“ [113] Insbesondere waren die Benutzung geliehenen Kapitals, Bürgschaften, Zinsnehmen, Wucher, das Mieten und Pachten fremder Güter und Geschäfte untersagt [114]. Das kanonische Recht sah diese Dinge als unvereinbar mit Stand und Aufgaben des Geistlichen an. Im 18. Jh. wurden diese Verbote für den Klerus der russischen Kirche mehrere Male unter Berufung auf die Kanones wiederholt. Von Handel und Gewerbe, vom Unterhalt und Betrieb von Läden oder gar Schenken, vom Brennen und Verteilen von Schnaps und von anderem mehr sollte die Geistlichkeit die Hände lassen. Auch der Erwerb und Besitz von Leibeigenen und Erbgütern war nicht gestattet [115]. Am deutlichsten formulierte ein Synodalukaz aus der Regierungszeit der Zarin Elisabeth den Sachverhalt: Es wurde nochmals ausdrücklich befohlen, daß von nun an kein Priester mehr sich mit Handelsgeschäften, Kontrakten, Pacht, Gewerbe und Bürgschaften beschäftigen oder sein Geld gegen Zins verleihen dürfe [116]. Gegen diese deutlichen Verbote gab es immer wieder Verstöße, denn die landwirtschaftliche und handwerkliche Arbeit, auf die der Gemeindeklerus zur Bestreitung seines Lebensunterhaltes angewiesen war, konnte davon nicht immer streng abgetrennt werden. Gerade hier war aber die praktische Gültigkeit des Kirchenrechts für die Lebensgestaltung des Gemeindeklerus im 18. Jh. deutlich [117].

4.3 *Einheit und Vielfalt des geistlichen Standes*

Obschon der geistliche Stand in der russischen orthodoxen Kirche des 18. Jh.s sich immer mehr zu einer abgeschlossenen und isolierten gesellschaftlichen Gruppierung entwickelt hatte, wies er in sich sehr gro-

---

113 „Kosmikas phrontidas mē analambanetō“, Hefele 1, S. 802.

114 Kanon 17 des ersten Konzils von Nizäa, Kanon 4 der Synode von Laodicea, Kanon 22 der Synode von Hippo und weitere Bestimmungen, vgl. Hefele 1, S. 421–423, 752; Hefele 2, S. 57 u.ö.; Milasch, S. 249.

115 Uloženie, Kap. 20, S. 104, 355f., 379; demgegenüber behielt der ukrainische Klerus das Recht des Grundbesitzes auch im 18. Jh. – vgl. ODDS 16 (1736), S. 24f.; PSP Ek 1, Nr. 374 (1767), S. 430; Nr. 468 (1768), S. 548–550; Nr. 642 (1772), S. 778f.

116 PSP El 1, Nr. 511 (1743), S. 501.

117 Vgl. das interessante Beispiel PSP Ek 1, Nr. 553 (1770), S. 660–662.

ße Differenzierungen auf. Daß die einzelnen Glieder des Klerus verschiedene Weihegrade und dementsprechend verschiedene Aufgaben und Funktionen in Gottesdienst und Gemeinde besessen haben, ist bereits dargelegt worden[1]. Weitere z.T. sehr erhebliche Differenzierungen gab es im Bildungsstand und in der materiellen Lage. Außerdem fanden sich einige besondere Gruppen innerhalb des geistlichen Standes, wie die „krestovye popy" und die verwitweten Priester und Diakone.

4.3.1 Bildungsunterschiede

Das Klischee vom ungebildeten russischen Popen ist in Rußland und in Westeuropa weithin bekannt und verbreitet. Nicht zuletzt trugen zahlreiche Reiseberichte, in denen der niedere Bildungsstand des Pfarrklerus beklagt oder verspottet wurde, zur Verbreitung dieses Vorurteils bei. So schrieb 1794 der berühmte slavische Philologe, „der Altmeister der historisch-kritischen Forschung in Böhmen"[2] Josef Dobrovský, von seiner Rußlandreise: „Si tu monachorum et poparum ignorantiam nosses, exclamares certe signando te cruce: Gospodi pomilui ...", und an einer andern Stelle vermerkte derselbe Autor: „Die Popen sind über alle Vorstellung unwissend. Ein sächsischer Dorfküster wäre ein lumen ecclesiae unter ihnen."[3]

Solche Beispiele ließen sich noch in beliebiger Zahl anführen. Eine genauere Untersuchung zeigt aber, daß dieses Pauschalurteil nicht richtig ist und einer Differenzierung bedarf. So gab es in der russischen orthodoxen Kirche des 18. Jh.s eine beachtliche Reihe von Gemeindegeistlichen, die sich durch literarische Werke, wissenschaftliche Arbeiten und Übersetzungen fremdsprachiger Bücher ins Russische einen Namen geschaffen haben. Aus der petrinischen Zeit sind allerdings nur wenige bekannt: Der Priester *Andrej Ignatiev* beschrieb seine Reise von Konstantinopel nach Jerusalem (1707)[4], der Erzpriester *Afanasij Zaruckij* in Novgorod Seversk verfaßte ein exegetisches Werk über das Johannesevangelium[5] – beide Werke blieben ungedruckt –, und der Subdiakon *Feodor Maksimovič*, der erst Schüler, dann Lehrer und Schulleiter an

1 Vgl. oben, S. 150–153.

2 Diese Formulierung stammt von Goethe, der Dobrovský persönlich kannte, vgl. J. Urzidil: Die Tschechen und Slowaken, in: H. Kohn (Hrsg.): Die Welt der Slawen, Bd. 1: Die West- und Südslawen (= Fischer Bücherei 340), Frankfurt a.M. 1960, S. 180f.

3 W. Gesemann: Die Entdeckung der unteren Volksschichten in der russischen Literatur, Wiesbaden 1972, S. 145 Anm. 504.

4 Slov. ist. 1, 37; Filaret 1, S. 381.

5 Slov. ist. 1, 59.

der Eparchialschule von Novgorod war, schrieb eine kirchenslavische Grammatik für den Schulgebrauch, die 1723 in St. Petersburg erschien[6]. *Andrej Lyzlov*, an der Wende vom 17. zum 18. Jh. Priester von Smolensk, verfügte über eine für seine Zeit ungewöhnliche historische Bildung, die ihren Niederschlag in seinen fünf Büchern über die Geschichte der Skythen, Tataren und Türken, verfaßt 1692, gedruckt aber erst 1776 und 1787, fand[7]. Der Sänger und Lektor *Ioann Slobodskij* in Vologda verfaßte eine Chronik von Vologda, die im Jahre 1700 fertiggestellt wurde[8].

Aus dem Zeitraum zwischen dem Tode Peters d.Gr. bis zum Regierungsantrittt Katharinas II. müssen vor allem zwei Angehörige der weißen Geistlichkeit genannt werden, deren literarische Werke eine weiterreichende Bedeutung erlangt haben, nämlich *Petr Buslaev*, ein Schüler der Moskauer Akademie und später Diakon am Moskauer Uspenskij Sobor, und Ananija Feodorov, Ključar' (Bewahrer der Kirchengewänder und -geräte) an der Kathedrale von Suzdal'. Petr Buslaev verfaßte ein umfangreiches Gedicht in strengen syllabischen Versen mit dem Titel „Seelische Betrachtungen in Versen des Eingangs Ihrer Gnaden, der Baronesse Marija Stroganova, zum ewigen Frieden“ (1734)[9]. *Ananija Feodorov* schrieb ein großes dreiteiliges Werk über die Geschichte Suzdal's, dessen Manuskript etwa 1761 abgeschlossen war, das aber erst in der Mitte des 19. Jh.s gedruckt wurde[10].

Einer der gelehrtesten Gemeindepriester in der Regierungszeit Katharinas II. war *Petr Alekseev* (1721–1801), der während dreier Jahrzehnte als Erzpriester an der Erzengel Michael-Kathedrale im Moskauer Kreml amtierte[11]. Alekseev, Sohn eines Kirchendieners in Moskau, Absolvent der Moskauer Akademie und neben seiner Tätigkeit als Priester Dozent für Religion an der 1755 gegründeten Moskauer Universität, hatte eine für seine Zeit ungewöhnlich umfassende theologische und philologische Bildung und war Mitglied der russischen Akademie. Sein bedeutendstes

6 Es handelt sich um eine gekürzte und überarbeitete Fassung der Grammatik Smotrickijs, Slov. Ist. 2, 282; Filaret 2, S. 13. Die Grammatik Smotrickijs wurde auszugsweise neu herausgegeben: Meletij Smotrićkyj: Hrammatiki ili pismennica jazyka sloven'skaho, Kremjaneć 1638, hrsg. von O. Horbatsch (= Specimina philologiae slavicae 11), Frankfurt a.M. 1977.

7 Skifskaja istorija v 5 knigach ili o Tatarach i Turkach; Filaret 1, S. 368.

8 Letopis' Vologodskaja; Filaret 1, S. 369.

9 Filaret 2, S. 22; A. Stender-Petersen: Geschichte der russischen Literatur, München [3]1978, Bd. 1, S. 272.

10 Istoričeskoe sobranie Suzdalja, Filaret 2, S. 52f.

11 Filaret 2, Nr. 113, S. 103–105; Suchomlinov, S. 286–343.

Werk war ein kirchenslavisches Wörterbuch, das 1773 zum ersten Mal in Petersburg gedruckt wurde und im zweiten Jahrzehnt des 19. Jh.s in fünfter Auflage erschien[12]. Für seine Studenten an der Moskauer Universität gab er die „Confessio fidei orthodoxae" des ehemaligen Metropoliten von Kiev, Petr Mogila, in der russischen bürgerlichen Schrift und mit zahlreichen philologischen und historischen Anmerkungen versehen, heraus [13]. Außerdem muß die Übersetzung von Hugo Grotius' „De veritate religionis Christianae", einer 1627 verfaßten populären Apologie des Christentums, genannt werden. Die historischen Werke Alekseevs blieben ungedruckt, so seine „Kurze Darstellung der Geschichte der griechisch-russischen Kirche" in fünf Teilen, die von den Zeiten Jesu Christi bis in die zweite Hälfte des 18. Jh.s hineinreichte und ebenso sein Lexikon der Häretiker und Altgläubigen[14]. Als vehementer Gegner des allgemeinen Rechts der schwarzen Geistlichkeit auf das Bischofsamt ist uns Alekseev bereits begegnet[15].

Auch *Ivan Ivanovič Krasovskij* (1746–1811), Schüler des Seminars von Kostroma, seit 1783 Priester und Religionslehrer am Kadettenkorpus und dann Erzpriester an der Hofkathedrale in Petersburg, besaß eine vorzügliche theologische und philologische Bildung[16]. Er gehörte zu den maßgebenden Mitarbeitern am Wörterbuch, das von der Russischen Akademie herausgegeben wurde, übersetzte mehrere theologische Werke aus dem Griechischen und verfaßte philologische und philosophische Abhandlungen. Besonders beschäftigte er sich mit den Apologeten und übertrug das „Bittgesuch für die Christen" an Mark Aurel (presbeia peri Christianōn) des Athenagoras aus dem Jahre 177, die „Verspottung der heidnischen Philosophen" des Hermias und das erste Buch des

12 Cerkovnyj slovar' ili istolkovanie slavenskich takže malovrazumitel'nych drevnych i inojazyčnych rečenij, 3 Teile, SPb. 1773, M. ³1815–1816, SPb. ⁵1817–1819 (ND Oxford 1976). – Weitere Angehörige der weißen Geistlichkeit an der 1783 gegründeten Russischen Akademie (nicht zu verwechseln mit der 1725 gegründeten Akademie der Wissenschaften) waren: Ivan Krasovskij, Ivan Sidorovskij (s. unten); Georgij Pokorskij (Priester, dann Blagočinnyj [Probst] in St. Petersburg); Vasilij Grigor'ev, ebenfalls Priester in St. Petersburg; Savva Isaev (Protopriester in Moskau und Beichtvater der Zarin); Vasilij Dankov (Protopriester am Hof) und Ivan Pamfilov (Beichtvater der Zarin), Suchomlinov, S. 274–280.

13 Über die wechselvolle Wirkungsgeschichte der „Confessio orthodoxa" vgl. Slov. ist. 1, 162f., 166. Das umfassendste Werk über Petr Mogila ist noch immer das von S. Golubev: Kievskij mitropolit Petr Mogila i ego spodvižniki, 2 Bd.e, Kiev 1883, 1898.

14 Filaret 2, S. 103–105.

15 Vgl. oben, S. 53f.

16 Filaret 2, S. 121f.; Suchomlinov, S. 258–269.

Theophilos von Antiochia „An Autolykos" ins Russische[17], außerdem die Schrift des Demetrios Kydones gegen die Todesfurcht[18]. Weiter schrieb er eine Erörterung über die Echtheit der Zeugnisse des Flavius Josephus über Jesus Christus[19] und eine Schrift über die Grenzen der Welt.

Ivan Ivanovič Sidorovskij (1748–1795), ebenfalls Absolvent des Seminars von Kostroma, dann Dorfpriester in der Eparchie Kostroma, Priester in Moskau und schließlich Religionslehrer am Smolny-Institut in Petersburg, war ein glänzender Philologe und Gräzist. Er übertrug zahlreiche Werke Platons[20], die Beschreibungen Griechenlands von Pausanias und Strabon, das Gespräch im Reiche der Toten Lukians und mehrere exegetische Werke des Johannes Chrysostomos[21]. Aus dem Französischen übersetzte er einige Schriften des damals in Rußland hochgeschätzten Theologen Bossuet (1627–1704), darunter dessen Buch „La politique tirée de l'Ecriture sainte" und den „Sermon sur la Providence"[22]. Von den eigenen Werken waren die bedeutendsten: eine „Unterweisung der Jugend im christlichen Leben"[23] und eine „Erklärung der Sonn- und Feiertagsevangelien"[24]; die letzte stellte noch lange Zeit ein klassisches Buch für den Religionsunterricht an russischen Schulen dar. Außerdem erwarb er sich als Mitarbeiter an dem bereits genannten Wörterbuch der russischen Akademie Verdienste[25].

Ioann Michajlov, Diakon und dann Priester in Moskau, schrieb mehrere philosophische, theologische und religiös-erbauliche Werke, darunter „Die Wissenschaft von der Seele"[26] (1796), den „Sämann der Frömmigkeit oder christliche Ethik"[27] (1798) und das „Heilmittel für die kranke Seele"[28] (1799). Außerdem übersetzte er mehrere, heute kaum mehr bekannte moralphilosophische und religiöse Schriften aus dem Französischen, mit denen er ein Gegengewicht gegen die vielen Übersetzungen der Werke Voltaires und der Enzyklopädisten schaffen wollte[29].

---

17 Altaner, S. 74, 78, 75f.

18 MPG 154, Sp. 1169–1212 (peri tou kataphronein ton thanaton); Beck, S. 736f.

19 Zum Problem vgl. C. K. Barrett: Die Umwelt des Neuen Testamentes, Tübingen 1959, S. 209–213.

20 Sočinenija Platona, 4 Teile, SPb. 1780–1785.

21 Besedy na Psalmy, tolkovanie proroka Isaja, M. 1787.

22 Über Bossuet in Rußland vgl. Bryner, Karamzin, S. 162, 219–221.

23 Nastavlenie junošestva v Christianskoj žizni, SPb. 1784.

24 Iz-jasnenie Voskresnych i Praznyčnych Evangelij, SPb. 1784.

25 Filaret 2, S. 83f.; Suchomlinov S. 269–274.

26 Nauka o duše, M. 1796.

27 Sejatel' blagočestija ili Christianskaja nravstvennost', M. 1798.

28 Lekarstvo dlja bol'noj duši, M. 1799.

29 Filaret 2, S. 110–112.

Aus der Feder des Moskauer Protopriesters Ioann Ivanov stammte ein Buch mit der damals in ganz Europa modernen Thematik „Über die Erkenntnis Gottes und seiner selbst“[30]. Ein eher schwaches Buch gegen die Altgläubigen schrieb der Protopriester an der Isaaks-Kathedrale in Petersburg Georgij Pokorskij mit dem Titel „Über die Kirche und die Mysterien“[31] (1780). Der Moskauer Priester Petr Tomilov verfaßte ein exegetisches Werk über den Römerbrief[32] und Nikifor Zyrin, Protopriester in Makar'ev an der Unža (Gouv. Kostroma), eine Arbeit über Kalenderfragen[33].

Aleksandr Levšin (gest. 1797), der Bruder des Metropoliten von Moskau, hatte eine hervorragende historische und archäologische Bildung. Er schrieb eine bedeutende Untersuchung über die Kirche Mariä Heimgang (Uspenskij sobor) im Moskauer Kreml, an der er als Erzpriester wirkte, und verfaßte mehrere religiöse Belehrungsschriften[34]. Dem Petersburger Priester Ioann Alekseev verdankt die russische Kirchen- und Geistesgeschichte ein historisches Wörterbuch, ein Werk über Kalenderfragen und gottesdienstliche Dichtungen[35]. Vasilij Protopopov, Protopriester in Kolomna, schrieb ein Werk über die russische Sprache, eine französische Grammatik und dichtete eine Reihe von alttestamentlichen Psalmen nach; außerdem schwärmte er für Rousseau: „Ich liebe Jean-Jacques, nicht als Antagonisten der Religion, sondern als einen, der versteht, die Seele zu rühren und mit dem Herzen zu sprechen – als einen gefühlvollen Schriftsteller.“[36]

Als Verfasser gedruckter Predigten, religiöser Reden und Belehrungen ragten Ioann Levanda (gest. 1814), Protopriester an der Kiever Sophienkathedrale[37], und Michail Švanskij, Protopriester am Char'kover Uspenskij Sobor, besonders hervor[38]. Eine Ausnahmeerscheinung stellte der Gesandtschaftspriester der russischen Botschaft in London, Andrej Sam-

---

30 Dušepoleznye razmyšlenija o poznanii Boga i samogo sebja s apologieju v utolenie pečali, M. 1779; Filaret 2, S. 64f.

31 O cerkvi i o tainstvach, M. 1780; Filaret 2, S. 110.

32 Filaret 2, S. 65.

33 Neizchodnyj indiktion ili Paschalija zrašaja, M. 1787; Filaret 2, S. 66.

34 Istoričeskoe opisanie Moskovskogo Uspenskogo Sobora i vozobnovlenija pervych trech Soborov, M. 1783; Slov. ist. 1, 21; Filaret 2, S. 93f.

35 Vseobščij istoričeskij slovar', 2 Teile, M. 1793/94; Rukovodstvo k poznaniju znakov paschal'nych, M. 1787; Akafisty für den Hl. Dmitrij von Rostov und den Hl. Stefan von Perm, Filaret 2, S. 117.

36 Rassuždenie o vyčinenii, udobrenii i obogaščenii rossijskogo jazyka, M. 1789; Francuzskaja grammatika, SPb. 1789; Filaret 2, 114f.

37 Slov. ist. 1, 289.

38 Slov. ist. 2, 75.

borskij, der aus dem Adel stammte und Absolvent des Char'kover Kollegiums war, dar: er schrieb ein Werk über Agrarfragen[39].

Mehrere Glieder der weißen Geistlichkeit traten als Übersetzer antiker und moderner fremdsprachiger Werke hervor. So übertrug der Priester der Erzengel-Michael-Kathedrale in Moskau, Ioann Charlamov, das pastoraltheologische Hauptwerk des Kirchenvaters Ambrosius von Mailand „De officio ministrorum" ins Russische. Der Synod hatte ihm und auch den übrigen gebildeten Priestern ausdrücklich erlaubt, die Werke der Kirchenväter zu übersetzen[40]. Der Protopriester Konstantin Kryžanovskij übersetzte mehrere Werke Augustins[41]; der Hofpriester Michail Samuilov das „Bellum Judaicum" des Flavius Josephus sowie eine lateinische Geschichte des Alten und Neuen Testaments[42]; Sergij Krasnopevkov das Werk „Über die Auferstehung der Toten" des Apologeten Athenagoras, ausgewählte Werke Cyprians von Karthago und eine ethische Schrift des deutschen aufklärerischen Moralphilosophen und Dichters Christian Fürchtegott Gellert[43]; der Moskauer Priester Ioann Sergeevič ein zeitgenössisches Buch „Reise nach der Insel der Tugend"[44].

Aus dieser Zusammenstellung geht hervor, daß ein Teil der Priester an den größeren Kirchen Moskaus und Petersburgs, aber auch anderer Städte des russischen Reiches, über eine für jene Zeit überdurchschnittliche Bildung verfügte. Diese Bildung erlaubte ihnen, nicht nur theologische Werke, gedruckte Predigten, Reden und religiöse Belehrungen zu verfassen und zu publizieren, sondern auch in mehreren weltlichen Wissenschaften, besonders in der Philologie und in der Geschichte, Hervorragendes zu leisten. Dies alles war nicht zuletzt ein Ergebnis des systematischen Aufbaus eines geistlichen Schulwesens. Wie wir gesehen haben, war die Zahl der Seminaristen von knapp 3000 im Jahre 1739 auf rund 17000 zu Ende der Regierungszeit Katharinas II. gestiegen. Auch die Zahl der Absolventen der Theologie- und Philosophieklassen hatte im Laufe des 18. Jh.s deutlich zugenommen[45]. In den 70er und 80er Jahren hatte etwa die Hälfte der Protopriester, ein Fünftel der Priester

---

39 Opisanie praktičeskoe Anglijskogo zemledelenija, M. 1781. Filaret 2, S. 134; Lebedev, S. 25f.

40 Wer Schriften der Kirchenväter ins Russische übersetzen wollte, hatte sich mit dem Synod wegen Koordinations-, Entschädigungs- und Aufsichtsangelegenheiten in Verbindung zu setzen, PSP Ek 2, Nr. 682 (1773), S. 10f. Vgl. auch die Übersetzung der „6 Bücher über das Priestertum" durch G. Pisarev in St. Petersburg, oben S. 151.

41 Filaret 2, S. 63.

42 Filaret 2, S. 94.

43 Altaner, S. 74f.; Filaret 2, S. 120.

44 Filaret 2, S. 65.

45 Vgl. oben, S. 174.

und ein Zehntel der Diakone Moskaus mindestens die Rhetorikklasse einer Akademie oder eines Seminars absolviert: Dies war allerdings im Vergleich zu den übrigen Städten Rußlands eine überdurchschnittliche Zahl[46].

Den Bildungsstand des Landklerus zu beurteilen, ist demgegenüber wesentlich schwieriger. Es gibt nur wenige Zeugnisse dafür, daß auch auf dem Lande vereinzelt gebildete Priester anzutreffen gewesen sind. So schrieb beispielsweise A. Bolotov in seinen tagebuchartigen Aufzeichnungen unter dem 6. Januar 1792: „Wir lernten zum ersten Mal die Begabungen und Werte des jungen Priesters Fedot kennen, der neu an unsere Kirche eingesetzt worden war und der an diesem Tag bei der Obednja eine Predigt hielt. Er setzte uns alle in Erstaunen und erfüllte alle unsere Hoffnungen und Erwartungen. Die Predigt schon an und für sich war sehr schön, er trug sie aber mit solchem Gefühl und mit solcher Grazie vor, daß die ganze Kirche ihn mit Lob überhäufte. Wir gewannen ihn von dieser Zeit an sehr lieb. Er war aus den Reihen der Studenten des Seminars von Kolomna zu uns geweiht worden, war Zögling und Schüler meines Freundes Otec Ieronim, kannte die französische und die deutsche Sprache, war hinreichend gebildet und belesen, hatte viele Kenntnisse, und bei diesem allen hatte er einen stillen, sanften und sehr guten Charakter, wurde ... in kurzer Zeit für uns nicht nur unser bester Gesprächspartner, sondern auch Gefährte in unsern wissenschaftlichen Studien, ja sogar Freund, und wir verbrachten in seiner Gesellschaft sehr viele angenehme Stunden und Minuten."[47]

Daß ein Gutsbesitzerdorf einen so gebildeten und belesenen Priester bekam, war zu dieser Zeit eher eine Ausnahme. Es gab aber im Laufe des 18. Jh.s mehrere Geistliche, deren Bildung und Reflexionsfähigkeit über die eigene Person und Lage es erlaubten, Tagebücher und Memoiren zu schreiben. So ist uns die in mancher Hinsicht bewegende Autobiographie des südrussischen Geistlichen Ilija Turčinovskij erhalten, in der der 1718 zum Priester der Kleinstadt Berežan bei Perejaslavl' Geweihte sein „Leben und Leiden zur Erinnerung für seine Kinder und

---

46 Freeze, S. 103, 263 Anm. 201, 202.

47 Andrej Timofeevič Bolotov, 1783–1833, Schriftsteller, bekannt durch seine Memoiren „Žizn' i priključenija Andreja Bolotova" (Leben und Abenteuer des Andrej Bolotov), die in R.St. 1871–1873 veröffentlicht worden sind. Sie geben ein reichhaltiges Material für das Studium der Lebensweise des Provinzadels der zweiten Hälfte des 18. Jh.s. Über Bolotov vgl. BĖ 7, 318f. Das Zitat aus R.St. 1873, S. 877. Vgl. auch „Pis'mo sel'skogo žitelja" (Brief eines Dorfbewohners) Karamzins (1803), in: N.M. Karamzin: Izbrannye sočinenija, t. II, M.-L. 1964, S. 288–296, besonders S. 293f.; Bryner, Karamzin, S. 152–156.

Enkel und die ganze Nachkommenschaft" beschrieben hat[48]. Von großem Interesse in unserem Zusammenhang ist auch das Tagebuch des Priesters Ioann Matusevič aus dem Dorf Ivankoe, ca. 8 Werst von Jaroslavl' entfernt, in dem er ohne größere literarische Ambitionen einen äußerst wertvollen Einblick in das Leben und den Lebensstil eines russischen Landgeistlichen in den 1770er Jahren gewährt[49].

Den gebildeten und zum Teil wissenschaftlich und literarisch tätigen Stadtklerikern sowie den wenigen gebildeten Landgeistlichen stand eine mehr oder weniger anonyme Masse von Priestern, Diakonen und Kirchendienern gegenüber, die nur die Anfangsklassen einer geistlichen Schule besucht und somit eine fragmentarische und ziemlich wertlose Bildung erhalten hatten oder die ganz ungebildet waren und wie in den ältesten Zeiten der russischen Kirchengeschichte die Liturgie meist auswendig zelebrierten[50]. Trotzdem kam ihnen eine wichtige Bedeutung für das Leben der Kirche und der Gesellschaft zu. Smolitsch meint, daß trotz der schwierigen Lebens- und Arbeitsbedingungen und trotz der zum Teil ungenügenden Bildung die Gemeindegeistlichkeit „in der Synodalzeit die entscheidende pastorale Schlüsselstellung der Kirche behauptete ... Der armselig lebende, wenig gebildete, bedrückte Dorfgeistliche nahm diese Last mit schlichter Selbstverständlichkeit auf sich und trug

48 I. Turčinovskij wurde 1695 in Berežan als Sohn eines Sotnik (Hundertschaftsführer) geboren, erhielt seine erste Bildung in Grammatik, Stundengebet und Psalter beim Dorfpriester, war eine Zeitlang Kanonarch (Chorleiter) bei Bischof Sil'vestr Četvertenskij und wurde nach bewegten Jahren 1718 zum Priester geweiht. Das „Leiden", von dem die Autobiographie, die leider nicht vollständig erhalten ist, berichtet, war vor allem ein bitterer Rechtsstreit mit einer Gutsbesitzerin. – Vgl. (Ilija Turčinovskij:) Avtobiografija južno-russkogo svjaščennika l-oj poloviny XVIII st. (Autobiographie eines südrussischen Geistlichen in der ersten Hälfte des 18. Jh.s), in: Kievskaja starina, 1885, Nr. 2, S. 318–332.

49 Matusevič berichtet detailliert über die materielle Lage der Dorfgeistlichkeit seiner Zeit, über ihr Verhältnis zu den kirchlichen Vorgesetzten und über ihr alltägliches und häusliches Leben; vgl. V. I. Semevskij: Sel'skij svjaščennik vo vtoroj polovine XVIII v. (Ein Landpfarrer in der zweiten Hälfte des 18. Jh.s), in: R.St. 19, 1877, S. 501–538. Von großem Interesse ist auch das „Istinnoe povestvovanie ili žizn' Gavriila Dobrynina, im samim napisannaja" (Wirkliche Erzählung oder Das Leben Gabriel Dobrynins, von ihm selbst niedergeschrieben), R.St. 3, 1870, 119–160, 247–271, 395–420, 562–604, 651–672. Dobrynin (1752–1824) war der Sohn eines Geistlichen, wurde Pevčij (Sänger), dann Kelejnik (Zellendiener) des Bischofs von Sevsk, dann Beamter in Weißrußland. Seine Memoiren sind für die Lebensweise der russischen Geistlichkeit sehr aufschlußreich.

50 Sehr viele Geistliche pflegten die Gottesdienste auswendig zu zelebrieren, so, wie die altgriechischen Rhapsoden die Ilias und die Odyssee auswendig rezitierten, Golubinskij 1.1, S. 479–481.

sie in stiller Bescheidenheit die ganze Synodalzeit hindurch. Wenn die religiöse Betreuung des Volkes keineswegs ideal war, lag dies nicht an ihm, sondern an dem System, in das man seine Wirksamkeit preßte. Das russische Volk hat seiner Dorfgeistlichkeit im wesentlichen alles zu verdanken, was ihm an positiven geistlichen Kräften in einer festen Tradition überliefert wurde und aller Zersetzung zum Trotz erhalten geblieben ist."[51]

Dieses Urteil Smolitschs macht allerdings einen recht idealisierenden Eindruck. Man kann wohl nicht bestreiten, daß es Priester, Diakone und Kirchendiener gegeben hat, die ihre Pflichten und Aufgaben erfüllten, so gut sie es konnten und dabei weder in positiver noch in negativer Hinsicht besonders auffielen, so daß niemand von ihnen Notiz nahm. Auf der andern Seite gab es über die geringe Bildung und das geringe sittliche Niveau von Gemeindegeistlichen viele geringschätzige Äußerungen, wie z.B. die eingangs zitierten Bemerkungen Dobrovkýs. Bereits die alten russischen Sprichwörter zeigen, wie vieler Kritik, Spott und Verachtung der Geistliche ausgesetzt gewesen ist: „Der Pope hat keine Taschen, sondern Säcke", „Geburt, Taufe, Heirat, Tod – für alles gib dem Popen Geld", „Der Pope und der Hahn singen auch ohne Futter", „Einem satten Popen steht der Gürtel nicht würdig", „Es lügen auch Popen, nicht nur Weiber", „Im Walde ist auch der Pope ein Dieb", „Der Pope wartet auf den Toten, der Richter auf den Räuber" usw.[52]. Neben vielen offiziellen Dokumenten, in denen vor allem über die Trunksucht, aber auch über Schlägereien, Habgier, Betrügereien und dergleichen geklagt wird[53], gibt es hierüber seit dem 17. Jh. auch zahlreiche Äußerungen in der russischen Literatur. So wurde in der „Geschichte von Karp Sutulov" aus dem ausgehenden 17. Jh. die niedere Moral der Geistlichkeit angeprangert[54] und in der „Geschichte vom Priester Savva" ein russischer Priester satirisch dargestellt[55]. Lomonosov machte sich in seinem „Hymnus auf den Bart" (Gimn borode), Fonvisin in seiner Komödie „Der Landjunker" (Nedorosl') und Radiščev in seiner „Reise von Petersburg nach Moskau" über die Geistlichen lustig[56]. Dies sind nur wenige Beispiele.

---

51 Smolitsch, Geschichte, S. 429.

52 Klostermann, S. 59.

53 Vgl. oben, S. 197ff. über die kirchliche Gerichtsbarkeit.

54 Povest' o Karpe Sutulove (Erzählung über Karp Sutulov), in: V. P. Adrianova-Peretc (Hrsg.): Russkaja demokratičeskaja satira XVII veka, M.-L. 1954, S. 114–120. Deutsch in: O Bojan, du Nachtigall der alten Zeit, hrsg. von H. Graßhoff, K. Müller und G. Sturm, Frankfurt a.M. 1966, S. 524–533.

55 Povest' o pope Savve, Stender-Petersen 1, S. 301.

56 M. V. Lomonosov: Sočinenija, M.-L. 1957, S. 218f. D. I. Fonvisin: Sočinenija, pis'ma i izbrannye perevody, SPb. 1866; A. N. Radiščev: Putešestvie iz Peterburga v Moskvu, M. 1966, Kapitel „Mednoe", S. 163f.

4.3.2 Ökonomische Unterschiede

Über die materielle Lage der Geistlichkeit ist schon viel geschrieben worden[57]. An dieser Stelle soll nur kurz unter dem Gesichtspunkt „Einheit und Vielfalt" schlaglichtartig auf die enormen Unterschiede innerhalb des geistlichen Standes hingewiesen werden.

Finanziell weitaus am besten gestellt waren die Hofgeistlichen und Beichtväter der Zaren und der Zarinnen, denn sie erhielten für ihre Dienste nicht nur regelmäßig einen hohen Lohn, sondern oft auch luxuriöse und üppige Geschenke. Der aus dem ukrainischen Adel stammende Protoierej Timofej Vasil'evič Nadaržinskij (gest. 1739) wurde von Peter I., der ihn 1703 zu seinem Beichtvater berufen hatte, außerordentlich geschätzt, zumal er für ihn auch erfolgreich politische Aufträge ausführte, und reich mit Erbgütern (votčiny), Geld und Kostbarkeiten beschenkt. So erhielt der Geistliche im Jahre 1720 ein Dorf mit 4000 Seelen und gehörte damit zu den reichsten Männern Rußlands[58]. Der Beichtvater der Zarin Elisabeth, der Protoierej Feodor Jakovlevič Dubjanskij (gest. 1771), hatte großen politischen und religiösen Einfluß auf die Zarin und nahezu uneingeschränkten Zutritt zu ihr. Auch er erhielt wiederholt große Geschenke, Güter und Gelder. Seine Kinder, vier Söhne und eine Tochter, wurden in den erblichen Adel aufgenommen. Bei seinem Tode besaß Dubjanskij 8000 Seelen[58a]. Dies waren aber die beiden einzigen Angehörigen der weißen Geistlichkeit im Rußland des 18. Jh.s, die über solche immensen Reichtümer verfügten und sich mit den reichsten Grundbesitzern des Landes messen konnten.

Der Stadtklerus, vor allem in Moskau und Petersburg, war materiell gut gestellt. Seit der Säkularisierung der Kirchengüter (1764) erhielten die Priester und Diakone der drei Kathedralen im Moskauer Kreml feste Gehälter, die sich mit den Einkünften mittlerer Staatsbeamter dieser Zeit vergleichen lassen, wie folgende Zusammenstellung (Seite 217) zeigt. Der Klerus minor derselben Kirchen war bedeutend schlechter gestellt, ebenso der Klerus anderer Stadtkirchen: Psalomščik und Küster der Kreml-Kathedralen erhielten jährlich 15–20, Wächter 12 Rubel; an den übrigen Kirchen Moskaus verdiente ein Priester 20, ein Diakon 15 und ein Kirchendiener 10 Rubel jährlich. Der Erzpriester der Bischofsstadt

---

57 Ljubimov, Obozrenie sposobov soderžanija christianskogo duchovenstva; Grigorovič, Obzor; Znamenskij, Prichodskoe duchovenstvo, S. 669ff.; Znamenskij, Položenie, S. 119–144; Lotockij, Material'noe obezpečenie; Kedrov, O sposobach; Smolitsch, Geschichte, S. 487–507; Freeze, S. 107–147, 164–168.

58 Chitrov, S. 55–59.

58a Ebd., S. 257–262.

Tabelle 15: Die Jahreseinkünfte der Geistlichen in den Kathedralen des Moskauer Kreml und von Staatsbeamten in Petersburg und Moskau, 1763/64[59]

Abkürzungen: A = Archangel'skij sobor   B = Blagoveščenskij sobor
U = Uspenskij sobor

Amt	Rubel
Gouverneur	1875
Senatssekretär, Petersburg	750
„ „ Moskau	600
Protopriester B	600
Protokollist, Senat Petersburg	450
„ Moskau	375
Übersetzer, Senat Petersburg	375
Staatssekretär in den Kollegien	375–450
Stadt-Voevoda	375
Kanzleibeamter, Senat Petersburg	300
Protopriester U, A	je 300
Übersetzer in den Kollegien	225–300
Protokollist in den Kollegien	225–300
Ključar, U	250
Ključar, B, A	je 200
Priester U	200
Protodiakon U	200
Kanzleibeamter in den Kollegien	150–200
Kopist, Senat Petersburg	150
Priester B, U	je 150
Kopist in den Kollegien	120–150
Diakon, U, B, A	je 100
Kanzleibeamter	100

einer Eparchie zweiter Klasse erhielt 80, ein Priester 40 Rubel; bei Eparchien dritter Klasse 60, bzw. 30 Rubel[60].

Die Einkünfte des Gemeindegeistlichen auf dem Land setzten sich in der Regel aus folgenden Quellen zusammen: 1. aus der Ruga – also aus regelmäßig von Staat, Kirchengemeinde oder Grundbesitzer gezahlten Geldern oder Naturalien. Im 18. Jh. ging die Zahl der Ruga-Kirchen allerdings drastisch zurück, und es gab zu Beginn der 1780er Jahre nur noch 164 Ruga-Kirchen[61]; 2. aus den Einkünften aus dem Kirchenland, das vom

59 Štrange, S. 115f.; Grigorovič, Priloženie S. 1; Freeze, S. 120f.

60 Grigorovič, Priloženie S. 1; Freeze, S. 122.

61 Vgl. ODDS 1 (1721) Sp. CCCCXLVI–CCCCXLVIII (für Cholmogory); PSP 5, Nr. 1720 (1726), S. 282–284; ODDS 16 (1736), Sp. 55–79 (eine genaue Aufstellung in: O ružnych cerkvach i o ružnikach, 2 Bd.e – Bd. 1 = 812 Blätter, Bd. 2 = 422 Blätter).

Geistlichen in der Regel eigenhändig bebaut werden mußte[62]; 3. aus den Kasualgebühren, die von Gemeinde zu Gemeinde verschieden hoch sein konnten[63], und 4. aus freiwilligen Abgaben und Spenden von Gemeindegliedern. – Die materielle Lage eines Gemeindegeistlichen konnte auf diese Weise durchaus sichergestellt sein. Der bereits erwähnte Priester Ioann Matusevič war in der Lage, sich ein einigermaßen sorgenfreies, wenn auch nur sehr einfaches Leben zu leisten: Die Kirche besaß keine Ruga, die Einkünfte durch Kasualien waren eher über dem Durchschnitt und wurden durch finanzielle Zuwendungen von Eltern und Schwiegereltern, durch Einnahmen aus Handarbeiten, Unterricht, Schreibaufträgen für Gemeindeglieder und Verkauf von kirchlichen Büchern ergänzt. Außerdem arbeitete Matusevič regelmäßig auf dem Kirchenland, wobei ihm die Bauern mitunter halfen. Die Aufzeichnungen dieses Priesters wurden von V. I. Semevskij, einem ausgezeichneten Kenner ländlicher Verhältnisse im Rußland des 18. Jh.s, als repräsentativ für einen durchschnittlichen Haushalt eines Geistlichen in einer großrussischen Eparchie dieser Zeit beurteilt[64]. Auf der andern Seite gab es sehr viele Priester, Diakone und Kirchendiener im 18. Jh., deren Einkünfte – auch mit ganz bescheidenen Maßstäben gemessen – deutlich unter dem Existenzminimum lagen. Dafür nur ein Beispiel, das für viele stehen kann: 1787 bat der D'jaček Savva Alekseev aus dem Dorf Gorodišče in der Gegend von Rjazan', daß zwei seiner Söhne umsonst ins Seminar aufgenommen werden mögen, denn er leide an großem Hunger, so daß er für seine minderjährigen Kinder jeweils nicht mehr als für zwei Tage zu essen habe[65].

4.3.3 Priester ohne Anstellung

Die „Kreuzpriester" (krestovye, krescovye oder krestovcye popy) waren eine Gruppe innerhalb der weißen Geistlichkeit, deren Größe nicht ein-

---

62 Vgl. die Bemerkungen I. T. Posoškovs in seinem „Buch über Armut und Reichtum": „Ich weiß nicht, wie das in anderen Ländern gehandhabt wird und wovon dort die Dorfgeistlichen leben, doch das weiß ich genau, daß bei uns in Rußland die Dorfgeistlichen von ihrer Arbeit leben und sich in nichts von den Bauern unterscheiden: greift der Bauer zum Pflug, so auch der Priester, nimmt der Bauer die Sense in die Hand, so tut es der Priester ebenfalls – die heilige Kirche und die geistliche Herde bleiben abseits liegen. Infolge solchen Ackerbaues sterben viele Christen, ohne den Leib Christi zu empfangen und ohne zu beichten – sie sterben dahin wie das Vieh." (zit. aus Smolitsch, Geschichte, S. 487f.).

63 Znamenskij, Položenie, S. 129ff.; Lotockij, S. 32ff. (repräsentative Zahlenbeispiele und Vergleiche).

64 Semevskij, Sel'skij svjaščennik, S. 538.

65 Agncev, S. 78.

mal annähernd geschätzt werden kann, da hierüber aus dem 18. Jh. keine statistischen Angaben vorliegen und da sich die Angehörigen dieser Gruppe kirchenamtlichen Zählungen und Registrierungen meist entzogen haben. Es handelte sich hierbei um stellenlose Priester, die entweder das Recht bekommen hatten, Gottesdienste und kirchliche Amtshandlungen in Hauskapellen zu feiern, ein Recht, das bis in die ersten beiden Jahrzehnte des 18. Jh.s für jeweils nur kurze Fristen erteilt worden war, oder die sich ohne Erlaubnis und gegen den Willen der Hierarchen an bestimmten volkreichen Plätzen, z.B. vor dem Erlöser-Tor des Moskauer Kreml, hinstellten und sich für den Vollzug privater gottesdienstlicher Handlungen vermieteten. Das Phänomen des „Kreuzpriesters" läßt sich am besten mit zwei Kurzbiographien deutlich machen, die für viele andere stehen können: „Es erschien der Priester Nikita Nikiforov mit einer Einsetzungsurkunde [stavlenaja gramota] mit der Unterschrift des ehrwürdigen Isaja, des Metropoliten von Nižnij Novgorod und Alatyr. Er war im Jahre 1708 vom ehrwürdigen Isaja, dem Metropoliten von Nižnij Novgorod, zum Priester der Kirche des barmherzigen Erlösers im Posad von Nižnij Novgorod in seiner Eparchie geweiht worden, und es wurde ihm wegen der Armut und, weil die Gemeinde klein war, eine Entlassungsurkunde (otpusknaja gramota) gegeben mit der Unterschrift des Hierarchen. Und im Jahre 1715 im Oktober wurde diesem Priester auf seine Bitte hin vom Amt für kirchliche Angelegenheiten (Prikaz cerkovnych del) ein Ukaz gegeben, daß er mit dem Kreuz dienen dürfte."[66] Oder ein weiteres Beispiel: Ein Priester in der Gegend von Ustjug, der 1720 von Bischof Bogolep Adamov von Ustjug geweiht worden war und an verschiedenen Kirchen dieser Stadt über jeweils kurze Zeit gedient hatte, verlor kurz nach der Einsetzung auf eine feste Stelle seine Frau und hätte von seinem Bischof in ein Kloster gesteckt werden sollen, wie es damals üblich war (s. unten). Da sich dieser Priester weigerte, in ein Kloster zu gehen, wurde ihm die Erlaubnis, Liturgie feiern zu dürfen, entzogen. 1730 fand man ihn als „Kreuzpriester" in Moskau[67].

1722 forderte der Synod eine Erfassung aller „Kreuzpriester" auf einer Liste, da jede Kontrolle über dieses Phänomen fehlte. Im Geistlichen Reglement waren die Gottesdienste in den Hauskirchen verboten und als

---

66 ODDS 2.1 (1722), Sp. CCLXX, Nr. 33. Eine solche Erlaubnis mußte gegeben werden, da nach alten kirchenrechtlichen Bestimmungen ein Priester nur auf eine bestimmte Kirche geweiht werden durfte (Kanon 6 des Konzils von Chalcedon, Hefele 2, S. 510). Priester durften auch nicht in fremde Diözesen gehen, vgl. Kanones 15 und 16 des 1. Konzils von Nicäa, Hefele 1, S. 418–421. Zum ganzen auch: Znamenskij, Položenie, S. 81f.

67 ODDS 11 (1731), Sp. 245.

„großen Aberglauben und thörichte Ruhmsucht“[68] gebrandmarkt worden, denn es waren sehr viele nicht kontrollierbare Übelstände zu beseitigen: „Es finden sich auch in vielen Häusern verlauffene Pfaffen, welche einen Schandfleck auf sich haben, denen ihr Bischoff die Ausübung des Amthes untersaget, und die sich selbst geruffen haben. Andere werden von Wittwen unterhalten, unter dem Schein, dass sie den Kirchen-Dienst verrichten sollen: welches nicht ohne Verdacht ist, wie sich solches in den geistlichen Gerichten mehr als einmahl ausgewiesen. Dergleichen in denen Häusern verborgene Pfaffen sind Werckzeuge vieler Gottlosigkeiten, copulieren widerrechtliche Heyrathen, und thun andere Dinge mehr, daher muss diese unordentliche Gewohnheit gantz und gar abgeschaffet, und die Ungehorsamen mit Straffen beleget werden.“[69]

Die geforderte Liste, die knapp zweihundert Kurzbiographien solcher „Kreuzpriester“ enthielt, aber nicht vollständig ist, vermittelt einen wertvollen und detaillierten Einblick in diese Gruppe. Es geht aus ihr hervor, daß alle diese Priester und Diakone am Ende des 17. und in den ersten beiden Jahrzehnten des 18. Jh.s kanonisch geweiht und in eine Kirche eingesetzt worden sind. Sie dienten ihren Gemeinden mehrere, manchmal sogar 20 Jahre, mußten diese aber aus verschiedenen Gründen verlassen. Mehr als die Hälfte der in der Liste erfaßten Geistlichen war aus wirtschaftlichen Gründen zum Weggehen gezwungen, „wegen Armut“, „wegen Armut und einer Getreidemißernte“, „wegen Verarmung der Gemeinde“, „weil die Ruga nicht mehr ausbezahlt werden konnte“ usw. Mehr als ein Viertel bestand aus verwitweten Priestern und Diakonen, die das Recht verloren hatten, in ihren Gemeinden die Liturgie zu feiern. Weitere Gründe für das Verlassen der Gemeinde waren: Konflikte mit Gemeindegliedern, dem Grundbesitzer oder mit dem übrigen Klerus derselben Kirche; die zwangsweise Übersiedlung der Gemeindeglieder nach Petersburg; die Zerstörung der Kirche durch Feuer ohne die Möglichkeit, sie wieder aufzubauen; Raubüberfälle auf Hab und Gut; Krankheit und anderes mehr. Geographisch stammten diese „Kreuzpriester“ nicht nur aus Moskau und Umgebung, sondern aus allen zentralrussischen

68 Verchovskoj, S. 89; Geistliches Reglement, S. 89.

69 PSP 2, Nr. 542 (1722), S. 190; Nr. 766 (1722), S. 455. Daß die Moskauer Oberschicht eigene Hauskirchen besaß und eigene Kleriker unterhielt, war bis ins 18. Jh. hinein üblich. So hatte noch Graf Matvej mit der Erlaubnis des Patriarchen Adrian 1702 eine Hauskapelle gebaut (PSP 2, Nr. 959 [1722], S. 681f.). Jetzt sollten alle diese Hauskirchen versiegelt werden, und nur in Ausnahmefällen, z.B. bei schwerer Krankheit des Besitzers, durften Gottesdienste darin abgehalten werden, und zwar von einem Gemeindegeistlichen, nicht von einem „Kreuzpriester“; PSP 5 Nr. 1771 (1726), S. 350 (Hauskirche des Bojaren Aleksej Saltykov).

Eparchien bis hin zur Eparchie Nižnij Novgorod. Die Hauptstadt übte eine ausgesprochene Sogwirkung aus[70].

Das Problem der stellenlosen, vagabundierenden Priester und Diakone beschäftigte Synod und Eparchialbischöfe durch das ganze 18. Jh. hindurch. In den Synodalakten finden sich nahezu unter jedem Jahr Ukaze, die diese Geistlichen aufforderten, sich registrieren zu lassen, Stellen als Vikare, Lehrer oder Militärgeistliche anzunehmen oder in ihre Heimateparchie zurückzukehren. Ein Teil dieser „krestovye popy" wurden anläßlich der „razbory" unter Anna, Elisabeth, Katharina II. und Paul I. in den Militärdienst eingezogen oder in einen steuerpflichtigen Stand überschrieben[71]. Es gelang dem Synod aber erst gegen das Ende des 18. Jh.s, diese Erscheinung der „Kreuzpriester" in den Griff zu bekommen[72].

4.3.4 *Verwitwete Priester*

Es gehörte zu den Eigentümlichkeiten der russischen Kirche im Mittelalter, daß verwitwete Priester ihren Dienst nicht mehr ausüben durften und das Recht, die Liturgie zu feiern, verloren, wenn sie nicht in den Mönchsstand eintraten. Diese vom Metropoliten Petr im ersten Viertel des 14. Jh.s erlassenen, von den Metropoliten Kiprijan, Fotij und Feodosij und vom „Konzil über die verwitweten Priester" (1503) wiederholten und verschärften Bestimmungen hatten ihre Ursache darin, daß man Priestern und Diakonen, die ihre Ehefrauen verloren hatten, ein

70 ODDS 2.1 (1722), Sp. 678f., CCLIX–CCCXXIII. Ein weiteres Verzeichnis aus dem Jahre 1725 in: ODDS 5 (1725), Sp. CDLXXIV–CDXC. Diese „Krestovye popy" sind nur bedingt mit den *clerici vagantes* des abendländischen Mittelalters zu vergleichen. Die *clerici vagantes* zogen oft aus mönchisch-asketischen Idealen (Heimatlosigkeit) umher, suchten Bildungsstätten in fremden Ländern auf und bereicherten die geistige Kultur mit ihren Vagantenliedern (carmina burana). Dies alles findet sich bei den russischen „Krestovye popy" nicht. Vgl. RGG^3 1, 1838f.; K. Langosch, Profile des lateinischen Mittelalters. Geschichtliche Bilder aus dem europäischen Geistesleben, Darmstadt 1965, S. 244ff.

71 Vgl. oben, S. 189ff.

72 Hier nur einige wenige Belege: PSP 2 Nr. 947, S. 667–669; 5, Nr. 1595 (1725), S. 128; Nr. 1743 (1726), S. 323: Von den stellenlosen Priestern in Moskau sollten sechs für die Flotte in Astrachan' bestimmt werden, und zwar für einen Lohn von 60 Rubeln im Jahr. PSP 6, Nr. 2046 (1727), S. 93f.: 19 stellenlose Priester sollten Armeegeistliche werden; PSP 7, Nr. 2555 (1732), S. 456–459: Die Priester haben an den Kirchen, in die sie eingesetzt sind, zu bleiben und dürfen sich ohne Genehmigung des Bischofs nicht mehr als 100 Werst von ihnen entfernen. PSP 7, Nr. 2459, S. 288f.: „Kreuzpriester" sollen an freie Stellen nach Kamčatka geschickt werden. Rozanov 2.2, § 44, 45, 134. Znamenskij, Položenie, S. 81–84.

moralisch und sexuell reines Leben nicht zutraute[73]. Nur in besonders begründeten Fällen durften die Eparchialbischöfe einem verwitweten Priester mit einer „epitrachil'naja gramota“, einem verwitweten Diakonen mit einer „stichar'naja gramota“ das Zelebrieren der Liturgie für 1–3 Jahre weiterhin gestatten[74]. Im übrigen setzte sich der Brauch immer mehr durch, daß verwitwete Priester und Diakone von ihren Bischöfen kurzerhand in Klöster gesteckt wurden.

Das Moskauer Landeskonzil von 1667 hob das Verbot des Liturgiefeierns für verwitwete Geistliche *de iure* auf, *de facto* jedoch zwangen aber bis weit ins 18. Jh. hinein die Bischöfe die verwitweten Priester und Diakone zur Mönchsweihe. Das Geistliche Reglement verbot diesen Zwang[75], und der Synod verfügte 1723, daß verwitwete Geistliche Rang und Stelle nicht verlieren sollten, wenn sie ein gutes, ehrbares, unverdächtiges und hinsichtlich der Pflichten des priesterlichen Standes korrektes Leben führten[76]. Falls sie eine zweite Ehe eingingen, durften sie den Dienst als Priester und Diakone nicht mehr ausüben, sollten aber Stellen als Lehrer an den neugegründeten Seminaren, in der kirchlichen Verwaltung oder im Klerus minor erhalten[77]. Auf eigenen Wunsch hin konnten die Witwer aber weiterhin zu Mönchen geweiht werden. Dies war deswegen erwünscht, weil in den Klöstern ein großer Mangel an Priestermönchen bestand[78].

Wie wenig diese Bestimmungen des Geistlichen Reglements und diese Synodalukaze in die Praxis umgesetzt worden sind, zeigt eine Äußerung Lomonosovs aus dem Jahre 1761. In seiner Schrift „Über die Erhaltung und Vermehrung des russischen Volkes“ schrieb er: „Es hat sich der der menschlichen Natur widersprechende Brauch eingebürgert, ... daß man junge, verwitwete Priester und Diakone zu Mönchen macht ... welch lächerliche Kurzsichtigkeit! Es wird denen, die ein zweites Mal gesetzlich, ehrenhaft und eingesegnet geheiratet haben, nicht gestattet, das

---

73 Lavrov, Vdovye svjaščenniki, S. 1022ff.

74 Das Epitrachilion (Epitrachil) entspricht der lateinischen Stola und wird von den Geistlichen, die die Priesterweihe empfangen haben, getragen. Das Sticharion (Stichar') entspricht der lateinischen Albe und wird von allen geweihten Altardienern getragen. Neophytos Edelby: Liturgikon, „Meßbuch“ der byzantinischen Kirche, Recklinghausen 1967, S. 1059, 1071.

75 Verchovskoj, S. 93; Geistliches Reglement, S. 94.

76 PSP 3, Nr. 973 (1723), S. 11.

77 So schon das Konzil von 1503; vgl. auch PSP Ek 1, Nr. 317 (1766), S. 369; PSP 4, Nr. 1252 (1724), S. 107.

78 ODDS 29 (1749), Sp. 192, 209. Zu den Bischöfen, die einst Gemeindegeistliche waren und nach dem Tode ihrer Frau Mönche und dann Bischöfe wurden – siehe oben, S. 54.

Priesteramt zu bekleiden, aber in der Mönchskutte wird dem Buhler, dem Ehebrecher und sogar dem Päderasten die Freiheit gegeben, die Liturgie abzuhalten und jegliches Mysterion auszuteilen ... Aus diesen Gründen scheint es mir richtig zu sein, jungen verwitweten Priestern und Diakonen eine zweite Ehe zu gestatten ...“[79]

Eine zweite Ehe nach der Priesterweihe wurde nie gestattet. Im übrigen gingen die Fälle, daß verwitwete Geistliche gegen ihren Willen in Klöster gesteckt wurden, in der zweiten Hälfte des 18. Jh.s deutlich zurück. Die Hierarchen leisteten gegen die Synodalbeschlüsse allerdings noch lange Widerstand, „denn die Kirche Gottes ist heilig, unbefleckt, rein, ... und so müssen auch ihre Diener zu sein sich bemühen“[80].

Schlußbemerkungen

G. Freeze führt in seine Untersuchung „The Russian Levites“ aus, daß das 18. Jh. durch den umfassenden Prozeß der Aufklärung, Säkularisierung und Modernisierung in Rußland sehr weitgehende soziale und ökonomische Wandlungen hervorgerufen habe und daß die Kirche „vielleicht mehr als irgendeine andere Institution“ von diesen fundamentalen Veränderungen ergriffen worden sei. Vor allem der Gemeindeklerus sei einer grundlegenden „Transformation“ unterlegen, habe ein neues soziales Profil bekommen und habe sich scharf vom Gemeindeklerus der Moskauer Zeit unterschieden. Die wichtigste Veränderung sei die Herausbildung eines erblichen Standes gewesen, aber auch die Rechtslage, die ökonomischen Bedingungen und die soziale Rolle der weißen Geistlichkeit hätten sich radikal verändert (S. 1–3).

Daß das 18. Jh. für die russische Geschichte und Kirchengeschichte sehr viel einschneidend Neues gebracht hat, sei hier überhaupt nicht bestritten. Im Verhältnis von Staat und Kirche, in der Lage und der Zusammensetzung des Episkopats, in der Stellung und der Bedeutung des Mönchtums, in der theologischen Arbeit, im Aufbau der kirchlichen Behörden und in vielen andern Bereichen, die das Leben der Kirche be-

---

79 M. W. Lomonossow: Ausgewählte Schriften in zwei Bänden, Berlin 1961, Bd. 2, S. 124.

80 PSP Ek 1, Nr. 317 (1766), S. 369f.; ein Fall aus der Eparchie Nižnij Novgorod. Vgl. auch einige Einzelfälle aus der Eparchie Tobol'sk: Der durch seine harte Haltung dem Gemeindeklerus gegenüber gefürchtete Metropolit Pavel Konjuškevič wollte zwei noch sehr junge Diakone und einen Kirchendiener im Alter von 20 Jahren gewaltsam in ein Kloster stecken, nachdem sie ihre Ehefrauen verloren hatten, PSP Ek 1, Nr. 97 (1763), S. 89f.

trafen, bedeuteten die Reformen Peters d.Gr. einen tiefen Einschnitt. Die Säkularisierung der Kirchengüter und die im Zusammenhang mit ihr vollzogenen Verwaltungsreformen der 60er Jahre waren für die materielle Lage der Kirche von tiefgreifender Bedeutung. In der Beurteilung des Verhältnisses von Kontinuität und Diskontinuität in der Lage des Pfarrklerus bin ich aber anderer Meinung als Freeze, und ich sehe die Kontinuität zum vorpetrinischen Rußland unter diesen Gesichtspunkten enger, die Wandlungen durch die petrinischen und nachpetrinischen Reformen weniger fundamental und radikal als er. Für die Stellung und Lebensweise des Gemeindeklerus neu war nur der Aufbau des geistlichen Bildungswesens. Die Schulpflicht und die in den Seminaren und Akademien erworbene weltliche und theologische Bildung verbesserten, auch wenn diese oft nur sehr fragmentarisch war, die Fähigkeiten der Kandidaten für kirchliche Ämter und veränderten das Leben der Pfarrfamilien und die soziale Stellung der Geistlichen, wie Freeze im Kapitel „The new world of the Seminary" ebenfalls gezeigt hat. Allerdings konnten sich trotz aller Zwangsrekrutierungen viele Schulpflichtige aus dem geistlichen Stand dem Seminarbesuch entziehen, und noch 1784 wurden weit mehr als 20000 Priester-, Diakonen- und Kirchendienersöhne, die keine Schulen besuchten, in einen weltlichen kopfsteuerpflichtigen Stand überschrieben (vgl. oben, S. 194).

Was aber die Entstehung eines geschlossenen geistlichen Standes betraf, kam im 18. Jh. lediglich ein Prozeß zum Abschluß, der in früheren Jahrhunderten bereits deutlich angelegt war. Die Erblichkeit der Pfarrstellen war in der vorpetrinischen Zeit schon weit verbreitet und wurde durch die Etatisierung der Stellen, die zahlenmäßige Beschränkung der von der Seelensteuer befreiten Angehörigen der Geistlichkeit und durch die Aussonderungen (razbory) im 18. Jh. sowie durch den gesamten Problemkomplex, der mit dem Unterhalt der geistlichen Schulen und der sozialen Zusammensetzung der Schülerschaft zusammenhing, zementiert und vollendet. Die Etatisierung war beim damaligen Klerikerüberfluß eine dringend notwendige Maßnahme. Peter d.Gr. gelang hier nur, was im 17. Jh. bereits erkannt und versucht worden war. Auch in der Rechtsstellung der Pfarrgeistlichkeit blieb die Kontinuität zum vorpetrinischen Rußland sehr eng. Peter versuchte zwar, den Geistlichen durch den Eid auf den Monarchen enger an den absolutistischen Staat zu binden und dem Staatsnutzen dienstbarer zu machen als dies früher der Fall war; Loyalität und Treue gegenüber der Staatsregierung war von den Geistlichen aber schon in der alten und byzantinischen Kirche und im mittelalterlichen Rußland verlangt worden. Die Steuerimmunitäten, die kirchliche Gerichtsbarkeit, die Dispens von den allgemein verpflichtenden

Staatsdiensten, das Verbot des Handel- und Gewerbetreibens hatten eine lange Tradition. Neu und durch die Aufklärungszeit erklärbar war demgegenüber die Abschaffung der Körperstrafen. Die materielle Lage des Gemeindeklerus war durch die ganze russische Kirchengeschichte hindurch schlecht und wurde im 18. Jh. nicht entscheidend verändert oder verbessert. Ähnliches gilt auch für die soziale Stellung des Gemeindegeistlichen innerhalb der Gesellschaft. Die eigentümliche Dialektik der Verehrung des Amtes und der Verachtung der Person war schon im alten Rußland zu beobachten[81]. Die Erwartungen, die Staat und Gesellschaft in den Priester setzen, waren anders geworden. In der Theologie und im kirchlichen Schrifttum ließen sich aber nur wenige durchgreifende Veränderungen feststellen, die diesen neuen, durch Aufklärung und Säkularisierung begründeten Erwartungen entsprochen hätten[82].

---

81 Dieses eigenartige In- und Miteinander von Verehrung und Verachtung wird von Adam Olearius wie folgt beschrieben: „Und ob sichs mannigmal zugetragen, daß solche gleichsam besoffen und Totliegende Priester / wie jetzt erwähnter Scribent meldet / von den deutschen Soldaten / mit Ehren zu melden / sind bepisset worden / werden sie doch / wan sie des folgenden Tages ihre geistliche Sache zu verrichten / in die Kirche kommen / von dem gemeinden Volk unangesehen solcherer von ihnen begangenen ärgerlichen Lastern / nicht anders / ob wären sie auhs der Versammlung der unsterblichen Götter als Gesandte zu ihnen kommen, geehret und geliebet.“ Zitat bei: W. Kahle: Die Begegnung des baltischen Protestantismus mit der russisch-orthodoxen Kirche (= Oekumenische Studien 2), Leiden-Köln 1959, S. 44. Verehrt wird das Amt, die Priesterwürde, die sakramentale Gnade – unabhängig von der Person des einzelnen Amtsträgers und seinen menschlichen Schwächen und Unzulänglichkeiten.

82 Vgl. unten S. 226–229.

5 Funktion und Stellung des geistlichen Standes in der russischen Gesellschaft des 18. Jahrhunderts

5.1 Der säkularisierte Priesterbegriff

Die Äußerungen und Ausführungen im russischen theologischen und geistlichen Schrifttum des 18. Jh.s über Aufgaben, Bedeutung und Funktion des Priesters waren ganz von der Tradition bestimmt und ließen keine Einflüsse von Aufklärung und Säkularisierung erkennen. Feofan Prokopovič vertrat die klassische Lehre vom Amt des Priesters mit den drei Gewalten, der *potestas iurisdictionis* (Hirtenamt), der *potestas ordinis* (Priesteramt) und der *potestas magisterii* (Lehramt). „Ich bekenne aber, daß in der heiligsten Kirche eine geistliche Regierung ist – der Hirtenstand in Bischöfen und Presbytern (= Priestern), die da Gewalt und Amt empfangen haben, die Sünden zu binden und zu lösen im Namen des Herrn, die Mysterienhandlungen zu verrichten und die Menschen den Weg des Heils zu lehren.“[1] Platon Levšin war in seinem berühmten „Pravoslavnoe učenie“ von 1765 der Tradition aufs engste verpflichtet, wenn er die Priesterweihe als das Mysterium (tainstvo) definierte, „in dem der Heilige Geist durch seinen Diener einen würdig Auserwählten weiht, damit er die Mysterien (tajny) vollziehe und die Herde Christi weide“[2]. Feofilakt Gorskij bezeichnete in seinen „Orthodoxae orientalis ecclesiae dogmata“ (1784) als die drei Aufgaben des Priesters: Erstens die Predigt des Wortes Gottes, zweitens das Vollziehen der Mysterien und drittens die Schlüsselgewalt[3]. Für die Verfasser des weitverbreiteten „Buches über die Pflichten der Gemeindepriester“ (1776) waren die Aufgaben der Verkündigung des Wortes Gottes und der Verwaltung der Mysterien von den Aposteln an ihre Nachfolger übertragen

---

1 Pervoe učenie otrokom, 1721, zit. aus Hauptmann, Katechismen, S. 172; Härtel, Prokopovič, S. 99 Anm. 20. Vgl. ebd., S. 110–133; auffallenderweise spricht Prokopovič aber vom Priesteramt und den Mysterien wenig (S. 124), vom Lehramt – dem Geist der Zeit entsprechend – viel (S. 127).

2 O svjaščenstve, § 37, S. 145f., vgl. die Definitionen im Kirchendienerkatechismus oben, S. 151f. und Hauptmann, Katechismen, S. 213–217.

3 Innokentij, S. 33–49. Feofilakt Gorskijs Werk stand unter einem deutlichen protestantischen Einfluß (bes. des Buddeus); über Buddeus vgl. oben, S. 40 Anm. 12.

worden. Die vier wichtigsten priesterlichen Pflichten waren demzufolge die Unterweisung der Gläubigen, ein eigenes heiliggemäßes Leben, das Feiern der göttlichen Liturgie und das Gebet[4].

Diese theologische, der kirchlichen Tradition verpflichtete Auffassung von der Bedeutung des Priesteramtes wurde im weltlichen Schrifttum und in den staatlichen Gesetzestexten von einem neuen, von der Aufklärung geprägten Verständnis verdrängt. Die zentrale Aufgabe des Priesters war nun nicht mehr das Feiern der Liturgie und das Vollziehen der Mysterien, sondern die Moral- und Tugendlehre, die „Aufklärung", Bildung (prosveščenie)[5], der Kampf gegen den Aberglauben (sueverie), die Verderbnis der Sitten, das Böse schlechthin. Im Gründungsbefehl für das geistliche Seminar von Tver', der von der Zarin Anna Ivanovna 1738 erlassen worden war, kam dies sehr deutlich zum Ausdruck, wenn es hieß, daß Ihre Kaiserliche Majestät sich bemühe, „daß die heiligen Kirchen mit gebildeten Priestern zur besseren Befestigung der wahren Religion und Ordnung durch Belehrungen, die Predigt des Wortes Gottes und der heiligen Schrift ausgerüstet werden. Denn das einfache, gemeine Volk, das in seinem Herzen keine Furcht Gottes und keine gebührenden Unterweisungen zum Tun des Guten hat, läßt sich so von der Unwissenheit und Grobheit zu jedem Übel bewegen, insbesondere fällt es in Trägheit, Trunksucht, Diebstahl, Räuberei, Mord und andere gottlose Dinge, die dem ähnlich sind, und fügen den Mitmenschen Zerstörungen zu, und viele leiden darunter und gehen an Leib und Seele zugrunde." Da sich Ihre Kaiserliche Hoheit „wie eine Mutter" ihrer Untertanen erbarme, befehle sie, geistliche Schulen zu gründen: „denn der Unterricht ist eine für den Staat sehr nützliche und notwendige Angelegenheit, erstens für die Bildung (prosveščenie) des menschlichen Verstandes und besonders für die vollständige Erkenntnis und wahre Verehrung Gottes, des Allmächtigen Schöpfers und Erbauers aller Dinge und zur Stärkung des orthodoxen Glaubensbekenntnisses unserer christlichen Religion, zur Unterweisung in der Erfüllung der göttlichen Gebote und des rechten christlichen Lebens und Heils, mit einem Wort: Der Unterricht ist der Same der Weisheit und der göttlichen Gnade, der vom heiligen Geist in die Herzen hineingesät wird, woher alle Tugenden wachsen und blühen. Deswegen ist unbedingt zu fordern, daß der geistliche Stand im Staat durch die göttliche Lehre gebildet (prosveščen) werde, und zwar für die

4 Kniga o dolžnostjach presviterov prichodskich, S. 1ff.; vgl. auch oben, S. 75. Innokentij, S. 14–29 bezeichnet die Kniga als ein Lehrbuch von streng orthodoxem Charakter.

5 Bryner, Karamzin, S. 194–197.

Verkündigung des Wortes Gottes zur Ausrottung der gottwidrigen Leidenschaften, der Gottlosigkeit und jeden Übels."[6]

Der Einfluß der Aufklärungsphilosophie ist in diesem Text offenkundig. Schlüsselbegriffe sind Lehre (učenie), Unterweisung (nastavlenie), Bildung (prosveščenie), Tugend (dobrodetel'), gottwidrige Leidenschaften (bogonenavistnye strasti), Gottlosigkeit (nečestie) und Übeltaten (zlodejanija), die im einzelnen auch aufgezählt werden. Von Gott als dem Schöpfer der Welt und von den göttlichen Geboten ist ausführlich die Rede, nicht aber von Jesus Christus, seinem Erlösungswerk, der Kirche als Heilsmittlerin oder einem ewigen Leben. Dies ist ebenfalls typisch für das in diesen Jahrzehnten einsetzende, von der Aufklärungsphilosophie geprägte Denken. Dazu paßt, daß die religiöse Belehrung als nützlich und notwendig für das Staatswesen bezeichnet wird.

Das wird in der zweiten Hälfte des 18. Jh.s noch deutlicher. In ihrer „Instruktion der Kommission der Kirchengüter" (1762) formulierte Katharina II.: „Der Hl. Synod weiß selbst genau, daß die Kenntnis des Wortes Gottes die erste Grundlage für das Wohlergehen des Volkes ist und daß aus dieser Quelle jede Tugend des Volkes entspringt. Aber wir sehen mit Betrübnis, daß unser einfaches Volk noch weit entfernt von der nötigen Besserung ist, ebenso, daß selbst viele Priester nicht nur den wahren Weg zur Volksbildung [prosveščenie narodnoe] nicht wissen, sondern selbst kaum gebildet sind und nicht selten dem einfachen Volk durch ihr eigenes Beispiel zum Schaden dienen." Dann verwies die Monarchin auf die Schulgründungen unter Peter d.Gr. und fuhr fort: „Und wir ergänzen dazu: wenn es keine gute Einrichtung zur Erziehung und Vorbereitung junger Leute gibt, von denen gute Hirten und Lehrer für alle Kirchen bestimmt werden, dann gibt es auch jetzt im einfachen Volk keine Anleitung zur Verhinderung von verderblichen Dingen, keine Verbesserung der Sitten und des guten Zusammenlebens in der Gesellschaft, und der Mensch, der Natur nach den Sünden unterworfen, bleibt im Dunkel tiefster Unwissenheit und bleibt von den jungen Jahren an bis ins hohe Alter hinein in ununterbrochener Unmoral."[7]

Auch hier ist der Geistliche nichts anderes als der Sittenlehrer des einfachen Volkes. Das Bild vom guten Hirten, das letztlich auf das Neue Testament zurückgeht[8] und in der kirchlichen Tradition, auch in der

---

6 Kolosov, S. 45. Vgl. die ähnlichen Formulierungen im Gründungsukaz für das Troica-Sergij-Seminar, Smirnov, Ist. Troic. Sem., S. 101. Vgl. auch oben, S. 35 Anm. 44 zur säkularen Begrifflichkeit in diesen Jahren.

7 Zit. aus Znamenskij, Duchovnye školy, S. 470f.

8 Vgl. Joh. 10,1–18.

russischen, immer wieder gebraucht worden ist, wenn von den Aufgaben der Bischöfe und Pfarrgeistlichen oder aber auch vom Zaren die Rede war[9], wird hier säkular verstanden. Der gute Hirte ist derjenige, der Tugend und Moral lehrt, die Menschen zur Verbesserung der Sitten (ispravlenie nravov) anleitet und zu einem guten Zusammenleben in der Gesellschaft (dobroe sožitie v obščestve) führt. Die Religion dient der Bildung, somit der Sittlichkeit und letztlich dem Allgemeinwohl und dem Staatsnutzen[10].

In diese Bemühungen um das Allgemeinwohl und den Staatsnutzen war auch die Pflicht der Priester, ihre Gemeindeglieder zur Loyalität dem Staat und den Grundbesitzern gegenüber anzuhalten, mit eingeschlossen. Daß eine ganze Reihe von Geistlichen im Pugačev-Aufstand auf der Seite der Revoltierenden teilnahm, konnte sich Katharina II. nur mit deren großer Unwissenheit erklären[11], und Paul I., in dessen Regierungszeit mehrere Bauernunruhen bekämpft werden mußten, verpflichtete die Geistlichen, „daß sie ihre Gemeindeglieder vor den lügnerischen und feindlichen Gerüchten zu warnen und sie in Anstand und Gehorsam gegenüber ihrem Herrn zu bestärken" hätten[12].

---

9 Z.B. die Ermahnung des Erzbischofs Vasian von Rostov an Ivan III. (1480), gegen die Tataren zu kämpfen, PSRL 6, S. 225–230, deutsch in: Hauptmann, Die orthodoxe Kirche.

10 Über die Bildungsideale in der Aufklärungszeit in Europa vgl. Reble, S. 123–159; Ballauf-Schaller 2, S. 305–398; Kapterev, S. 164–209; Roždestvenskij, Očerki, S. 329–399. – Ähnliche Formulierungen wie die hier zitierten finden sich auch im Ukaz über die Abschaffung der Körperstrafen unter Katharina II.: Die Priester sollen das Volk führen, es von verderblichen Dingen abhalten, es zur Verbesserung der Sitten und zu einem guten Zusammenleben in der Gesellschaft anleiten, vgl. oben, S. 205f.

11 Znamenskij, Položenie, S. 89.

12 Die Gemeindegeistlichen wurden im gleichen Atemzug wie die Gouvernementsbehörden genannt, PSZ 24, Nr. 17769 (1797), S. 305f.; Znamenskij, Položenie, S. 107. – Die Einflüsse des philosophischen und staatspolitischen Denkens der Aufklärung waren also sehr nachhaltig und haben zu einer gegenseitigen Entfremdung von Theologie und kirchlicher Tradition auf der einen, und von säkularem Denken auf der anderen Seite geführt.
Zu diesem Abschnitt noch einige weitere Belege: Katharina II. verlangte in ihrer Schrift: „Über die Pflichten des Menschen und des Bürgers", daß die Geistlichen „durch die Predigt des Evangeliums die Herzen und den Willen nach göttlichem Gesetz regieren und gute Werke vorbereiten ..." Die Menschen seien „zu Treue und Liebe zum Herrscher und zum Vaterland anzuregen, mit dem Geist der Sanftmut von schädlichen Verirrungen wegzuführen" ..., so daß sie „nützliche und nötige Glieder der bürgerlichen Gesellschaft sind und dem Vaterland mit Erfolg dienen, erfüllt von Tugend, guten Eigenschaften und guten Meinungen ...", zit. bei Peters, S. 193, vgl. auch ebd., S. 194, 224, 238.

5.2 *Außerkirchliche Aufgaben des Priesters*

Die Analyse der Rechtslage der Geistlichkeit hat ergeben, daß Peter d.Gr. und seine Nachfolger die Geistlichen wie Staatsbeamte vereidigen ließen und ihnen verschiedene Aufgaben und Funktionen übertrugen, die nichtgeistlicher Art waren, aber dem Staatsnutzen dienten. Dazu gehörte der Kampf gegen den Raskol und gegen Majestätsverbrechen, die Mitarbeit bei Polizei- und Feuerwehrdiensten[13]. Bei den Revisionen mußte der Klerus den Polizeibehörden und weltlichen Beamten, die die Hauptverantwortung trugen, beistehen[14]. Von 1722 an hatten die Priester Kirchenbücher („metričeskie knigi") zu führen und darin die Geburten, Taufen, Trauungen und Todesfälle zu registrieren[15].

Auf dem Dorf war der Geistliche sehr oft das einzige Verbindungsglied zwischen Regierung und Volk. Die Geistlichkeit diente geradezu als verlängerter Arm der Staatsregierung. So wurden die Ukaze, die das tägliche Leben des Volkes betrafen, wie etwa die Befehle zur Durchführung von Pockenimpfungen oder über die Neufestsetzung des Salzpreises, in der Kirche verlesen[16]. Verlautbarungen der Regierung im Kampf gegen Pugačev und seine Aufstandsbewegung wurden in der Kirche verkündet. „Unser Wunsch ist", schrieb Katharina II. im November 1773 an den damaligen Erzbischof von Kazan', Venjamin Pucek-Grigorovič, „daß Eure Exzellenz, um den Gouverneuren von Kazan' und Orenburg zu helfen, Ermahnungen an die Geistlichen sämtlicher Orte in dieser Eparchie schicken. ... damit die Priester ihren Gemeinden diese Ermahnung vorlesen und sie dadurch davon abhalten können, sich mit dem ‚Samozvanec' zu vereinigen, indem sie ihnen klar machen, ein wie schlimmes Verbrechen vor Gott und vor der Welt der Bruch des Eides, den sie ihrem Herrscher geschworen haben, ist und daß unsere heilige Kirche solche Verbrechen der ewigen Verdammnis immer anheimgegeben hat und anheimgibt."[17]

---

13 Die Geistlichen hatten geradezu Spitzeldienste für den Staat zu leisten, was deren Gewissen schwer belastete und das Vertrauensverhältnis zwischen ihnen und den Gemeinden zerstörte, vgl. oben, S. 178.

14 PSZ 6, Nr. 3787 (1721), S. 391–394.

15 Verchovskoj, S. 93; Geistliches Reglement, S. 93f. Diese „metričeskie knigi" sind bis heute eine wertvolle Quelle der historischen Forschung, vgl. Kabuzan, Narodonaselenie, S. 77–82, 95–99. Ein vorgedrucktes Formular in: PSP 4, S. 332.

16 PSZ 18, Nr. 12966 (1767), S. 334–336; 21, Nr. 15143 (1781), S. 98f.; Smolitsch, Geschichte, S. 468.

17 Der „Samozvanec" (der, der sich selbst ernennt) ist Ėmeljan Pugačev, der Anführer der großen Aufstandsbewegung 1773–1775. Das Zitat (mit geringfügigen Veränderungen) aus Peters, S. 192. Eine Verlautbarung des Gouverneurs Rejnsdorp

Dies galt übrigens auch von den protestantischen Kirchen in den Ostseeprovinzen. Auch hier hatten die Pastoren die sogenannten „Placate", d.h. die Befehle der Staatsregierung von der Kanzel aus zu verkünden. Es waren mindestens 160 Verordnungen im Jahre, d.h. je Sonntag etwa drei, die auf diese Weise der Bevölkerung bekannt gemacht wurden[18].

Da der Priester oft der einzige Gebildete im Dorf war, wurde er um die Erledigung vieler weltlicher Angelegenheiten gebeten, in denen Kenntnisse des Lesens und Schreibens notwendig waren. So hatten die Geistlichen die Verteilung von staatlichen Hilfsgeldern an Bedürftige zu überwachen, ungebildete Gemeindeglieder im Verkehr mit den Behörden zu unterstützen und für sie Pässe zu beantragen oder Bittschriften zu verfassen. Oft hatten sie die Vollmacht, für ihre Bauern zu bürgen und Dokumente zu unterschreiben. Häufig waren die Geistlichen zu den Versammlungen der Dorfgemeinde (mir) eingeladen und mußten die Vermessungspläne überprüfen[19].

5.3 Zur sozialen Stellung der Pfarrgeistlichkeit

Die ökonomische Lage der Gemeindegeistlichkeit auf dem Lande brachte es mit sich, daß die Priester, Diakone und Kirchendiener in der Lebensführung, dem Lebensstil und in ihrer alltäglichen Arbeit mit den Bauern aufs engste verbunden waren. Sie pflügten, säten und ernteten, wenn die Bauern dies auch taten, und sie teilten mit ihnen dieselben Sorgen hinsichtlich der Ernährung, der Kleidung und der Wohnung. Damit unterschied sich der orthodoxe Pfarrgeistliche sehr wesentlich

---

über Pugačev wurde in allen orenburgischen Kirchen verlesen. – N. Dubrovin: Pugačev i ego soobščiki, Bd. 2, SPb. 1884, S. 34, 50. – Aus dem 19. Jh. berichtete ein Dorfgeistlicher: „Das Manifest, welches den Krimkrieg eröffnete, wurde von den Priestern in den Kirchen verkündet ... Den Geistlichen ward der Auftrag, die Hoffnung auf Gott zu wecken, den Mut zu heben und den Geist wider den Feind anzuregen. Und sie verlasen in den Kirchen die Aufrufe an das Volk, beteten mit demselben und waren mit allen Mitteln bemüht, es im Tragen der durch den Krieg hervorgerufenen Drangsale moralisch zu stärken. Als die große Reform – die Befreiung des Bauern von der Leibeigenschaft – erfolgte, wurde das Manifest vom 19. Februar 1861 von den Geistlichen in den Kirchen verkündet ... Ein neuer türkischer Krieg entbrannte, – wieder verlasen die Geistlichen das Manifest in den Kirchen ...", zit. aus: Erinnerungen eines Dorfgeistlichen. Ein Beitrag zur Geschichte der Leibeigenschaft und ihrer Aufhebung, aus dem Russischen übertragen von M. von Oettingen (= Bibliothek Russischer Denkwürdigkeiten), Stuttgart 1894, S. 99.

18 Philipp, S. 259 und S. 259 Anm. 29.

19 Semevskij, Krest'jane 1, S. 295f., 376–378.

von den evangelischen Pastoren, etwa in den baltischen Provinzen. Dort gehörten die Pastoren zur Oberschicht, zu den Herren. Sie lebten auf kleinen Rittergütern, genossen adlige Vorrechte, besaßen Land, Pferde, Wagen und unterhielten Dienstboten. Die Bauern mußten sie mit „gnädiger Kirchherr" ansprechen und auf ihren Gütern Frondienste leisten. Die Pastoren verkehrten gern und oft in den besten Adelsfamilien. Zwischen ihnen und der Bauernbevölkerung bestand aber eine große soziale Kluft, die durch die akademische Bildung des evangelischen Geistlichen noch vertieft wurde[20].

Beim orthodoxen Landklerus war es genau umgekehrt: Während er auf derselben sozialen Ebene wie die einfachsten und ärmsten Schichten der Bevölkerung stand, war die soziale Kluft zwischen ihm und dem Adel um so größer. Die Pfarrgeistlichen wurden von den Grundbesitzern meist genauso behandelt wie die Leibeigenen und waren der Willkür, der Grobheit, den Beleidigungen und Kränkungen durch die Gutsherren in vielen Fällen genauso schutzlos ausgesetzt wie diese, was sich nicht zuletzt in der materiellen Versorgung und in der Landzuteilung sehr schmerzhaft äußern konnte. Die kirchliche Obrigkeit war demgegenüber meist machtlos, und die staatlichen Ukaze, die die Geistlichen von der gutsherrlichen Willkür schützen wollten, blieben praktisch nutzlos[21].

Von hier aus ist es gut verständlich, daß Gemeindegeistliche, wie bereits angedeutet, bei Volksaufständen nicht selten auf Seiten der Rebellierenden teilnahmen. Aus der Geschichte der Aufstandsbewegung unter Pugačev (1773–1775), die weite Teile des russischen Reiches erfaßt hatte und eine der für die bestehende Staats- und Gesellschaftsordnung gefährlichsten Volkserhebungen in der ganzen russischen Geschichte gewesen war, sind viele Fälle aktiver Unterstützung unzufriedener und revoltierender Bauern durch ihre Geistlichen bekannt. So kam es vor, daß Priester zusammen mit den Bauern ihrer Kirchgemeinden die Aufständischen feierlich begrüßten, sie mit „Kreuz, Salz und Brot" in ihren Dörfern emp-

---

20 Philipp, S. 183–185, 259.

21 N. S. Leskov schilderte in seinen Romanen und Erzählungen die Geistlichen, ihre Lebensweise und ihr Verhältnis zu Gutsbesitzern und Bauern sehr anschaulich und historisch genau. Vgl. den Roman „Soborjane" (Die Domgeistlichkeit, im deutschen Sprachraum bekannt als Die Klerisei), in: N. S. Leskov: Sobranie sočinenij, Bd. 4, M. 1957; deutsch in: Nikolai Lesskow: Gesammelte Werke, hrsg. von J. von Günther, Bd. 1, München 1963, S. 285–674; oder die Erzählung „Starye gody v sele Plodomasove" (Alte Jahre im Dorf Plodomasovo), a.a.O., Bd. 5, S. 193–280; deutsch in: Gesammelte Werke, Bd. 1, S. 169–283. – Über Leskov: V. Setschkareff: N. S. Leskov, Sein Leben und sein Werk, Wiesbaden 1959. Vgl. auch oben, S. 198f.

finden oder ihnen mit Ikonen aus den Kirchen entgegengingen oder daß Priester in den gottesdienstlichen Fürbittegebeten Pugačev anstelle der Zarin nannten und Gott um den Sieg der Aufstandsbewegung anflehten. Ein Priester stiftete gar seine Bauern an, einen verhaßten Grundbesitzer zu ermorden, ein anderer wiegelte die Bauern seines Dorfes gegen die Behörden auf, ein dritter verkündete Pugačev als den wahren Zaren Peter III. und vereidigte seine Gemeindeglieder auf ihn, ein vierter wirkte als Rekrutenanwerber für die Aufständischen. Es fanden sich Geistliche, die Pugačev als Truppenführer oder als Festungskommandanten dienten. Ihre enge soziale Bindung an die untersten Volksschichten kam ihnen hierbei sehr entgegen[22].

Auch bei den Bauernaufständen, die unter Paul I. West- und Zentralrußland erschütterten, waren Geistliche mitunter an führender Stelle beteiligt. So ist ein Fall aus der Gegend von Cholm bekannt, wo sich die rebellierenden Bauern in der Kirche vor das Lesepult hingestellt haben; die Priester traten dann in ihren gottesdienstlichen Gewändern aus dem Altarraum heraus, trugen Kreuz und Evangelium und ließen die Bauern Einigkeit und Treue für die Sache des Aufstandes schwören[23]. Paul I. wurde durch solche Erfahrungen dazu genötigt, von den Priestern zu verlangen, daß sie „ihre geistlichen Kinder in Ruhe, Gehorsam und guten Taten" bestärkten[24].

5.4 Der geistliche Stand und die andern Stände

Das Erblichkeitsprinzip in der Besetzung der Pfarrstellen, die Rechtslage der Pfarrgeistlichkeit, die Sozial- und Bildungspolitik von Staat und Kirche führten dazu, daß sich die weiße Geistlichkeit im Laufe des 18. Jh.s immer mehr von den übrigen sozialen Gruppierungen der russischen Gesellschaft isolierte, sowohl geistig als auch sozial eigene Entwicklungen durchmachte und am Ende des Jahrhunderts ein geschlossener Stand wurde, in den kaum mehr ein Außenstehender eintreten konnte. In keinem anderen Stand war die Abschließung so streng und konsequent durchgeführt. Der Adel war kein geschlossener Stand, denn neben dem erblichen Adel gab es auch die Möglichkeit für Nichtadlige, durch den Dienst in den Adel aufzusteigen und den persönlichen, nicht erblichen

---

22 Salomonsohn, S. 64–67 (die meisten Beispiele sind den Dokumentationsbänden: Pugačevščina, 3 Bd.e, M.-L. 1926–1931 entnommen); Kadzon, S. 298–303; Freeze, S. 179–181. Zahlreiche Literaturangaben und ein Bericht über die Pugačevščina-Forschung bis 1968 bei Peters, S. 15–42, 336–364.

23 Znamenskij, Položenie, S. 109.

24 Ebd., S. 112.

oder den erblichen Adelsrang zu erhalten. Die Rangtabelle (Tabel' o rangach), die von Peter d.Gr. 1722 eingeführt worden war, aber ältere Traditionen fortsetzte[25], legte die 14 Ränge in Heer, Marine, Zivildienst und Hofdienst fest. Nichtadlige, die sich durch ihre Verdienste als würdig erwiesen hatten, wurden entsprechend ihrer Leistung nobilitiert. Selbst Ausländer, die in russische Dienste getreten waren, konnten in den Adel aufgenommen werden. Zwischen dem alteingesessenen Erbadel, der die starke Vergrößerung seines Standes mit äußerstem Mißtrauen verfolgte, und dem neuen Verdienstadel gab es stets heftige Spannungen. Es gelang den alten Adelsgeschlechtern und ihren Wortführern, unter denen Fürst Michail Ščerbatov (1733–1790) der bekannteste war, aber nicht, die Staatsregierung von der Nobilitierung Nichtadliger abzuhalten und aus dem Adel einen geschlossenen Stand zu machen. Zurückstufungen und Degradierungen in einen nichtadligen Stand wurden bei ungenügenden Dienstleistungen oder bei politischen und andern Vergehen immer wieder verhängt[26].

Die Städter (posadskie ljudi) bildeten einen besonderen Stand, der im 18. Jh. etwa 2½–4% der Gesamtbevölkerung ausmachte[27] und sich stark vom west- und mitteleuropäischen Bürgertum unterschied[28]. Die handel- und gewerbetreibende Bevölkerung war in ein strenges System von Gilden, Zechen und Zünften eingeteilt, in dem die Angehörigen dem Vermögen entsprechend auf- und absteigen konnten. Die Zugehörigkeit zu diesem Stand war erblich, und es war dem Posadmitglied untersagt, aus seiner Gemeinschaft auszutreten. Allerdings konnten Städter bei besonderen Verdiensten und Leistungen nobilitiert werden. Die Aufnahme von Angehörigen anderer sozialer Gruppierungen in den Stand der Stadtbevölkerung war nicht ausgeschlossen. Wir haben bereits gesehen, daß im Zusammenhang mit den Aussonderungen (razbory) den Geistlichen der Übertritt in eine kopfsteuerpflichtige Gruppe der Städter ausdrücklich erlaubt worden ist[29].

---

25 Amburger, Geschichte der Behördenorganisation, S. 56; Pipes, S. 132f.

26 Ältere Literatur über die Geschichte des Adels: A. Romanovič-Slavatinskij: Dvorjanstvo v Rossii ot načala XVIII veka do otmeny krepostnogo prava, SPb. 1870; S. A. Korf: Dvorjanstvo i ego soslovnoe upravlenie za stoletie 1762–1855; Vladimirskij-Budanov, Obzor, S. 229–232; Latkin, S. 115–138; neuere Literatur vgl. oben, S. 9 Anm. 1 und Pipes, S. 176–196.

27 Kornilov 1, S. 36; Latkin, S. 155–168; Vladimirskij-Budanov, S. 232–234; A. A. Kizevetter: Posadskaja obščina v Rossii XVIII st., M. 1903. Neuere Lit. vgl. oben, S. 9 Anm. 1.

28 O. Brunner: Europäisches und russisches Bürgertum, in dess.: Neue Wege der Verfassungs- und Sozialgeschichte, Göttingen ²1968, S. 225–241.

29 Vgl. oben, S. 189ff.

Demgegenüber war der geistliche Stand ein geschlossenes soziales Gebilde. Seit den Etatisierungen der kirchlichen Stellen durch Peter d.Gr. wurde es für den Angehörigen eines weltlichen Standes fast unmöglich, in die weiße Geistlichkeit aufgenommen zu werden. In der Ukraine, wo sich das Erblichkeitsprinzip langsamer durchsetzte als in den großrussischen Eparchien, kamen Wahl und Weihe von Kosaken, Kaufleuten, „Kleinbürgern“ und Bauern zu Priestern und Diakonen noch vor, wurden aber zusehends schwieriger und seltener [30]. In den Randgebieten des Reiches – wie in den Eparchien Tobol'sk, Irkutsk und Astrachan' – wurden noch Weltliche geweiht, aber nur, wenn der Nachwuchs aus den Familien der Geistlichen zur Besetzung der freien Stellen nicht ausreichte und die Bezahlung der Seelensteuer sichergestellt war [31]. Sonst lassen sich nur noch Ausnahmen von der Regel feststellen. So wurde 1720 der Sohn eines Bediensteten des Carevič Aleksej und der Sohn eines Bojaren in Moskau zu Priestern [32] oder noch 1761 der Sohn eines Klosterbauern zum Diakon einer Petersburger Kirche geweiht [33]; 1758 trat der Sohn eines schwedischen Gefangenen eine Stelle als D'jaček am Petersburger Uspenskij Sobor an [34]. Der Gesandtschaftspriester Andrej Samborskij stammte aus einer südrussischen Adelsfamilie [35]. Dies sind aber nur einige wenige zufällig entdeckte Einzelfälle.

Demgegenüber war es Pfarrgeistlichen und Söhnen von Pfarrgeistlichen durchaus möglich, den geistlichen Stand zu verlassen, in eine weltliche soziale Gruppierung überzutreten und einen weltlichen Beruf auszuüben. Sehen wir von den Aussonderungen (razbory) einmal ab, in denen Tausende von Angehörigen des geistlichen Standes in einen weltlichen Stand oder in den Militärdienst überschrieben wurden, finden wir immer wieder Söhne von Priestern, Diakonen und Kirchendienern unter den Schülern der medizinisch-chirurgischen Lehranstalten, der Petersburger Akademie, der Moskauer Universität, von denen viele einmal im politischen, gesellschaftlichen und kulturellen Leben eine führende Rolle spielen sollten [36]. Die beiden im russischen Staats- und Geistesleben des 18. und beginnenden 19. Jh.s wohl berühmtesten Priestersöhne waren der Staatsmann M.M. Speranskij (1772–1839) und der Gelehrte und Dichter V.K. Tred'jakovskij (1703–1769). Speranskij war der Sohn eines

30 Vgl. oben, S. 163.
31 Vgl. oben, S. 187ff.
32 ODDS 10 (1730), Sp. 1311.
33 Istoriko-statističeskie svedenija o S. Peterburgskoj eparchii, Bd. 5, S. 38.
34 Ebd., S. 48.
35 Vgl. oben, S. 211f.
36 Čistovič, Istorija, S. 49–69; Smirnov, Ist. Mosk. Akad., S. 223–254; 374–395.

Priesters, Absolvent des geistlichen Seminares von Vladimir und des Aleksandr-Nevskij-Seminars in Petersburg, und wurde in der Regierungszeit Alexanders I. einer der bedeutendsten Staatsmänner[37]. Tred'jakovskij wuchs als Sohn eines Priesters in Astrachan' auf, besuchte dort eine katholische Missionsschule und von 1723 an bis zu seiner Reise nach Holland und Frankreich die Moskauer Akademie. Er war einer der gebildetsten Russen seiner Zeit und als klassizistischer Dichter bedeutend[38]. D. G. Levickij (1735/36–1822), einer der besten Porträtmaler in der Zeit Katharinas II., entstammte einer ukrainischen Priesterfamilie[39]. N. Ja. Ozereckovskij (1750–1827) war der Sohn eines Priesters im Kreise Dmitriev im Gouvernement Moskau und Absolvent des Troica-Sergij-Seminars und des Akademiegymnasiums[40]. Darüber hinaus finden wir zahlreiche Professoren der Moskauer Universität, Ärzte, Lehrer und Beamte, die dem geistlichen Stand entstammten[41].

Die ständische Abschließung trieb die Angehörigen der Geistlichkeit immer mehr in die Isolierung. Der Pfarrgeistliche unterschied sich nicht nur wie bisher durch sein Amt, sein Auftreten und seine Kleidung[42], sondern zunehmend auch durch seine Standeszugehörigkeit, seine Sprache[43], seine Bildung und seine Kultur von den höheren weltlichen

37 M. Raeff: Michael Speransky, Statesman of Imperial Russia. 1772–1839, The Hague 1957, S. 1–14.

38 Gesemann, S. 54–49; Stender-Petersen 1, S. 338–341.

39 BĖ 33, 440; Okenfuss, S. 126.

40 BĖ 42, 769f.; Gesemann, S. 177.

41 Vgl. oben, S. 235 Anm. 36; Priležaev, Duchovnaja škola; Okenfuss, S. 126.

42 Im Alltag trug der Priester die „rjasa" (Priesterrock), „in dunklen Farben, ... der Demut des Standes entsprechend", darunter den „podrjasnik" (Leibrock, Unterbekleidung), dazu den „pojas" (Gürtel) und eine bestimmte Kopfbedeckung („černaja šljapa" im Sommer, „šapka" im Winter), vgl. Savvinskij, S. 213. Zu den gottesdienstlichen Gewändern vgl. Heiler, S. 206–208. – Platon Levšin forderte noch 1797: „Die kirchlichen Kanones und die Wohlanständigkeit verlangen, daß die Priester und Kirchendiener sich von den weltlichen Ständen durch das Äußere unterscheiden, darunter auch durch die Kleidung ...", Savvinskij, S. 213.

43 N. I. Turgenev beklagte sich in seinem Buch „La Russie et les Russes" (Paris 1847), daß die Dorfgeistlichkeit nicht in der Sprache des Volkes predige und daß deswegen ihre Predigten nicht verständlich seien. „La prédication est un des meilleurs moyens que possède le clergé pour établir et développer son action morale sur les masses. Or, la langue du prédicateur et le style de la chaire sont encore à créer en Russie. Un prêtre de village, en s'adressant à ses rustiques auditeurs, ne peut mieux faire sans doute que de leur parler leur propre langage, et ce n'est point là que se trouve l'inconvénient que nous signalons. Mais les prêtres de campagne ne prêchent que fort peu; ils se contentent de lire de temps en temps des sermons imprimés, œuvre de quelque évêque célèbre par son éloquence ... En effet la langue dont on se sert pour l'office divin, celle dans la-

Gesellschaftsschichten, die ihrerseits durch den umfassenden Säkularisierungs- und Modernisierungsprozeß, wie ihn das 18. Jh. mit sich brachte, der traditionellen russischen Kirchlichkeit und Frömmigkeit entfremdet wurden. Diese Entfremdung, die mit dem Eindringen westeuropäischer Einflüsse im 17. Jh. einsetzte und sich seit den Reformen Peters d.Gr. vertiefte, führte die weiße Geistlichkeit in ein geistiges und soziales Ghetto. Wie groß der Schaden für die Kirche war, kam erst im 19. Jh. richtig zum Tragen, aber schon 1791 beklagte sich A. N. Radiščev (1744–1802), der persönlich der Kirche überhaupt nicht nahestand, über die soziale Isolierung der Geistlichkeit und des geistlichen Bildungswesens: „Wenn ... für die Ausbildung der Geistlichen Bürger aus allen Klassen ohne Unterschied genommen würden (warum kann der Sohn eines Soldaten nicht Geistlicher werden, wenn der Sohn eines Geistlichen Soldat wird?), dann würden wir viele gute Geistliche haben.“[44] Doch war dies nur eine vereinzelte Stimme des nach Sibirien verbannten revolutionären Denkers. Bis Staat und Kirche diese Problematik und ihre ganze Tragweite einsahen und durch mehrere Ukaze die Abgeschlossenheit des geistlichen Standes wenigstens rechtlich aufhoben, dauerte es noch mehr als ein halbes Jahrhundert[45]. Die geistige und soziale Isolierung der Pfarrgeistlichkeit im Leben der russischen Gesellschaft ließ sich jetzt aber nicht mehr beseitigen.

---

quelle sont écrits les livres sacrés, n'est pas la langue que parle le peuple ... Il y avait un moyen de se tirer d'embarras, et un moyen bien simple, bien naturel: c'était d'adopter pour la prédication la langue vulgaire, la langue que tout le monde parle ...“ (S. 36–38).

44 Brief aus Irkutsk vom 26. Nov. 1791 an A. R. Voroncov, Ausgewählte Werke, S. 434.

45 Zur Aufhebung der Abgeschlossenheit des geistlichen Standes vgl. Smolitsch, Geschichte, S. 438f.

Abkürzungsverzeichnis

AI	=	Akty istoričeskie, sobrannye i izdannye Archeografičeskoju Kommissieju, 5 Bd.e, SPb. 1841–1843.
BĖ	=	Ėnciklopedičeskij slovar', 82 Bd.e, 4 Ergänz.-Bd.e, hrsg. von F. A. Brokgauz (= Brockhaus) und I. A. Ėfron, SPb. 1890–1907.
BKV	=	Bibliothek der Kirchenväter, 2. Reihe, 83 Bd.e, Kempten-München 1911ff.
BSĖ	=	Bol'šaja sovetskaja ėnciklopedija (3. Aufl.), M. 1970ff.
Chr. Čt.	=	Christianskoe čtenie, SPb. 1821–1917.
Čt. imp.	=	Čtenija v imperatorskom obščestve istorii drevnostej rossijskich, M. 1845–1918.
Duch Christianina	=	Duch Christianina, SPb. 1861–1865.
JGO	=	Jahrbücher für Geschichte Osteuropas, Bd.e 1–6 (1936–1941), NF Bd.e 1ff. (1953ff.).
LThK	=	Lexikon für Theologie und Kirche (2. Aufl.), 1957ff.
ODDS	=	Opisanie dokumentov i del, chranjaščichsja v archive Svjatejšego Pravitel'stvujuščego Sinoda, 31 Bd.e, SPb. 1869–1916.
PBĖ	=	Pravoslavnaja Bogoslovskaja Ėnciklopedija, hrsg. von A. P. Lopuchin und N. N. Glubokovskij, 12 Bd.e (A bis Kon), SPb. 1900–1911.
PPBĖ	=	Polnyj pravoslavnyj bogoslovskij ėnciklopedičeskij slovar', 2 Bd.e, SPb. 1913 (ND London 1971).
Prav. Obozr.	=	Pravoslavnoe obozrenie, M. 1860–1891.
Prav. Sob.	=	Pravoslavnyj sobesednik, Kazan' 1855–1917.
PSP	=	Polnoe sobranie postanovlenij i rasporjaženij po vedomstvu pravoslavnogo ispovedanija Rossijskoj Imperii, 10 Bd.e SPb. 1869–1916.
PSP El	=	Polnoe sobranie postanovlenij i rasporjaženij po vedomstvu pravoslavnogo ispovedanija. Carstvovanie Imperatricy Elisavety Petrovny, 4 Bd.e, SPb. 1899–1915.
PSP Ek	=	Polnoe sobranie postanovlenij i rasporjaženij po vedomstvu pravoslavnogo ispovedanija. Carstvovanie Gosudaryni Imperatricy Ekateriny vtoroj, 3 Bd.e, SPb. 1910–1915.
PSP P	=	Polnoe sobranie postanovlenij i rasporjaženij po vedomstvu pravoslavnogo ispovedanija. Carstvovanie imperatora Pavla Petroviča, Petrograd 1915.
PSRL	=	Polnoe sobranie russkich letopisej, SPb., M. und L., ab 1846.
PSZ	=	Polnoe sobranie zakonov rossijskoj imperii, 1. Serie, 45 Bd.e, SPb. 1826–1913.
R.A.	=	Russkij archiv, M. 1863–1917.
RBSl	=	Russkij biografičeskij slovar', 25 Bd.e, SPb. 1896–1918 (ND New York 1962).

RGG³ = Die Religion in Geschichte und Gegenwart, 3. Aufl., Tübingen 1957–1965.
RIB = Russkaja istoričeskaja biblioteka, izdavaemaja Archeografičeskoju Kommissieju, 39 Bd.e, SPb./L. 1872–1927.
R.St. = Russkaja Starina, SPb. 1870–1918.
Rukovodstvo = Rukovodstvo dlja sel'skich pastyrej, Kiev 1860–1917.
SDG = Sowjetsystem und demokratische Gesellschaft, hrsg. von C. D. Kernig, 6 Bd.e, Freiburg 1966–1972.
Slov. ist. = Evgenij [Bolchovitinov]: Slovar' istoričeskij o byvšich v Rossii pisateljach duchovnogo čina greko-rossijskoj cerkvi, SPb. ²1827.
Smolitsch, Geschichte = I. Smolitsch: Geschichte der russischen Kirche. 1700–1917 (= Studien zur Geschichte Osteuropas 9), 1. Bd., Leiden 1964.
Strannik = Strannik, SPb. 1860–1917.
TKDA = Trudy Kievskoj Duchovnoj Akademii, Kiev 1860–1917.
ŽMNPr. = Žurnal ministerstva narodnogo prosveščenija, SPb. 1834–1917.
ŽMP = Žurnal Moskovskoj Patriarchii, M. 1944ff.

L. = Leningrad.
M. = Moskva (Moskau).
SPb. = Sankt Peterburg.

Literaturverzeichnis

In der Regel wird mit Verfassernamen und Seitenzahl zitiert. Sind von einem Autor im Literaturverzeichnis mehrere Werke angegeben, wird zusätzlich der Titel mit einem oder zwei Stichwörtern angeführt. Titel, die vor 1919 erschienen sind, werden nach den Regeln der heute gültigen Orthographie wiedergegeben.

1. Quellen

Akty istoričeskie, sobrannye i izdannye Archeografičeskoju komissieju, 5 Bd.e, SPb. 1841–1843.

[Ambrosius von Mailand:] Von den Pflichten der Kirchendiener (= Ambrosius von Mailand, Werke in 3 Bd.en – Bd. 3. Übersetzt von J. E. Niederhuber [= BKV Bd. 32]), Kempten–München 1917.

[Avel']: Žitie i stradanie otca i monacha Avelja, in: R.St. 12, 1875/2, 416–426.

[Bolotov, A. T.:] Žizn' i priključenija Andreja Bolotova, R.St. 1871–1873.

Dimitrij [Tuptalo]: Tvorenija iže vo svjatych otca našego Sv. Dimitrija Rostovskogo, 2 Bd.e, SPb. 1911.

[Dionysius Areopagita:] Des Heiligen Dionysius Areopagita angebliche Schriften über die beiden Hierarchien. Aus dem Griechischen übersetzt von J. Stiglmayr, S. J., in: Dionysius Areopagita, Gregorius Thaumaturgus, Methodius von Olympus. Aus dem Griechischen übersetzt (= BKV, ohne Bandangabe), Kempten–München 1911.

Dopolnenija k aktam istoričeskim, sobrannye i izdannye Archeografičeskoju komissieju, 12 Bd.e, SPb. 1846–1875.

[Dobrynin, G. I.:] Istinnoe povestvovanie ili žizn' Gavriila Dobrynina, im samim napisannaja. 1752–1824, R.St. 3, 1870.

[Ekaterina II:] Nakaz Ee Imperatorskogo Veličestva Ekateriny vtoroj ... dannyj komissiju o sočinenii proekta novogo uloženija, SPb. 1893.

Erinnerungen eines Dorfgeistlichen. Ein Beitrag zur Geschichte der Leibeigenschaft und ihrer Aufhebung. Aus dem Russischen übertragen von M. von Öttingen (= Bibliothek Russischer Denkwürdigkeiten 5), Stuttgart 1894.

Geistliches Reglement, auf Hohen Befehl und Verordnung des von GOtt gegebenen und mit Weißheit ausgezierten Herrn, Czaaren und Groß-fürsten Petri des Ersten, Kaysers von gantz Rußland, etc. etc. Und mit Bewilligung des gantzen Heil. dirigierenden Synodi der orthodoxen Russischen Kirche, Dantzig ²1724.

[Gregor der Große:] Des heiligen Papstes und Kirchenlehrers Gregor des Großen Buch der Pastoralregel (= Gregor der Große, Werke in zwei Bänden – Bd. 1. Aus dem Lateinischen übersetzt von J. Funk [= BKV 2. Reihe, Bd. 4]), Kempten–München 1933.

Hauptmann, P., (Hrsg.): Die orthodoxe Kirche in Rußland. Dokumente ihrer Geschichte, 860–1975. Übersetzt und erläutert von Erich Bryner, Karl Christian Felmy, Peter Hauptmann, Fairy von Lilienfeld, Ludolf Müller, Roman Rössler, Gerhard Simon und Robert Stupperich (in Vorbereitung).

Sigismund zu Herberstein, Reise zu den Moskowitern (1526), hrsg. und eingeleitet von T. Seifert, München 1966.
[Johannes Chrysostomus:] Des heiligen Kirchenlehrers Johannes Chrysostomus sechs Bücher über das Priestertum. Aus dem Griechischen übersetzt ... von A. Naegle (= Johannes Chrysostomus. Ausgewählte Schriften in 8 Bd.en – Bd. 4. Aus dem Griechischen übersetzt [= BKV Bd. 27]), Kempten–München 1916.
Johannes von Damaskus: Genaue Darlegung des orthodoxen Glaubens. Aus dem Griechischen übersetzt von D. Stiefenhofer (= BKV 44), Kempten–München 1923.
Karamzin, N. M.: Izbrannye sočinenija, hrsg. von P. Berkov und G. Makagonenko, 2 Bd.e, M.-L. 1964.
Laran, M./Saussay, J.: La Russie ancienne, IX–XVIIe siècles. Collection Documents pour l'histoire des Civilisations, Paris 1975.
Lomonosov, M. V.: Sočinenija, M. 1957.
Lomonossow, M. W.: Ausgewählte Schriften in zwei Bänden. Band 1: Naturwissenschaften, Band 2: Geschichte, Sprachwissenschaft und anderes; Briefe, Berlin (Ost) 1961.
Mansi, J. D.: Sacrorum consiliorum nova et amplissima collectio, 31 Bd.e, Paris 1759–1798, Neudruck und Fortsetzung 1900ff.
Migne, J.-P.: Patrologiae cursus completus, series graeca, 161 Bd.e, Paris 1857–1866.
–, Patrologiae cursus completus, series latina, 217 Bd.e und 4 Register-Bd.e, Paris 1844–1855.
Olearius, A.: Ausführliche Beschreibung der kundbaren Reise nach Moscow und Persien, Schleswig ^{3}1663.
Opis' dokumentov i del, chranjaščichsja v archive Svjatejšego Pravitel'stvujuščego Sinoda s ukazateljami k nej. Dela komissii duchovnych učilišč 1809–1839, SPb. 1910.
Opisanie dokumentov i del, chranjaščichsja v archive Svjatejšego Pravitel'stvujuščego Sinoda, 31 Bd.e, SPb. 1869–1916.
Parfenij [Sopkovskij] i Georgij [Konisskij]: O dolžnostjach presviterov prichodskich, SPb. 1776.
Petrov, N. I. (Hrsg.): Akty i dokumenty, otnosjaščiesja k istorii Kievskoj Akademii, 2. Abt., 4 Bd.e (1721–1795), Kiev 1904–1907.
Platon [Levšin]: Pravoslavnoe učenie ili sokraščennaja christianskaja bogoslovija, M. 1765.
–, Sokraščennyj katichizis dlja svjaščenno-cerkovnoslužitelej, kak dlja vsegdašnogo ich znanija, tak osoblivo dlja izučenija pri vstuplenii ich v cerkovnye dolžnosti s pribavleniem, M. 1775.
–, Katichizis ili pervonačal'noe nastavlenie v christianskom zakone ... M. 1781.
–, Rechtgläubige Lehre oder kurzer Auszug der christlichen Theologie, Riga 1770.
–, Sočinenija, 2 Bd.e, M. 1913.
Polnoe sobranie postanovlenij i rasporjaženij po vedomstvu pravoslavnogo ispovedanija Rossijskoj Imperii, 10 Bd.e, SPb. 1869–1916 (Bd. 1, ^{2}1879).
Polnoe sobranie postanovlenij i rasporjaženij po vedomstvu pravoslavnogo ispovedanija. Carstvovanie Imperatricy Elisavety Petrovny, 4 Bd.e, SPb. 1899–1915.
Polnoe sobranie postanovlenij i rasporjaženij po vedomstvu pravoslavnogo ispovedanija. Carstvovanie Gosudaryni Imperatricy Ekateriny vtoroj, 3 Bd.e, SPb. 1910–1915.

Polnoe sobranie postanovlenij i rasporjaženij po vedomstvu pravoslavnogo ispovedanija. Carstvovanie imperatora Pavla Petroviča, Petrograd 1915.
Polnoe sobranie russkich letopisej, SPb., M. und L., ab 1846.
Polnoe sobranie zakonov Rossijskoj imperii, 1. Serie, 45 Bd.e, SPb. 1826–1913.
Posoškov, I. T.: Kniga o skudosti i bogatstve i drugie sočinenija, hrsg. von B. B. Kafengaus, M. 1951.
Pravila mitropolita Kirilla (1246–1280), in: Prav. Sob. 1865 I, S. 51–57.
Pravila mitropolita Maksima (1288–1308), in: Prav. Sob. 1865 II, S. 107–111.
Pravila mitropolita Petra (1308–1326), in: Prav. Sob. 1865 I, S. 189–194.
Radiščev, A. N.: Polnoe sobranie sočinenij, 3 Bd.e, M.-L. 1941ff.
Radistschew, A. N.: Ausgewählte Werke, hrsg. von I. J. Stschipanow, Berlin (Ost) 1959.
Ratio studiorum et Institutiones scholasticae Societatis Jesu per Germaniam olim vigentes collectae concinnatae dilucidatae a G. M. Pachtler S. J. (= Monumenta Germaniae Paedagogica, hrsg. von K. Kehrbach, Bd.e 2, 5, 9, 16), Berlin 1887–1894.
Russkaja istoričeskaja biblioteka, 29 Bd.e, SPb./L. 1872–1927.
Sbornik Imperatorskogo russkogo istoričeskogo obščestva, 148 Bd.e, SPb. 1867–1916.
[Sil'vestrov, A.:] Žizn' Afanasija Sil'vestrova, sel'skogo svjaščennika, v inočestve Zacharija. Ego Avtobiografija, in: R.St. 1889/2, S. 369–375.
Solov'ev, N. I.: Kak prichožane iskali sebe batjušku, in: R.St. 1899/6, S. 287–289.
Sobornoe uloženie carja Alekseja Michajloviča 1649 goda, in: Pamjatniki russkogo prava 6, M. 1957.
Stefan [Javorskij]: Kamen' very, M. 1889.
Stoglav, Kazan' 1862.
Texte der Kirchenväter, nach Themen geordnet, hrsg. von A. Heilmann, 5 Bd.e, München 1963–1966.
(Tichon [Zadonskij]:) Tvorenija iže vo svjatych otca našego Tichona Zadonskogo, M. ⁵1889.
[Turčinovskij, I.:] Avtobiografija južno-russkogo svjaščennika l-j poloviny XVIII stoletija, in: Kievskaja Starina 1885/2, S. 318–332.
Voskresenskij, N. A. (Hrsg.): Zakonodatel'nye akty Petra I, M.-L. 1945.
Zimin, A. A. (Hrsg.): Chrestomatija po istorii SSSR XVI–XVII vekov, M. 1962.

2. Darstellungen

A. G.: Opredelenija Moskovskogo sobora 1666/7 gg., in: Prav. Sob. 1863 II, S. 3–40; 1863 III, S. 211–261; 348–371.
Agncev, D.: Istorija Rjazanskoj duchovnoj seminarii, Rjazan' 1889.
Alivisatos, H. S.: Die kirchliche Gesetzgebung des Kaisers Justinian I., Berlin 1913 (ND Aalen 1973).
Altaner, B./Stuiber, A.: Patrologie. Leben, Schriften und Lehre der Kirchenväter, Freiburg–Basel–Wien ⁸1978.
Amburger, E.: Geschichte der Behördenorganisation Rußlands von Peter dem Großen bis 1917 (= Studien zur Geschichte Osteuropas 10), Leiden 1966.
–, Die Anwerbung ausländischer Fachkräfte für die Wirtschaft Rußlands vom 15. bis ins 19. Jahrhundert (= Osteuropastudien der Hochschulen des Landes Hessen, Reihe 1, Bd. 42), Wiesbaden 1968.

Ammann, A. M., S.J.: Abriß der ostslawischen Kirchengeschichte, Wien 1950.
Amvrosij [Ornatskij]: Istorija rossijskoj ierarchii, 6 Bd.e, M. 1807–1815.
Andreev, D.: Sbornik pravil o sředstvach soderžanija duchovenstva i o razdele ich meždu členami pričtov, SPb. 1906 (= neoficial'noe izdanie).
Andronnikov, N.: Istoričeskie zapiski o Kostromskoj duchovnoj seminarii i Kostromskoj gubernskoj gimnasii, Kostroma 1874.
Archangel'skij, A.: Duchovnoe obrazovanie i duchovnaja literatura v Rossii pri Petre Velikom, Kazan' 1883.
Askočenskij, V.: Kiev s drevnejšim ego učiliščem Akademieju, 2 Bd.e, Kiev 1856 (ND Leipzig 1976).
Aßfalg, J./Krüger, P. (Hrsg.): Kleines Wörterbuch des christlichen Orients, Wiesbaden 1975.
Atlas istorii SSSR dlja srednej školy, č. 1, M. 1971.
Ballauf, H./Schaller, K.: Pädagogik. Eine Geschichte der Bildung und Erziehung, Bd. 2: Vom 16. bis zum 19. Jahrhundert, Freiburg–München 1970.
Barsov, N. I.: Peterburgskij prichodskij svjaščennik vtoroj poloviny XVIII i načala XIX stoletij, in: Chr. Čt. 1876 II, S. 643–673.
Barsov, T. V.: Sinodal'nye učreždenija prežnego vremeni, SPb. 1879.
Barsukov, A. P.: Vserossijskij patriarch Ioakim Savelov, SPb. 1891.
Beck, H.-G.: Kirche und theologische Literatur im byzantinischen Reich. Byzantinisches Handbuch im Rahmen des Handbuchs der Altertumswissenschaft, 2. Teil, Bd. 1, München ²1977.
–, Konstantinopel. Zur Sozialgeschichte einer frühmittelalterlichen Stadt, in: Byzantinische Zeitschrift 58, 1965, S. 11–45.
Belikov, V.: Otnošenie gosudarstvennoj vlasti k cerkvi i duchovenstvu v carstvovanie Ekateriny II (1762–1796), in: Čtenija v obščestve ljubitelej duchovnogo prosveščenija, 1874 I, S. 96–163, 467–507, 973–1016; 1874 II, S. 152–196, 445–487, 618–651, 837–852; 1875 I, S. 203–223, 350–371, 721–762; 1875 II, S. 70–85, 247–270, 310–344.
Belljustin, I. S.: Opisanie sel'skogo duchovenstva (= Russkij zagraničnyj sbornik 1) Berlin–Paris–London 1858.
Beskrovnyj, L. G.: Voennye školy v Rossii v pervoj polovine XVIII v., in: Istoričeskie zapiski 42, M.-L. 1953, S. 285–300.
Beutin, L./Kellenbenz, H.: Wirtschaftsgeschichte, Köln–Wien 1973.
Blagonravov, M.: Cerkovnye školy v Astrachanskoj Eparchii v XIX veke i sostojanie učebnogo dela voobšče v XVII i XVIII vekach, Astrachan' 1906.
Blagoveščenskij, A. A.: Istorija staroj Kazanskoj Duchovnoj Akademii. 1797–1818, Kazan' 1875.
Blagovidov, F. V.: Ober-prokurory svjatejšego sinoda v XVIII i v pervoj polovine XIX stoletija, Kazan' 1900.
Bogoslovskij, M. M.: Kurs obščego cerkovnogo prava, M. 1885.
Bonwetsch, N.: Kirchengeschichte Rußlands im Abriß (= Wissenschaft und Bildung 190), Leipzig 1923.
Brückner, A.: Peter der Große (= Allgemeine Geschichte in Einzeldarstellungen 36), Berlin 1879.
Brunner, O.: Europäisches und russisches Bürgertum, in: Neue Wege der Verfassungs- und Sozialgeschichte, Göttingen ²1968, S. 225–241.
Bryner, E.: N. M. Karamzin, eine kirchen- und frömmigkeitsgeschichtliche Studie (= Oikonomia. Quellen und Studien zur orthodoxen Theologie 3), Erlangen 1974.

Buslaev, G. O.: Preosvjaščennyj Irinej Fal'kovskij, episkop čigirinskij, Kiev 1883.
Bulgakov, S. V.: Nastol'naja kniga dlja svjaščenno-cerkovnoslužitelej, Char'kov 1892.
Bulgakov, S.: Avtobiografičeskie zametki. Posmertnoe izdanie. Predislovie i primečanija L. A. Zandera, Paris 1946.
Bulygin, I. A.: Cerkovnaja reforma Petra I, in: Voprosy istorii 1974/5, S. 79–93.
Campenhausen, H. von: Griechische Kirchenväter (= Urban-Bücher 14), Stuttgart [5]1977.
–, Lateinische Kirchenväter (= Urban Bücher 50), Stuttgart [4]1978.
Carevskij, A. A.: Pravoslavnoe russkoe duchovenstvo po mysljam i idealam I. T. Posoškova. Analiz otkrytych VII–IX glav „Zaveščanija Otečeskogo", Kazan' 1898.
Cerkovno-istoričeskoe issledovanie o drevnej oblasti vjatičej, vchodivšej s načala XV i do konca XVIII stoletija v sostav krutickoj i častiju suzdal'skoj eparchii, in: Čt. imp. 1862 II, S. 1–156.
Čečulin, N.: Russkoe provincial'noe obščestvo vo vtoroj polovine XVIII veka, SPb. 1889.
Charlampovič, K. V.: Malorossijskoe vlijanie na velikorusskuju cerkovnuju žizn', Bd. 1, Kazan' 1914 (ND Slavic Printings and Reprintings 119, The Hague–Paris–Vaduz 1968).
–, Materialy dlja istorii Kazanskoj duchovnoj seminarii v XVIII stoletii, Kazan' 1903.
Chitrov, I.: Predstaviteli belogo duchovenstva na Rusi v XVIII veke, in: Strannik 1897 I, S. 54–68, 257–273; II, S. 265–280.
Čistovič, I.: Feofan Prokopovič, SPb. 1868.
–, Georgij Daškov, in: Prav. Obozr. 1863 I, S. 48–106.
–, Istorija sanktpeterburgskoj duchovnoj akademii, SPb. 1857.
–, Rukovodjaščie dejateli duchovnogo prosveščenija v Rossii v pervoj polovine tekuščego stoletija, SPb. 1894.
Cracraft, J.: The Church Reform of Peter the Great, London 1971.
–, Feofan Prokopovič, in: J. G. Garrard (Hrsg.): The Eighteenth Century in Russia, Oxford 1973, S. 75–105.
Dalton, D.: Platon (Petr Levšin), in: Realencylopädie für protestantische Theologie und Kirche, 3. Auflage, Gotha 1896–1913, Bd. 15, S. 481–486.
Den' [= Dehn], V. E.: Naselenie Rossii po pjatoj revizii. Podušnaja podat' v XVIII veke i statistika naselenija v konce XVIII veka, in: Učenie zapiski imperatorskogo moskovskogo universiteta, juridičeskogo fakul'teta, vyp. 21, I–II, M. 1902.
–, Podatnye ėlementy sredi duchovenstva Rossi v XVIII veke, in: Izvestija Rossijskoj Akademii Nauk, 1918/5, S. 267–292; 6, S. 413–444; 7, S. 679–708; 13, S. 1357–1379; 14, S. 1517–1548.
Dianin, A.: Malorossijskoe duchovenstvo vo vtoroj polovine XVIII veka, in: TKDA 1904 II, S. 589–628; III, S. 109–159.
D'jačenko, G.: Polnyj cerkovno-slavjanskij slovar', M. 1899.
Dolgorukov, P.: Rossijskij rodoslovnyj sbornik, 4 Bd.e, SPb. 1840/41.
–, : Rossijskaja rodoslovnaja kniga, 4 Teile, SPb. 1854–1857.
Döpmann, H.-D.: Die Russische Orthodoxe Kirche in Geschichte und Gegenwart, Wien–Köln–Graz 1977.
De Pule: Krest'janskoe volnenie pri imperatore Pavle, in: R.A. 1869, S. 583–542.
Dumitraško, N.: Sodejstvie duchovenstva prosveščeniju russkogo naroda v drevnie vremena, in: Rukovodstvo I, 1861, S. 318–330.
Dupont, C.: Les privilèges des clercs sous Constantin, in: Revue d'histoire ecclésiastique 62, 1967, S. 729–752.

Elagin, V.: Beloe duchovenstvo i ego interesy, Berlin [1]1859, SPb. [2]1881.
Evgenij [Bolchovitinov]: Opisanie Kievo-sofijskogo sobora i kievskoj ierarchii, s prisovokupleniem raznych gramot i vypisok, Kiev 1825.
–, Slovar' istoričeskij o byvšich v Rossii pisateljach duchovnogo čina greko-rossijskoj cerkvi, 2 Bd.e, SPb. [2]1827.
Felmy, K. Ch.: Predigt im orthodoxen Rußland. Untersuchungen zu Inhalt und Eigenart der russischen Predigt in der zweiten Hälfte des 19. Jahrhunderts (= Kirche im Osten, Monographienreihe Bd. 11), Göttingen 1972.
(Filaret [Gumilevskij]:) Geschichte der Kirche Rußlands von Philaret, weiland Erzbischof von Tschernigow. Ins Deutsche übersetzt von Dr. Blumenthal ..., 2 Bd.e, Frankfurt/M. 1872.
–, : Istorija russkoj cerkvi, M. [6]1894.
–, : Obzor russkoj duchovnoj literatury. 862–1863, 2 Bd.e, SPb. [2]1864.
Filippov, A.: Členy Svjatejšego Sinoda i Ober-prokurory ego za 1721–1799gg., in: Čt. imp. 1917 II, S. 1–25.
Fink, H.: Die Auswirkungen der Reformen Peters des Großen auf das Kirchenrecht der russisch-orthodoxen Kirche, iur. Diss. Erlangen 1963.
Florovskij, G.: Puti russkogo bogoslovija, Paris 1937.
–, : Westliche Einflüsse in der russischen Theologie, in: Kyrios 2, 1937, S. 1–22.
Freeze, G. L.: Social Mobility and the Russian Parish Clergy in the Eighteenth Century, in: Slavic Review 33, 1974, S. 641–662.
–, The Russian Levites. Parish Clergy in the Eighteenth Century, Cambridge (Mass.) 1977.
[Gagarin:] The Russian Clergy, Translated from the French of Father Gagarin by Ch. du Gard Makepeace, London 1872. With a new Introduction and Bibliography by G. Freeze, Newtonville (Mass.) 1976.
Garin, E.: Geschichte und Dokumente der abendländischen Pädagogik, Bd. 3.: Von der Reformation bis John Locke, Hamburg 1967.
Garrard, J. G. (Hrsg.): The Eighteenth Century in Russia, Oxford 1973.
Geyer, D. (Hrsg.): Wirtschaft und Gesellschaft im vorrevolutionären Rußland, Köln 1975.
Gille, B.: Histoire économique et sociale de la Russie, Paris 1949.
Gitermann, V.: Geschichte Rußlands, 3 Bd.e, Frankfurt/M. [2]1965.
Glazik, J.: Die russisch-orthodoxe Heidenmission seit Peter dem Großen. Ein missionsgeschichtlicher Versuch nach russischen Quellen und Darstellungen (= Missionswissenschaftliche Abhandlungen und Texte 19), Münster/Westf. 1954.
Glubokovskij, N. N.: Russkaja bogoslovskaja nauka v ee istoričeskom razvitii i novejšem sostojanii, Varšava [Warschau] 1928.
Golubev, S.: Kievskaja akademija v konce XVII i načale XVIII stoletij, Kiev 1901.
–, : Materialy dlja istorii zapadno-russkoj pravoslavnoj cerkvi (XVI i XVII stoletij), in: TKDA 1878/1, S. 197–219; 1878/3, S. 4–12, 17–48, 49–416.
–, : Neskol'ko stranic iz novejšej istorii Kievskoj Duchovnoj Akademii, Kiev 1907.
Golubinskij, E. E.: Istorija russkoj cerkvi, 2 Bd.e, M. [2]1901–1904 (ND The Hague–Paris 1969).
–, : Kratkij očerk istorii pravoslavnych cerkvej bolgarskoj, serbskoj i rumynskoj ili moldo-valaškoj, M. 1871.
–, : O reforme v byte russkoj cerkvi. Sbornik statej, M. 1913 (ND Farnborough 1975).
Gorčakov, M.: Monastyrskij Prikaz, SPb. 1868.

Gorodetzky, N.: Saint Tikhon of Zadonsk. Inspirer of Dostoevsky, London 1951.
Gorožanskij, Ia. I.: Damaskin Semenev-Rudnev, episkop Nižegorodskij (1757–1791), in: TKDA 1893 III, S. 297–340; 1894 I, S. 93–126, 191–216, 329–383.
Gorunovič, Ja.: Učenie o pastyrskom služenii drevnych otcev i učitelej cerkvi, Smolensk 1899.
Got'e, Ju. V.: Istorija oblastnogo upravlenija v Rossii ot Petra I do Ekateriny II, 2 Bd.e, M. 1913, 1941.
Grau, C.: Der Wirtschaftsorganisator, Staatsmann und Wissenschaftler V. N. Tatiščev (1686–1750) (= Quellen und Studien zur Geschichte Osteuropas 13), Berlin (Ost) 1963.
Graßhoff, H./Lauch, A./Lehmann, U.: Humanistische Traditionen der russischen Aufklärung, Berlin (Ost) 1973.
Grigorovič, N.: Izbranie Georgija Konisskogo v episkopa Belorussii, in: Strannik 1868/3, S. 83–92.
—, : Obzor obščich zakonopoloženij o soderžanii pravoslavnogo prichodskogo duchovenstva v Rossii so vremen vvedenija štatov po duchovnomu vedomstvu, 1764–1863, SPb. 1867.
Grothusen, K. D.: Die Historische Rechtsschule Rußlands. Ein Beitrag zur russischen Geistesgeschichte in der 2. Hälfte des 19. Jahrhunderts (= Osteuropastudien der Hochschulen des Landes Hessen, Reihe 1, Bd. 18), Gießen 1962.
Grundmann, H.: Vom Ursprung der Universität im Mittelalter, Darmstadt ²1964.
Gudzij, N. K.: Geschichte der russischen Literatur. 11.–17. Jahrhundert. Übersetzt, mit Anmerkungen und Register versehen von F. von Lilienfeld (= Slawistische Bibliothek 10), Halle/Saale 1959.
Haberkern, E./Wallach J. F.: Hilfswörterbuch für Historiker, Bern ²1964.
Härtel, H. J.: Byzantinisches Erbe und Orthodoxie bei Feofan Prokopovič (= Das östliche Christentum, N.F. 23), Würzburg 1970.
Handbuch der Kirchengeschichte, hrsg. von H. Jedin, Freiburg/Br. 1962ff.
Handbuch der Ostkirchenkunde, hrsg. von E. von Ivánka, J. Tyciak, P. Wiertz, Düsseldorf 1971.
Hauptmann, P.: Die Katechismen der Russisch-orthodoxen Kirche. Entstehungsgeschichte und Lehrgehalt (= Kirche im Osten, Monographienreihe Bd. 9), Göttingen 1971.
Hefele, C. J. von: Conciliengeschichte, 9 Bd.e, Freiburg/Br. 1855ff.; 2. Aufl. 1873–1879.
Heiler, F.: Die Ostkirchen. Neubearbeitung von „Urkirche und Ostkirche", München–Basel 1971.
Hermann, E.: De fontibus iuris ecclesiastici russorum, Rom 1936.
Jablonowskij, H.: Rußland, Polen und Deutschland, Gesammelte Aufsätze, Köln 1972.
Innokentij: Pastyrskoe Bogoslovie v Rossii za XIX vek, Svjato-Troickaja Sergieva Lavra 1899.
Istomin, G.: Postanovlenija imperatricy Ekateriny II otnositel'no obrazovanija duchovenstva, in: TKDA 1867, S. 580–624.
Istorija SSSR s drevnejšich vremen do našich dnej. In zwei Serien, insgesamt 12 Bd.e, 1. Serie zu 6 Bd.en, M. 1966–1968.
Istoriko-statističeskoe opisanie Černigovskoj eparchii, 2 Bd.e, Černigov 1861–1863.
Istoriko-statističeskie svedenija o S. Peterburgskoj Eparchii, 10 Bd.e, SPb. 1869–1885.

Juškov, S. V.: Očerki iz istorii prichodskoj žizni na severe Rossii v XV–XVII vekach, SPb. 1913.
Kalašnikov, S.: Alfavitnyj ukazatel' dejstvujuščich i rukovodstvennych kanoničeskich postanovlenij, ukazov, opredelenij i rasporjaženij Sv. Sinoda (1721–1901 vključitel'no) i graždanskich zakonov otnosjaščichsja k duchovnomu vedomstvu pravoslavnogo ispovedanija, SPb. [2]1902.
Kabuzan, V. M.: Narodonaselenie Rossii v XVIII – pervoj polovine XIX veka, M. 1971.
–, : Izmenenija v razmeščenii naselenija Rossii v XVIII–pervoj polovine XIX veka, M. 1971.
Kapterev, P. F.: Istorija russkoj pedagogii, SPb. [2]1915.
Kartašev, A. V.: Očerki po istorii russkoj cerkvi, 2 Bd.e, Paris 1959.
Kattenbusch, F.: Lehrbuch der vergleichenden Confessionskunde. Erster Band: Prolegomena und erster Theil: Die orthodoxe anatolische Kirche, Freiburg/Br. 1892.
Kedrov, V.: O sposobach material'nogo obezpečenija duchovenstva, in: Bogoslovskij Vestnik 1909 I, S. 191–211.
Kil'čevskij, V.: Bogatstvo i dochody duchovenstva, SPb. [2]1908.
Cyprien (= Kiprian [Kern]): Les traductions russes des textes patristiques, Chevetogne 1957.
Kizevetter, A. A.: Posadskaja obščina v Rossii XVIII stoletija, M. 1903.
Kljutschewski, W. O. (= Ključevskij, V. O.): Russische Geschichte, 2 Bd.e, Zürich 1945.
Ključevskij, V. O.: Sočinenija v vos'mi tomach, M. 1956–1959.
Klostermann, R. A.: Probleme der Ostkirche. Untersuchungen zum Wesen und zur Geschichte der griechisch-orthodoxen Kirche, Göteborg 1955.
Knjazev, A.: Očerk istorii Pskovskoj seminarii ot načala do preobrazovanija ee po proektu Ustava 1814 goda, in: Čt. imp., 1866/1, S. 19–102 (smes').
Koch, H.: Die Russische Orthodoxie im petrinischen Zeitalter, Breslau 1929.
Kogan, E. S.: Volnenija krest'jan Penzenskoj votčiny A. V. Kurakina vo vremja dviženija Pugačeva, in: Istoričeskie zapiski 37, 1954, S. 104–122.
Kolosov, V.: Istorija Tverskoj duchovnoj seminarii, Tver' 1889.
Kornilov, A.: Kurs istorii Rossii XIX veka, č. 1, M. 1912.
Krinickij, N.: Prazdnovanie 150-letnego jubileja Tverskoj duchovnoj seminarii 16 fevralja 1889 goda, Tver' 1889.
Kryžanovskij, E. M.: Sobranie sočinenij, t. 1, Kiev 1890.
Langford-James, R.: A Dictionary of the Eastern Orthodox Church, New York 1923 (ND 1976).
Latkin, V. N.: Učebnik istorii russkogo prava perioda imperii, XVIII i XIX stoletij, SPb. [2]1909.
Lavrov, A. F.: Vdovye svjaščenniki, in: Chr. Čt. 1870/12, S. 1019–1056; 1871/2, S. 343–382; 1871/7, S. 75–125.
Lazarevskij, A.: Opisanie staroj Malorossii. Materialy dlja istorii naselenija, zemlevladenija i upravlenija, 3 Bd.e, Kiev 1888–1902.
Lebedev, A. S.: Belgorodskie archierei i sreda ich archipastyrskoj dejatel'nosti (po archivnym dokumentam), Char'kov 1902.
–, : Char'kovskij kollegium kak prosvetitel'nyj centr slobodskoj Ukrainy do učreždenija v nej universiteta, in: Čt. imp. 1885/4, S. 1–103.
Lehmann, M.: Leitfaden der Ostkirchen. Das geistliche Profil der Ostkirchen, Wien 1969.

Lichovickij, A.: Prosveščenie v Sibiri v pervoj polovine XVIII stoletija, in: ŽMNPr. 1905/Juli, otd. „Narodnoe obrazovanie“, S. 1–29.
Ljubimov, G.: Istoričeskoe obozrenie sposobov soderžanija christianskogo duchovenstva ot vremen apostol'skich do XVII–XVIII veka, SPb. ²1852.
A. L. [= Lotockij, A.]: Material'noe obezpečenie prichodskogo duchovenstva v prošlom veke, in: Rukovodstvo 1899 III, S. 28–39, 57–67, 86–96.
Makarij [Bulgakov]: Istorija Kievskoj Akademii, SPb. 1843.
—, : Istorija russkoj cerkvi, 12 Bd.e, SPb. 1857–1883 (ND Düsseldorf 1968/69).
Makarij [Miroljubov]: Istorija nižegorodskoj ierarchii soderžaščaja v sebe skazanie o nižegorodskich ierarchach s 1672 do 1850 goda, SPb. 1857.
Malickij, N.: Istorija Vladimirskoj duchovnoj seminarii, vyp. 1–3, M. 1900–1902.
Markov, N.: Duchovenstvo, in: PBĖ 5, 89–127.
Maslov, S. I.: Biblioteka Stefana Javorskogo, Kiev 1917.
Medins'kij. E. M.: Brats'ki školi ukraini i bilorusii v XVI–XVII stolittjach, Kiiv 1958.
Mežov, V. I.: Materialy dlja istorii narodnogo prosveščenija v Rossii. Literatura russkoj pedagogiki, metodiki i dialektiki 1866–1872 vključitel'no, SPb. 1874.
Milasch, N.: Das Kirchenrecht der morgenländischen Kirche. Deutsch von A. R. von Pessić, Mostar ²1905.
O monašestve episkopov, Prav. Sob. 1863 I, S. 442–475, II, 99–155, III, 193–342.
Moroškin, I. A.: Feodosij Janovskij, archiepiskop Novgorodskij. Istoriko-biografičeskij očerk, in: R.St. 55, 1887, S. 1–34; 56, 1887, S. 31–44, 273–296.
Moroškin, M.: Vybornoe načalo v duchovenstve, SPb. 1870.
Müller, Ludolf: Die Kritik des Protestantismus in der russischen Theologie vom 16. bis zum 18. Jahrhundert (= Akademie der Wissenschaften und der Literatur. Abhandlungen der geistes- und sozialwissenschaftlichen Klasse, 1951/1), Wiesbaden 1951.
Nečaev, P. N.: Praktičeskoe rukovodstvo dlja svjaščenno-služitelej ili sistematičeskoe izloženie polnogo kruga ich objazannostej i prav, SPb. ³1890.
Nikolaj [Jaruševič]: Die russische orthodoxe theologische Wissenschaft im letzten Jahrhundert, in: Theologische Literaturzeitung 82, 1957, S. 881–890.
Nikol'skij, P.: Istorija Voronežskoj duchovnoj seminarii, č. 1–2, Voronež 1899.
Obščestvo i duchovenstvo, in: Prav. Sob. 1859 I, S. 87–127.
Očerki istorii SSSR, Redaktion: N. M. Družinin u.a. Period feodalizma: XVII v., M. 1955; XVIII v. (4 Bd.e), M. 1954–1957.
Oljančyn, D.: Aus dem Kultur- und Geistesleben der Ukraine. II: Schule und Bildung, in: Kyrios 2, 1937, S. 38–69, 143–157, 265–278, 351–366.
Onasch, K.: Grundzüge der Russischen Kirchengeschichte (= Die Kirche in ihrer Geschichte. Ein Handbuch, Bd. 3, Lieferung M/1. Teil), Göttingen 1967.
Orlovskij, I.: Skazanie o blažennom Rafaile Mitropolite Kievskom, in: TKDA 1908 II, S. 233–255, 457ff.
Okenfuss, M.: The Jesuit Origins of Petrin Education, in: J. G. Garrard (Hrsg.): The Eighteenth Century in Russia, Oxford 1973, S. 106–130.
Oswalt, J.: Kirchliche Gemeinde und Bauernbefreiung. Soziales Reformdenken in der orthodoxen Gemeindegeistlichkeit Rußlands in der Ära Alexanders II. (= Kirche im Osten, Monographienreihe Bd. 12), Göttingen 1975.
Papkov, A. A.: Cerkov' i obščestvo v ėpochu Carja Osvoboditelja, SPb. 1902 (ND Farnborough 1972).

Păcurariu, M.: Istoria Bisericii Ortodoxe Române. Manual pentru seminariile teologice, tîpărit cu aprobarea Sfîntului Sinod, si cu binecuvîntarea Prea Fericitului Părinte Iustinian, Patriarhul Bisericii Ortodoxe Romîne, Sibiu [Hermannstadt] 1972

Pekarskij, P.: Nauka i literatura v Rossii pri Petre Velikom, 2 Bd.e, SPb. 1862.

Peters, D.: Politische und gesellschaftliche Vorstellungen in der Aufstandsbewegung unter Pugačev (1773–1775) (= Forschungen zur osteuropäischen Geschichte 17), Berlin 1973.

Philipp, G.: Die Wirksamkeit der Herrnhuter Brüdergemeine unter den Esten und Letten zur Zeit der Bauernbefreiung (= Forschungen zur internationalen Sozial- und Wirtschaftsgeschichte 5), Köln 1974.

Pipes, R.: Rußland vor der Revolution. Staat und Gesellschaft im Zarenreich, München 1977.

Pivovarov, B.: Archiepiskop Tobol'skij i Sibirskij Varlaam I. [Petrov], in: ŽMP 1978/1, S. 74–78.

–, : Svjatitel' Filofej, v schime Feodor, mitropolit Tobol'skij i vseja Sibiri (1650–1727), in: ŽMP 1977/3, S. 68–75.

(Platon [Ljubarskij]:) Sbornik drevnostej kazanskoj eparchii i drugich prisnopamjatnych obstojatel'stv, staraniem i trudami spasokazanskogo preobraženskogo monastyrja archimandrita Platona sostavlennyj (1782 goda), in: Prav. Sob. 1868/7, S. 1–80; 1868/8, S. 81–160; 1868/9, S. 161–230.

Ploščanskij, V. M.: Prošloe Cholmskoj Rusi po archivnym dokumentam XV–XVIII v. i dr. istočnikam, Vil'na [Wilna] 1901.

Pokrovskij, I. M.: Russkie eparchii v XVI–XIX vv., ich otkrytie, sostav i predely, Bd. 1, Kazan' 1897; Bd. 2, Kazan' 1913; Bd. 3, Kap. 1, Prav Sob. 1914 I.

–, : Sredstva i štaty velikorusskich archierejskich domov so vremeni Petra I-go do učreždenija duchovnych štatov v 1764 godu, Kazan' 1907.

Pokrovskij, I.: Po voprosu ob ulučšenija byta russkogo prichodskogo duchovenstva, in: Duch Christianina 3, 1863–64, S. 770–791.

Prosvirin, A.: Svjatitel' Ioann, mitropolit Tobol'skij i vseja Sibiri, in: ŽMP 1965/6, S. 73–77.

–, : Svjatitel' Ioann, mitropolit Tobol'skij i vseja Sibiri čudotvorec, in: ŽMP 1976/5, S. 57f.

–, : Svjatitel' Sofronij, episkop Irkutskij, vseja Sibiri čudotvorec, in: ŽMP 1971/9, S. 67–78.

Polz, P.: Theodor Janković und die Schulreform in Rußland, in: Die Aufklärung in Ost- und Südosteuropa. Aufsätze, Vorträge, Dokumentationen, Köln–Wien 1972, S. 119–174.

Pönicke, H.: Johann Ernst Glück. Ein Widerstandskämpfer im Zeitalter der Frühaufklärung im Nordosten Europas, in: Kirche im Osten 13, 1970, S. 104–132.

Popov, M. S.: Arsenij Maceevič i ego delo, SPb. 1912.

Popov, N. A.: Tatiščev i ego vremja, M. 1861.

Popov, T.: Svjatitel' Tichon Zadonskij i ego nravoučenie, M. 1916.

Portrety imenitych mužej rossijskoj cerkvi s priloženiem ich kratkogo žizneopisanija, M. 1843.

Prichodjko, M., O. F. M.: Die Lehre von der Kirche in den katechetischen Werken Platon Levšins (gest. 1812 als Metropolit von Moskau), Brixen 1943.

–, : Die Pfarrei in der neueren Gesetzgebung der russischen Kirche, Brixen 1947.

Priležaev, E.: Duchovnaja škola i seminaristy v istorii russkoj nauki i obrazovanija, in: Chr. Čt. 1879 II, S. 161–187.

—, : Novgorodskie eparchial'nye školy v Petrovskuju ėpochu, in: Chr. Čt. 1877 I, S. 331–370.
Proekt bogoslovskogo fakul'teta pri Ekateriny II (1773-j god), in: Vestnik Evropy 8, 1873, S. 300–318.
Pushkarev, S. G.: Dictionary of Russian Historical Terms from the Eleventh Century to 1917, New Haven 1970.
Pypin, A. N.: Russkoe masonstvo, XVIII i pervaja četvert' XIX veka, pod. red V. G. Vernadskogo, Petrograd 1916.
Raeff, M.: Origins of the Russian Intelligentsia: The Eighteenth Century Nobility, New York 1966.
Reble, A.: Geschichte der Pädagogik, Stuttgart [8]1965.
Rexheuser, R.: Besitzverhältnisse des russischen Adels im 18. Jahrhundert. Historische Fragen, methodische Probleme, phil. Diss. Erlangen 1971.
—, : Stände und Schichten. Zur Sozialstruktur Rußlands im 18. Jahrhundert, Erlangen 1967 (ungedr. Magister-Arbeit).
Rimscha, H. von: Katharina II. Von der preußischen Generalstochter zur Kaiserin von Rußland (= Persönlichkeit und Geschichte 24), Göttingen 1961.
Romanovič-Slavatinskij, A.: Dvorjanstvo v Rossii ot načala XVIII veka do otmeny krepostnogo prava, Kiev [2]1912.
Rostislavov, D. I.: O belom i černom duchovenstve, 2 Bd.e, Berlin 1866.
Rozanov, N.: Istorija moskovskogo eparchial'nogo upravlenija so vremeni učreždenija sv. Sinoda (1721–1821), 3 Bd.e, M. 1869–1871.
Roždestvenskij, F.: Samuil Mislavskij, mitropolit Kievskij, TKDA 1877 II, S. 3–39, 301–359, 529–577.
Roždestvenskij, S. V.: Očerki po istorii sistem narodnogo prosveščenija v Rossii v XVIII–XIX vekach, Bd. 1, SPb. 1912.
Ruffmann, K.-H.: Autokratie, Absolutismus, Totalitarismus. Bemerkungen zu drei historischen Schlüsselbegriffen, in: Osteuropa in Geschichte und Gegenwart. Festschrift für Günther Stökl zum 60. Geburtstag, hrsg. von H. Lemberg, P. Nitsche, E. Oberländer, Köln–Wien 1977, S. 345–358.
—, : Russischer Adel als Sondertypus der europäischen Adelswelt, in: JGO NF 9, 1961, S. 161–178.
Runkevič, S.: Aleksandro-Nevskaja Lavra (1713–1913), SPb. 1913.
—, : Archierei petrovskoj ėpochi v ich perepiske s Petrom Velikim, SPb. 1906.
—, : Istorija Minskoj archiepiskopii (1793–1832), SPb. 1893.
Runovskij, N.: Soslovnaja zamknutost' belogo duchovenstva v Rossii i mery k oslableniju ee v carstvovanie Aleksandra II, v svjazi s voprosom o nasledstvennosti duchovnogo zvanija, in: Strannik 1897 I, S. 438–455, 602–617; 1897 II, S. 57–68; 1897 III, S. 281–299, 488–497.
Rußland, hrsg. und verfaßt von C. Goehrke, M. Hellmann, R. Lorenz, P. Scheibert (= Fischer Weltgeschichte 31), Frankfurt/Main 1972.
Rybalovskij, P.: Varlaam Vonatovič, in: TKDA 1908 II, S. 436–456; 551–578; 1908 III, S. 69–87, 247–272, 312–343.
Salomonsohn, T.: Der Aufstand des Pugačev, phil. Diss. Königsberg/Pr. 1934.
Savvinskij I.: Astrachanskaja eparchija (1602–1902), vyp. 1: Obščee istoričeskoe obozrenie eparchii, Astrachan' [2]1905.
Ščapov, A. P.: Sostojanie russkogo duchovenstva v XVIII stoletii, in: Prav. Sob. 1862 II, S. 16–40, 173–206.

Semevskij, V. I.: Krest'jane v carstvovanie Imperatricy Ekateriny II, Bd. 1, SPb. ²1903; Bd. 2, SPb. 1901.
—, : Sel'skij svjaščennik vo vtoroj polovine XVIII veka, in: R.St. 19, 1877, S. 501–538.
Serebrennikov, V.: Kievskaja akademija v polovine XVIII veka do preobrazovanija v 1819 godu, Kiev 1897.
Skvorcov, G. A.: Patriarch Adrian. Ego žizn' i trudy v svjazi s sostojaniem russkoj cerkvi v poslednee desjatiletie XVII veka, Kazan' 1913.
Šljapkin, I. A.: Sv. Dimitrij Rostovskij i ego vremja (1651–1709) (= Zapiski istoriko-filologičeskogo fakul'teta imperatorskogo S.-Peterburgskogo universiteta 24) SPb. 1891.
Smencovskij, M.: Brat'ja Lichudy, SPb. 1899.
Smirnov, A.: Detstvo, ostročestvo, junost', gody učenija i učitel'stva v Troickoj Lavrskoj Seminarii Mitropolita Filareta (1782–1808), M. 1893.
Smirnov, S. K.: Istorija Moskovskoj slavjano-greko-latinskoj Akademii, M. 1855.
—, : Istorija Troickoj Lavrskoj seminarii, M. 1867.
Smolitsch, I.: Feofan Prokopovičs Dankgebete für die Selbstherrschaft der Kaiserin Anna Ivanovna, in: Zeitschrift für slavische Philologie 25, 1956, S. 212–224.
—, : Geschichte der russischen Kirche, 1700–1917 (= Studien zur Geschichte Osteuropas 9), Bd. 1, Leiden 1964.
—, : Leben und Lehre der Starzen, Köln–Olten ²1952.
—, : Russisches Mönchtum. Entstehung, Entwicklung und Wesen. 988–1917 (= Das östliche Christentum NF 10/11), Würzburg 1953.
Snegirev, I. M.: Žizn' moskovskogo mitropolita Platona, 2 Bd.e, M. ²1856.
Sokolov, N./Pivovarov, B.: Kratkij očerk istorii Irkutskoj eparchii v svjazi s 250-letiem, in: ŽMP 1977/12, S. 58–65.
Solov'ev, S. M.: Istorija Rossii s drevnejšich vremen, 11 Bd.e, M. 1959–1963.
Sopikov, V. S.: Opyt rossijskoj bibliografii, Redaktion: N. Rogožin, SPb. ²1904 (ND London 1962).
Sorokin, I.: Svjatitel' Tichon, Zadonskij čudotvorec, ŽMP 1975/2, S. 67–75.
Špačinskij, N.: Kievskij mitropolit Arsenij Mogiljanskij i sostojanie Kievskoj mitropolii i ego pravlenie (1757–1770), Kiev 1907.
Spasskij, L. N.: 150-letie Novgorodskoj duchovnoj seminarii (1740–1890), Novgorod 1891.
Speranskij, P.: Ob archierejskom prisjage, in: Strannik 1868, S. 91–113.
Spiski archiereev ierarchii vserossijskoj i archierejskich kafedr so vremeni učreždenija Sv. Prav. Sinoda (1721–1895), SPb. 1896.
Stender-Petersen, A.: Geschichte der russischen Literatur, 2 Bd.e, München ³1978.
Stökl, G.: Gab es im Moskauer Staat „Stände"?, in: JGO NF 11, 1963, S. 321–342.
—, : Russische Geschichte. Von den Anfängen bis zur Gegenwart (= Kröner Taschenausgabe 244), Stuttgart 1962.
Štrange, M. M.: Demokratičeskaja intelligencija Rossii v XVIII veke, M. 1965.
Stroev, P.: Spiski ierarchov i nastojatelej monastyrej rossijskoj cerkvi, SPb. 1877.
Stupperich, R.: (Hrsg.): Die Russische Orthodoxe Kirche in Leben und Lehre (= Schriftenreihe des Studienausschusses der EKU für Fragen der Orthodoxen Kirche 2), Witten 1966.
—, : Feofan Prokopovič in Rom, in: Zeitschrift für osteuropäische Geschichte 5, NF 1, 1931, S. 327–339.

—, : Feofan Prokopovičs theologische Bestrebungen, in: Kyrios 1, 1936, S. 350–362.
—, : Priestertum und Mysterium im östlichen Kirchenverständnis, in: Kirche im Osten 8, 1965, S. 11–24.
—, : Staatsgedanke und Religionspolitik Peters des Großen (= Osteuropäische Forschungen NF 22), Königsberg/Pr.–Berlin 1936.
Suchomlinov, M. I.: Istorija Rossijskoj Akademii, SPb. 1874.
Suttner, E.: Metropolit Gabriel Banulescu-Bodoni. Zur rumänischen Kirchengeschichte und Kirchenrechtsordnung in der Phanariotenzeit, in: Ostkirchliche Studien 22, 1973, S. 281–301.
Syrcov, I.: Archipastyri Kostromskoj eparchii za 150 let ee suščestvovanija (1745–1898), Kostroma 1898.
Tačalov, A.: K voprosu ob uluščenija byta sel'skogo duchovenstva, in: Duch christianina 2, 1862/63, S. 105–123.
Teodorovič, N. I.: Volynskaja duchovnaja seminarija. Istorija pervonačal'nogo ustrojstva ee i podvedomstvennych ej duchovnych učilišč, Počaev 1901.
Ternovskij, F.: Varlaam Kosovskij, in: TKDA 1879 III, S. 271–279.
Tichomirov, P. I.: Kafedra Novgorodskich svjatitelej so vremeni pokorenija Novgoroda Moskovskoj deržave v 1478 godu do končiny poslednego metropolita Novgorodskogo Iova v 1716 godu, Bd. 2 Lieferung 1, Novgorod 1895; Lieferung 2, Novgorod 1900.
(Tichon [Zadonskij]:) Tvorenija iže vo svjatych otca našego Tichona Zadonskogo, 5 Bd.e, M. ^{5}1889.
Titlinov, B. V.: Gavriil Petrov, mitropolit Novgorodskij i Sanktpeterburgskij (1730–1801). Ego žizn' i dejatel'nost', v svjazi s cerkovnymi delami togo vremeni, Petrograd 1916.
—, : Pravitel'stvo imperatricy Anny Ioannovny v ego otnošenijach k delam Pravoslavnoj cerkvi, Vil'na [Wilna] 1905.
—, : Pravoslavie na službe samoderžavija, L. 1924.
—, : Razbory duchovnogo soslovija pri imperatrice Anne Ioannovne, in: Chr. Čt. 1904 I, S. 266ff., 432ff.
Titov, A.: Suzdal'skaja ierarchija, M. 1892.
Titov, F. I.: Russkaja pravoslavnaja cerkov' v pol'sko-litovskom gosudarstve v XVII–XVIII vekach, t. 2, č. 1, Kiev 1905.
—, : Feoktist Močul'skij, archiepiskop Kurskij, in: TKDA 1894 I, S. 53–92, 217–241.
Tolstoj, D. A.: Akademičeskaja gimnasija v XVIII stoletii po rukopisnym dokumentam archiva Akademii Nauk (= Zapiski Imperatorskoj Akademii Nauk 51, priloženija Nr. 2), SPb. 1885.
—, : Akademičeskij universitet vo XVIII stoletii po rukopisnym dokumentam archiva Akademii Nauk (= Zapiski Imperatorskoj Akademii Nauk 51, priloženija Nr. 3), SPb. 1885.
—, : Ein Blick auf das Unterrichtswesen Rußlands im XVIII. Jahrhundert bis 1782. Aus dem Russischen übersetzt von P. von Kügelgen, SPb. 1884.
Tregunov, S.: Religioznyj byt russkich i sostojanie duchovenstva v XVIII v. po memuaram inostrancev, Kiev 1884.
Travčatov, N.: Prekraščenie patriaršestva v Rossii (po povodu 175-letija suščestvovanija Sv. Sinoda 1721–1896), in: Strannik 1897 I, S. 423–437, 587–601; 1897 II, S. 44–56, 461–485; 1897 III, S. 48–62.

Troicki, G.: Der priesterliche Dienst in der Sicht des heiligen Johannes Chrysostomos, in: Stimme der Orthodoxie 1964/3, S. 48–67.
Vedenjapin, G.: Zakonodatel'stvo Elizavety Petrovny otnositel'no pravoslavnogo duchovenstva, in: Prav. Obozr. 1865/5, S. 69–117; 1865/7, S. 296–334; 1865/10, S. 217–231.
Verchovskoj, P. V.: Očerki po istorii russkoj cerkvi v XVIII i XIX stoletii, Varšava [Warschau] 1912.
–, : Učreždenie Duchovnoj kollegii i Duchovnyj reglament. K voprosu ob otnošenii Cerkvi i gosudarstva v Rossii, 2 Bd.e, Rostov 1916 (ND Westmed, Farnborough 1972), zitiert wird hier, wenn nicht anders vermerkt, jeweils aus Bd. 2, Abteilung 1.
Verjužskij, V.: Afanasij, Archiepiskop Cholmogorskij. Ego žizn' i trudy v svjazi s istoriej Cholmogorskoj eparchii, SPb. 1908.
Vernadskij, G. V.: Russkoe masonstvo v carstvovanie Ekateriny II, Petrograd 1917 (ND Düsseldorf 1970).
Višnevskij, D. K.: Kievskaja akademija v pervoj polovine XVIII veka, Kiev 1903.
Vladimirskij-Budanov, M.: Gosudarstvo i narodnoe obrazovanie v Rossii s XVII veka do učreždenija ministerstv, in: ŽMNPr. 1873/10, 165–220; 1873/11, S. 36–70; 1874/4, S. 246–277; 1874/5, S. 134–157.
–, : Gosudarstvo i narodnoe obrazovanie v Rossii XVIII veka, Jaroslavl' 1874.
–, : Obzor istorii russkogo prava, SPb. 61909 (ND The Hague 1966).
Vodarskij, Ja. E.: Naselenie Rossii v konce XVII-načale XVIII veka, M. 1977.
Völkl, E.: Das rumänische Fürstentum Moldau und die Ostslaven im 15. bis 17. Jahrhundert (= Veröffentlichungen des Osteuropa-Institutes München, Reihe Geschichte Bd. 42), Wiesbaden 1975.
Voronov, L.: Pravoslavnyj vzgljad na sakramental'nuju storonu svjaščenstva, in: ŽMP 1962/9, S. 53–64; 1962/10, S. 64–72.
Wittram, R.: Das Interesse an der Geschichte, Göttingen 21963.
–, : Peter der Große. Der Eintritt Rußlands in die Neuzeit (= Verständliche Wissenschaft 52), Berlin–Göttingen–Heidelberg 1954.
–, : Peter I. Czar und Kaiser. Zur Geschichte Peters des Großen in seiner Zeit, 2 Bd.e, Göttingen 1964.
–, : Peters des Großen Verhältnis zur Religion und den Kirchen. Glaube, Vernunft, Leidenschaft, in: Historische Zeitschrift 173, 1952, S. 261–296.
–, : Zukunft in der Geschichte. Zu Grenzfragen der Geschichtswissenschaft und Theologie, Göttingen 1966.
Zabelin, P. P.: Prava i objazannosti presviterov po osobym zakonam christianskoj cerkvi i cerkovno-graždanskim postanovlenijam russkoj cerkvi, č. 1, Kiev 1884.
Zajončkovskij, P. A. (Hrsg.): Istorija dorevoljucionnoj Rossii v dnevnikach i vospominanijach, Bd. 1: XV–XVIII veka, M. 1976.
Ževachov, N. D.: Svjatitel' Ioasaf Gorlenko, episkop Belgorodskij i Obojanskij. Materialy dlja biografii, Kiev 1907.
Znamenskij, I. P.: Položenie duchovenstva v carstvovanie Ekateriny II i Pavla I, M. 1880.
Znamenskij, P.: Duchovnye školy v Rossii do reformy 1808 goda, Kazan' 1881.
–, : „Istorija Rossijskaja" V. N. Tatiščeva v otnošenii k russkoj cerkovnoj istorii, in: TKDA 1862 II, S. 197–228.
–, : Kazanskaja seminarija v pervoe vremja ee suščestvovanija, in: Prav. Sob. 1868/8, S. 265–311.

–, : Ob otnošenii graždanskoj vlasti k russkomu duchovenstvu v XVII i XVIII stoletijach, in: Prav. Sob. 1865/1, S. 290–302.
–, : Ob otnošenii russkich svjaščenno-cerkovnoslužitelej k prichodam v XVII i XVIII stoletijach, in: Prav. Sob. 1867/1, S. 6–27.
–, : O postuplenii v Rossii na cerkovnye dolžnosti v XVII i XVIII vekach, in: Prav. Sob. 1866/6, S. 124–136.
–, : O sborach s nizšego duchovenstva v kaznu eparchial'nych archiereev v XVII i XVIII stoletijach, in: Prav. Sob. 1866/1, S. 37–55.
–, : O sposobach soderžanija russkogo duchovenstva v XVII i XVIII vekach, in: Prav. Sob. 1865/3, S. 145–188.
–, : Prichodskoe duchovenstvo na Rusi, M. 1867.
–, : Prichodskoe duchovenstvo v Rossii so vremeni reformy Petra Velikogo, Kazan' 1873.
–, : Rukovodstvo k russkoj cerkovnoj istorii, Kazan' ²1876.
–, : Zakonodatel'stvo Petra Velikogo otnositel'no pravoslavnogo duchovenstva, in: Prav. Sob. 1863/7, S. 377–414.

Register

1. Namenregister

2. *Sachregister*